日経BP

ひと目でわかる

Intune

第3版
クラウドベースの
デバイス管理入門

国井 傑、加来 慎太郎、髙橋 憲太郎 [著]

まえがき

　本書はMicrosoft Intuneの入門書であり、クラウドベースのデバイス管理の基礎から実践までを網羅的に解説しています。初版が2018年11月に発行されてから、2021年6月に改訂版が登場しました。今回は第3版となるクラウドベースのデバイス管理入門書になります。Intuneの基礎からWindowsのみならず、Android、iOSなどのマルチOS環境での運用に関する情報を充実させています。Intuneの基礎的な機能説明から始まり、マルチOS環境での実際の運用に至るまで、読者が具体的な操作を通じて学べる内容が盛り込まれています。本書を通じて、Intuneを効果的に利用し、クラウドベースのデバイス管理を最大限に活用できるようになることを目指しています。

　本書は、株式会社エストディアンの国井傑様、NSW株式会社の髙橋憲太郎様、GO株式会社の加来慎太郎様の共著です。それぞれの著者がユーザー企業の視点やSI（システムインテグレーション）を提供する企業の視点から、多角的な解説を行っています。これにより、Intuneの導入や運用において具体的かつ実践的なアドバイスが提供されています。さらに、今回の第3版では、Intune Suiteの新機能であるクラウドPKIやリモートヘルプなど、最新の機能についても詳細に解説しています。これにより、最新のIntuneの機能を効果的に利用するための知識を得ることができます。

　本書の章立ては次のとおりです。初学者の方はご自身で準備ができるテナントとPCやモバイルデバイス等を用意いただき設定項目に応じてどのような挙動をするのかを実際に読み進めながら検証を実施するのもよいですし、マルチOSでの環境時にIntuneを使用した運用がどのように変化があるのかを確認するのも効果的かと思います。

第1章 クラウドベースのデバイス管理
第2章 IntuneへのWindowsデバイスの登録
第3章 IntuneへのiOS/Androidデバイスの登録
第4章 Windowsデバイスのポリシー管理
第5章 iOS/Androidデバイスのポリシー管理
第6章 Windowsデバイスのアプリ管理
第7章 iOS/Androidデバイスのアプリ管理
第8章 モバイルアプリケーション管理
第9章 条件付きアクセス

第10章 レポート

第11章 運用管理

　本書を読み進めることで、マルチOS環境での運用に関する理解が深まるだけでなく、ゼロトラストセキュリティの基本である条件付きアクセスの設計や運用方法についても改めて詳しく学ぶことができます。さらに、レポート機能を活用することで、デバイスの運用状況を可視化し、デバイスハイジーンの実践にも寄与するかと思います。

　本書でMicrosoft Intuneの基礎を学び、クラウドベースのデバイス管理の力を最大限に引き出せるようになることを願っています。Microsoft Intuneのビジョン「Manage the planet's devices simply & securely（地球上のデバイスをシンプルかつ安全に管理する）」のもと、皆様の業務がより効率的かつ安全に運用される一助となれば幸いです。

　最後に、本書を手に取っていただいた皆様のご支援とご愛読に心より感謝申し上げます。この入門書が、皆様のIntune活用の第一歩となり、さらなる成功と発展をお祈り申し上げます。

　また、本書を執筆してくださった株式会社エストディアンの国井傑様、NSW株式会社の髙橋憲太郎様とGO株式会社の加来慎太郎様にはさらに多くの方が理解しやすいようにこのような素晴らしい書籍を執筆してくださったことを深く感謝申し上げます。

　Intuneを通じて、日本企業で働かれる皆様がよりセキュアにビジネスに貢献できるよう、引き続き私たちも全力でサポートしてまいります。

日本マイクロソフト株式会社

クラウド＆AIソリューション事業本部

モダンワークプレイス統括本部

クラウドエンドポイント営業本部 本部長

山本 築（やまもと きずく）

はじめに

　本書は、"知りたい機能がすばやく探せるビジュアルリファレンス"というコンセプトのもとに、Microsoft Intune（以降、Intune）の優れた機能を体系的にまとめあげ、設定および操作の方法をわかりやすく解説します。

本書の表記

　本書では、次のように表記しています。

- リボン、ウィンドウ、アイコン、メニュー、コマンド、ツールバー、ダイアログボックスの名称やボタン上の表示、各種ボックス内の選択項目の表示を、原則として［　］で囲んで表記しています。
- 画面上の のボタンは、すべて▲、▼と表記しています。
- 本書でのボタン名の表記は、画面上にボタン名が表示される場合はそのボタン名を、表示されない場合はポップアップヒントに表示される名前を使用しています。
- 手順説明の中で、「［○○］メニューの［××］をクリックする」とある場合は、［○○］をクリックしてコマンド一覧を表示し、［××］をクリックしてコマンドを実行します。
- 手順説明の中で、「［○○］タブの［△△］の［××］をクリックする」とある場合は、［○○］をクリックしてタブを表示し、［△△］グループの［××］をクリックしてコマンドを実行します。

本書編集時の環境

使用したソフトウェアと表記

　本書の編集にあたり、次のソフトウェアを使用しました。

Microsoft 365 E5	**Microsoft 365 E5、Microsoft 365**
Microsoft Intune Plan 1	**Intune P1、Intune**
Microsoft Intune Plan 2	**Intune P2、Intune**
Microsoft Intune Suite	**Intune Suite**
Microsoft Defender for Endpoint Plan 2	**Microsoft Defender for Endpoint P2、Microsoft Defender for Endpoint**
Windows 11 Enterprise（バージョン23H2）	**Windows 11、Windows**
Microsoft Edge	**Microsoft Edge**
Google Chrome（Windows/Android）	**Chrome**
Safari（iOS）	**Safari**

本書に掲載した画面は、一部の例外を除き、ウィンドウサイズを1280×1024ピクセルに設定しています。お使いのコンピューターやソフトウェアのパッケージの種類、セットアップの方法、ディスプレイの解像度などの状態によっては、画面の表示が本書と異なる場合があります。あらかじめご了承ください。

また、Intuneの管理ポータル（Microsoft Intune管理センター）をはじめ、クラウド製品やサービスは、新機能の追加や機能変更が頻繁に行われるほか、画面上の表記が日本語から英語、あるいは英語から日本語に変わることがあります。また、設定項目の既定値や並び順が変更されることもあります。あらかじめご了承ください。

OSやテナントの言語設定、お使いのアプリケーションなどによって、円記号（¥）がバックスラッシュ（\）で表示される場合があります。本文では基本的に「¥」に統一しましたが、画面ショットでは「\」になっている場合もあります。あらかじめご了承ください。

Webサイトによる情報提供

本書に掲載されている製品情報について

本書に掲載されているIntune等の製品情報は、本書の編集時点で確認済みのものです。最新情報はマイクロソフト社および各製品の提供元のサイトでご確認ください。

本書に掲載されているWebサイトについて

本書に掲載されているWebサイトに関する情報は、本書の編集時点で確認済みのものです。Webサイトは、内容やアドレスの変更が頻繁に行われるため、本書の発行後、内容の変更、追加、削除やアドレスの移動、閉鎖などが行われる場合があります。あらかじめご了承ください。

訂正情報の掲載について

本書の内容については細心の注意を払っておりますが、発行後に判明した訂正情報については本書のWebページに掲載いたします。URLは次のとおりです。

https://nkbp.jp/080397

はじめに　(4)

第1章　クラウドベースのデバイス管理　1

1 Intune によるクラウドベースのデバイス管理　2

　コラム **Intune for Education**　5

2 展開とプロビジョニング　6

3 資産管理　7

4 構成管理　8

5 セキュリティ対策　10

6 ライセンス体系　11

　コラム **セキュリティ対策として必要な要素から見た Intune**　12

7 Intune の購入と初期設定　14

8 Intune ライセンスの割り当て　20

第2章　Intune への Windows デバイスの登録　29

1 デバイスの登録形態　30

2 Intune へのデバイス登録　33

3 登録デバイスの確認　44

4 登録オプション　49

　コラム **業務用デバイスの識別子**　58

5 デバイスグループの作成　59

6 Windows Autopilot　62

7 Windows Autopilot によるデバイス登録　65

　コラム **Microsoft Surface の登録**　83

　コラム **デバイス準備ポリシーを利用した Windows Autopilot の展開**　84

第3章 IntuneへのiOS/Androidデバイスの登録　85

1 iOS/Androidデバイスの登録と管理　86

2 Apple Push Certificateの取得　88

3 iOSデバイスの登録　92

4 Apple Business Managerによるデバイス登録　109

5 Android Enterpriseの関連付け　128

6 Androidデバイスの登録　132

第4章 Windowsデバイスのポリシー管理　139

1 プロファイル管理の概要　140

2 構成プロファイルを利用したポリシー設定　144

　Ｃコラム クラウドPKI　181

3 OMA-URIベースのプロファイル設定　185

4 ADMXベースのプロファイル設定　191

5 Windows E3ライセンスが必要な機能の有効化　210

6 スクリプトベースのプロファイル設定　212

7 更新プログラムの管理　224

8 エンドポイントセキュリティ管理　247

9 セキュリティベースライン　265

　Ｃコラム セキュリティベースラインにおける競合について　268

10 攻撃面の減少　270

11 ポリシーの割り当て　276

12 グループポリシーからの移行/共存　285

　Ｃコラム グループポリシー設定とIntune設定の共存　296

第5章 iOS/Androidデバイスのポリシー管理 297

1 iOS/Androidデバイスのポリシー管理の概要 298

2 構成プロファイルを利用したポリシー設定 299

3 Apple Configuratorを利用したカスタムプロファイルの作成 325

4 更新プログラムの管理 331

C コラム **Intune Suite**ライセンスで利用できる**iOS/Android**向けの機能 338

第6章 Windowsデバイスのアプリケーション管理 339

1 Intuneを利用したWindowsアプリケーション管理 340

2 Win32アプリの展開 343

3 Microsoft Storeアプリの展開 358

4 Microsoft 365アプリの展開 364

5 展開対象の割り当て 371

6 クライアントデバイスでの割り当ての確認 386

第7章 iOS/Androidデバイスのアプリケーション管理 415

1 Intuneを利用したiOS/Androidのアプリケーション管理 416

2 ストアアプリの展開 418

3 VPP経由でのアプリの展開（iOS） 433

4 マネージドGoogle Play経由でのアプリの展開 444

5 アプリ構成ポリシー 450

6 展開対象の割り当て 461

目次 (9)

第8章 モバイルアプリケーション管理　467

1 MAMの概要　468

　〇コラム **Windows Information Protection（WIP）**　477

2 アプリ保護ポリシーによるWindowsデバイスの保護　478

3 アプリ保護ポリシーによるiOS/Androidデバイスの保護　490

4 iOSデバイスでの保護の適用　506

5 Androidデバイスでの保護の適用　522

　〇コラム **既存WIPポリシーの利用者の対応**　534

第9章 条件付きアクセス　535

1 ゼロトラストモデルと条件付きアクセス　536

　〇コラム ゼロトラストモデルへの変遷　537

2 デバイスをベースとしたアプリへのアクセス制御　538

3 コンプライアンスポリシーの設定　541

4 カスタムコンプライアンスの設定　556

5 Microsoft Defender for Endpointとの連携によるアクセス制御　566

6 コンプライアンスポリシーに基づくアクセス制御　577

7 アプリ保護ポリシーとの連携によるアクセス制御　585

　〇コラム **Microsoft 365を活用した条件付きアクセスの拡張**　594

第10章 レポート　595

1 資産管理とレポート機能　596

2 エンドポイント分析　602

　〇コラム **Intune Suiteアドオンライセンスを利用したエンドポイント分析**　611

　〇コラム ベースラインとの比較　612

3 Intuneデータウェアハウス　613

4 Log Analyticsからレポートの参照　　617
　Ｃコラム **Log Analytics**ワークスペースでクエリを書くには　　623
5 Windows PowerShellからインベントリの参照　　625

運用管理　　633

1 個別のデバイスに対する操作　　634
2 リモートヘルプ　　641
　Ｃコラム 条件付きアクセスでリモートヘルプの操作を制限する　　657
3 ロール　　658
4 テナントの正常性　　679
5 サポートに問い合わせる　　684

索引　　689

クラウドベースの
デバイス管理

第 1 章

1 Intune によるクラウドベースのデバイス管理

2 展開とプロビジョニング

3 資産管理

4 構成管理

5 セキュリティ対策

6 ライセンス体系

7 Intune の購入と初期設定

8 Intune ライセンスの割り当て

この章では、クラウド経由でデバイスを管理する手法としてのMicrosoft Intune（以降、Intune）の概要について確認します。

1 Intuneによるクラウドベースのデバイス管理

ここでは、オンプレミスのデバイスからモバイルデバイスまでまとめて管理が可能なIntuneのデバイス管理の特徴について見ていきます。

デバイス管理のクラウド化

これまで、組織のITシステムは、オフィスの中にクライアント/サーバーを設置し、アプリケーションや業務データを運用管理する、いわゆる「オンプレミス」での管理が主流でした。このようなITシステムでは、管理に必要なシステムをオンプレミスに設置すれば、すべてのシステムの管理を抜け漏れなく行うことができました。しかし、クラウドサービスの登場やコロナ禍以降の働き方の変化により、サーバーもクライアントもオンプレミスにとどまらなくなってしまったため、オンプレミスでシステム管理を行うことが難しくなっています。

そこで、組織外（クラウド）にデバイスや業務データなどのリソースがあるのならば、その管理もクラウド経由で行ってしまおうという考え方が台頭するようになりました。

デバイス管理のクラウド化

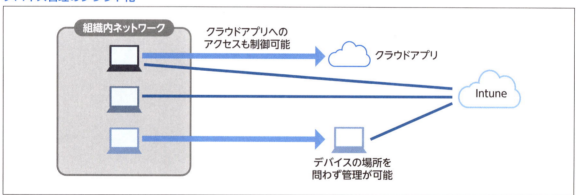

Intuneとは

Intuneとは、クラウドベースでデバイス管理を行うためのソリューションで、外出先のデバイスや自宅で使用するようなデバイス（Windows、iOS、Android、macOS、Linux、Chrome OSデバイスなど）に対し、デバイスの場所やOSの種類を問わず管理を行うことができます。

デバイス管理を「展開とプロビジョニング」「資産管理」「構成管理」「セキュリティ対策」の4つのフェーズに分類した場合、オンプレミスによるデバイス管理とクラウド（Intune）を利用したデバイス管理では次のような違いがあります。

第1章 クラウドベースのデバイス管理

	展開と プロビジョニング	資産管理	構成管理	セキュリティ対策
これまでの管理	・キッティングプロセスによるイメージ展開 ・イメージ展開サーバーを利用した展開	・Active DirectoryによるID管理 ・MCMによるデバイスの管理	・グループポリシーまたはMCMによるポリシー管理/アプリ展開	・WSUSまたはMCMを利用した更新プログラムの管理と展開 ・グループポリシー等によるセキュリティ設定
クラウドベースの管理	・インターネット経由での新規デバイスのセットアップ ・必要なアプリや設定はIntuneから自動展開	・Intuneでのデバイス資産の把握 ・Microsoft Entra IDとの連携によるID管理	・クラウド経由でのポリシー管理/アプリ展開	・クラウド経由で更新プログラムの管理 ・マイクロソフト推奨のセキュリティ設定の適用

※MCM：Microsoft Configuration Manager　　WSUS：Windows Server Update Services

展開とプロビジョニング

　Windowsデバイスを購入したら、組織で最初に行うデバイスに対する作業はOS展開や初期設定（プロビジョニング）などの「キッティング」と呼ばれる作業です。これまでのキッティング作業では、アプリや各種設定が含まれるOSイメージを作成し、適用することで作業用デバイスとして仕立てていました。しかし、Windowsの機能更新プログラムが定期的にリリースされることによってOSイメージを作り直さなければならないため、OSイメージの管理が複雑になりやすいという課題があります。また、iOSやAndroidデバイスを利用して業務を遂行することになれば、そもそもOSイメージによる管理ができないという課題もあります。

　Intuneを利用した管理では、初期化したデバイスに対してインターネット経由でアプリや各種設定を展開することで初期セットアップを行います。この方法であれば、OS種類を問わず初期セットアップを完了できるだけでなく、キッティングという特殊な作業を行う必要がなくなり、キッティング作業に関わるコストを削減できます。

OSイメージによるデバイス管理（上）とクラウドベースのデバイス管理（下）

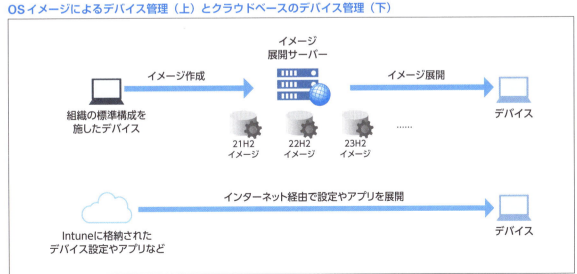

　展開とプロビジョニングについては、この章の2で、もう一度見ていきます。

資産管理

　オンプレミスの世界では、Active Directoryを利用して、ユーザーやデバイスなどの資産の管理を行っていました。しかしActive Directoryは資産管理のシステムとしては十分な情報を収集・管理できるものではなかったため、別途Microsoft Configuration Manager（MCM）のようなシステム管理製品を導入するという運用を行っていました。

　Intuneではデバイスを登録することによってデバイスのハードウェア/ソフトウェア情報を収集し、一元管理できるため、会計上の資産管理だけでなく、セキュリティ視点での情報資産の把握にも活用することができます。またデバイスを利用するユーザーの管理については同じくマイクロソフトから提供されるID管理クラウドサービスであるMicrosoft Entra ID（旧称Azure Active Directory：Azure AD）と連携して行います。

　資産管理については、この章の3で、もう一度見ていきます。

構成管理

　Active Directoryを利用している組織では、付随する機能であるグループポリシーを利用して、ドメイン参加したデバイスに対する各種ポリシー設定を行ってきました。3000を超える設定項目で、きめ細かなデバイスのコントロールができる反面、設定ができるのはWindowsデバイスに限定されるため、iOS/Androidデバイスを含めた一元的な管理が難しいという現実もあります。

　Intuneを利用した管理では、Intuneに登録可能なすべてのOS種類のデバイスに対してポリシー管理が可能です。また、グループポリシーと同様にアプリを展開し、各デバイスにインストールするように命令することも可能です。そして、ポリシーやアプリはクラウド経由で展開し、デバイスに適用できるメリットがあります。

　構成管理については、この章の4で、もう一度見ていきます。

セキュリティ対策

　昨今の多彩なサイバー攻撃により、私たちが組織で行うべき対策にはさまざまなものが必要になりました。具体的には更新プログラムやパッチの適用に始まり、ウイルス対策ソフトの管理、デバイスのセキュアな設定など、さまざまなものがありますが、どのような設定を行うことが適切であるかを判断するのはなかなか難しいことです。Intuneではクラウドサービスとして機能を提供するため、それぞれの時点で適切なセキュリティ設定を提案し、その設定を自動的に適用させることができます。

　セキュリティ対策については、この章の5で、もう一度見ていきます。

Intune for Education

　2020年に文部科学省が打ち出したGIGA（Global and Innovation Gateway for All）スクール構想により、教育機関でもクラウドベースのデバイス管理が標準的な管理方法として採用されることになりました。Intuneでは、教育機関で利用する設定だけにメニューを絞り込んで使いやすくした、教育機関専用のデバイス管理サービスとしてIntune for Educationを提供しています。Intune for Educationで設定した内容はそのままIntuneに反映されるため、Intune for Educationを契約した教育機関ではIntune for EducationとIntuneのどちらからでも設定を行うことができます。そのため、ユーザーインターフェイスがわかりやすいIntune for Educationで一般的な教育機関として必要な設定を行い、Intune for Educationでは設定できないような内容については別途Intuneから構成するような運用が望ましいと言えます。

Intune for Educationの画面

2 展開とプロビジョニング

Intuneによる「展開とプロビジョニング」フェーズでは、デバイスを利用開始するための設定が主な作業になります。管理対象のデバイスをIntuneに登録することによって、デバイス管理を開始します。

デバイスの登録

Intuneでは、次のOS種類のデバイスを登録できます。

- Windows 10/11
- iOS/iPadOS 15.0以降
- Android 8.0以降
- macOS 11.0以降
- Linux Ubuntu Desktop 20.04/22.04 LTS
- Chrome OS

デバイスの登録は、ユーザーが自身で設定を行うことで登録する方法と、シリアル番号などのデバイス情報をあらかじめ登録しておくことで、初期化されたデバイスを起動するだけで自動的に登録する方法があります。

どちらの登録方法もユーザー自身の操作によって登録を行うことができるため、IT管理者がキッティングを済ませたデバイスをユーザーに引き渡して利用開始するのではなく、ユーザー自身がデバイスの初期設定を行う運用が可能になります。

デバイスの登録方法については、第2章と第3章で詳しく解説します。

ヒント

会社支給のデバイスと個人所有のデバイス

Intuneによるデバイス管理を行う際、「会社で支給したデバイスのみを管理対象とし、個人所有のデバイスを業務で使わせたくない」という要望を聞きます。Intuneでは会社支給デバイスと個人所有デバイスを自動認識する方法はないため、個人所有のデバイスを業務で使わせたくないのであれば、Intuneにデバイス登録させないことが最も確実な運用方法になります。
デバイスの登録を制限する方法については、第2章と第3章を参考にしてください。

資産管理

「資産管理」フェーズでは、会計という観点での資産とセキュリティという観点からの守るべき資産という2つの観点から資産の管理を行うために必要なIntuneの機能を利用します。

デバイスの資産情報

　Intuneではデバイスを登録することによって、そのデバイスの資産情報が収集され、Microsoft Intune管理センター画面（https://intune.microsoft.com）からまとめて参照することができます。

Microsoft Intune管理センター画面に表示されるIntuneに登録されたデバイスの資産情報

　登録されたデバイスの資産情報には、コンピューター名やOS種類はもちろんのこと、CPUやメモリ、ストレージサイズなどの「ハードウェアインベントリ」と呼ばれる情報や、インストールされたソフトウェアの情報（ソフトウェアインベントリ）を収集し、参照することができます。デバイスに関する詳細な情報を収集し、管理者が参照できるような環境を整えることによって、デバイスの場所や種類を問わず資産管理を行えるようになります。

　一方、デバイスを利用するユーザーの情報についてはMicrosoft Entra IDと連携して参照できるようになります。Microsoft Entra IDに登録されたユーザーとIntuneに登録されたデバイスを紐付けて、誰がどのデバイスを利用しているかが把握できるようになっています。これにより、デバイスというハードウェア資産の所有者を把握したり、特定のデバイスでセキュリティインシデントが発生したときに誰がそのインシデントに関わったかを把握したりするのに役立てることができます。

　登録されたデバイスの資産情報の参照方法に関する詳細は、第2章と第3章で詳しく解説します。

4 構成管理

　Intuneを利用した構成管理では、登録されたデバイスに対して会社で定められたルール（ポリシー）に合わせて各種設定を施し、すべてのデバイスで統一された設定になるような運用を行うことができます。デバイスに対する主なポリシー設定には、プロファイル、Windows PowerShell、コンプライアンスポリシー、アプリ設定などがあります。

プロファイル

　プロファイルは、デバイスに対して施すべき設定をOS種類別にGUIベースで用意したもので、管理者はGUI画面から設定を行うだけで、Intuneに登録されたすべてのデバイスに対してクラウド経由で展開することができます。

　また、設定項目の一覧にない内容に関しては、OMA-URI（Open Mobile Alliance – Uniform Resources）と呼ばれる書式に基づいてプロファイルを記述することで、プロファイルのメニューにない設定を付与することができます。特に、Windowsデバイスの場合、OMA-URIの設定を利用することにより、グループポリシーから設定可能な項目と同じ項目をプロファイルとして展開できるため、これまでオンプレミスで運用していたクライアントデバイスをIntuneに移行するときに、グループポリシー設定をそのままIntuneに移行して運用することができます（一部設定を除く）。

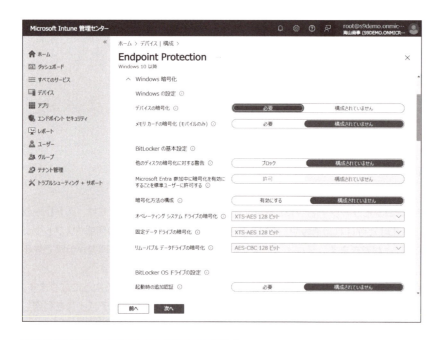

Windows PowerShell

　Intuneに登録されたWindowsデバイスに対して、管理者が用意したWindows PowerShellスクリプトをクラウド経由で展開し、クライアントデバイス上で実行するように設定できます。Intuneから展開されたWindowPowerShellスクリプトはデバイス上で管理者権限で実行されるため、スクリプト内にアプリをインストールするよ

うに定義したり、レジストリに対する設定を行ったり、ファイルやフォルダーに対する操作などを自由に指定できます。OMA-URIベースのプロファイル設定とWindow PowerShellを組み合わせることで、これまでオンプレミスで設定していた内容のすべてをIntuneに登録されたデバイスに移行することができるでしょう。

コンプライアンスポリシー

コンプライアンスポリシーは、あらかじめ管理者が定義したポリシー設定とデバイスの現在の設定を比較し、同じ設定であれば「準拠」、異なる設定であれば「非準拠」と判定するポリシー設定です。コンプライアンスポリシーは第9章で解説する条件付きアクセスと組み合わせて利用することで、「準拠のデバイスであればクラウドアプリへのアクセスを許可」などといった運用が可能です。

アプリ設定

デバイスに対して、クラウド経由でアプリをインストールするように展開を行ったり、また特定のアプリ内だけでデータを扱えるように設定したりすることができます。クラウド経由でアプリのインストールをIntuneから設定する場合、アプリのインストール方法によってはIntuneに登録されていないデバイスでもインストールするように展開することができます。

プロファイルやアプリ設定などの構成管理に関わる設定については、第4章から第7章で詳しく解説します。

5 セキュリティ対策

　Intuneでは構成管理で解説したプロファイルやアプリ設定を利用してデバイスに求められるセキュリティ設定を実装することができます。

セキュリティ設定

　セキュリティ設定には、更新プログラムの適用スケジュール設定やウイルス対策ソフトの設定、セキュアなWindowsデバイスの設定などがあります。これらの設定は、それぞれの設定項目から手動で設定できるだけでなく、セキュリティベースラインとして提供されるマイクロソフトの推奨設定を利用してまとめて適用することができます。

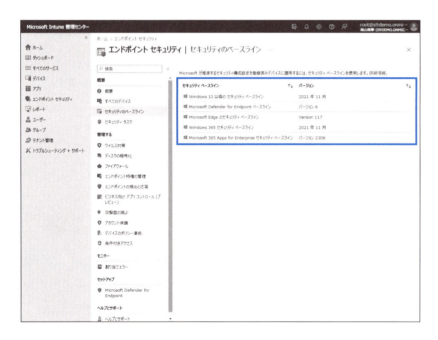

　セキュリティベースラインについては、第4章で詳しく解説します。

6 ライセンス体系

Intuneのライセンスには月額課金のサブスクリプションモデルとしてユーザー単位で購入・利用するライセンスと、デバイス単位で購入・利用するライセンスがあります。デバイス単位で購入するライセンスの場合、第8章で解説するアプリ保護ポリシーや第9章で解説する条件付きアクセスの機能などが利用できないため、一般的にはユーザー単位でライセンスを購入します。ユーザー単位のライセンスには次の3種類があります。

- Microsoft Intune Plan 1
- Microsoft Intune Plan 2
- Microsoft Intune Suite

Microsoft Intune Plan 1

Intuneを通じてデバイス管理を行うために必要な基本機能が提供されます。Plan 1は単体でライセンスを購入することができるほか、次のクラウドサービスにも含まれています。

- Microsoft 365 E5
- Microsoft 365 E3
- Enterprise Mobility + Security E5
- Enterprise Mobility + Security E3
- Microsoft 365 Business Premium
- Microsoft 365 F1
- Microsoft 365 F3
- Microsoft 365 Government G5
- Microsoft 365 Government G3
- Microsoft Intune for Education

本書では一部の例外を除いてPlan 1で提供される機能の解説のみを行います。

Microsoft Intune Plan 2

Microsoft Intune Plan 1のアドオンライセンスとして提供されるライセンスで、Plan 1で提供されるすべての機能に加えて、デバイスのファームウェアをリモートで更新するFirmware Over-the-Air（FOTA）機能、VPN経由でモバイルデバイスからオンプレミスに設置されたアプリケーションへのアクセスを実現するMicrosoft Tunnel機能、IntuneによるMicrosoft Teams RoomsやAR/VRヘッドセットなどの特殊デバイスサポートが含まれます。

Microsoft Intune Suite

　Microsoft Intune Plan 1のアドオンライセンスとして提供されるライセンスで、Plan 1とPlan 2で提供されるすべての機能に加えて、第10章で解説する高度なエンドポイント分析機能、特定のタスクに対してのみ管理者権限を割り当てるエンドポイント特権管理、ヘルプデスクを目的としてIntune登録されたデバイスの遠隔操作をサポートするリモートヘルプ機能、クラウド上で認証局のサービスを提供するクラウドPKIが含まれます。

　以上のライセンスの購入と割り当て方法については、この章の8で解説します。

セキュリティ対策として必要な要素から見たIntune

　この章の5でも解説したように、Intuneでは更新プログラムの管理やウイルス対策の設定など、さまざまなデバイスに対する設定をクラウド経由で行うことができます。しかしデバイスに対して行うセキュリティ対策が会社全体で行うセキュリティ対策のすべてではありません。

　クラウドサービスを中心とするITシステムの世界では、「ITシステムを構成する、それぞれの要素が信頼できるかを検証し、信頼できると判断したときに（クラウドサービスなどの）リソースへのアクセスを許可する」というゼロトラストと呼ばれるセキュリティ対策の考え方が現在の主流となっています。

　このことを踏まえてセキュリティ対策を考える場合、Intuneを利用してデバイスに対するセキュリティ対策を行うことは、ITシステムの構成要素の一部分に対してのみセキュリティ対策を行っているに過ぎません。そのためマイクロソフトでは上の図にあるITシステムの構成要素をカバーするための統合的なクラウドサービスとして、Microsoft 365 E5、Microsoft 365 E3、Enterprise Mobility + Security（EMS）E5、EMS E3と呼ばれるライセンスを提供しています。

EMSに含まれるMicrosoft Entra IDはセキュアなID管理、Microsoft Purview Information Protectionはセキュアなデータ管理、SaaS（Software as a Service）やPaaS（Platform as a Service）などのクラウドサービスに対するセキュリティ対策であればMicrosoft Defender for Cloud Appsがその役割を担うため、デバイスに対するセキュリティ対策を担当するIntuneと組み合わせた運用を行うことでITシステムのさまざまな要素に対するセキュリティ対策を実現し、信頼できるクラウドサービスへのアクセスを実現します。

　一方、Microsoft 365 E5/E3のライセンスはEMSに加えて、Office 365とWindows Enterpriseのライセンスをパッケージにしたサービスです。Microsoft 365は単純なセット販売のパッケージというわけではなく、Intuneを組み合わせて利用することで、Microsoft 365の中で提供されるさまざまな機能に対してポリシー制御を行ったり、アクセス制御を行ったりするような連携が可能になります。これらの具体的な機能については後続の章で解説します。

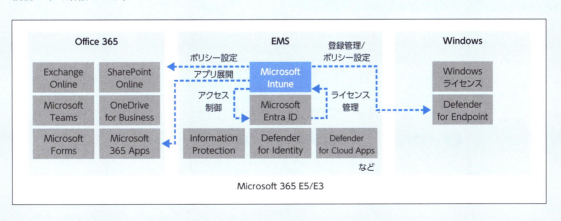

7 Intuneの購入と初期設定

　Microsoft Intune Plan 1/Plan 2/Suiteを問わず、Intuneはオンラインで直接購入するか、Cloud Solution Provider（CSP）に代表される販売代理店経由で購入することができます。いずれの方法でも購入することにより、Intuneのサービスと、Intuneに対するライセンス割り当てやアクセス許可割り当てを行うためにクラウドベースのID管理サービスであるMicrosoft Entra IDが自動的に付属します。
　Microsoft Entra IDはMicrosoft 365やOffice 365などの他のマイクロソフト製クラウドサービスでも使われるため、Intuneを購入し、利用開始するときには次のいずれかの方法を選択します。

- Intuneの購入と同時に新規にMicrosoft Entraテナントを作成
- Microsoft 365やOffice 365などを通じて利用している既存のMicrosoft EntraテナントにIntuneのライセンスを追加

　ここでは、Intuneの無料試用版を新規に契約し、同時にMicrosoft Entraテナントを作成する方法について見ていきます。

Intune無料試用版のサインアップとMicrosoft Entraテナントの作成

①ブラウザーから次のサイトにアクセスし、Microsoft Intuneの［無料で試す］をクリックする。

Microsoft Intuneのプランと価格
https://www.microsoft.com/ja-jp/security/business/microsoft-intune-pricing

②［始めましょう］画面で、自身のメールアドレスを入力し、［次へ］をクリックする。

③［始めましょう］画面で、［アカウントのセットアップ］をクリックする。

④［アンケートのお願い］画面で、サインアップに必要な情報を入力し、［次へ］をクリックする。

⑤［セキュリティチェック］画面で、認証コードを受け取るための電話番号を入力し、［確認コードを送信］をクリックする。

⑥［セキュリティチェック］画面で、入力した電話番号に通知された認証コードを入力し、［確認］をクリックする。

⑦［サインインする方法］画面で、Intuneの管理センター画面にアクセスするための管理者ユーザーとなるユーザー名とドメイン名を入力し、［保存］をクリックする。

> ユーザー名とドメイン名には任意の名前を利用することができます。なお、ここで作成したユーザーはMicrosoft Entraユーザーとして作成され、Intuneに関わる、すべての管理作業を行うことができます。

⑧ [サインインする方法] 画面で、Intuneの管理センター画面にアクセスするための管理者ユーザーのパスワードを入力し、[次へ] をクリックする。

⑨ [詳細の確認] 画面で、[Microsoft Intuneの使用を開始する] をクリックする。

第1章　クラウドベースのデバイス管理　19

⑩Microsoft 365管理センター画面（https://admin.microsoft.com）にアクセスできたことを確認する。

本手順ではIntuneの無料試用版ライセンスだけを取得する方法を記載しましたが、一部機能でIntuneと共に利用するMicrosoft Entra IDの有償ライセンスやMicrosoft 365 E5/E3などのライセンス（無料試用版を含む）を取得したい場合、Microsoft 365管理センターの左側のメニューから［課金情報］－［サービスを購入する］をクリックし、該当のライセンスを選択して取得することができます。

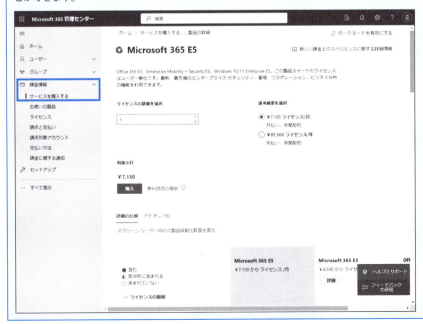

8 Intuneライセンスの割り当て

　ユーザー単位のIntuneライセンスを利用する場合、購入したライセンスを利用するユーザーを指定して初めて利用開始できます。また、ユーザーに対してIntuneポリシーを割り当てたり、アプリを展開したりする場合、ユーザーが含まれるグループを指定する必要があります。そのため、ここではMicrosoft Entraテナントでユーザーを作成してライセンスを割り当てる手順と、Microsoft Entraテナントでユーザーが含まれるグループを作成する手順を解説します。

Microsoft Entraユーザーの作成とIntuneライセンスの割り当て

①Microsoft 365管理センター画面（https://admin.microsoft.com）で、左側のメニューから、[ユーザー]－[アクティブなユーザー]をクリックし、[アクティブなユーザー]画面で[ユーザーの追加]をクリックする。

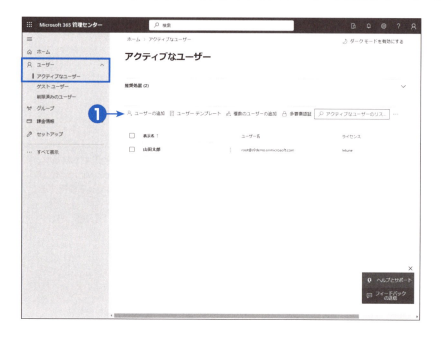

②［ユーザーを追加］の［基本設定］画面で、作成するユーザーの［姓］［名］［表示名］［ユーザー名］を入力する。ここでは、「hayakawa@s9demo.onmicrosoft.com」というユーザー名を入力している。
③［パスワードを自動作成する］と［初回サインイン時にこのユーザーにパスワードの変更を要求する］をオフにし、［パスワード］にユーザーのパスワードを入力する。
④［次へ］をクリックする。

⑤［製品ライセンスの割り当て］画面で、［ユーザーに動的ライセンスを割り当てる］の［Intune］をオンにし、［次へ］をクリックする。

⑥[オプションの設定]画面で、[次へ]をクリックする。

⑦[確認と完了]画面で、[追加の完了]をクリックする。

第1章 クラウドベースのデバイス管理　23

⑧ユーザーの追加画面で、［閉じる］をクリックする。

⑨［アクティブなユーザー］画面で、作成したユーザーが追加されたことを確認する。

本手順による方法以外でのMicrosoft Entraユーザーの作成とライセンスの割り当て方法についての詳細は、姉妹書『ひと目でわかるMicrosoft Entra ID』（日経BP、2023年）を参考にしてください。

Microsoft Entraグループの作成とユーザーの追加

①Microsoft 365管理センター画面（https://admin.microsoft.com）で、左側のメニューから［グループ］−［アクティブなグループ］をクリックし、［アクティブなグループ］画面で［セキュリティグループ］タブをクリックして、［セキュリティグループを追加］をクリックする。

②［基本設定］画面で、［名前］にグループ名を入力する。ここでは、「Sales」というグループ名を入力している。入力できたら［次へ］をクリックする。

③［確認とグループの追加の完了］画面で、［グループを作成］をクリックする。

④グループの作成画面で、［閉じる］をクリックする。

⑤ [アクティブなグループ] 画面の [セキュリティグループ] タブで、Sales グループが追加されたことを確認する。続いてグループにメンバーを追加するために、追加された [Sales] グループをクリックする。

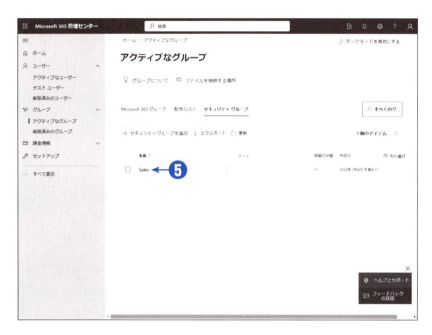

⑥ グループ画面で、[メンバー] タブをクリックし、[すべてのメンバーの表示と管理] をクリックする。

⑦ [メンバー] 画面で、[メンバーの追加] をクリックする。

⑧ [メンバーを追加] 画面で、rootユーザーとhayakawaユーザーのチェックボックスをオンにし、[Add (2)] をクリックする。かっこ内の数字は追加するメンバーの数に応じて変わる。

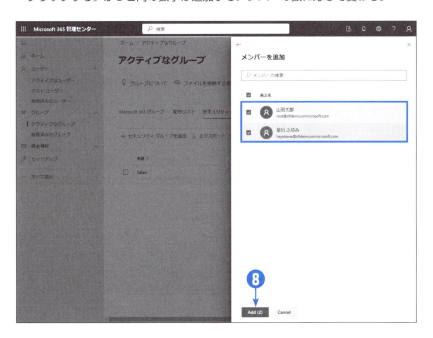

⑨ [メンバー] 画面でユーザーが追加されたことを確認し、画面右上の [×] をクリックして画面を閉じる。

⑩ [アクティブなグループ] 画面の [セキュリティグループ] タブで、[Sales] グループをクリックする。
⑪ グループ画面で [メンバー] タブをクリックし、2人のユーザーが追加されたことを確認する。

　ここまでの手順で、Microsoft Entraテナントに1人のユーザー（hayakawa@s9demo.onmicrosoft.com）を作成してIntuneのライセンスを割り当て、Salesグループを作成して2人のユーザー（rootユーザーとhayakawaユーザー）を追加しました。

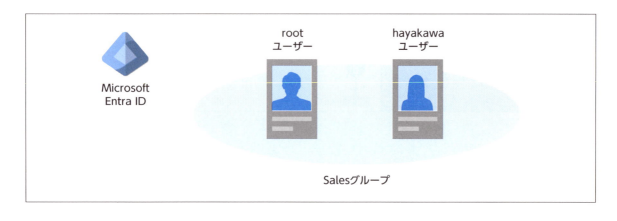

Intuneへの Windows デバイスの登録

第 **2** 章

1 デバイスの登録形態

2 Intune へのデバイス登録

3 登録デバイスの確認

4 登録オプション

5 デバイスグループの作成

6 Windows Autopilot

7 Windows Autopilot によるデバイス登録

Intune によるデバイスの管理は、デバイスを登録するところから始まります。この章では、Windowsデバイスを Intune に登録し、モバイルデバイス管理が行えるようにするための方法について見ていきます。

デバイスの登録形態

第1章でも解説したように、一部の例外を除いて、IntuneのライセンスはMicrosoft Entra IDに登録されたユーザーに対して割り当てられます。そして、ライセンスが割り当てられたMicrosoft Entraユーザーは、自分が利用するデバイスを登録することでIntuneによるデバイス管理を利用開始できます。

このとき、Windowsデバイスの登録はMicrosoft Entra IDとIntuneの2か所に対して行われます。ここでは、Microsoft Entra IDとIntuneのそれぞれのデバイス登録に関する特徴を確認します。

Microsoft Entra IDへの登録

Microsoft Entra IDに登録されるデバイスの情報は、主に資産管理の目的で使われます。デバイスの名前のほか、デバイスを利用するユーザーの情報などが登録されます。また、登録された情報は「条件付きアクセス」と呼ばれるクラウドサービスへのアクセス制御機能に活用されることがあります（条件付きアクセスについては第9章で解説します）。

Microsoft Entra IDのデバイス登録には、次の3つの登録形態があります。

- Microsoft Entra登録
- Microsoft Entra参加
- Microsoft Entraハイブリッド参加

Windowsデバイスの状況や利用したい機能などによって、利用すべき登録方法が異なります。次からはそれぞれの登録方法の特徴について確認します。

Microsoft Entra登録

シンプルにWindowsデバイスをMicrosoft Entra IDに登録する機能で、登録することによってWindowsデバイスの状態（見た目）が変化することはないため、個人所有のデバイスを業務で利用するような使い方をする場合に向いている方法です。登録方法は［設定］アプリからMicrosoft Entraユーザーを入力して行います。また、Outlookなどのアプリケーションを使って初めてMicrosoft Entraユーザーを入力し、サインインするときにも自動的に登録が行われます。

Microsoft Entra参加

WindowsデバイスをMicrosoft Entra IDに登録する点ではMicrosoft Entra登録と同じですが、Microsoft Entra参加を行った場合、Windowsデバイスのサインイン先がMicrosoft Entra IDに変わります。Windowsサインイン画面で、Microsoft Entra IDのユーザー名とパスワードを入力してサインインすることで、サインイン後にMicrosoft Entra IDのサインインが必要なWebサイトにアクセスしたときに、再度サインイン操作を行う必要がないというメリットがあります。

こうした理由から、Windowsサインイン画面が変化するMicrosoft Entra参加は、業務で使用することだけが想定される、会社支給のデバイスに対するデバイス登録方法として使われます。

登録方法はMicrosoft Entra登録と同様に、［設定］アプリからMicrosoft Entraユーザーを入力して行います。

Microsoft Entra ハイブリッド参加

オンプレミスのActive Directoryドメインに参加しているWindowsデバイスがドメインに参加したままの状態で、デバイス登録を行いたいときに利用する登録方法です。Microsoft Entraハイブリッド参加では、グループポリシーを利用してMicrosoft Entra IDへのデバイス登録を指示しておくことで、クライアントコンピューターは自動的にデバイス登録を完了します。このように、Microsoft Entraハイブリッド参加はオンプレミスのActive Directoryドメインに参加しているデバイスを対象に利用する登録方法であるため、会社支給のデバイスに対する登録方法として利用します。

なお、Microsoft Entraハイブリッド参加を設定した場合、Windowsのサインインには従来どおりオンプレミスのActive Directoryを利用します。

> Microsoft Entra IDへのデバイス登録についての詳細は、姉妹書『ひと目でわかるMicrosoft Entra ID』（日経BP、2023年）を参考にしてください。

Intuneへの登録

Microsoft Entra IDへのデバイス登録は、資産管理やアクセス制御のような目的に使われますが、Intuneへのデバイス登録は、文字どおりIntuneを利用する目的で登録します。Intuneにデバイスを登録することで、Intuneが提供するポリシー管理、アプリ管理などのすべての機能を利用することができるようになります。

第9章で解説する「条件付きアクセス」と呼ばれる、Intuneから利用可能なアクセス制御機能を利用する場合、Microsoft Entra IDにデバイスが登録されていることを前提としているため、Intuneへのデバイス登録はMicrosoft Entra IDへのデバイス登録と共に行います。

Intuneへのデバイス登録には、主に次の3つの登録形態があります。

- 手動登録
- 自動登録
- Windows Autopilotによる登録

次からは、それぞれの登録方法の特徴と選択基準について確認します。

手動登録

Microsoft Entra IDへのデバイス登録とIntuneへのデバイス登録を別々に行う登録方法で、Windowsの［設定］アプリを利用して、最初にMicrosoft Entra IDへのデバイス登録を行い、その後、Intuneへのデバイス登録を行います。手動でそれぞれのサービスにデバイスを登録する方法については、この章の2で解説します。

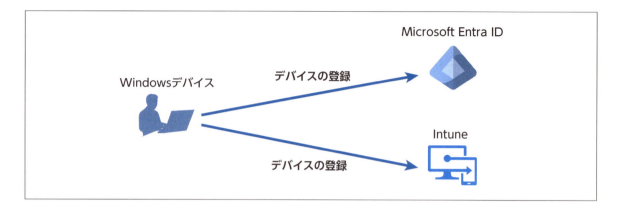

自動登録

　Microsoft Entra ID P1/P2に含まれるMDM（Mobile Device Management）/MAM（Mobile Application Management）機能では、あらかじめ会社で使用するMDMサービスを指定しておくことにより（既定ではIntuneが選択されている）、Microsoft Entra IDにデバイスを登録したときに自動的にMDMサービスにもデバイス情報が登録されるようになります。

　このようなデバイス登録の連携機能は、オンプレミスのActive Directoryドメインに参加しているデバイスをIntuneにデバイス登録する場合にも役立ちます。Active Directoryドメインに参加しているデバイスをIntuneに登録する場合であれば、Microsoft Entraハイブリッド参加でMicrosoft Entra IDに自動登録させれば、Intuneへの登録も自動的に行われます。デバイス登録の連携機能を利用した登録方法については、この章の2で解説します。

Windows Autopilotによる登録

　Windows AutopilotはWindowsデバイスの工場出荷後の最初の起動時、または初期化後の最初の起動時に起動する初期セットアップ画面（この初期セットアップ機能を「OOBE（Out-of-Box Experience）」と呼びます）のカスタマイズを実現する機能で、セットアップ中にMicrosoft Entra IDへのデバイス登録を行うことができます。このとき自動登録の設定を事前に済ませておくことにより、Intuneへのデバイス登録が同時に完了します。Windows Autopilotを利用した登録方法については、この章の6以降で解説します。

2 Intuneへのデバイス登録

　前の節で解説したとおり、Intuneからデバイス管理を行うには、管理対象となるデバイスをIntuneに登録する必要があります。ここでは、前の節で紹介した3つのデバイス登録方法のうち、「手動登録」と「自動登録」を行うための手順を確認します。Windows Autopilotによる登録方法は、この章の6以降で説明します。

手動登録

　Windows 10/11デバイスにはIntuneからデバイス管理を行うために必要なエージェントプログラムが含まれています。そのため、特別なプログラムをインストールすることなく、Intuneライセンスを持つユーザーの資格情報を入力して、Microsoft Entra IDとIntuneにそれぞれサインインするだけで登録が完了します。ただし、手動で登録する場合、Microsoft Entra IDとIntuneのデータセンターにアクセスするために必要なDNSレコードを事前に登録する必要があります。

DNSレコードの登録

　WindowsデバイスでMicrosoft Entra IDとIntuneの登録を行う場合、登録時に入力するユーザー名のうち、@以降の名前（ドメイン名）をもとにアクセス先となるデータセンターを検出します。onmicrosoft.comで終わるドメイン名を利用している場合はデータセンターを検出するためのDNSレコードはマイクロソフトで自動的に提供されますが、「カスタムドメイン名」と呼ばれるonmicrosoft.com以外のドメイン名を利用している場合は、必要なDNSレコードを自社のDNSサーバーに事前に登録する必要があります。

　自社のドメイン名をcompany_domain.comとした場合に登録するDNSレコード（いずれもCNAMEレコード）は次のとおりです。

ホスト名	値	TTL
EnterpriseEnrollment.company_domain.com	EnterpriseEnrollment-s.manage.microsoft.com	3600
EnterpriseRegistration.company_domain.com	EnterpriseRegistration.windows.net	3600

DNSレコードの確認

　DNSサーバーに登録したレコードが適切なものかどうかは、Microsoft Intune管理センターより確認することができます。

①Microsoft Intune管理センター画面（https://intune.microsoft.com）で、左側のメニューから［デバイス］－［登録］をクリックし、［デバイス | 登録］画面の［Windows］タブで［CNAME検証］をクリックする。

②［CNAME検証］画面で、［ドメイン］にMicrosoft Entra IDにカスタムドメイン名として登録したドメイン名を入力し、［テスト］をクリックする。
③［CNAME検証］画面で、レコードが正しく構成されていることを確認する。

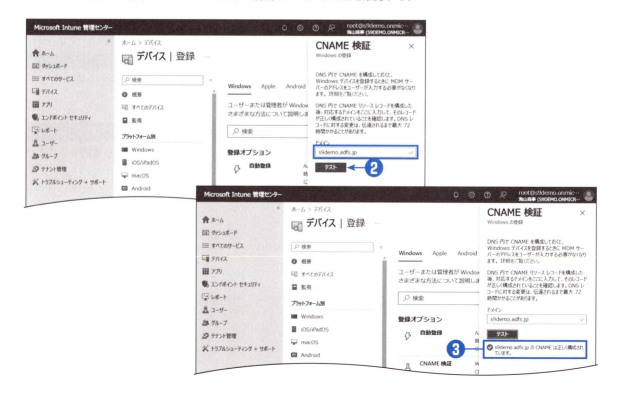

Microsoft Entra IDへのデバイス登録方法

①Windowsデバイスの［スタート］ボタンをクリックし、［設定］をクリックする。

②設定画面で、［アカウント］－［職場または学校へのアクセス］をクリックする。

③［職場または学校にアクセスする］画面で、［職場または学校アカウントを追加］の［接続］をクリックする。

④［職場または学校アカウントのセットアップ］画面で、Microsoft Entraユーザーのメールアドレスを入力し、［次へ］をクリックする。ここでは、メールアドレスを「hayakawa@s9demo.onmicrosoft.com」と入力している。

この手順ではMicrosoft Entra登録によるMicrosoft Entra IDへのデバイス登録を行っています。Microsoft Entra参加によるデバイス登録を行う場合は、メールアドレス入力欄は空白のまま［このデバイスをMicrosoft Entra IDに参加させる］をクリックして操作を進めてください。なお、この操作は、後ほど「自動登録」の項でも説明します。

⑤［パスワードの入力］画面で、前の手順で入力したMicrosoft Entraユーザーのパスワードを入力し、［サインイン］をクリックする。

⑥［準備が完了しました！］画面で、［完了］をクリックする。

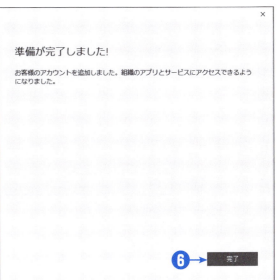

⑦［職場または学校にアクセスする］画面で、登録したユーザーの情報が表示されていることを確認する。

Intuneへのデバイス登録方法

①［職場または学校にアクセスする］画面で、［デバイス管理のみに登録する］をクリックする。

②［職場または学校アカウントの設定］画面で、Microsoft Entraユーザーのメールアドレスを入力し、［次へ］をクリックする。ここでは、メールアドレスを「hayakawa@s9demo.onmicrosoft.com」と入力している。

③［パスワードの入力］画面で、前の手順で入力したMicrosoft Entraユーザーのパスワードを入力し、［サインイン］をクリックする。

④[デバイスをセットアップしています] 画面で、[OK] をクリックする。

⑤[職場または学校にアクセスする] 画面で、[＜会社名＞MDMに接続済み] と表示されていることを確認する。

自動登録

　前の節でも解説したように、Microsoft Entra IDではMicrosoft Entra IDへのデバイス登録を行ったときに、自動的にIntuneへのデバイス登録を同時に行う連携機能があります。この連携機能を使用するためには連携のための事前設定が必要になり、事前設定を済ませておくことにより管理対象のデバイス側での操作はMicrosoft Entra IDにデバイスを登録するだけで完了します。ここでは、自動でのデバイス登録を行うための事前設定と、Microsoft Entra 参加によるデバイス登録の手順、そして自動的にIntuneにデバイスが登録される様子について確認します。

連携機能を使用するための事前設定

①Microsoft Intune管理センター画面（https://intune.microsoft.com）で、左側のメニューから［デバイス］－［登録］をクリックし、［デバイス｜登録］画面の［Windows］タブで［自動登録］をクリックする。

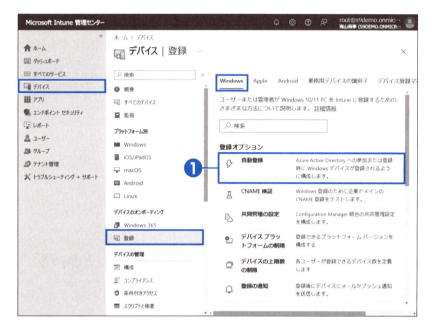

②［構成］画面で、［MDMユーザースコープ］を設定する。ここでは、［すべて］を選択して［保存］をクリックする。

> 一部のユーザーのみ自動登録を許可したい場合、［一部］を選択してグループを選択することで、選択したグループのメンバーだけが自動登録できるようになります。

Microsoft Entra IDへのデバイス登録方法

①Windowsデバイスの［スタート］ボタンをクリックし、［設定］をクリックする。

②設定画面で、［アカウント］-［職場または学校へのアクセス］をクリックする。

③［職場または学校にアクセスする］画面で、［職場または学校アカウントを追加］の［接続］をクリックする。

④［職場または学校アカウントのセットアップ］画面で、［このデバイスをMicrosoft Entra IDに参加させる］をクリックする。
⑤［サインイン］画面で、Microsoft Entraユーザーのメールアドレスを入力して［次へ］をクリックする。ここでは、メールアドレスを「hayakawa@s9demo.onmicrosoft.com」と入力している。

⑥ ［パスワードの入力］画面で、前の手順で入力した Microsoft Entra ユーザーのパスワードを入力し、［サインイン］をクリックする。
⑦ ［これがあなたの組織のネットワークであることを確認してください］画面で、［参加する］をクリックする。
⑧ ［これで完了です。］画面で、［完了］をクリックする。

⑨ ［職場または学校にアクセスする］画面で、［＜会社名＞の Azure AD に接続済み］と表示されたことを確認する。

3 登録デバイスの確認

　手動または自動で登録されたデバイスはMicrosoft Intune管理センターからその一覧を確認できます。ここでは、登録されたデバイスの一覧を参照する方法と、デバイスの詳細情報を参照する方法について解説します。

登録デバイスの一覧を参照する

　Intuneを利用するデバイスはMicrosoft Entra IDとIntuneにそれぞれ登録を行います。Microsoft Entra IDに登録したデバイスの一覧はMicrosoft Entra管理センター画面（https://entra.microsoft.com）の左側のメニューから、［デバイス］－［すべてのデバイス］をクリックし、［デバイス｜すべてのデバイス］画面で参照します。

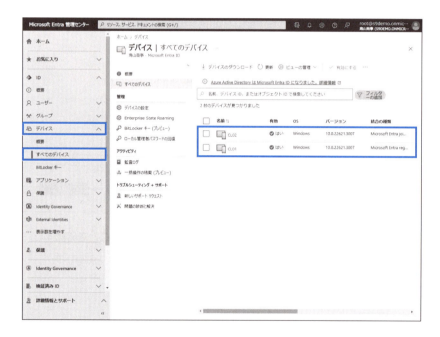

　一方、Intuneに登録したデバイスの一覧はMicrosoft Intune管理センター画面（https://intune.microsoft.com）で、左側のメニューから、［デバイス］－［すべてのデバイス］をクリックし、［デバイス｜すべてのデバイス］画面で参照します。

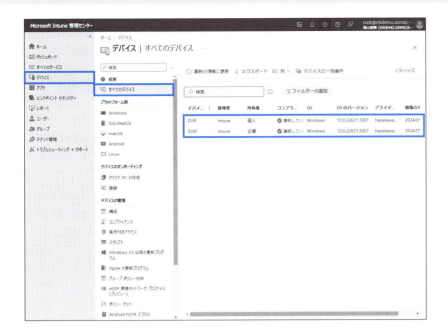

登録デバイスの詳細を参照する

　特定デバイスの詳細を参照する場合、[デバイス｜すべてのデバイス] 画面から特定のデバイス名をクリックして、そのデバイスの画面を表示します。

　デバイス画面から参照可能な項目には、主に次のものがあります。

プロパティ

デバイスの基本的な構成情報を参照できます。

- [管理名] は入力内容を変更可能で、デバイスに対するタグとして利用することができます。タグとして設定した文字列（タグ名）は [すべてのデバイス] 画面の検索ボックスからタグ名で検索してデバイスのフィルターに利用できます。
- [デバイスカテゴリ] はMicrosoft Intune管理センター画面の [デバイス] − [デバイスカテゴリ] で事前に設定したカテゴリを選択して登録できます。選択したカテゴリは [すべてのデバイス] 画面のフィルター設定で特定のカテゴリが設定されたデバイスだけが表示されるようにフィルターすることができます。
- [デバイスの所有者] は [個人] または [企業] で分類される項目で、第9章で解説する条件付きアクセスなどで [個人] または [企業] の設定をもとにクラウドサービスへのアクセス制御を行ったりすることができます。既定では、Windowsデバイスの場合は手動登録すると [個人]、自動登録すると [企業] として分類されます。

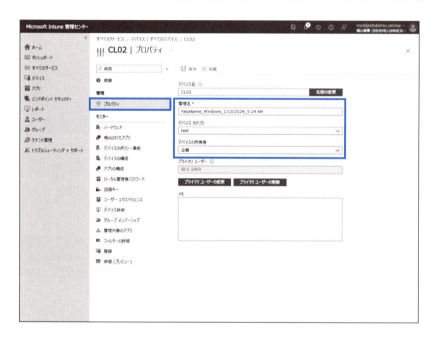

ハードウェア

登録したデバイスのハードウェア情報が参照できます。

検出されたアプリ

デバイスにインストールされたアプリケーションの一覧を参照できます。なお検出されたアプリは［デバイスの所有者］が［企業］として登録されたデバイスだけで参照できます。

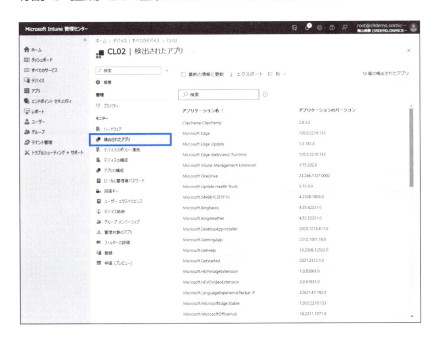

デバイスの構成

　構成プロファイルやエンドポイントセキュリティの各種ポリシー設定の適用状況を確認するための項目です。類似の項目として、Intuneから展開したアプリの適用状況を確認するために利用可能な［アプリの構成］などがあります。

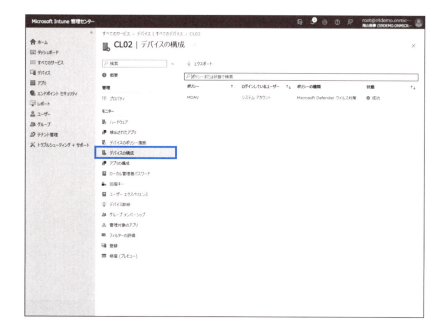

4 登録オプション

ここでは、デバイス登録に設定可能なオプションについて見ていきます。

登録の制限

　ここまでの節を見てきたことからもわかるように、Intuneへのデバイス登録は基本的に管理者ではなく、ユーザーが自身のMicrosoft Entra IDの資格情報を利用して行います。しかし、ユーザーが自身で登録できると、会社が認めていないデバイスが勝手に登録される恐れがあります。この課題を解決するために、IntuneではMicrosoft Intune管理センター画面の左側のメニューから、[デバイス] - [登録] をクリックしてアクセス可能な登録オプションから登録の制限を行うことができます。

次からは、登録オプションで設定可能な登録の制限について見ていきます。

デバイスプラットフォームの制限

　OSのバージョンで登録を制限したり、個人所有のデバイス（この章の3で解説した［デバイスの所有者］が［個人］と設定されているデバイス）による登録を制限することができます。

①Microsoft Intune管理センター画面（https://intune.microsoft.com）で、左側のメニューから［デバイス］－［登録］をクリックし、［デバイス | 登録］画面の［Windows］タブで［デバイスプラットフォームの制限］をクリックする。

②［登録制限］画面の［Windowsの制限］タブで、［制限を作成］をクリックする。

③［制限を作成］画面の［基本］タブで、［名前］に任意の名前を入力して［次へ］をクリックする。ここでは、［名前］に「Windowsバージョンによる制限」と入力している。

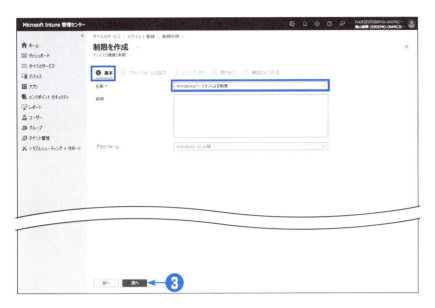

④［プラットフォームの設定］タブで、登録を制限する設定を行い、［次へ］をクリックする。ここでは、［最小/最大の許容範囲］に「10.0.22621」と入力して、Windows 11 22H2以上のデバイスのみが登録できるようにしている。

> Windowsのバージョン番号を指定する場合、ビルド番号で指定する必要があります。それぞれのバージョンにおけるビルド番号については、次のマイクロソフトのWebサイトを参照してください。
>
> 「Windows 11 リリース情報」
> https://learn.microsoft.com/ja-jp/windows/release-health/windows11-release-information

⑤［スコープタグ］タブで、［次へ］をクリックする。
⑥［割り当て］タブで、適用対象となるユーザーを選択して［次へ］をクリックする。ここでは、［すべてのユーザーを追加］をクリックして適用対象をすべてのユーザーにしている。
⑦［確認および作成］タブで、［作成］をクリックする。

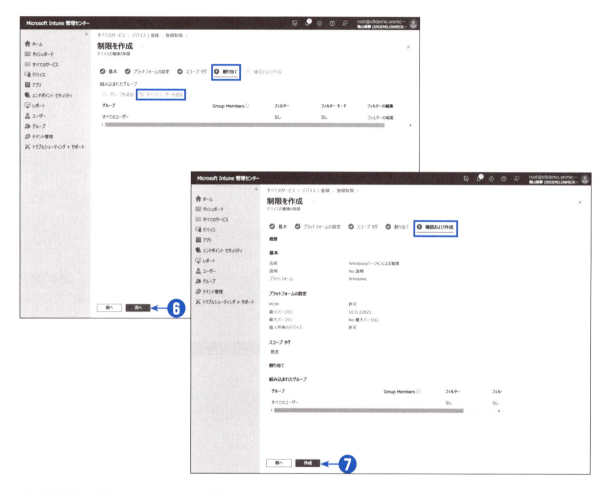

⑧［登録制限］画面の［Windowsの制限］タブで、制限が作成されたことを確認する。

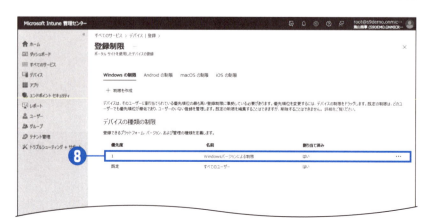

デバイス上限数の制限

ユーザー単位でIntuneライセンスを購入した場合、1ユーザーあたり最大15台までのデバイスを登録できますが、その上限を少なくしたい場合にこのオプションを使用します。

①Microsoft Intune管理センター画面（https://intune.microsoft.com）で、左側のメニューから［デバイス］－［登録］をクリックし、［デバイス｜登録］画面の［Windows］タブで［デバイスの上限数の制限］をクリックする。

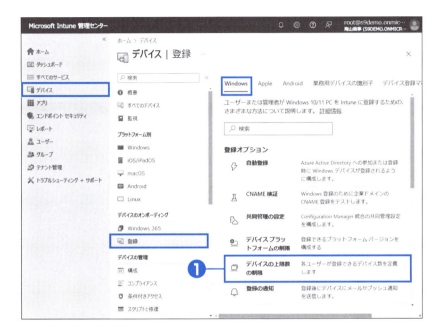

②［登録デバイスの上限数制限］画面で、［制限を作成］をクリックする。

③[制限を作成]画面の[基本]タブで、[名前]に任意の名前を入力して[次へ]をクリックする。ここでは、[名前]に「Salesグループに対する制限」と入力している。
④[デバイスの制限]タブで、登録可能なデバイスの上限数を設定して[次へ]をクリックする。ここでは、デバイスの上限数を2としている。

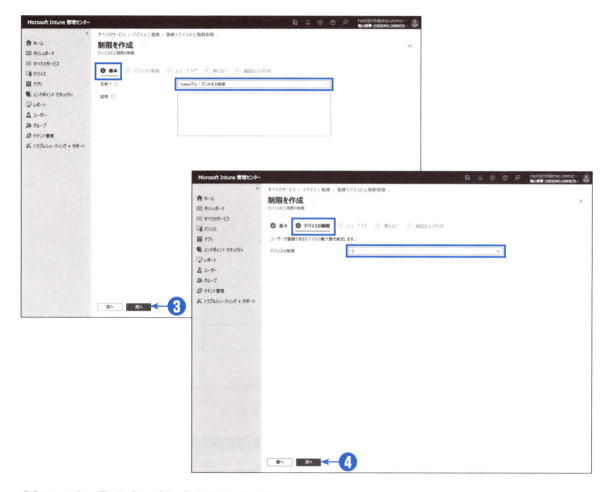

⑤[スコープタグ]タブで、[次へ]をクリックする。
⑥[割り当て]タブで、[グループを追加]をクリックする。

⑦［含めるグループを選択］画面で、グループを選択して［選択］をクリックする。ここでは以前の手順で作成した Salesグループを選択している。

⑧［割り当て］タブで、［次へ］をクリックする。

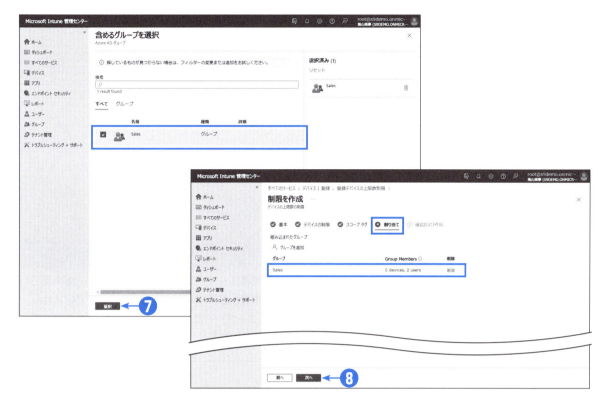

⑨［確認および作成］タブで、［作成］をクリックする。

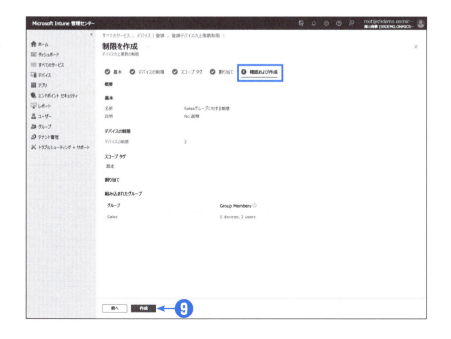

⑩ ［登録デバイスの上限数制限］画面で、制限が作成されたことを確認する。

デバイス登録マネージャー

　管理者がユーザーに代わってデバイスを登録する場合、1つの管理者ユーザーでまとめて登録することが考えられます。しかし、Intuneのライセンスを持つユーザーは最大で15台までしかデバイスを登録することができません。
　デバイス登録マネージャーではあらかじめ管理者として利用するユーザーを登録しておくことで、1ユーザーあたり1000台までデバイス登録できるようになり、1つのユーザーでまとめてデバイスを登録する需要に対応することができるようになります。

① Microsoft Intune管理センター画面（https://intune.microsoft.com）で、左側のメニューから［デバイス］－［登録］をクリックし、［デバイス | 登録］画面の［デバイス登録マネージャー］タブで［追加］をクリックする。

②［ユーザーの追加］画面で、ユーザー名を入力して［追加］をクリックする。

③［デバイス｜登録］画面の［デバイス登録マネージャー］タブで、ユーザーが追加されたことを確認する。

IntuneのデバイスにはMicrosoft Entra IDへのデバイス登録も伴いますが、Microsoft Entra IDのデバイス登録にも既定では上限が設定されています。そのため、Intuneのデバイス登録マネージャーを利用するときは、Microsoft Entra IDのデバイス登録上限数も無制限にしておく必要があります。Microsoft Entra管理センター画面で［デバイス］－［すべてのデバイス］－［デバイスの設定］をクリックし、［デバイス｜デバイスの設定］画面の［ユーザーごとのデバイスの最大数］で上限を設定します。

コラム 業務用デバイスの識別子

　この節の「デバイスプラットフォームの制限」の項では個人所有のデバイスの登録制限について解説しました。この制限では個人所有のデバイスについては制限されますが、会社所有のデバイスであれば、どのようなデバイスでもMicrosoft Entra参加などの方法を通じて無制限に登録できる課題がありました。Windows 11 22H2以降かつKB5035942がインストールされたデバイスでは［業務用デバイスの識別子］にあらかじめデバイスのシリアル番号を登録しておくことで、事前に登録したデバイスだけを会社所有のデバイスとして登録することができます。

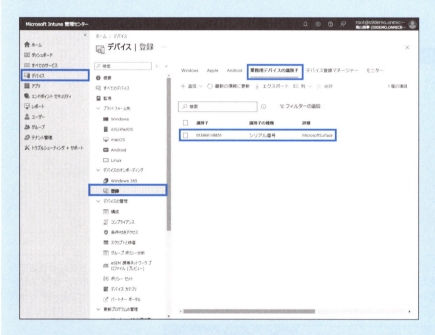

　Microsoft Intune管理センター画面の左側のメニューから［デバイス］－［登録］をクリックし、［デバイス｜登録］画面の［業務用デバイスの識別子］タブから［追加］ボタンをクリックして、事前に識別子としてシリアル番号を登録しておきます。

デバイスグループの作成

デバイスグループとはMicrosoft Entra IDで作成することができる、Microsoft Entra IDに登録されたデバイスをまとめた（グループ化した）ものです。Intuneでは特定のデバイスにポリシーやアプリを割り当てる場合、デバイスグループを事前に作成しておく必要があります。

デバイスグループの作成手順

①Microsoft Intune管理センター画面（https://intune.microsoft.com）で、左側のメニューから［グループ］をクリックし、［グループ | すべてのグループ］画面で［新しいグループ］をクリックする。

②［新しいグループ］画面で、［グループの種類］が［セキュリティ］であることを確認し、［グループ名］にグループの名前を入力する。ここではグループの名前を「WindowsDevices」としている。

③［メンバーシップの種類］から［割り当て済み］が選択されていることを確認し、［メンバー］の［メンバーが選択されていません］をクリックする。

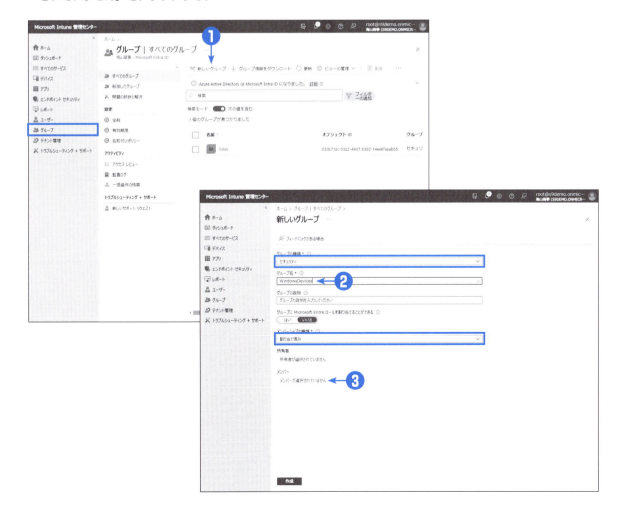

④［メンバーの追加］画面で、［デバイス］タブをクリックし、グループのメンバーとなるデバイスを選択して［選択］をクリックする。

⑤［新しいグループ］画面で、［作成］をクリックする。

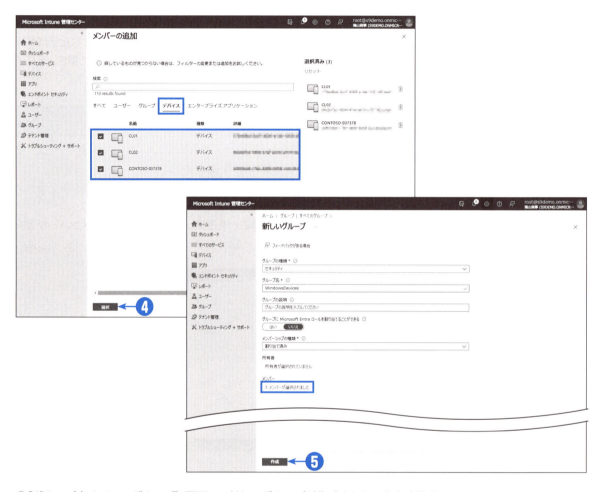

⑥［グループ｜すべてのグループ］画面で、新しいグループが作成されたことを確認する。

［新しいグループ］画面で、［メンバーシップの種類］から［動的デバイス］をクリックすることで、特定の条件を持つデバイスだけがメンバーに自動的に追加されるよう構成することができます。

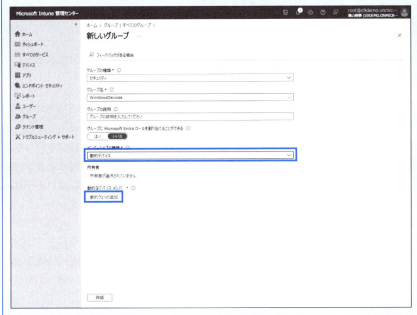

具体的には［動的クエリの追加］をクリックして表示される［動的メンバーシップルール］画面の［ルールの構成］タブで、グループのメンバーとなるデバイスの条件を［プロパティ］［演算子］［値］の3つの項目から設定するか、［編集］をクリックして直接ルール構文を入力することができます。

具体的な条件の設定方法についての詳細は、姉妹書『ひと目でわかるMicrosoft Entra ID』（日経BP、2023年）を参考にしてください。

ヒント

デバイスグループの運用

Microsoft Entra IDでは、Intune以外の目的でも多くのグループを作成して運用します。多くのグループが存在する環境では、それぞれのグループがどのような目的で使用しているのかわかりにくくなる傾向があります。そこでグループの名前の付け方に関するルールを会社で設定しておくことをお勧めします。特にIntuneでは用途に合わせて多くのグループを作成しますので、そのグループがIntuneで使うグループであること、そして何を基準に分類したグループなのかがわかるようにしておくことをお勧めします。

6 Windows Autopilot

ここでは、Windows Autopilotによる展開シナリオについて見ていきます。Windows Autopilotによるデバイス登録手順については、次の節で説明します。

Windows Autopilotとは

　Windowsデバイスの登録では、それぞれのクライアントデバイス上でIntuneに登録するための設定を行う必要があります。しかし、多数のデバイスの管理を行う会社にとって、それぞれのデバイスをIntuneに登録する作業はとても大きな作業負荷になります。そこでIntuneでは、Windows Autopilot（以降、Autopilot）と呼ばれるデバイス登録方法を用意し、Windows 10/11 Homeを除くWindowsデバイスの登録作業の簡略化をサポートしています。

　Autopilotでは工場出荷後または初期化後の初回起動時のセットアップ（このセットアッププログラムを「OOBE（Out-of-Box Experience）」と呼びます）画面でMicrosoft Entraユーザーの資格情報を入力し、Microsoft Entra IDへデバイス登録を行います。そしてIntuneへの登録連携設定を事前に行っておくことにより、Intuneへのデバイス登録まで自動的に完了することができます。

OOBE画面

　このことは登録作業を簡略化するだけでなく、Intuneからポリシーやアプリをインターネット経由で展開することで、デバイス利用開始時の初期セットアップを自動化するメリットがあります。

従来型の初期セットアップ（上）とAutopilotによる初期セットアップ（下）

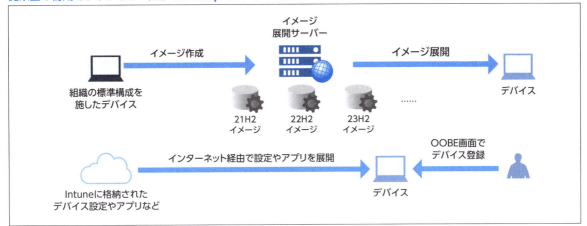

Autopilotの展開ステップ

　Autopilotは初期化後の初回起動時に表示されるOOBE画面で動作します。OOBE画面上でAutopilotが実行されるときの処理は次のようになっています。

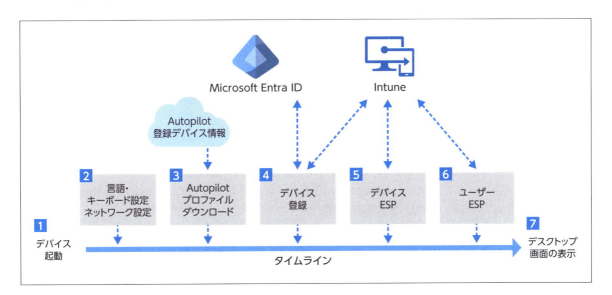

1. 初期化された（または工場から出荷された）デバイスの電源を投入します。
2. OOBE画面が起動し、画面の指示に従い、言語設定、キーボード設定、接続先となるWi-Fi設定（ネットワーク設定）を行います。
3. ネットワーク設定を行い、インターネットに接続すると自分のデバイスがAutopilotデバイスとして登録されていることを確認します。このとき登録されていることを確認するとAutopilotプロファイルをダウンロードし、Autopilotの処理が開始します。
4. Microsoft Entra IDへのデバイス登録を行います。Microsoft Entra IDへのデバイス登録が完了すると、登録連携機能によりIntuneへの登録も同時に行います。
5. 登録ステータスページ（ESP）が画面に表示され、Intuneで設定したデバイスに対するポリシー設定やアプリの

インストールなどを行います。

6. デバイスに対する設定が完了すると、続けてユーザーを対象とするESPが画面に表示され、ユーザーに対するポリシー設定やアプリのインストールなどを行います。

7. 以上の処理が完了するとOOBE画面での設定がすべて終了し、Windowsのデスクトップ画面が表示され、デバイスを利用開始できます。

展開シナリオ

Autopilotでは複数の展開シナリオがサポートされており、デバイスの用途や組織環境に合わせた選択が可能です。

- ユーザードリブンモード
- 事前プロビジョニング
- 自己展開モード
- Autopilotリセット

ユーザードリブンモード

ユーザードリブンモードは、エンドユーザーが存在するデバイスを対象とした、管理者による作業を極力減らすための展開シナリオです。OOBE画面から自動化されたIntune登録まで、エンドユーザー自身でセットアップを実施する環境に適しています。

ユーザードリブンモードではMicrosoft Entraへのデバイス登録方法として、「Microsoft Entra参加」と「Microsoft Entraハイブリッド参加」が利用可能です。

事前プロビジョニング

事前プロビジョニングは、エンドユーザーが存在するデバイスを対象とした、エンドユーザーによる作業を極力減らすための展開シナリオです。先ほどのAutopilotの展開ステップの図で5.の部分（デバイスESP）の処理を管理者側で先に済ませておき、デバイスを受け取ったエンドユーザーはMicrosoft EntraユーザーでのサインインとユーザーESP部分の処理だけを実行することで、セットアップを簡略化することができます。

事前プロビジョニングではMicrosoft Entraへのデバイス登録方法として、「Microsoft Entra参加」と「Microsoft Entraハイブリッド参加」が利用可能です。

自己展開モード

自己展開モードは、キオスク、デジタル看板デバイス、または共有デバイスといった組織の共有資産管理に適した展開シナリオです。展開時にMicrosoft Entraユーザーによるサインインを必要としないため、明確な所有者が存在しないデバイスや、特定用途のデバイスのセットアップを簡略化します。

自己展開モードではMicrosoft Entraへのデバイス登録方法として、「Microsoft Entra参加」が利用可能です。

Autopilotリセット

Autopilotリセットは、利用中の端末でIntune管理状態を保持しつつ、ユーザー情報を初期化することに適した展開シナリオです。Microsoft Entra IDとIntuneへのデバイス登録はそのままに、前ユーザーのローカルファイルや設定を削除可能なため、利用ユーザーを変更する用途に利用できます。Autopilotリセットはデバイスの初期化をMicrosoft Intune管理センター画面から操作して開始します。設定方法については、第11章で解説します。

Autopilotリセットでは Microsoft Entraへのデバイス登録方法として、「Microsoft Entra参加」が利用可能です。

7 Windows Autopilotによる デバイス登録

　前の節で、Windows Autopilot（以降、Autopilot）では4つの登録シナリオがあることを解説しましたが、Autopilotリセットを除く、いずれのシナリオの場合も次の設定が必要になります。

1. デバイス情報の入手
2. Autopilotへのデバイス登録
3. Autopilot用デバイスグループの作成
4. Autopilotプロファイルの作成
5. 登録ステータスページの設定
6. Autopilotの実行

　登録シナリオによって設定方法は異なりますが、ここではユーザードリブンモードでの利用を前提とした設定手順を解説し、設定手順の中で他の登録シナリオの場合に必要な設定についても触れていきます。

デバイス情報（ハードウェアID）の入手

　Autopilotを利用する場合、「ハードウェアID」と呼ばれる、Autopilotを利用するデバイスの情報が事前にIntuneに登録されている必要があります。デバイスを登録するときにはハードウェアIDなどが記述されたCSVファイルを登録しますが、CSVファイルの入手方法には次の2つがあります。

- デバイスを購入するときにハードウェアベンダーまたはリセラーに依頼してCSVファイルを入手する
  この方法は、デバイスを新規購入する際に利用します。

- デバイス上でWindows PowerShellスクリプトを実行して生成する
  主に自社で保有している既存のデバイスを新しく登録するときの方法です。

　このうち、後者の方法の場合、それぞれのデバイスでCSVファイルを生成する必要があるため、次の手順を実行します。

①管理者としてWindows PowerShellを起動し、次のコマンドレットを順に実行してCSVファイルを作成する。確認を求められたときは「はい」や「すべて続行」など、操作を先に進めるオプションを選択する。

```
New-Item -Type Directory -Path C:\HWID //パスは任意
Set-Location -Path C:\HWID //パスは任意
Set-ExecutionPolicy -Scope Process -ExecutionPolicy Unrestricted
Install-Script -Name Get-WindowsAutoPilotInfo
Get-WindowsAutoPilotInfo.ps1 -OutputFile AutoPilotHWID.csv //CSVファイル名は任意
```

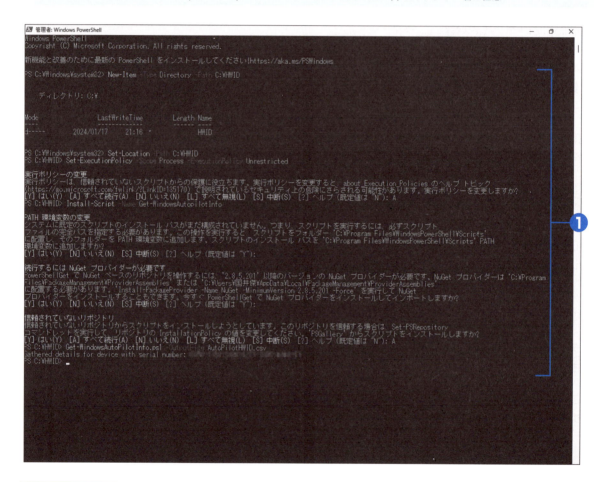

マイクロソフトのWebサイトからダウンロード可能なスクリプトである「Get-WindowsAutopilotInfo.ps1」を実行することで、ハードウェアIDをCSVファイルの形式で保存できます。ただし、Windows既定のPowerShellの実行ポリシーではスクリプトの実行ができないため、事前に**Set-ExecutionPolicy**コマンドレットでPowerShellの実行ポリシーを変更しておく必要もあります。ここでは1行目と2行目のコマンドレットで作業フォルダーの作成と移動を行い、3行目のコマンドレットでPowerShellの実行ポリシーの変更を行っています。4行目と5行目のコマンドレットでハードウェアIDを取得するためのスクリプトのダウンロードと実行を行っています。
この結果、C:\HWIDフォルダーにハードウェアIDが記述されたAutoPilotHWID.csvファイルが作成されます。

こうして1台ごとに作成されたCSVファイルは、内容をマージして1つのファイルに複数デバイスのハードウェアIDを保存することができます。Intuneでは1度に500台までのハードウェアIDを含むCSVファイルを登録することができます。

Autopilotへのデバイス登録

Autopilotに登録するCSVファイルを作成したら、次の手順でIntuneに登録します。

①Microsoft Intune管理センター画面（https://intune.microsoft.com）で、左側のメニューから、［デバイス］－［登録］をクリックし、［デバイス | 登録］画面の［Windows］タブで画面を下にスクロールして［デバイス］をクリックする。

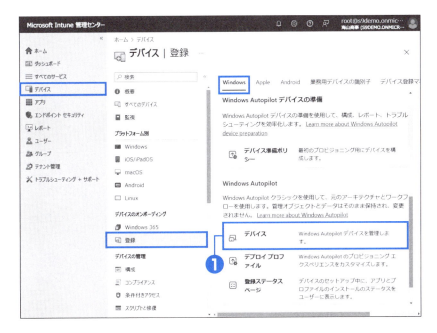

②［Windows Autopilotデバイス］画面で、［インポート］をクリックする。

③［オートパイロットデバイスの追加］画面で、フォルダーのアイコンをクリックし、あらかじめ入手したCSVファイルを指定して［インポート］をクリックする。

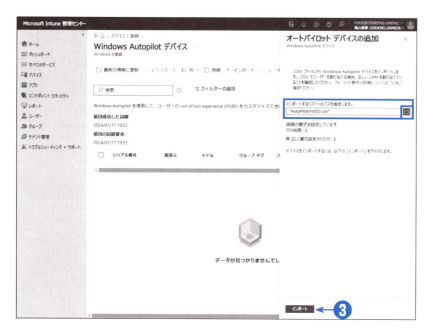

④［Windows Autopilotデバイス］画面で、デバイスが追加されたことを確認する。

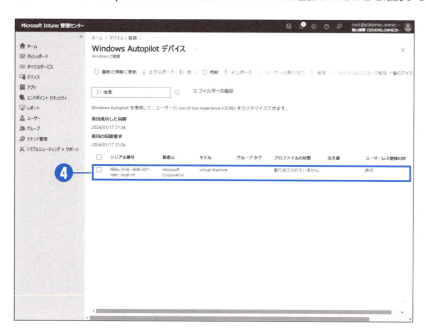

> Autopilotに登録されたデバイス情報は明示的に削除しない限り、永続的に登録されたままの状態になります。たとえばリースしているデバイスをAutopilotに登録した場合、登録したままの状態にしておくと、返却後もOOBE画面で毎回Autopilotに登録されたIntuneテナントを利用したセットアップが行われてしまいます。そのため、リースの返却を行うときやデバイスを破棄する、売却するときなどは、必ずAutopilotに登録されたデバイス情報を削除してください。

Autopilot用デバイスグループの作成

　Autopilotプロファイルを作成してデバイスに割り当てる際、割り当て対象となるグループを事前に作成する必要があります。ここではAutopilotデバイスが含まれるグループを作成します。なお、デバイスグループそのものの作成手順は既にこの章の5で解説しているため、ここではAutopilot用デバイスグループ作成の要点を解説します。

- [グループの種類]：[セキュリティ] を選択
- [グループ名]：任意（ここではグループの名前を「Autopilot」としている）
- [メンバーシップの種類]：[動的デバイス] を選択
- [動的なデバイスメンバー]：[動的クエリの追加] をクリック

- ルール構文：次を入力

```
(device.devicePhysicalIDs -any (_ -startsWith "[ZTDid]"))
```

すべてのAutopilotに登録されたデバイスを対象にする場合、前ページのルール構文を記述します。構文の書き方を変更し、一部のデバイスのみを対象とするグループを作成することも可能です。構文の書き方については、次のマイクロソフトのWebサイトを参考にしてください。

「Windows Autopilotのデバイスグループを作成する」
https://learn.microsoft.com/ja-jp/autopilot/enrollment-autopilot

Autopilotプロファイルの作成

　AutopilotプロファイルはAutopilotの実行方法や実行時のオプションなどを指定したものです。展開シナリオで登場したユーザードリブンモード、事前プロビジョニング、自己展開モードなどはプロファイルで定義できます。また、Autopilotプロファイルは作成したら、どのデバイスで利用するかを前の手順で作成したデバイスグループを使って割り当てます。

①Microsoft Intune管理センター画面（https://intune.microsoft.com）で、左側のメニューから、[デバイス]－[登録]をクリックし、[デバイス | 登録]画面の[Windows]タブで[デプロイプロファイル]をクリックする。

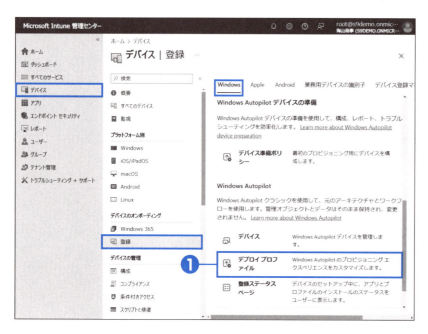

第2章　IntuneへのWindowsデバイスの登録

②［Windows Autopilot Deploymentプロファイル］画面で、［プロファイルの作成］－［Windows PC］をクリックする。

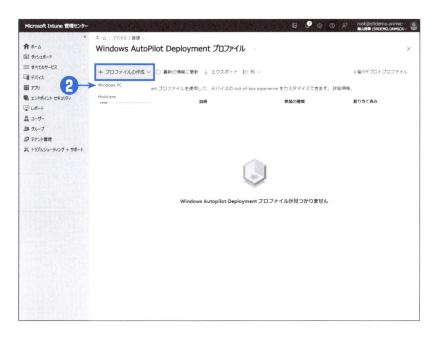

③［プロファイルの作成］画面の［基本］タブで、［名前］を任意に入力して［次へ］をクリックする。

Intuneへのデバイス登録は完了していても、AutopilotへハードウェアIDを登録していない端末で「管理者による自動登録」を実施する場合、［すべての対象デバイスをAutopilotに変換する］を［はい］に設定します。この方法で登録されたデバイスはAutopilotプロファイルを削除してもAutopilotからデバイスが削除されることはないため、削除が必要な場合はAutopilotデバイス一覧から手動でデバイスを削除する必要があります。

④ [Out-of-box experience(OOBE)] タブで、セットアップ時の展開シナリオやユーザー権限、言語、キーボードなどを構成し、[次へ] をクリックする。ここでは、次のとおり設定する。
- [配置モード]:[ユーザードリブン]を選択
- [次のようにMicrosoft Entra IDに参加]:[Microsoft Entra ID参加済み]を選択
- [デバイス名のテンプレートを適用する]:[はい]を選択
- [名前の入力]:「Contoso-%RAND:6%」と入力

%RAND:x%マクロを使用して、数字のランダム文字列を指定することができます。マクロ内の「x」は桁数の指定です。そのほかに、ハードウェア固有のシリアル番号を追加する%SERIAL%マクロを使用することもできます。

展開シナリオとして事前プロビジョニングを選択する場合、[事前プロビジョニングされたデプロイを許可する]で[はい]を選択します。

展開シナリオとして自己展開モードを選択する場合、[配置モード]で[自己展開モード]を選択します。

⑤［割り当て］タブで、［組み込まれたグループ］の［グループを追加］をクリックする。

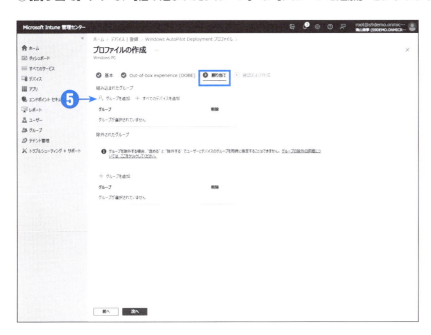

⑥［含めるグループを選択］画面で、先ほどの手順で作成したデバイスグループを選択し、［選択］をクリックする。

⑦［割り当て］タブで、［次へ］をクリックする。

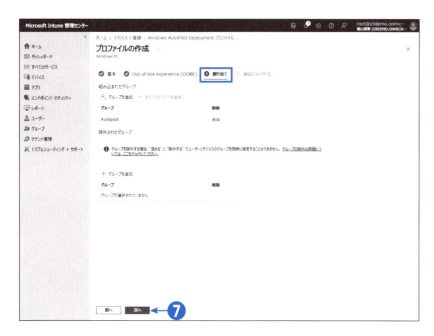

⑧［確認および作成］タブで、設定した内容を確認して［作成］をクリックする。

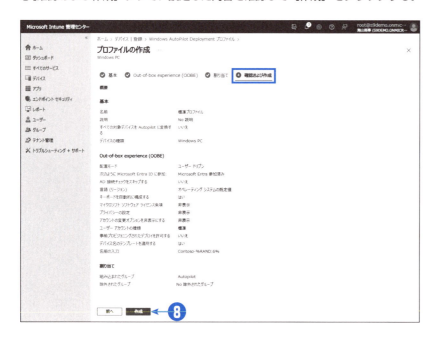

登録ステータスページの設定

　登録ステータスページはAutopilotの実行状況を確認したり、OOBE画面の中で行うことができる操作を指定したりすることができます。ここでは既定の登録ステータスページを変更し、すべてのユーザーとデバイスで登録ステータスページが表示されるように構成します。

①Microsoft Intune管理センター画面（https://intune.microsoft.com）で、左側のメニューから、［デバイス］－［登録］をクリックし、［デバイス｜登録］画面の［Windows］タブで［登録ステータスページ］をクリックする。

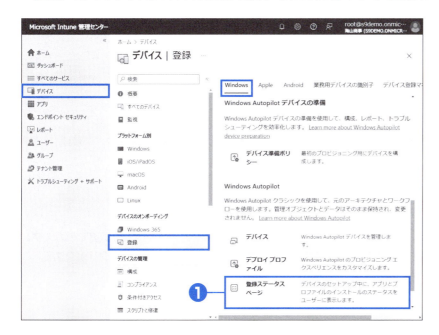

②［登録ステータスページ］画面で、［すべてのユーザーおよびすべてのデバイス］をクリックする。

> 特定のユーザーやデバイスだけ異なる登録ステータスページを用意したい場合は、［登録ステータスページ］画面で［作成］をクリックして、新しい登録ステータスページを作成します。

③［すべてのユーザーおよびすべてのデバイス］画面で、［プロパティ］をクリックし、［設定］欄の［編集］をクリックする。

④［プロファイルの編集］画面の［設定］タブで、登録ステータスページの表示/非表示、OOBE画面でのカスタムメッセージの表示、Autopilot実行中のデバイス利用の可否などを構成し、［レビューと保存］をクリックする。ここでは、［アプリとプロファイルの構成の進行状況を表示します］から［はい］を選択している。

⑤［レビューと保存］タブで、［保存］をクリックする。

Autopilotの実行（動作確認）

　ここまでの設定が完了したらAutopilotに登録されたデバイスで電源を投入し、OOBE画面からAutopilotを開始します。

①Autopilotに登録されたデバイスで電源を投入する。
②OOBE画面が起動する。OOBEの［職場または学校向けに設定しましょう］画面で、Intuneライセンスを持つMicrosoft Entraユーザー名を入力し、［次へ］をクリックする。

> ここでは有線LANに接続しているデバイスでAutopilotを実行しているため、ユーザー名を入力する画面が最初に表示されています。無線LANのみでネットワーク接続しているデバイスの場合は、最初にWi-Fi設定画面が表示されます。

> 展開シナリオとして、事前プロビジョニングまたは自己展開モードを選択した場合、ユーザー名／パスワードを入力する画面が表示されることはありません。

③［職場または学校向けに設定しましょう］画面で、パスワードを入力し、［サインイン］をクリックする。

④［職場または学校用に設定］画面が完了するまで待機する。なお、この画面が登録ステータスページとなる。

展開シナリオとして事前プロビジョニングを選択した場合、登録ステータスページのステップのうち、［デバイスのセットアップ］ステップが完了したタイミングでデバイスをシャットダウンすることができます。そして次回電源を投入すると、Microsoft Entra IDのユーザー名/パスワードを入力して［アカウントのセットアップ］ステップから再開します。
事前プロビジョニングを利用した運用を行うときは、［デバイスのセットアップ］ステップが完了したところでシャットダウンしてデバイスをユーザーに引き渡すと、ユーザー側で行うセットアップに要する時間を短くすることができます。

第2章　IntuneへのWindowsデバイスの登録　79

⑤［アカウントでのWindows Helloの使用］画面で、［OK］をクリックする。

Windows Helloの可否については構成プロファイルの中で設定できます。設定方法については第4章で説明します。

⑥［詳細情報が必要］画面で、［次へ］をクリックする。

［詳細情報が必要］画面の後に［パスワードの入力］画面が表示された場合は、パスワードを入力してサインインしてください。

⑦［アカウントのセキュリティ保護］画面で、本人確認用のコードを受け取るための電話番号を入力して［次へ］をクリックする。

⑧［アカウントのセキュリティ保護］画面で、入力した電話番号で受信したショートメッセージに書かれている番号を入力し、［次へ］をクリックする。
⑨［アカウントのセキュリティ保護］画面で、検証が完了したら［次へ］をクリックする。

第2章　IntuneへのWindowsデバイスの登録

⑩［アカウントのセキュリティ保護］画面で、「成功」と表示されたら［完了］をクリックする。

⑪［PINのセットアップ］画面で、WindowsサインイN時に使用するPIN番号を入力して［OK］をクリックする。
上下の入力欄に同じ番号を入力する（下の入力欄は確認入力用）。

⑫［すべての設定が完了しました！］画面で、［OK］をクリックする。

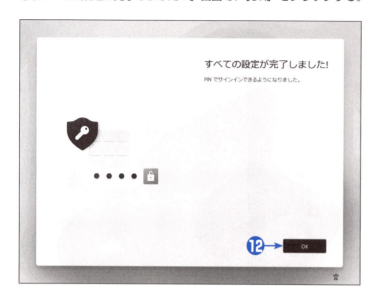

⑬デスクトップ画面が表示され、Windowsが利用開始できるようになったことが確認できる。

Microsoft Surface の登録

　Autopilot を利用するデバイスはそのデバイスのハードウェア ID などが含まれる CSV ファイルを事前に用意し、登録する必要があることを解説しました。このとき登録するデバイスが Microsoft Surface である場合、購入した Microsoft Surface のハードウェア ID を自社の Intune テナントに登録する作業を自動的に行うことができます。登録は次のマイクロソフトの Web サイトから［Get Autopilot Registration Support for Surface］をクリックして申請します。これにより、CSV ファイルの入手と Intune への登録の両方の作業が同時に完了します。

「Windows Autopilot の Surface 登録サポート」
https://learn.microsoft.com/ja-jp/surface/surface-autopilot-registration-support

　また、この「Windows Autopilot の Surface 登録サポート」から登録したデバイスは、Microsoft Intune 管理センター画面の［すべてのサービス］－［Surface Management Portal］をクリックして一覧を確認できます。［Surface Management Portal］画面では登録したデバイスの 1 年間の通常保証期間の期限を確認したり、保証期間内であれば修理を依頼したりすることができます。

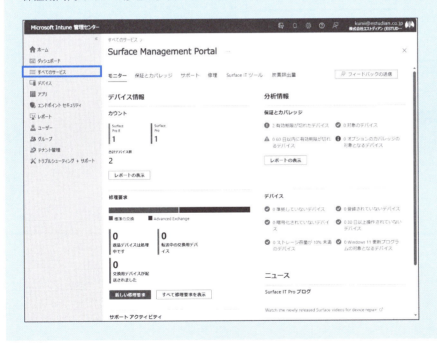

デバイス準備ポリシーを利用したWindows Autopilotの展開

　デバイス準備ポリシーは2024年6月より提供開始された新しいWindows Autopilotの展開方法で、これまでのWindows Autopilotの展開とは異なり、デバイス情報を事前に登録することなくデバイスの展開を行うことができるという特徴があります。

　デバイス準備ポリシーはMicrosoft Intune管理センターの［デバイス］－［登録］からアクセス可能で、ポリシー設定画面の中では従来のWindows Autopilotで設定していたデプロイプロファイルと登録ステータスページの設定をまとめて行うことができ、さらにデバイス上のOOBEセットアップ中にインストールするアプリやPowerShellスクリプトをポリシー内で指定することができます。

　デバイス準備ポリシーを作成したうえで、デバイスのOOBE画面でMicrosoft Entraユーザーの資格情報を入力すると、Microsoft Entra IDとIntuneへのデバイス登録を行ったうえでデバイス準備ポリシーの内容に沿ったWindows Autopilotによるセットアップを自動的に開始します。

　なお、本書執筆時点でデバイス準備ポリシーは英語版OSでのみ利用することができます。

Intuneへの iOS/
Android デバイスの登録

第 **3** 章

1 iOS/Android デバイスの登録と管理

2 Apple Push Certificate の取得

3 iOS デバイスの登録

4 Apple Business Manager によるデバイス登録

5 Android Enterprise の関連付け

6 Android デバイスの登録

この章では、iOS および
Android デバイスを Intune
で管理するための最初のス
テップである、デバイスの
登録について確認します。

1 iOS/Androidデバイスの登録と管理

　現代の組織において、モバイルデバイスの使用は日常的なものとなっています。多くの企業では従業員に会社支給のデバイスを提供していますが、同時に個人所有のデバイス（Bring Your Own Device：BYOD）を業務に活用する事例も増えてきており、これは特にiOSやAndroidデバイスにおいて顕著です。この多様なデバイス環境において、組織ではセキュリティとデータ保護の観点でこれらのデバイスを把握および識別し、適切にコントロールする必要があります。

　IntuneではiOS/Androidデバイスを管理するための最初のステップとして、デバイスをIntuneに登録することが必要となります。ここではOSごとに異なる登録の手段と概要を確認します。

iOSデバイスの登録

　IntuneにiOSデバイスを登録するには、次の選択肢があります。

● ADEを利用したデバイスの自動登録

　Apple社が提供するAutomated Device Enrollment（ADE）の仕組みを経由してデバイスを購入することで、Apple Business Manager（ABM）およびApple School Manager（ASM）と事前に紐付けられたIntune環境へデバイスを自動的に登録する方法です。主に組織が所有するデバイスの登録シナリオにて利用される手段であり、本書でもこちらの登録方法を後述にて解説します。

● Apple Configuratorを使用した登録

　あらかじめApple ConfiguratorをインストールしたmacOSデバイスとiOSデバイスを、USBケーブルで接続して登録する方法です。既に利用中のiOSデバイスをワイプせずに直接登録する方法と、初期状態のiOSデバイスの設定アシスタント中に登録する方法があります。

● ユーザーによる手動登録（アプリまたはWebベース）

　主にBYODのシナリオで、アプリ不要で特定のWebサイトから登録する方法と、App StoreからインストールしたIntuneポータルサイトアプリを使って登録する方法があり、いずれもエンドユーザーが手軽に行える手段です。

> この章で「iOS」と表記する場合、特に記載がなければiOSとiPadOSの両方を意味します。

Androidデバイスの登録

　IntuneにAndroidデバイスを登録するには、Android Enterpriseの仕組みを介した方法とAndroid Open Source Project（AOSP）向けの登録方法、それからAndroid Device Adminの機能を使った登録方法（2024年12月31日にサポート終了予定）がありますが、ここでは組織向けに推奨されているAndroid Enterpriseを介した登録方法に絞って解説します。

　Android Enterpriseを介した登録には、次の選択肢があります。

- **仕事用プロファイルを備えた個人所有のデバイス**
 個人所有のデバイス（BYOD）上の組織データを保護する目的で使用します。この方法は、個人所有のデバイスから社内リソースへのアクセスを組織が許可していることを前提とします。

- **仕事用プロファイルを備えた会社所有のデバイス**
 組織がデバイス全体の設定や機能を制御しつつも、エンドユーザーが個人用プロファイルでアプリをインストールしたり、データをプライベートに保つことが可能な登録方法です。

- **会社が所有する完全に管理されたユーザーデバイス**
 フルマネージドデバイスを意味します。組織が許可したアプリしか使えないように制御し、厳密な管理を行うことを目的とした登録方法です。

- **会社が所有する専用端末**
 店舗や施設などに設置して利用するキオスク端末やサイネージ機器など、特定のアプリしか利用できないように制御する目的等で利用する登録方法です。

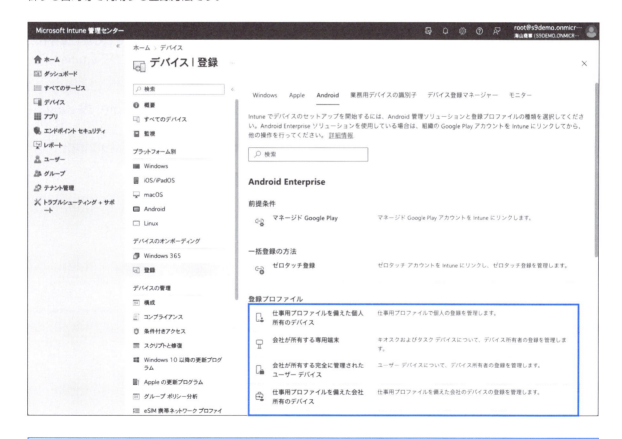

先述のとおり、Android Device Adminの機能を使ったAndroidデバイスの登録方法は2024年12月31日にサポート終了が予定されています。最新情報については次のマイクロソフトのWebサイトで確認してください。

「Intune ending support for Android device administrator on devices with GMS in December 2024」
https://techcommunity.microsoft.com/t5/intune-customer-success/intune-ending-support-for-android-device-administrator-on/ba-p/3915443

2 Apple Push Certificate の取得

　IntuneでiOSデバイスおよびmacOSデバイスを管理するには、Apple Push Certificate（Intune上での表記は「MDMプッシュ証明書」）が必要です。ここではApple Push Certificateの取得および設定方法について解説します。前提条件としてApple Push Certificateの取得にはApple IDが必要となるため、所持していない場合はあらかじめAppleのWebサイト（https://appleid.apple.com/account）にてApple IDを作成してください。

> Apple Push Certificateは1年ごとに更新が必要ですが、取得に使用するApple IDを変更してしまうとそれまでにIntuneに登録していたデバイスをすべて再登録する必要が出てくるため、意図しないID変更を防ぐためにも個人に紐付くApple IDを使用するのではなく、組織の共有アカウントとしてのApple IDを作成して使用することを推奨します。

Apple Push Certificateの取得とIntuneへのアップロード

　ここではApple Push CertificateをIntuneに設定するためのステップとして、まずはIntune上で証明書署名要求（CSR）をダウンロードし、それを使ってApple Push Certificate Portalで証明書を取得してからIntuneへアップロードするという流れを解説します。

①Microsoft Intune管理センター画面（https://intune.microsoft.com）で、左側のメニューから［デバイス］－［登録］をクリックする。
②［デバイス | 登録］画面で［Apple］タブをクリックし、［Apple MDMプッシュ証明書］をクリックする。

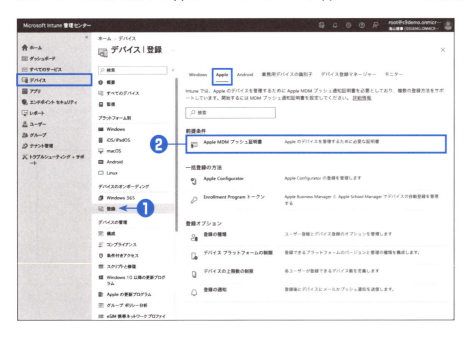

③［MDMプッシュ証明書を構成する］画面で、［同意する。］チェックボックスをオンにして［CSRのダウンロード］をクリックする。

④ダウンロードが完了したら、［MDMプッシュ証明書を作成する］をクリックする。

⑤Apple IDのサインイン画面が開いたら、あらかじめ用意しておいたApple IDを［メールまたは電話番号］に入力して［→］をクリックする。

⑥続いて、Apple IDのパスワードを入力して［→］をクリックする。

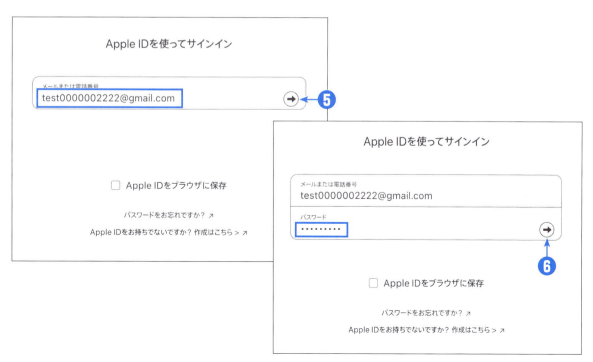

⑦Apple Push Certificates Portalの［Get Started］画面で、［Create a Certificate］をクリックする。
⑧［Terms of Use］画面で、［I have read and agree to these terms and conditions.］チェックボックスをオンにして［Accept］をクリックする。
⑨［Create a New Push Certificate］画面で、手順③でダウンロードしたCSRファイルを選択して［Upload］をクリックする。

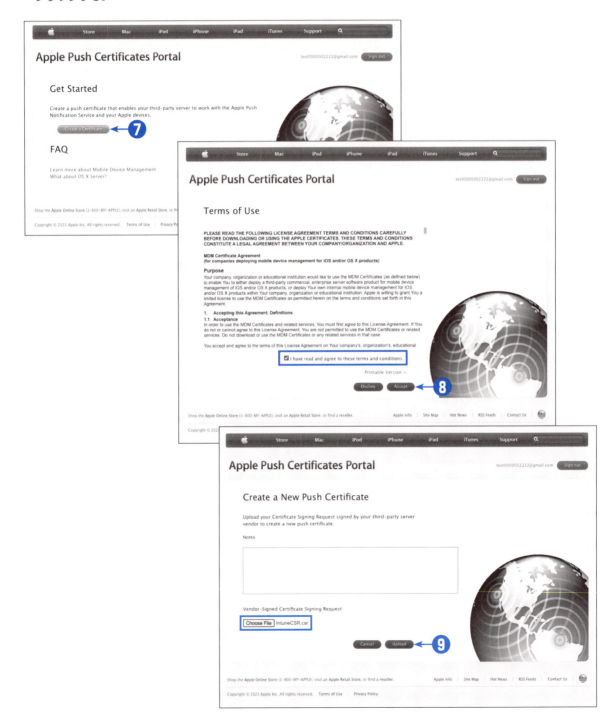

⑩ ［Confirmation］画面で、［Download］をクリックして証明書をダウンロードする。

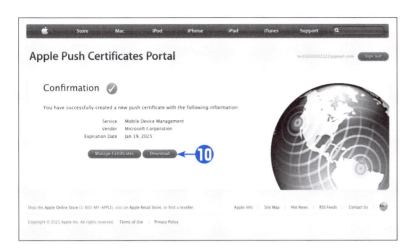

⑪ Microsoft Intune 管理センター画面に戻り、［MDM プッシュ証明書を構成する］画面で［Apple ID］に Apple Push Certificates Portal にサインインした際の Apple ID を入力し、［Apple MDM プッシュ通知証明書］で手順⑩でダウンロードしたファイルを選択して、［アップロード］をクリックする。

Apple Push Certificate（MDM プッシュ証明書）の有効期限は 1 年間です。証明書の期限が切れる前に再度同じ操作を行い、新しい証明書を取得する必要があります。

iOSデバイスの登録

　IntuneへのiOSデバイスの登録は、Webベースの方法とIntuneポータルサイトアプリから行う2種類の方法があり、ここではそれぞれの登録方法を解説します。また、第9章で解説する条件付きアクセスをiOSで利用する場合、Microsoft Authenticatorアプリの利用が必須になるケースがあるため、ここではMicrosoft AuthenticatorアプリをApp Storeよりインストールしてから登録を開始します。なお、この節の手順を実行するには、iOSデバイスと別にWindowsデバイスを用意してから作業を開始してください。

iOSデバイス登録に必要な設定

　IntuneにiOSデバイスを登録する場合、Webベースで登録する方法とIntuneポータルサイトアプリから登録する方法のそれぞれで必要な設定が異なります。なお、いずれもApple Push Certificateの取得が前提条件となるため、この章の2の設定を済ませてから作業を開始してください。

設定プロセス	設定対象	Webベース	Intuneポータルサイトアプリ
Apple Push Certificateの取得	テナント	必須	必須
Microsoft Authenticatorアプリのインストール	デバイス	オプション[※1]	オプション[※1]
ジャストインタイム（JIT）登録の構成	テナント	推奨[※2]	不要
登録プロファイルの作成	テナント	必須	必須
デバイスの登録	デバイス	必須	必須

※1：第9章で解説する条件付きアクセスをiOSで利用する場合、Microsoft Authenticatorアプリの利用が必須になるケースがあります。
※2：あらかじめジャストインタイム（JIT）登録の構成を行うことによって、Appleシングルサインオン（SSO）アプリ拡張機能に対応したアプリでユーザー認証のプロンプトが表示される回数を減らすことが可能となります。この設定はWebベースでの登録を構成する際に推奨されています。

Microsoft Authenticatorアプリのインストール

　Intuneに登録するiOSデバイス上でMicrosoft Authenticatorアプリをインストールし、Intuneを利用するユーザーの登録を行います。

第3章　IntuneへのiOS/Androidデバイスの登録

①iOSデバイスでApp Storeにアクセスし、Microsoft Authenticatorアプリをインストールする。
②インストールしたMicrosoft Authenticatorアプリを起動する。
③［Microsoftはお客様のプライバシー保護に努めています］画面で、［承諾する］をタップする。
④［Microsoft Authenticatorの品質向上にご協力ください］画面で、［続行］をタップする。
⑤［デジタルライフを保護する］画面で、［QRコードをスキャンします］をタップする。

⑥［"Authenticator"がカメラへのアクセスを求めています］画面で、［許可］をタップする。
⑦Windowsデバイスでブラウザーを開き、多要素認証のセットアップ画面（https://aka.ms/mfasetup）にアクセスする。
⑧サインイン画面で、Microsoft Entraユーザーのユーザー名とパスワードを入力してサインインする。ここでは、例としてkakuユーザーのユーザー名とパスワードを入力している。
⑨［詳細情報が必要］画面で、［次へ］をクリックする。

⑩ [最初にアプリを取得します] 画面で、[次へ] をクリックする。

⑪ [アカウントのセットアップ] 画面で、[次へ] をクリックする。

⑫ [QRコードをスキャンします] 画面に表示されたQRコードを、iOSデバイスで読み取る。

第3章　IntuneへのiOS/Androidデバイスの登録

⑬iOSデバイスの［"Authenticator"は通知を送信します。よろしいですか？］画面で、［許可］をタップする。
⑭Windowsデバイスの［QRコードをスキャンします］画面で、［次へ］をクリックする。

⑮Windowsデバイスの［試してみましょう］画面に表示された数字を、iOSデバイスの［サインインしようとしていますか？］画面に入力して［はい］をタップする。
⑯Windowsデバイスの［通知が承認されました］画面で、［次へ］をクリックする。

⑰［セキュリティ情報］画面で、iOSデバイスが関連付けられたことを確認する。

Intuneポータルサイトアプリを使ったiOSデバイスの登録

　ここではiOSデバイスをIntuneに登録するための2つの方法のうちの1つである、Intuneポータルサイトアプリを使ったデバイス登録の方法を解説します（もう1つの方法である、アプリを使わないWebベースの登録方法については、次の項で説明します）。

①iOSデバイスでApp Storeにアクセスし、Intuneポータルサイトアプリをインストールする。
②インストールしたIntuneポータルサイトアプリを起動する。

> Intuneポータルサイトアプリは、Intuneへのデバイスの登録や、登録されているデバイスの状態の確認、組織が指定したアプリのインストール、IT部門からサポートを受けるための情報の検索などの機能を提供するMicrosoft製のアプリケーションです。
> Windows、macOS、iOS、Androidのそれぞれのプラットフォームのアプリストアで提供されており、Intuneから配布を行うことも可能です。また、アプリ形式のほかにも、IntuneポータルサイトWebサイト（https://portal.manage.microsoft.com/）と呼ばれるWebページから同等の機能にアクセスすることが可能です。
> IntuneポータルサイトアプリはIntuneに登録された端末に限らず利用が可能で、BYODデバイスからのアクセスも想定されていますが、利用する際にはIntuneのライセンスが付与された組織のアカウントでサインインする必要があります。
> Intuneポータルサイトアプリの詳細については、次のマイクロソフトのWebサイトを参照してください。
>
> 「Intuneポータルサイトアプリを取得する」
> https://learn.microsoft.com/ja-jp/mem/intune/user-help/sign-in-to-the-company-portal
>
> なお、Windows用Intuneポータルサイトアプリは2024年8月下旬にリニューアル予定であることが発表されています。最新情報については次のマイクロソフトのWebサイトで確認してください。
>
> 「New look for Intune Company Portal app for Windows」
> https://techcommunity.microsoft.com/t5/intune-customer-success/new-look-for-intune-company-portal-app-for-windows/ba-p/4158755

③［ポータルサイト］画面で［サインイン］をタップし、ユーザー名とパスワードを入力してサインインする。

④［アクセスが失われないように通知を受け取る］画面で［OK］をタップし、["ポータル"は通知を送信します。よろしいですか？］画面で［許可］を選択する。

⑤アクセス権の設定画面で、［開始］をタップする。
⑥［デバイス管理およびプライバシー］画面で、［続行］をタップする。
⑦アクセス権の設定画面で、［続行］をタップする。

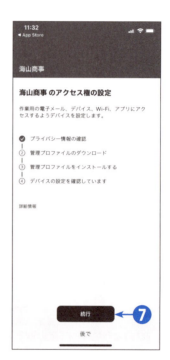

⑧［管理プロファイルのダウンロード］画面で、［許可］をタップする。
⑨［プロファイルがダウンロードされました］画面で、［閉じる］をタップする。

⑩［設定］アプリを起動し、［一般］、［VPNとデバイス管理］の順にタップする。

⑪［VPNとデバイス管理］画面で［Management Profile］をタップし、［プロファイル］画面で［インストール］をタップする。

⑫［プロファイルのインストール］画面で、パスコードを入力した後、［インストール］をタップする。

⑬ [警告] 画面で、[インストール] をタップする。
⑭ [リモートマネージメント] 画面で、[信頼] をタップする。
⑮ [インストール完了] 画面で、[完了] をタップする。

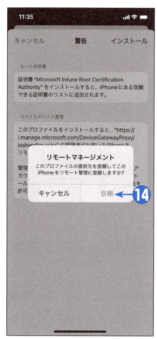

⑯ Intuneポータルサイトアプリ画面に戻り、[続行]、[完了] の順にタップする。
⑰ Intuneポータルサイトアプリ画面で、インストールが完了し、デバイスが登録されたことが確認できる。

WebベースでのiOSデバイスの登録

ここではWebベースでのiOSデバイスの登録方法を解説します。Webベースでの登録はiOS/iPadOSバージョン15以降を実行しているデバイスでのみサポートされていることに注意してください。

ここではWebベースでの登録に必要な登録プロファイルの作成と、ジャストインタイム（JIT）登録を構成する手順をあわせて解説します。JIT登録は、Appleシングルサインオン（SSO）アプリ拡張機能を利用してデバイスの登録やコンプライアンスチェック、Microsoft製アプリ等で認証を求められる回数を減らすことを可能にする仕組みであり、Webベースでの登録においては構成することが推奨されています。

JIT登録の構成

はじめに、JIT登録の構成を行います。

①Microsoft Intune管理センター画面（https://intune.microsoft.com）で、左側のメニューから［デバイス］をクリックする。

②［デバイス｜概要］画面で、［プラットフォーム別］の［iOS/iPadOS］をクリックする。

③［iOS/iPadOS｜iOS/iPadOSデバイス］画面で［構成プロファイル］をクリックし、［作成］をクリックして［新しいポリシー］をクリックする。

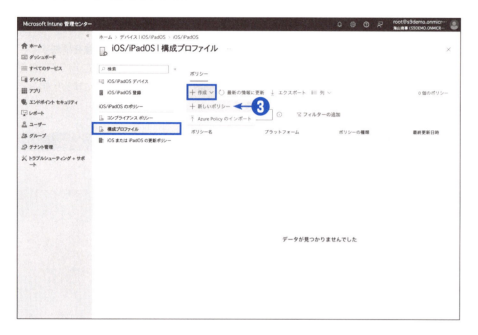

④［プロファイルの作成］画面で、［プロファイルの種類］から［テンプレート］を選択し、テンプレート名の一覧から［デバイス機能］をクリックして［作成］をクリックする。

⑤ [デバイス機能] 画面の [基本] タブで、[名前] に名前を入力して [次へ] をクリックする。ここでは、例として「ジャストインタイム登録」という名前を設定している。

⑥ [構成設定] タブの画面をスクロールし、[シングルサインオンアプリ拡張機能] をクリックして展開し、[SSOアプリ拡張機能の種類] で [Microsoft Entra ID] を選択し、[追加の構成] で次のように設定して [次へ] をクリックする。

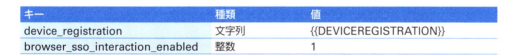

キー	種類	値
device_registration	文字列	{{DEVICEREGISTRATION}}
browser_sso_interaction_enabled	整数	1

⑦ [割り当て] タブで、[組み込まれたグループ] から [すべてのユーザーを追加] を選択して [次へ] をクリックする。ここで [グループを追加] をクリックして、特定のグループを選択してもよい。
⑧ [確認および作成] タブで、[作成] をクリックする。

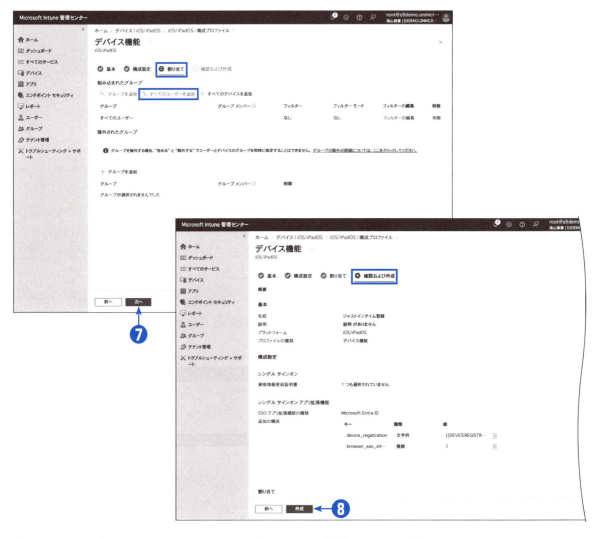

⑨ [iOS/iPadOS｜構成プロファイル] 画面で、プロファイルが作成されたことが確認できる。

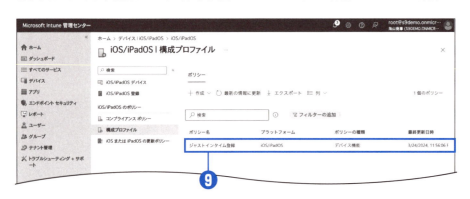

登録プロファイルの作成

続いて、登録プロファイルの作成を行います。

①Microsoft Intune管理センター画面（https://intune.microsoft.com）で、左側のメニューから［デバイス］－［登録］をクリックする。
②［デバイス｜登録］画面で［Apple］タブをクリックし、［登録の種類］をクリックする。

③［登録の種類のプロファイル］画面で、［プロファイルの作成］をクリックし、［iOS/iPadOS］をクリックする。
④［登録の種類のプロファイルの作成］画面の［基本］タブで、［名前］に名前を入力して［次へ］をクリックする。
　ここでは、例として「Webベースのデバイス登録」という名前を設定している。

⑤ [設定] タブで、[登録の種類] から [Web ベースのデバイス登録] を選択し、[次へ] をクリックする。
⑥ [割り当て] タブで、[組み込まれたグループ] から [すべてのユーザーを追加] を選択して [次へ] をクリックする。[グループを追加] をクリックして、特定のグループに割り当ててもよい。

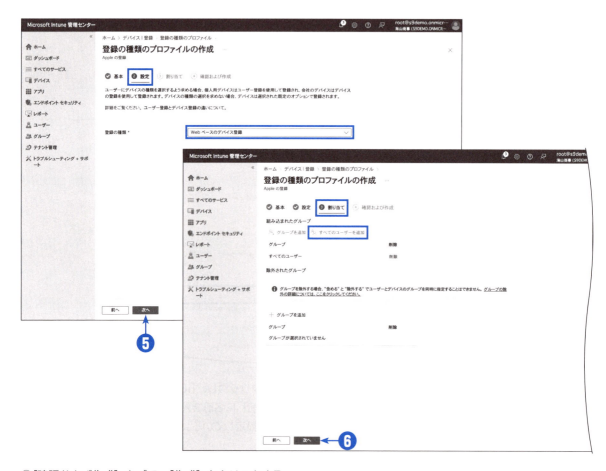

⑦ [確認および作成] タブで、[作成] をクリックする。

⑧［登録の種類のプロファイル］画面で、プロファイルが作成されたことが確認できる。

Webベースでのi OSデバイスの登録

ここまでの手順でWebベースでのiOSデバイスの登録構成が完了したので、実際にiOSデバイスをWebベースでIntuneに登録します。

①iOSデバイスでSafariブラウザーを起動して次のいずれかのURLにアクセスし、ユーザー名とパスワードを入力してサインインする。

https://portal.manage.microsoft.com/conditionalaccess/enrollment

https://portal.manage.microsoft.com/enrollment/webenrollment/ios

②［デバイスの設定方法］画面で、［概要］をタップする。

③［このWebサイトは構成プロファイルをダウンロードしようとしています。許可しますか？］画面で、［許可］をタップする。

④［プロファイルがダウンロードされました］画面で、［閉じる］をタップする。

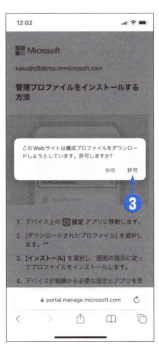
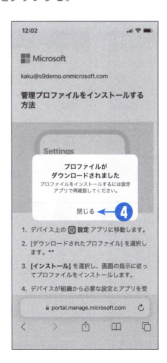

⑤［設定］アプリを起動し、［ダウンロード済みのプロファイル］をタップする。
⑥［プロファイル］画面で、［インストール］をタップする。
⑦［警告］画面で、［インストール］をタップする。

⑧［リモートマネージメント］画面で、［信頼］をタップする。
⑨［インストール完了］画面で、［完了］をタップする。
⑩［VPNとデバイス管理］画面で、プロファイルが作成されたことが確認できる。

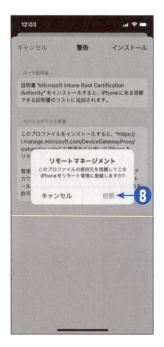

4 Apple Business Managerによる デバイス登録

iOSではデバイスをIntuneに直接登録して管理する方法とは別に、Apple Business Manager（ABM）を経由してIntuneによる管理を行う方法がサポートされています。ABMを利用したデバイスの登録方法は初期化したiOSデバイスの初期設定時に登録を行うため、会社所有のデバイスを管理することを前提とした管理に利用します。

また、ABM経由での登録の場合、「監視モード」と呼ばれるiOSデバイスの管理がサポートされることでより多くのポリシーが利用できること、Volume Purchase Program（VPP）と呼ばれるプログラムを利用してアプリを組織がまとめて購入して各デバイスに割り当てられることなど、通常の登録ではできないようなサービスが利用できるメリットがあります。

ABM経由でのデバイス登録のステップ

ABM経由でデバイスの登録を行う場合、Intuneテナント全体で行う設定と個別のデバイスで行う設定があります。それぞれの設定は次のステップで実行します。

1.Apple Push Certificateの登録
ABMを利用するためには事前にAppleから発行された証明書をIntuneに登録する必要があります。この操作はABMの利用に関わりなくiOSデバイスを登録するために必要な操作で、本書ではこの章の2で既に設定しています。

2.ABMアカウントの取得
ABMを利用する場合、組織（法人）の単位でABMのアカウント（組織用Apple ID）を取得する必要があります。登録はApple Business Managerサイトより登録申請を行います。登録申請はAppleのWebサイト（https://business.apple.com/#enrollment）より行います。なお、登録には東京商工リサーチが管理しているDUNS Numberが自分の組織に割り当てられていることが前提条件となります。組織でDUNS Numberを保有していない場合は、東京商工リサーチのWebサイト（https://duns-number-jp.tsr-net.co.jp/search/jpn/login.asp）より事前に番号の申請を行ってください。

3.ABMとIntuneの関連付け
ABMアカウントを取得できたらABMポータルサイトにアクセスし、Intuneテナントとの関連付けを行います。また、個々のデバイスの登録に関わる詳細を定義する登録プロファイルを作成します。

4.iOSデバイスの登録
最後に個々のiOSデバイスでABM経由でのIntune登録を行います。ただし、AppleまたはABMに対応したリセラーからABMに関連付けるように依頼をしたうえでiOSデバイスを購入すれば、登録作業は不要です。

一方、既に購入済みのデバイスに対する登録や、家電量販店などのABM非対応の販売店から購入したデバイスの場合、ABMとデバイスを関連付ける設定が必要です。関連付けの設定はmacOSアプリであるApple Configurator 2アプリを利用して登録します。

この節では、ABMとIntuneの関連付けおよびデバイスの登録部分について設定方法を確認します。

ABMとIntuneの関連付け

ABMとIntuneの関連付けの設定については、ABMポータルサイトでのIntuneの関連付けと、個々のデバイスの登録に関わる詳細を定義する登録プロファイルの作成の、2つの作業が必要です。

ABMポータルサイトでのIntuneの関連付け

ABMポータルサイトにアクセスし、Intuneテナントとの関連付けを行います。

①ブラウザーで、ABMのポータルサイト（https://business.apple.com/）にアクセスする。
②表示された画面で、ABMにアクセスするためのApple IDとパスワードを入力し、ログインする。
③ABM画面で［デバイス］をクリックし、［Appleお客様番号］にABMアカウントを取得する過程で取得したAppleお客様番号（Apple for Businessアカウント）を入力して［追加］をクリックする。

携帯通信キャリアからABMに関連付けられたiOSデバイスを購入する場合、［Appleお客様番号］の代わりに［販売店番号］を選択し、キャリアから発行される販売店IDを登録してください。

Appleお客様番号の登録が完了するまで5営業日ほど要します。

④Microsoft Intune 管理センター画面（https://intune.microsoft.com）で、左側のメニューから［デバイス］－
［登録］をクリックする。

⑤［デバイス｜登録］画面で［Apple］タブをクリックし、［Enrollment Program トークン］をクリックする。

⑥［Enrollment Program トークン］画面で、［追加］をクリックする。

⑦［Enrollment Programトークンの追加］画面の［基本］タブで、［同意する。］チェックボックスをオンにし、［公開キーをダウンロードします］をクリックして公開キーファイルをダウンロードする。

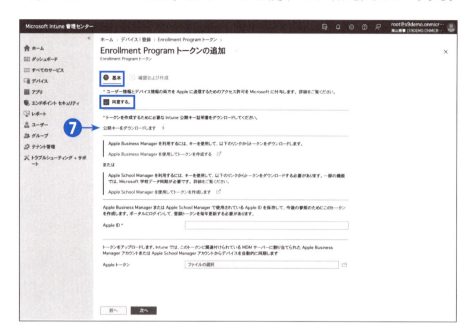

⑧ABM画面に切り替え、左下の自身のアカウント名をクリックし、［環境設定］をクリックする。

第3章　IntuneへのiOS/Androidデバイスの登録　113

⑨ABM画面で［MDMサーバの割り当て］をクリックし、［MDMサーバを追加］をクリックする。

⑩ABM画面で、［MDMサーバ名］に「Microsoft Intune」と入力し、［ファイルを選択］をクリックする。

⑪ファイルを開く画面で、手順⑧でダウンロードした公開キーを選択する。
⑫ABM画面で、［保存］をクリックする。

⑬ABM画面で、［トークンをダウンロード］をクリックする。

第3章　IntuneへのiOS/Androidデバイスの登録

⑭ABM画面で［MDMサーバの割り当て］をクリックし、［デフォルトのMDMサーバの割り当て］の［編集］をクリックする。

⑮ABM画面で、［iPhone］から［Microsoft Intune］を選択し、［保存］をクリックする。これにより、ABMを経由してiPhoneの登録を行う場合、Intuneを既定で選択するように構成したことになる。

⑯Microsoft Intune管理センター画面に戻り、［Enrollment Programトークンの追加］画面の［基本］タブで、［Apple ID］にABMポータルサイトにアクセスするためのApple IDを入力し、［Appleトークン］に手順⑭でダウンロードしたトークンを追加して［次へ］をクリックする。

⑰［確認および作成］タブで、［作成］をクリックする。

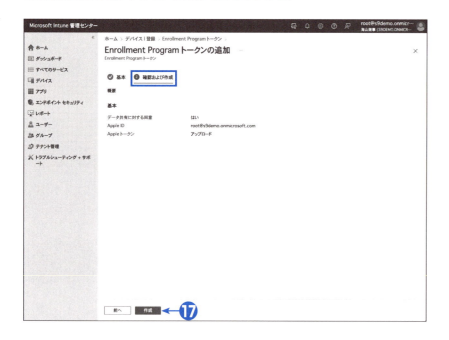

第3章　IntuneへのiOS/Androidデバイスの登録

登録プロファイルの作成

　登録プロファイルでは、iOSデバイスの管理に関わる設定を定義します。監視モードを利用するか、iTunesとiOSデバイスが接続できるようにするか、などの設定を定義します。

①Microsoft Intune管理センター画面（https://intune.microsoft.com）で、左側のメニューから［デバイス］－［登録］をクリックする。
②［デバイス | 登録］画面で［Apple］タブをクリックし、［Enrollment Programトークン］をクリックする。
③［Enrollment Programトークン］画面で、前の手順で作成したトークン（ここでは、［Microsoft Intune］）をクリックする。
④［Microsoft Intune］画面で、［プロファイル］をクリックする

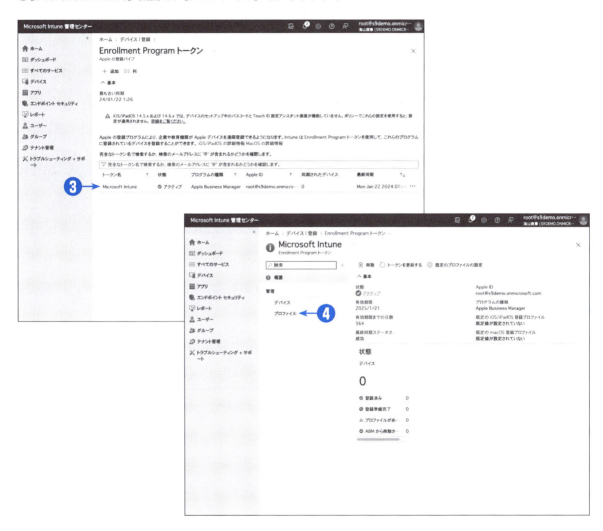

⑤ [Microsoft Intune｜プロファイル] 画面で、[プロファイルの作成]－[iOS/iPadOS] をクリックする。

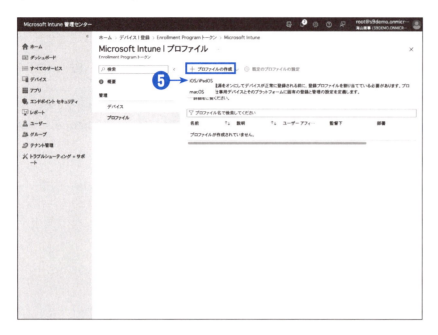

⑥ [プロファイルの作成] 画面の [基本] タブで、[名前] に名前を入力して [次へ] をクリックする。ここでは、例として「ABM」という名前を入力している。

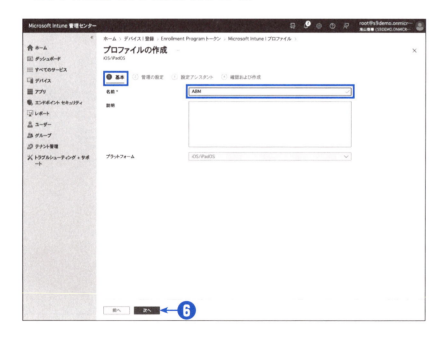

⑦［管理の設定］タブで、次のように設定して［次へ］をクリックする。
- ユーザーアフィニティ：ユーザーアフィニティを使用しないで登録する
- 監督下：はい
- ロックされた登録：はい
- 共有iPad：いいえ
- コンピューターと同期する：すべて許可

［管理の設定］タブの設定項目は次のとおりです。組織によって選択すべき項目が異なるので、事前に検討のうえ、設定するようにしてください。

項目	説明
ユーザーアフィニティ	デバイスとユーザーを関連付けて、アプリやポリシーの割り当てを行うときにユーザーを指定して割り当てることができるようにする
監督下	iOSのデバイス管理に監視モードを利用する
ロックされた登録	登録されたiOSデバイス上で登録解除ができないように構成する
共有iPad	1つのデバイスで複数のユーザーによるサインインができるようにする（iOS/iPadOS 13.4以降のデバイスでサポート）
コンピューターと同期する	iTunesを通じてコンピューターでデバイスが同期を行うことを許可する

⑧ [設定アシスタント] タブで、[部署] と [部署の電話番号] にそれぞれ情報を入力し、[セットアップアシスタント画面] 配下からデバイスセットアップ時に表示する項目を選択して [次へ] をクリックする。
⑨ [確認および作成] タブで、[作成] をクリックする。

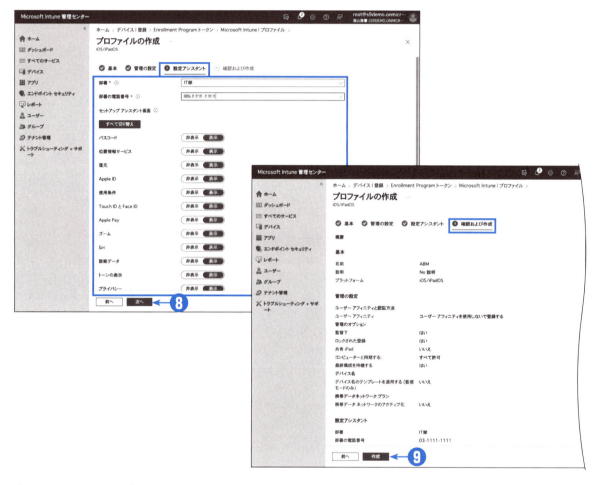

⑩ [Microsoft Intune | プロファイル] 画面で、新しくプロファイルが追加されたことが確認できる。

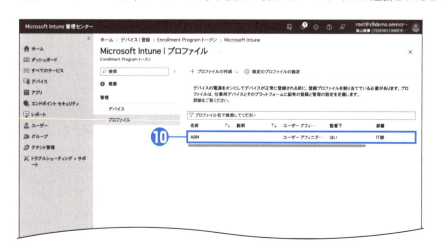

iOSデバイスの登録

　この節の冒頭でも解説したように、AppleもしくはABMに対応したリセラーからiOSデバイスを購入した場合はデバイスの登録作業は必要ありません。一方、既に購入済みのデバイスやほかのユーザーから譲渡されたデバイスの場合、ABMにデバイスの関連付けを行うのと同時に登録を行う必要があります。この方法によるiOSデバイスの登録では、Microsoft Intune管理センターでの管理を行うデバイス、Apple Configurator 2アプリを実行するデバイス（macOSデバイス）、初期化済みのiOSデバイスが必要です。

①Microsoft Intune管理センター画面（https://intune.microsoft.com）で、左側のメニューから［デバイス］－［登録］をクリックする。

②［デバイス | 登録］画面で［Apple］タブをクリックし、［Apple Configurator］をクリックする。

③Apple Configurator画面で、［プロファイル］をクリックし、［作成］をクリックする。

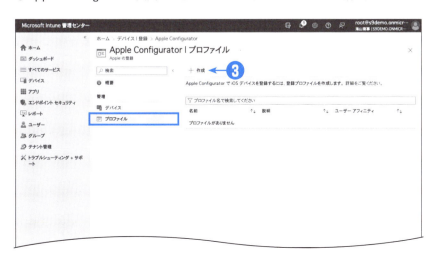

④[登録プロファイルの作成]画面の[基本]タブで、[名前]に名前を入力して[次へ]をクリックする。ここでは、例として「ABM」と入力している。

⑤[設定]タブで、[ユーザーアフィニティ]から[ユーザーアフィニティなしで登録する]を選択して[次へ]をクリックする。

⑥[確認および作成]タブで、[作成]をクリックする。

⑦Apple Configurator画面で、［デバイス］をクリックし、［追加］をクリックする。
⑧［デバイスの追加］画面で、［登録プロファイル］から前の手順で作成した登録プロファイル（ここでは［ABM］）を選択し、［デバイスのインポート］にiOSデバイス情報を記述したCSVファイルを選択して、［追加］をクリックする。

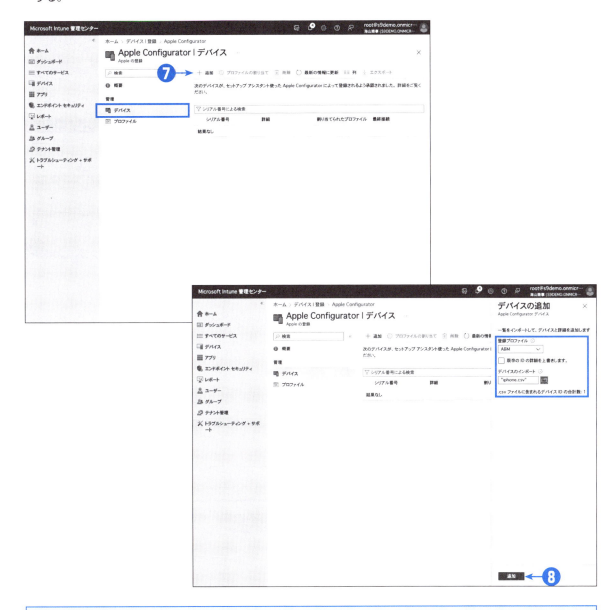

iOSデバイス情報を記述したCSVファイルは、デバイスのシリアル番号とデバイス情報をコンマ（,）区切りで記述してあらかじめ作成しておきます。たとえば、シリアル番号が「ABCDE」、デバイス情報が「Reg2024-8」の場合、次のように記述します。

ABCDE,Reg2024-8

なお、シリアル番号はiOSの［設定］アプリで［一般］－［情報］から確認できます。また、デバイス情報には任意の文字列を設定できます。

⑨ [Apple Configurator｜プロファイル] 画面で、作成した登録プロファイルを開いて [概要] をクリックし、プロファイルの概要画面で [プロファイルのエクスポート] をクリックする。
⑩ [セットアップアシスタントの登録] 画面で、[プロファイルURL] に表示されているURLをコピーして控えておく。

⑪ macOSデバイスからApple Configurator 2アプリを起動する。
⑫ macOSデバイスにiOSデバイスをUSB接続する。
⑬ Apple Configurator 2の [すべてのデバイス] 画面で、接続したデバイスが表示されていることを確認して [準備] をクリックする。

> Apple Configurator 2アプリはmacOS標準のアプリではありません。Apple Configurator 2アプリがインストールされていない場合は、App Storeから事前にインストールしておいてください。

⑭ ［デバイスを準備］画面で、［準備方法］から［手動構成］を選択して［次へ］をクリックする。
⑮ ［MDMサーバに登録］画面で、［サーバ］に［Microsoft Intune］が選択されていることを確認して［次へ］をクリックする。

⑯ ［MDMサーバを定義］画面で、［ホスト名またはURL］に手順⑩で控えておいたURLを貼り付け、［次へ］をクリックする。
⑰ ［MDMサーバを定義］画面で、［次へ］をクリックする。

⑱ ABMにログインするために使用するApple IDとパスワードを入力し、［次へ］をクリックする。
⑲ ［組織に割り当てる］画面で、［次へ］をクリックする。

㉑［iOS設定アシスタントを構成］画面で、［次へ］をクリックする。
㉑［ネットワークプロファイルを選択］画面で、［次へ］をクリックする。

㉒［自動化された登録の資格情報］画面で、Intune管理者のユーザー名とパスワードを入力して［準備］をクリックする。以上の操作により、USB接続されたデバイスは初期化とデバイスの登録を開始する。

㉓登録の完了後、ABMポータルサイトにアクセスし、[デバイス]をクリックして、登録完了したデバイスをクリックし、[MDMサーバを編集]をクリックする。

㉔[MDMサーバの割り当てを編集]画面で、[次のMDMサーバに割り当てる]から[Microsoft Intune]を選択し、[続ける]をクリックする。
㉕警告画面で、[確認]をクリックする。
㉖以上の操作により、MDMサーバの割り当てが更新され、iOSデバイスがABM経由の管理に切り替わる。

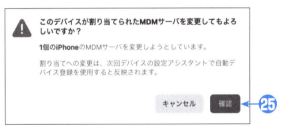

Android Enterpriseの関連付け

ここでは、Android EnterpriseをIntuneと関連付け、Android Enterpriseを介したデバイス管理ができるように構成します。この章の「1 iOS/Androidデバイスの登録と管理」でも解説したように、Androidデバイスの登録には一般的にAndroid Enterpriseを経由した方法を利用します。

Android Enterpriseには4種類の登録方法（登録プロファイル）がありますが、いずれの登録方法を利用する場合も最初にマネージドGoogle PlayアカウントをIntuneに関連付ける必要があります。そのうえで、組織で利用する登録プロファイルの設定を行います。

この節では、Android EnterpriseとIntuneの関連付け設定を解説します。登録プロファイルの設定方法については、次の節で解説します。

Android EnterpriseとIntuneの関連付け設定

Android EnterpriseとIntuneを関連付けする場合、Googleアカウントを利用してAndroid Enterpriseサイトにアクセスし、Intuneテナントを登録する必要があります。この関連付けを行うことにより、Googleが提供するMDM（Mobile Device Management）機能であるAndroid Enterpriseに基づくデバイス管理機能を利用して、IntuneからAndroidデバイスを管理できるようになります。なお、この操作はIntuneテナントで一度だけ行う作業です。

①Microsoft Intune管理センター画面（https://intune.microsoft.com）で、左側のメニューから［デバイス］－［登録］をクリックする。
②［デバイス | 登録］画面で［Android］タブをクリックし、［マネージドGoogle Play］をクリックする。

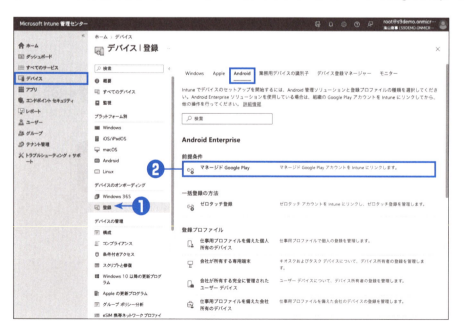

③［マネージドGoogle Play］画面で、［同意する。］チェックボックスをオンにし、［Googleを起動して今すぐ接続します。］をクリックする。

④Google Play画面で、［ログイン］をクリックする。
⑤Googleログイン画面で、Googleアカウントのユーザー名とパスワードを入力し、ログインする。
⑥Google Play画面で、［スタートガイド］をクリックする。

⑦ [お店やサービスの詳細] 画面で、[ドメイン名またはお店やサービスの名前] に組織名を入力し、[次へ] をクリックする。

⑧ [連絡先情報] 画面で、必要な情報を入力し、[managed Google Play 契約を確認しました。この内容に同意します。] チェックボックスをオンにして [確認] をクリックする。

⑨[設定完了]画面で、[登録を完了]をクリックする。

⑩Microsoft Intune 管理センター画面に戻り、[マネージド Google Play]画面で、登録が完了したことを確認する。

6 Androidデバイスの登録

　ここでは、AndroidをIntuneへ登録するための登録プロファイルの設定方法を解説します。登録プロファイルの設定方法については、会社が所有する完全に管理されたユーザーデバイスと、仕事用プロファイルを備えた個人所有のデバイスの2種類の登録方法を解説します。

Androidデバイスの登録設定：会社が所有する完全に管理されたユーザーデバイス

　会社が所有する完全に管理されたユーザーデバイスによる登録方法は、初期化されたAndroidデバイスに対して、Intuneが用意するQRコード（登録トークン）を読み取ってデバイス登録を行います。この登録方法により、Androidデバイスの初期セットアップが完了した時点で、Intuneから提供されるアプリだけが利用可能な、完全管理下でのデバイス利用が可能となります。本手順を実行するにあたり、QRコードを表示するデバイスと、セットアップを行う初期化されたAndroidデバイスが必要です。

①Microsoft Intune管理センター画面（https://intune.microsoft.com）で、左側のメニューから［デバイス－［登録］をクリックする。
②［デバイス｜登録］画面で［Android］タブをクリックし、［会社が所有する完全に管理されたユーザーデバイス］をクリックする。

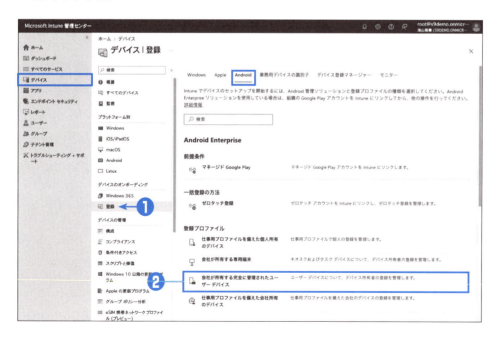

③［会社が所有する完全に管理されたユーザーデバイス］画面で［プロファイルの作成］をクリックする。
④［プロファイルの作成］画面の［基本］タブで、［名前］に名前を入力して［次へ］をクリックする。ここでは、例として「full managed」という名前を入力している。

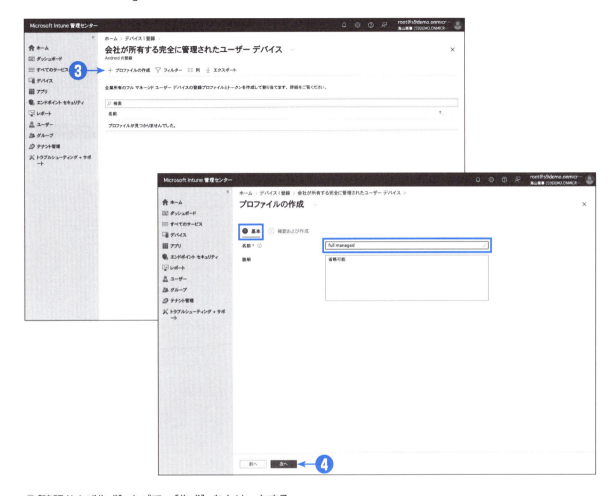

⑤［確認および作成］タブで、［作成］をクリックする。

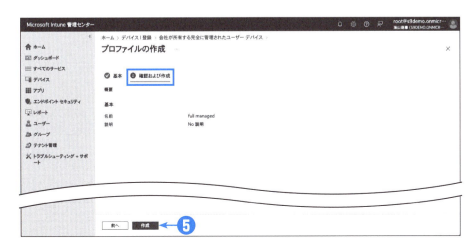

⑥［会社が所有する完全に管理されたユーザーデバイス］画面で、前の手順で作成したプロファイルをクリックする。
⑦作成したプロファイルの画面で、［トークン］をクリックしてQRコードを表示する。

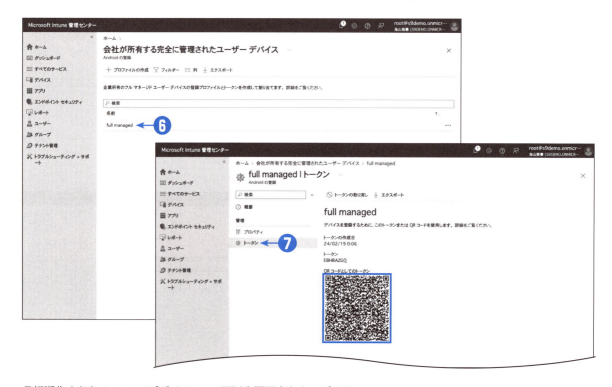

⑧初期化されたAndroidデバイスで、6回以上画面上をタップする。
⑨QRコードリーダー画面が表示されたら、手順⑧で表示されたQRコードを読み取り、Wi-Fi接続を行う。
⑩［端末を設定してください］画面で、［同意して続行］をタップする。
⑪［Chromeへようこそ］画面で、［同意して続行］をタップする。

⑫サインイン画面で、Intuneライセンスをᲁ保有するMicrosoft Entraユーザーのユーザー名とパスワードを入力してサインインする。ここでは例としてユーザーkakuでサインインしている。

⑬［仕事用チェックリスト］画面で、［インストール］をタップする。

⑭［仕事用アプリのインストール］画面で、［完了］をタップする。
⑮［仕事用チェックリスト］画面で、［設定］をタップする。
⑯［Intune］画面で、［サインイン］をタップする。

⑰［デバイスの安全を保つためにご協力ください］画面で、［登録］をタップする。
⑱ アクセス権のセットアップ画面で、［次へ］を2回タップする。

⑲［デバイスカテゴリを選択する］画面で、デバイスカテゴリを選択して［OK］をタップする。
⑳アクセス権のセットアップ画面で、［完了］をタップする。
㉑登録が完了すると、Google Playストアからアプリのインストールができるようになるが、あらかじめIntuneで登録済みのアプリだけがインストール可能な状態になる。

第3章　IntuneへのiOS/Androidデバイスの登録

Androidデバイスの登録設定：
仕事用プロファイルを備えた個人所有のデバイス

　仕事用プロファイルを備えた個人所有のデバイスによる登録方法は、従業員が個人で所有しているAndroidデバイスに対してIntuneのデバイス登録を行い、Intune経由での管理を行う方法です。登録はGoogle Playストアから事前にIntuneポータルサイトアプリをインストールし、アプリの中から登録のための設定を行います。

①AndroidデバイスでGoogle PlayストアにアクセスしIntuneポータルサイトアプリをインストールする。
②インストールが完了したら、Intuneポータルサイトアプリを起動する。
③［ポータルサイト］画面で［サインイン］をタップし、Intuneライセンスを持つユーザーのユーザー名とパスワードを入力し、サインインする。
④セットアップ画面で、［開始］をタップする。

⑤プライバシー画面で、[続行]をタップする。
⑥セットアップ画面で、[続行]をタップする。
⑦デバイスのカテゴリ画面で、カテゴリを選択して[完了]をタップする。

⑧セットアップ画面で、[完了]をタップする。
⑨[新しい仕事用の設定]画面で、[了解]をタップする。
⑩ここまでの手順で登録は完了する。Androidデバイスのアプリ一覧では、ブリーフケースのアイコンが表示されたアプリと、そうでないアプリが表示されている。ブリーフケースのアイコンが表示されたアプリはIntuneによって管理されたアプリであることを表している。

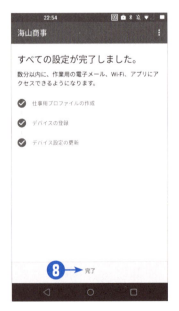  

Windowsデバイスのポリシー管理

第 4 章

1	プロファイル管理の概要
2	構成プロファイルを利用したポリシー設定
3	OMA-URIベースのプロファイル設定
4	ADMXベースのプロファイル設定
5	Windows E3ライセンスが必要な機能の有効化
6	スクリプトベースのプロファイル設定
7	更新プログラムの管理
8	エンドポイントセキュリティ管理
9	セキュリティベースライン
10	攻撃面の減少
11	ポリシーの割り当て
12	グループポリシーからの移行/共存

Intuneでは「プロファイル」と呼ばれるポリシー管理機能を通じてWindowsデバイスに対する各種設定を行うことができます。この章では、Windowsデバイスに対するポリシー設定の方法と設定可能な項目について見ていきます。

1 プロファイル管理の概要

Intuneではデバイスに対する設定をプロファイルとして定義し、割り当てていくことができます。ここではプロファイルの種類としてどのようなものがあるかについて解説します。

プロファイルとは

　デバイスの構成管理は、どのような組織にとっても重要な課題の1つです。デバイスの構成管理とは、デバイスに対してさまざまな設定を適用したり、デバイスが持つ特定の機能を制限したりすることです。このような構成管理を行うことによって、デバイスの構成を標準的な内容に統一することができると共に、業務に不必要な機能を使用できないようにすることで、セキュリティリスクを低く抑えることができます。

　オンプレミスのActive Directoryドメイン環境では、上記のような構成管理を行うために「グループポリシー」と呼ばれるOSの標準機能が一般的に使用されています。グループポリシーは、さまざまな設定や機能の制限を「ポリシー」という単位で定義し、その内容をドメイン参加したコンピューターに対して適用することによって実現しています。

　一方、Intuneでは「プロファイル」と呼ばれる設定を構成することで、Intuneに登録されたデバイスに対してさまざまな設定を与えたり、デバイスが持つ特定の機能を利用できないように制限したりすることができます。Intuneでの「プロファイル」とは、特定の設定を配布したり、機能や操作を制限したりするための設定をまとめたものです。つまり、一般的にはポリシーと呼ばれる定義をIntuneではプロファイルという設定から作成することができます。作成したプロファイルは、指定したユーザーグループまたはデバイスグループの単位で、各デバイスに割り当てることが可能です。

ポリシー定義からプロファイル実装までのステップ

　Intuneではプロファイルを構成し、それを適用対象のグループに割り当てることで構成管理を行います。その構成管理を行うにあたってのステップは、次のようになります。

1. 組織で必要なポリシーと割り当てる対象を定義
2. 対応するプロファイル等を設定

第4章　Windowsデバイスのポリシー管理　**141**

組織で必要なポリシーと割り当てる対象を定義

　まず、組織での構成として実現したいこと、そしてどのユーザーやデバイスを対象に構成したいかを洗い出します。一般的な組織であれば、具体的には次のようなことが挙げられるでしょう。

- 組織で利用するWi-Fi設定
- Microsoft OneDrive（以降、OneDrive）アプリを利用する/しない
- 組織で必要な証明書をデバイスに発行
- USBメモリの利用を禁止
- ウイルス対策ソフトの設定
- 更新プログラムの適用ルール
- ローカル管理者の設定

　こうした設定を洗い出し、誰に（どのデバイスやユーザーに）割り当てるかを定義します。これまでActive Directoryを利用していた組織であれば、グループポリシー機能で実現しているケースがあります。この場合、グループポリシーで設定していたことと同じことをIntuneで実現したいと考える管理者も多いでしょう。しかしオンプレミスでの構成管理に求めることと、クラウドでの構成管理に求めることは同じとは限らないため、Intuneで実装する項目は機械的にグループポリシーから移行するのではなく、Intuneに設定するにあたり、改めて検討することをお勧めします。

　セキュリティに関する設定を行う場合、組織で設定すべき項目が明確な場合はその設定を実装すればよいですが、何をすべきかわからないという組織もあるでしょう。その場合、さまざまな組織で提供している「セキュリティベースライン」と呼ばれる、推奨セキュリティ設定を参考にするとよいでしょう。ここでは2つのセキュリティベースラインを紹介します。

　1つはマイクロソフトが提供するセキュリティベースラインです。このセキュリティベースラインではWindows OSやMicrosoft Edgeなどコンポーネントに分かれてマイクロソフトが推奨するセキュリティ設定が用意されています。そのため、私たちはセキュリティベースラインを有効化するだけで推奨設定を一度に実装できる手軽さがあります。マイクロソフトのセキュリティベースラインについては、この章の9で解説します。

　もう1つはインターネットセキュリティの標準化の策定を行っている米国の団体であるCenter for Internet Security（CIS）が提供する「CIS Benchmarks」というセキュリティガイドラインです。CIS BenchmarksはOSや各種サービスごとに標準的なセキュリティを情報として提供しており、特にWindowsクライアントのセキュリティベースラインについてはIntuneでの設定手順までが記述されたドキュメントが提供されています。

「Center for Internet Security（CIS）ベンチマーク」
https://learn.microsoft.com/ja-jp/compliance/regulatory/offering-cis-benchmark

　これらのセキュリティベースラインを参考に組織で行うべきセキュリティ設定を決定していくのも1つの方法です。

オンプレミスではWindows OSの更新プログラムを配布するためにWSUS（Windows Server Update Services）の設定をグループポリシーから行うことがありますが、こうした設定をクラウド経由で行うことはありません。このようにグループポリシーとIntuneでは同じ設定を利用するとは限らないため、本文では機械的に移行しないように解説しました。一方で、一部設定についてはIntuneに移行したいと考える設定項目もあるでしょう。こうしたケースでは、たとえばグループポリシーのAという設定はIntuneのどこから設定すべきか悩むことになります。この場合、「グループポリシー分析」を利用することをお勧めします。グループポリシー分析はMicrosoft Intune管理センターの［デバイス］メニューから［グループポリシー分析］をクリックしてアクセス可能な項目で、グループポリシーオブジェクト（GPO）のバックアップを事前に取得しておき、バックアップデータを［グループポリシー分析］画面でインポートすると、グループポリシー設定に対応するIntuneの設定項目があるか、存在する場合はどのメニューから設定できるかを紹介してくれます。グループポリシー分析については、この章の12で改めて説明します。

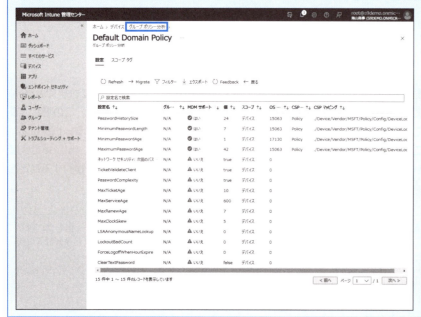

対応するプロファイル等を設定

組織での構成として実現したいことが確認できたら、その設定がどのIntuneの機能で実現するかを確認します。Intuneで利用可能なポリシー設定には次のようなものがあります。

- **構成プロファイル（テンプレート）**

最も一般的な設定方法で、用意されたメニューから行いたい設定を選択していくポリシー設定です。Wi-Fiに関する設定からデバイスに対する各種機能制限まで、グループポリシーにもあるような設定の多くをカバーしている特徴があります。構成プロファイルについては、この章の2で解説します。

- **構成プロファイル（設定カタログ）**

同じ構成プロファイル設定の中から選択可能な設定カタログは組織で行いたい設定をキーワードで検索して設定していくタイプのポリシー設定です。構成プロファイル（テンプレート）からは選択できないような設定項目を網羅している反面、構成プロファイル（テンプレート）からでないと選択できない設定項目もあるため、テンプレートとどちらを利用するべきかは実装したい設定によって決まります。設定カタログを利用した構成プロファイルについては、この章の2で解説します。

- **管理用テンプレート**

構成プロファイル（テンプレート）から選択可能な項目で、グループポリシーオブジェクトの管理用テンプレート

をIntuneに再現したポリシー設定です。グループポリシーオブジェクトの管理用テンプレートではADMXファイルを追加することで管理用テンプレートの設定項目を増やすことが可能でしたが、同様の設定をIntuneから行うこともできるようになっています。管理用テンプレートを利用した構成プロファイル設定については、この章の4で解説します。

● **OMA-URI**

構成プロファイル（テンプレート）から選択可能な項目で、「OMA-URI（Open Mobile Alliance – Uniform Resources）」と呼ばれる書式（URI）を用いて行うポリシー設定です。Intuneによるデバイス管理は、「OMA-DM（Open Mobile Alliance-Device Management）」という規格に基づいています。私たちがIntuneから設定する各種ポリシー設定はOMA-DMの規格で使用するOMA-URIに変換され、処理されます。この設定はOMA-URIの書式を直接入力して利用する方法で、構成プロファイルのGUI画面から設定できないような内容を構成するときに使います。OMA-URIベースのプロファイル設定については、この章の3で解説します。

● **更新リング**

デバイスで更新プログラムをインストールするタイミングなどを制御するためのプロファイルです。クラウドでのデバイス管理においては、更新プログラムそのものを配布するわけではなく、Windows Updateに関する設定のみを配布します。更新プログラムの延期日数やアクティブ時間などの設定が含まれています。更新リングについては、この章の7で解説します。

● **エンドポイントセキュリティ**

エンドポイントセキュリティはMicrosoft Intune管理センター画面内のメニューで、ウイルス対策ソフトの設定やMicrosoft Defenderファイアウォールの設定、ディスクの暗号化設定など、セキュリティに関わる設定がまとめて実装できる設定項目です。エンドポイントセキュリティについては、この章の8で解説します。

> エンドポイントセキュリティで設定可能な項目のうち、いくつかの項目は構成プロファイルから同じ設定を行うことができます。これは組織の中でIT管理者とセキュリティ管理者でアクセス可能な領域を明確に分けられるようにするために同じ設定を別々のメニューから実装できるようにしています。
> ただしエンドポイントセキュリティと構成プロファイルの設定には優先順位の優劣がないため、同時に設定を行うと、どちらの設定が適用されるかわからなくなります。そのため、エンドポイントセキュリティと構成プロファイルで同じ設定を行わないように運用ルールを決めておくことが重要になります。

● **セキュリティベースライン**

エンドポイントセキュリティから選択可能な項目で、マイクロソフトが推奨するセキュリティ設定をまとめて実装できる設定項目です。セキュリティベースラインはWindows OSやMicrosoft Edgeなどのコンポーネントに分かれているため、必要な設定だけを選択して実装することが可能です。セキュリティベースラインについては、この章の9で解説します。

● **スクリプト**

ここまでで登場したメニューを利用して組織で行いたいセキュリティ設定ができない場合、PowerShellスクリプトファイルを用意してデバイス上で実行するように構成することができます。スクリプトの実行は管理者として実行/サインインユーザーとして実行を選択したり、スクリプトの実行条件を事前に定義して特定の環境のみでスクリプトが実行できるように構成したりすることができます。

スクリプトはPowerShellで実行可能な設定であれば何でも設定できるため、どんな設定もスクリプトを利用したくなりますが、実装後のメンテナンスのしやすさを考慮するとスクリプトの利用は最小限に抑えるような運用が望ましいです。スクリプトを利用するプロファイル設定については、この章の6で解説します。

2 構成プロファイルを利用した ポリシー設定

Intuneでは、構成プロファイルを作成し、デバイスに配布する設定や制限を定義します。ここでは、構成プロファイルを利用したポリシー設定について解説します。

構成プロファイルの種類

構成プロファイルではOSの種類ごとに異なる構成プロファイルが用意され、その設定は設定項目を選択肢から選択する［テンプレート］と、設定項目を検索ボックスからキーワード検索して選択する［設定カタログ］の2種類があります。

Windows用の構成プロファイルから［テンプレート］を選択した場合、主に次のような構成プロファイル設定項目が用意されています。

構成プロファイルの種類	説明
デバイスの制限	Windows 10/11のさまざまな機能や基本設定について制限する
デバイスの制限（Windows 10 Team）	Surface Hub向けに搭載されるWindows 10 Team特有の機能や設定について制限する
エディションのアップグレードおよびモードの切り替え	Windowsのエディションをリモートからアップグレードする
電子メール	電子メールプロファイル設定を配布する
Endpoint Protection	暗号化やファイアウォールについての設定を配布する
ID保護	Windows Hello for Businessの構成を配布する
キオスク	キオスクとしての構成やWebブラウザーについて構成する
ネットワーク境界	IPサブネットなどのネットワーク範囲を定義する
信頼済み証明書	信頼されたルート証明機関の設定を追加する
SCEP証明書	ユーザー/クライアントの証明書を配布する
PKCS証明書	ユーザー/クライアントの証明書を配布する
PKCSのインポートされた証明書	ファイル形式で提供される証明書を配布する
VPN	VPN設定を配布する
Microsoft Defender for Endpoint（Windows 10以降を実行するデスクトップデバイス）	オンボード/オフボードパッケージを配布する
Wi-Fi	Wi-Fi設定を配布する
Windowsの正常性の監視	更新プログラムやデバイスそのものの情報を収集し、推奨事項の情報提供に活用する
配信の最適化	更新プログラム等をダウンロードする際に使用するキャッシュ機能である配信の最適化のパラメーターを構成する
デバイスのファームウェア構成インターフェイス	デバイスのファームウェア構成インターフェイス（DFCI）を利用したUEFI（Unified Extensible Firmware Interface）の管理を行う
ドメインへの参加	Active Directoryドメインへの参加設定を行う
ワイヤード（有線）ネットワーク	EAPプロトコルを利用した有線ネットワーク接続のパラメーターを構成する

この節ではいくつかの構成プロファイルを使用して、Windowsデバイスに対して次の構成を行う手順について解説します。

- 特定機能の利用制限

- スクリーンロック設定
- ルート証明書とPKCS証明書の配布
- 設定カタログを利用した構成プロファイル設定

　各構成プロファイルは作成時に割り当て設定を行い、割り当てによって指定されたグループ単位で、適用対象となるユーザーおよびデバイスが決定されます。つまり、割り当てを行わないと、どのユーザーおよびデバイスにも適用されません。また、割り当ては［特定のグループ］［すべてのユーザー］［すべてのデバイス］という選択肢から行います。そのため、一部のユーザーやデバイスを適用対象にしたい場合には、事前にそのユーザーやデバイスを含むグループを作成しておく必要があります。

> 特定のグループに対してプロファイルの割り当てを行ったり、割り当て結果を確認する方法については、この章の11で解説します。

特定機能の利用制限

　Windowsデバイスに対する特定機能の制限を行う場合、構成プロファイルの［デバイスの制限］を使用します。ここでは、前の節で紹介した「CIS Benchmarks」に基づいて実装する1つの例として、カメラ機能を無効にするための構成プロファイルを構成します。

> CIS Benchmarksの「18.10.10 Camera」カテゴリ内の項目18.10.10.1では「Ensure 'Allow Use of Camera' is set to 'Disabled'」（［カメラの使用を許可します］が［無効］に設定されていることを確認する）と記載されており、ここで説明する構成プロファイルの設定を案内しています。

①Microsoft Intune管理センター画面（https://intune.microsoft.com）で、左側のメニューから、［デバイス］－［構成］をクリックし、［デバイス｜構成］画面の［ポリシー］タブで［作成］をクリックする。

②［プロファイルの作成］画面で、［プラットフォーム］と［プロファイルの種類］および［テンプレート名］を選択し、［作成］をクリックする。ここでは、次のとおり設定している。
- ［プラットフォーム］：［Windows 10以降］を選択
- ［プロファイルの種類］：［テンプレート］を選択
- ［テンプレート名］：［デバイスの制限］を選択

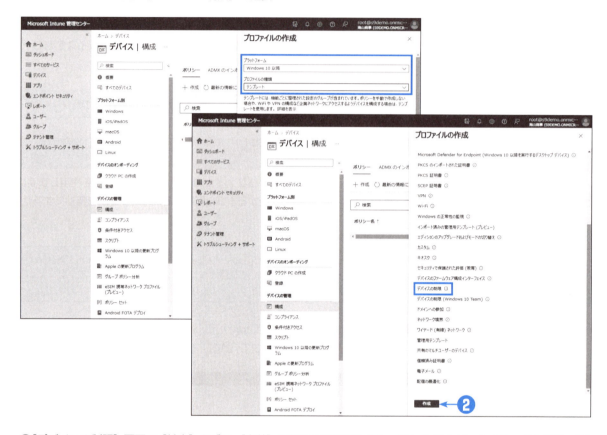

③［デバイスの制限］画面の［基本］タブで、［名前］に任意の名前を入力し、［次へ］をクリックする。ここでは、［名前］に「カメラの無効化」と入力している。

④［構成設定］タブで、一覧から［全般］を展開し、［カメラ］を［ブロック］に設定して［次へ］をクリックする。

> 本設定画面から［リムーバブル記憶域］設定をブロックするように構成することで、USBメモリを利用できないように構成できます。

⑤［割り当て］タブで、［すべてのデバイスを追加］をクリックし、［次へ］をクリックする。

⑥ [適用性ルール] タブで、[次へ] をクリックする。
⑦ [確認および作成] タブで、設定内容を確認し、[作成] をクリックする。

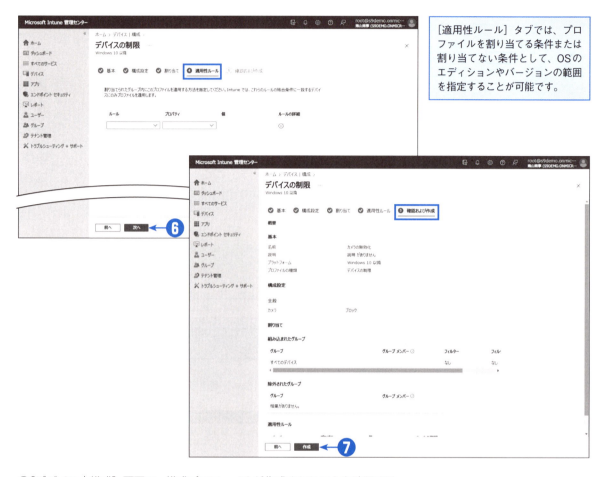

[適用性ルール] タブでは、プロファイルを割り当てる条件または割り当てない条件として、OSのエディションやバージョンの範囲を指定することが可能です。

⑧ [デバイス｜構成] 画面で、構成プロファイルが作成されたことを確認する。

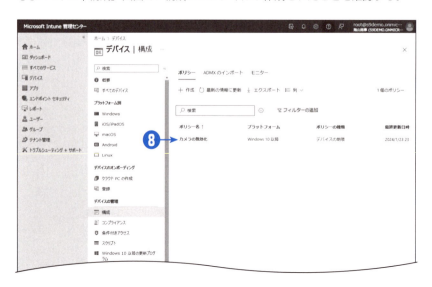

第4章 Windowsデバイスのポリシー管理

スクリーンロック設定

構成プロファイルの［Endpoint Protection］テンプレートではデバイスに対して実装可能な各種セキュリティ設定が含まれています。ここでは、CIS Benchmarksに基づいて実装する1つの例として、一定時間経過したのちにスクリーンセーバーを有効にし、スクリーンロックを設定するための構成プロファイルを構成します。

> CIS Benchmarksの「2.3.7 Interactive logon」カテゴリ内の項目2.3.7.3では「Ensure 'Interactive logon: Machine inactivity limit' is set to '900 or fewer second(s), but not 0'（［対話型ログオン：コンピューターの非アクティブ状態の上限］を900秒以下に設定されていることを確認する。ただし0秒には設定しない。）」と記載されており、ここで説明する構成プロファイルの設定を案内しています。

①Microsoft Intune管理センター画面（https://intune.microsoft.com）で、左側のメニューから、［デバイス］－［構成］をクリックし、［デバイス | 構成］画面の［ポリシー］タブで［作成］をクリックする。

②［プロファイルの作成］画面で、［プラットフォーム］と［プロファイルの種類］および［テンプレート名］を選択し、［作成］をクリックする。ここでは、次のとおり設定している。
- ［プラットフォーム］：［Windows 10以降］を選択
- ［プロファイルの種類］：［テンプレート］を選択
- ［テンプレート名］：［Endpoint Protection］を選択

③ [Endpoint Protection] 画面の [基本] タブで、[名前] に任意の名前を入力し、[次へ] をクリックする。ここでは、[名前] に「スクリーンロック設定」と入力している。

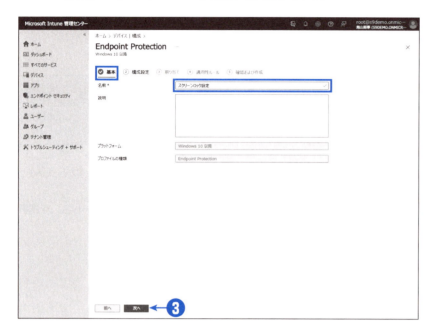

④ [構成設定] タブで、一覧から [ローカルデバイスのセキュリティオプション]−[対話型ログオン] を展開し、次のように設定して [次へ] をクリックする。
- [スクリーンセーバーがアクティブになるまでロック画面の非アクティブ時間（分）]：[15] に設定
- [ログオンにCtrl+Alt+Delが必要]：[有効にする] を選択

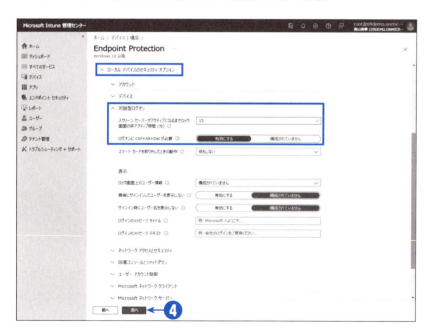

⑤[割り当て] タブで、[すべてのデバイスを追加] をクリックし、[次へ] をクリックする。
⑥[適用性ルール] タブで、[次へ] をクリックする。

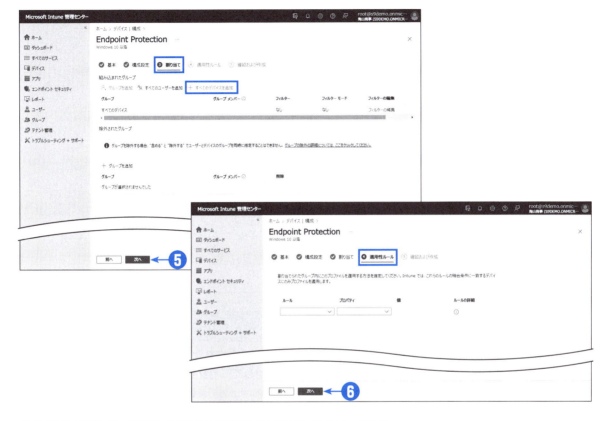

⑦[確認および作成] タブで、設定内容を確認して [作成] をクリックする。

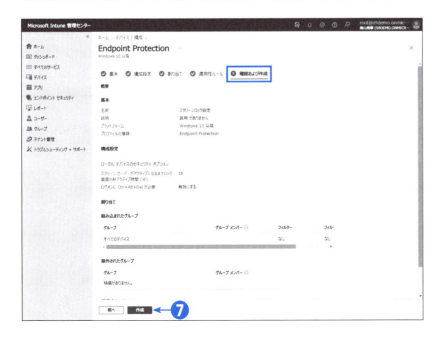

⑧ [デバイス｜構成] 画面の [ポリシー] タブで、構成プロファイルが作成されたことを確認する。

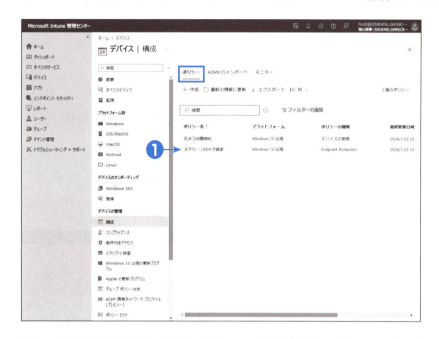

ルート証明書とPKCS証明書の配布

　Intuneの証明書配布機能では、Windows Serverにインストールされた認証局のサービスであるActive Directory証明書サービスから、Intuneに登録されたデバイスに対して証明書を発行します。証明書の発行方法には、PKCS（Public-Key Cryptography Standards）とSCEP（Simple Certificate Enrollment Protocol）の2種類があり、PKCS証明書による発行方法では、認証局から発行された証明書の公開鍵と秘密鍵の両方をIntune経由で配布します。

　一方、SCEP証明書による発行方法では、Intuneに登録されたデバイスから認証局に証明書の発行要求を行い、証明書を発行します。このとき、登録デバイスから認証局に対して直接接続して証明書の発行要求を行う必要があるため、Windows Serverの役割サービスであるネットワークデバイス登録サービス（NDES）を事前にインストールしておき、NDESサーバー経由で認証局にアクセスできるようにしておきます。

　SCEP証明書による発行方法は複雑なインフラ構成を必要としますが、秘密鍵をネットワーク経由で送信することがないことや、多様な証明書を発行できることがメリットとして挙げられます。

　PKCSとSCEPのどちらの発行方法の場合も、オンプレミスの認証局とIntuneの間で通信ができるようにIntuneコネクタをWindows Serverにインストールしておく必要があります。

　ここでは、次のステップでPKCS証明書をWindowsデバイスに発行する方法について確認します。

1. 認証局の作成
2. ルート証明書の取得と配布
3. 証明書テンプレートの作成
4. Intuneコネクタのインストール
5. PKCS証明書配布のためのプロファイル設定
6. PKCS証明書配布のための事前設定

第4章 Windowsデバイスのポリシー管理

1. 認証局の作成

　Intuneのプロファイルから発行要求される証明書は、Windows Serverの認証局であるActive Directory証明書サービスから発行されます。そのため、最初のステップとして、Active Directory証明書サービスをインストールします。なお、Intune経由で証明書を発行する場合、Active Directory証明書サービスはエンタープライズCAとして構成されている必要があります。そのため、本手順では、Active Directoryドメインサービスがインストールされたサーバー上にActive Directory証明書サービスを追加し、エンタープライズCAとして構成します。

> 本書では、Active Directoryドメインサービスが既に用意されている前提で認証局の作成手順について解説します。Active Directoryドメインサービスの作成手順については、姉妹書『ひと目でわかるActive Directory　Windows Server 2022版』（日経BP、2022年）を参考にしてください。

①Windows Serverコンピューターで、サーバーマネージャーを起動する。
②サーバーマネージャーで、［管理］－［役割と機能の追加］をクリックする。
③［役割と機能の追加ウィザード］の［開始する前に］画面で、［サーバーの選択］をクリックする。
④［対象サーバーの選択］画面で、［次へ］をクリックする。

⑤［サーバーの役割の選択］画面で、［Active Directory証明書サービス］をオンにする。
⑥［Active Directory証明書サービスに必要な機能を追加しますか］画面で、［機能の追加］をクリックする。

⑦［サーバーの役割の選択］画面に戻るので、［確認］をクリックする。
⑧［インストールオプションの確認］画面で、［インストール］をクリックする。

⑨インストールが完了したら、［インストールの進行状況の表示］画面で、［対象サーバーにActive Directory証明書サービスを構成する］をクリックする。
⑩［資格情報］画面で、［次へ］をクリックする。

⑪［役割サービス］画面で、［証明機関］をオンにし、［次へ］をクリックする。
⑫［セットアップの種類］画面で、［エンタープライズCA］を選択し、［CA名］をクリックする。

⑬［CAの名前］画面で、［証明書データベース］をクリックする。
⑭［CAデータベース］画面で、［確認］をクリックする。

⑮［確認］画面で、［構成］をクリックする。
⑯構成が完了したら、［結果］画面で［閉じる］をクリックする。

2. ルート証明書の取得と配布

　Active Directory証明書サービスを認証局として利用する場合、証明書を利用するデバイスにActive Directory証明書サービスのルート証明書をあらかじめ実装しておく必要があります。本手順では、ルート証明書を取得し、プロファイルを利用して各デバイスに配布します。

①Active Directory証明書サービスの役割を追加したサーバーで、コマンドプロンプトを起動する。
②コマンドプロンプト画面で、次のコマンドを入力して実行する。この操作により、新しく作成した認証局のルート証明書がCドライブのルートに「root.cer」というファイル名で作成される。

　　certutil -ca.cert c:¥root.cer

③Microsoft Intune管理センター画面（https://intune.microsoft.com）で、［デバイス］をクリックする。
④［デバイス｜概要］画面で［構成］をクリックし、［デバイス｜概要］画面の［ポリシー］タブで［作成］をクリックする。
⑤［プロファイルの作成］画面で、［プラットフォーム］と［プロファイルの種類］および［テンプレート名］を選択し、［作成］をクリックする。ここでは、次のとおり設定している。
- ［プラットフォーム］：［Windows 10以降］を選択
- ［プロファイルの種類］：［テンプレート］を選択
- ［テンプレート名］：［信頼済み証明書］を選択

⑥［信頼済み証明書］画面の［基本］タブで、［名前］に任意の名前を入力し、［次へ］をクリックする。ここでは、［名前］に「Windowsデバイス用ルート証明書」と入力している。

⑦ ［構成設定］タブで、［有効な.cerファイルを選択］をクリックし、手順②で作成したルート証明書root.cerファイルを選択し、［保存先ストア］に［コンピューター証明書ストア - ルート］が選択されていることを確認して［次へ］をクリックする。

⑧ ［割り当て］タブで、［すべてのデバイスを追加］をクリックし、［次へ］をクリックする。

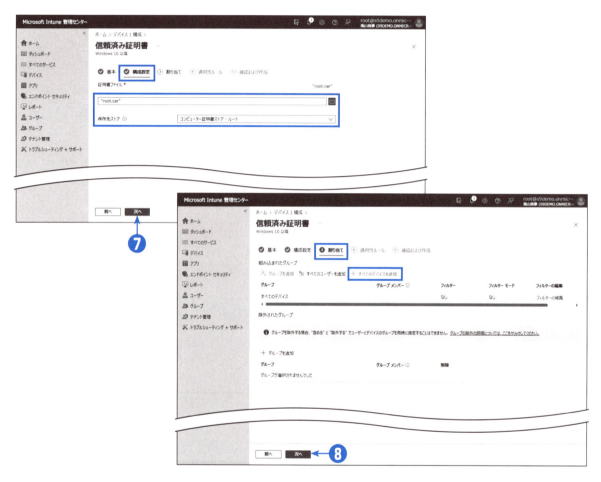

⑨ ［適用性ルール］タブで、［次へ］をクリックする。

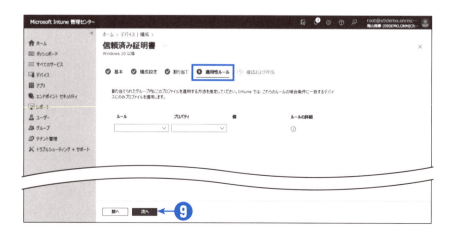

⑩［確認および作成］タブで、設定内容を確認し、［作成］をクリックする。

⑪［デバイス｜構成］画面の［ポリシー］タブで、構成プロファイルが追加されたことを確認する。

3. 証明書テンプレートの作成

　エンタープライズCAとして実装されたActive Directory証明書サービスから証明書を発行する場合、あらかじめ証明書テンプレートを作成し、証明書テンプレートに沿って自動的に証明書を発行できるようにします。本手順では、Intune経由で証明書が自動的に発行できるようにするための証明書テンプレートを作成します。

①サーバーマネージャーで、[ツール]-[証明機関]をクリックする。

②[証明機関]画面で、左ペインの[証明書テンプレート]を右クリックし、[管理]をクリックする。
③[証明書テンプレートコンソール]画面で、[ユーザー]を右クリックし、[テンプレートの複製]をクリックする。

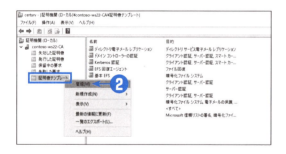

④ [新しいテンプレートのプロパティ] 画面の [互換性] タブで、[証明機関] から [Windows Server 2008 R2] を選択する。その際、[結果的な変更] 画面が表示されるので、[OK] をクリックする。

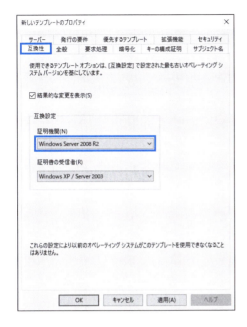

⑤ [新しいテンプレートのプロパティ] 画面の [互換性] タブで、[証明書の受信者] から [Windows 7/Server 2008R2] を選択する。その際、[結果的な変更] 画面が表示されるので、[OK] をクリックする。

⑥[新しいテンプレートのプロパティ]画面の[サブジェクト名]タブで、[要求に含まれる]を選択する。その際、[証明書テンプレート]画面が表示されるので、[OK]をクリックする。

⑦[新しいテンプレートのプロパティ]画面の[セキュリティ]タブで、[追加]をクリックする。

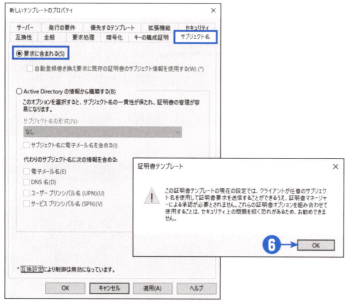

⑧[ユーザー、コンピューター、サービスアカウントまたはグループの選択]画面で、[オブジェクトの種類]をクリックする。

⑨[オブジェクトの種類]画面で、[コンピューター]をオンにし、[OK]をクリックする。

⑩[ユーザー、コンピューター、サービスアカウントまたはグループの選択]画面で、[選択するオブジェクト名を入力してください]にIntuneコネクタをインストールするサーバーの名前を入力し、[OK]をクリックする。

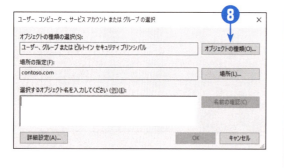

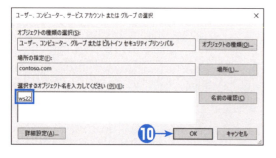

> 本手順では、Active Directory証明書サービスの役割を追加するサーバーと、Intuneコネクタをインストールするサーバーを、同一のサーバーにしています。

⑪ ［新しいテンプレートのプロパティ］画面の［セキュリティ］タブで、前の手順で追加したサーバー名をクリックし、［アクセス許可］で［読み取り］と［登録］の［許可］をオンにする。
⑫ ［新しいテンプレートのプロパティ］画面の［全般］タブで、［テンプレート表示名］に「Intune」と入力し、［OK］をクリックする。

⑬ ［証明書テンプレートコンソール］画面を閉じる。
⑭ ［証明機関］画面で、左ペインの［証明書テンプレート］を右クリックし、［新規作成］－［発行する証明書テンプレート］をクリックする。
⑮ ［証明書テンプレートの選択］画面で、［Intune］を選択し、［OK］をクリックする。
⑯ ［証明機関］画面で、左ペインの認証局の名前を右クリックし、［プロパティ］をクリックする。

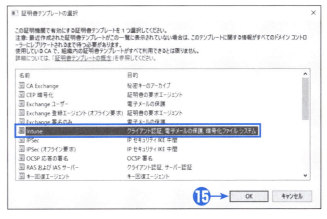

⑰プロパティ画面の［セキュリティ］タブで、［追加］をクリックする。
⑱［ユーザー、コンピューター、サービスアカウントまたはグループの選択］画面で、［オブジェクトの種類］をクリックする。
⑲［オブジェクトの種類］画面で、［コンピューター］をオンにし、［OK］をクリックする。

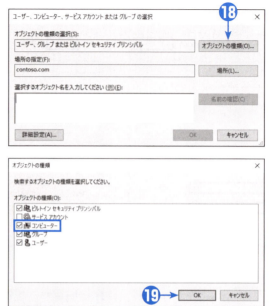

⑳［ユーザー、コンピューター、サービスアカウントまたはグループの選択］画面で、［選択するオブジェクト名を入力してください］に、Active Directory証明書サービスの役割をインストールしたサーバーの名前を入力し、［OK］をクリックする。
㉑プロパティ画面の［セキュリティ］タブで、前の手順で追加したサーバー名をクリックし、［アクセス許可］で［証明書の発行と管理］と［証明書の要求］の［許可］をオンにして、［OK］をクリックする。

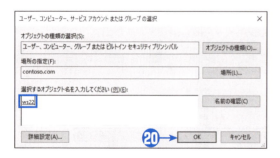
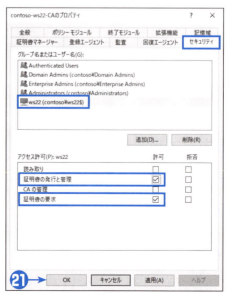

4. Intuneコネクタのインストール

　Active Directory証明書サービスがインストールされたサーバーとIntune間で互いに通信を行い、証明書の受け渡しができるようにするためにコネクタをインストールします。

①Microsoft Intune管理センター画面（https://intune.microsoft.com）で、画面左側の［テナント管理］をクリックする。
②［テナント管理］画面で、［コネクタとトークン］－［証明書のコネクタ］の順にクリックし、［追加］をクリックする。

③［証明書コネクタのインストール］画面で、［証明書コネクタ］のダウンロードリンクをクリックする。

④Windows Serverコンピューターに移動し、[サーバーマネージャー] 画面で [ローカルサーバー] をクリックし、[IEセキュリティ強化の構成] の [有効] をクリックする。

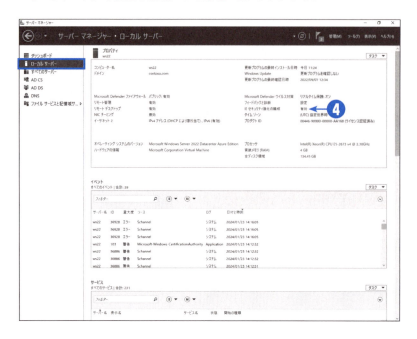

のちに表示されるサインイン画面では、Webブラウザーを利用します。Intuneコネクタをインストールしたサーバーの既定のブラウザーがInternet Explorerの場合、既定ではIEセキュリティ強化の構成が有効になっており、サインイン画面が正しく表示されない場合があります。そのため、Internet Explorerを利用するように構成されている場合は本手順に記載されている、サーバーマネージャー画面から [IEセキュリティ強化の構成] のリンクをクリックして、設定を変更してください。

⑤[Internet Explorerセキュリティ強化の構成] 画面で、2か所の [オフ] を選択し、[OK] をクリックする。
⑥Windows Serverコンピューターで、前の手順でダウンロードしたセットアッププログラムを実行する。
⑦[Certificate Connector for Microsoft Intuneセットアップ] 画面で、[ライセンス条項および使用条件に同意する] をオンにし、[インストール] をクリックする。

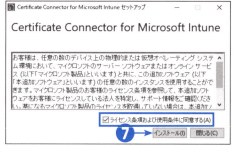

⑧ ［インストールが正常に完了しました］画面で、［今すぐ構成する］をクリックする。
⑨ ［Microsoft Intune Certificate Connectorへようこそ］画面で、［次へ］をクリックする。
⑩ ［機能］画面で、［PKCS］をオンにし、［次へ］をクリックする。

⑪ ［サービスアカウント］画面で、［SYSTEM account］を選択し、［次へ］をクリックする。

⑫ [プロキシ] 画面で、[次へ] をクリックする。
⑬ [前提条件] 画面で、[次へ] をクリックする。
⑭ [Azure AD サインイン] 画面で、[サインイン] をクリックする。

⑮ [サインイン] 画面で、Intune管理者のユーザー名を入力し、[次へ] をクリックする。

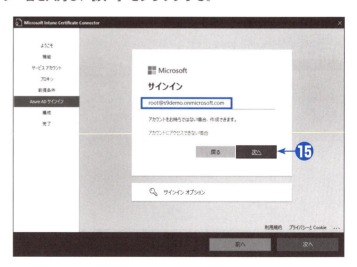

⑯ [パスワードの入力] 画面で、パスワードを入力し、[サインイン] をクリックする。
⑰ [パスワードのオートコンプリート] 画面で、[いいえ] をクリックする。

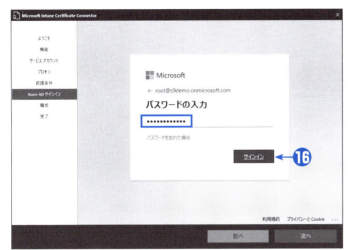

⑱ [Azure AD サインイン] 画面に戻るので、[次へ] をクリックする。
⑲ [構成が正常に完了しました] 画面で、[終了] をクリックする。

⑳Microsoft Intune管理センター画面に戻り、コネクタが登録され、[ステータス]列に「アクティブ」と表示されていることを確認する。

5. PKCS証明書配布のためのプロファイル設定

　Intuneコネクタを経由して、証明書テンプレートの内容に従って自動的に証明書を発行できるように、PKCS証明書の配布を行うプロファイルを作成します。

①Microsoft Intune管理センター画面（https://intune.microsoft.com）で、[デバイス]をクリックする。
②[デバイス｜概要]画面で[構成]をクリックし、[デバイス｜概要]画面の[ポリシー]タブで[作成]をクリックする。
③[プロファイルの作成]画面で、[プラットフォーム]と[プロファイルの種類]および[テンプレート名]を選択し、[作成]をクリックする。ここでは、次のとおり設定している。
　●[プラットフォーム]：[Windows 10以降]を選択
　●[プロファイルの種類]：[テンプレート]を選択
　●[テンプレート名]：[PKCS証明書]を選択

第4章 Windowsデバイスのポリシー管理

④［PKCS証明書］画面の［基本］タブで、［名前］に任意の名前を入力し、［次へ］をクリックする。ここでは、［名前］に「WindowsデバイスPKCS証明書」と入力している。

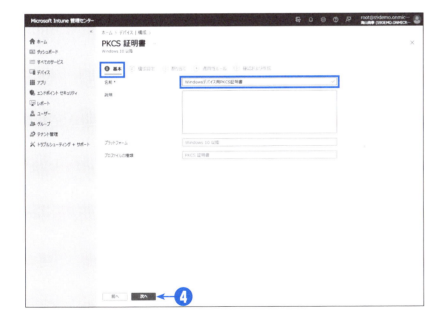

⑤ ［構成設定］タブで、次の構成を行い、［次へ］をクリックする。

項目	設定値	説明
更新しきい値（%）	20	証明書を再発行するまでの期間
証明書の有効期間	1年	証明書の有効期間
キー記憶域プロバイダー（KSP）	トラステッドプラットフォームモジュール（TPM）KSPが存在する場合はTPM KSPに登録する（それ以外はソフトウェアKSPに登録する）	デバイス上のキーを格納する場所
証明機関	ws22.contoso.com	認証局がインストールされたサーバーの名前
証明機関名	contoso-WS22-CA	エンタープライズCA作成時に設定した認証局の名前
証明書テンプレート名	Intune	前の手順で作成した証明書テンプレートの名前
証明書の種類	ユーザー	証明書のサブジェクトとサブジェクトの別名内にユーザーとデバイスの属性の両方を含める場合は［ユーザー］を選択し、デバイスの属性のみを含める場合は［デバイス］を選択する
サブジェクト名の形式	CN={{UserName}},E={{EmailAddress}}	発行する証明書の名前の形式
サブジェクトの別名	属性：［ユーザープリンシパル名（UPN）］を選択 値：CN={{UserprincipalName}}	発行する証明書の名前に対して設定される別名の形式
拡張キー使用法	［定義済みの値］の一覧から［クライアント認証］を選択	証明書をどのような目的に使用できるかを選択

⑥ [割り当て] タブで、[すべてのデバイスを追加] をクリックし、[次へ] をクリックする。
⑦ [適用性ルール] タブで、[次へ] をクリックする。

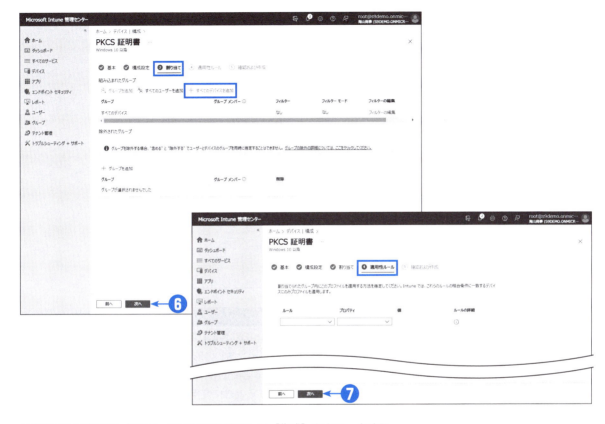

⑧ [確認および作成] タブで、設定内容を確認して [作成] をクリックする。

⑨［デバイス｜構成］画面の［ポリシー］タブで、作成した構成プロファイルが追加されていることを確認する。

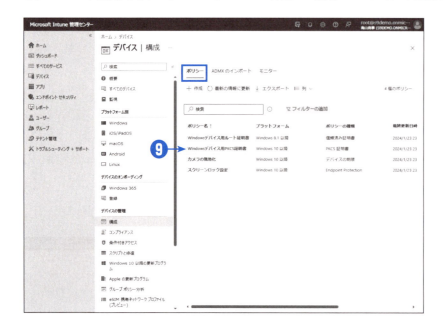

6. PKCS証明書配布のための事前設定

　前の手順で、PKCS証明書のプロファイル作成時に、サブジェクトの別名としてユーザープリンシパル名を設定しました。ユーザープリンシパル名（UPN）は、「ユーザー名＠ドメイン名」の形式で表されるActive Directoryドメインのユーザー名ですが、Intuneに登録されたデバイスはActive Directoryドメインを使用していません。そこで、PKCS証明書を発行するときには、Intuneにデバイスを登録するときに使用したMicrosoft Entraユーザー名と同じ名前のUPNをActive Directoryユーザーに対して設定します。

　これにより、たとえばhayakawa@s9demo.onmicrosoft.comユーザー（Microsoft Entra IDのユーザー）用の証明書をIntuneから発行要求すると、Active Directoryドメインではhayakawa@s9demo.onmicrosoft.comというUPNを持つActive Directoryユーザーからの証明書発行要求とみなし、証明書を発行します。

　以上のような動作を実現できるようにするために、本手順では、Active DirectoryドメインでUPNのドメイン名部分（UPNサフィックス）にMicrosoft Entra IDのドメイン名を設定し、Active DirectoryユーザーのUPNが「ユーザー名＠Microsoft Entra ドメイン名」になるように設定します。

①Windows Serverコンピューターのサーバーマネージャーで、［ツール］－［Active Directory ドメインと信頼関係］をクリックする。

②［Active Directoryドメインと信頼関係］画面で、左ペインの［Active Directoryドメインと信頼関係］を右クリックし、［プロパティ］をクリックする。
③［Active Directoryドメインと信頼関係のプロパティ］画面で、［代わりのUPNサフィックス］にMicrosoft Entraドメインとして利用しているドメイン名を入力し、［追加］をクリックして、［OK］をクリックする。

④サーバーマネージャーで、［ツール］－［Active Directoryユーザーとコンピューター］をクリックする。
⑤［Active Directoryユーザーとコンピューター］画面で、左ペインのドメイン名を右クリックし、［新規作成］－［組織単位（OU）］をクリックする。

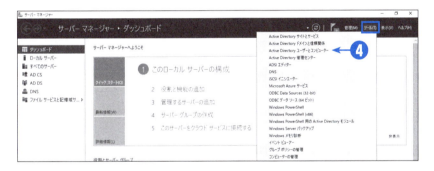

⑥ [新しいオブジェクト－組織単位（OU）] 画面で、[名前] に任意のOU名を入力し、[OK] をクリックする。ここでは、「Employees」と入力している。

⑦ [Active Directory ユーザーとコンピューター] 画面で、左ペインから作成したOUを右クリックし、[新規作成] － [ユーザー] をクリックする。ここでは、[Employees] OUを右クリックしている。

⑧ [新しいオブジェクト - ユーザー] 画面で、[フルネーム] と [ユーザーログオン名] の前半部分に「hayakawa」と入力し、[ユーザーログオン名] の後半部分に手順③で入力したドメイン名を選択して [次へ] をクリックする。

⑨ [新しいオブジェクト - ユーザー] 画面で、パスワードを入力し、必要に応じてパスワードのオプションを選択して、[次へ] をクリックする。

⑩ ［新しいオブジェクト - ユーザー］画面で、［完了］をクリックする。

第1章ではIntuneで使用するMicrosoft Entraユーザーを直接作成しましたが、「Microsoft Entra Connect」というツールをマイクロソフトのWebサイトからダウンロードして利用することで、Active DirectoryドメインのユーザーをMicrosoft Entra IDに同期できます。これにより、本手順のような操作を行うことなく、自動的にActive DirectoryユーザーのUPNとMicrosoft Entra IDのユーザー名を同じ名前にすることができます。ダウンロードURLは次のとおりです。

https://go.microsoft.com/fwlink/?LinkId=615771

Microsoft Entra Connectについては、姉妹書『ひと目でわかるMicrosoft Entra ID』（日経BP、2023年）を参考にしてください。

設定カタログを利用した構成プロファイル設定

構成プロファイルでは設定項目を選択肢から選択する［テンプレート］と、設定項目を検索ボックスからキーワード検索して選択する［設定カタログ］の2種類があります。ここでは設定カタログからGoogle Chromeの設定を行います。

設定カタログから設定可能な項目一覧はGitHubで公開されています。
https://github.com/IntunePMFiles/DeviceConfig

① Microsoft Intune管理センター画面（https://intune.microsoft.com）で、左側のメニューから、［デバイス］－［構成］をクリックし、［デバイス | 構成］画面の［ポリシー］タブで［作成］をクリックする。

② [プロファイルの作成] 画面で、[プラットフォーム] と [プロファイルの種類] を選択し、[作成] をクリックする。ここでは、次のとおり設定している。
- [プラットフォーム]：[Windows 10 以降] を選択
- [プロファイルの種類]：[設定カタログ] を選択

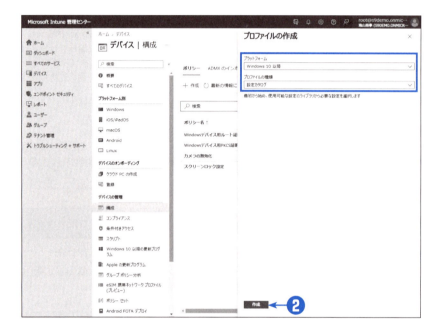

③ [プロファイルの作成] 画面の [基本] タブで、[名前] に任意の名前を入力し、[次へ] をクリックする。ここでは、[名前] に「Google Chrome設定」と入力している。

④ [構成設定] タブで、[設定の追加] をクリックする。

⑤［設定ピッカー］画面で、検索ボックスに「chrome」と入力して検索を行う。表示された検索結果から［Google Google Chrome 画面キャプチャの許可または拒否］をクリックし、［Allow or deny screen capture］をオンにして、画面右上の［×］をクリックする。

⑥［構成設定］タブで、［Allow or deny screen capture］設定が［Disabled］に設定されていることを確認し、［次へ］をクリックする。
⑦［スコープタグ］タブで、［次へ］をクリックする。

⑧[割り当て]タブで、[デバイスをすべて追加]をクリックし、[次へ]をクリックする。
⑨[確認および作成]タブで、設定内容を確認して[作成]をクリックする。

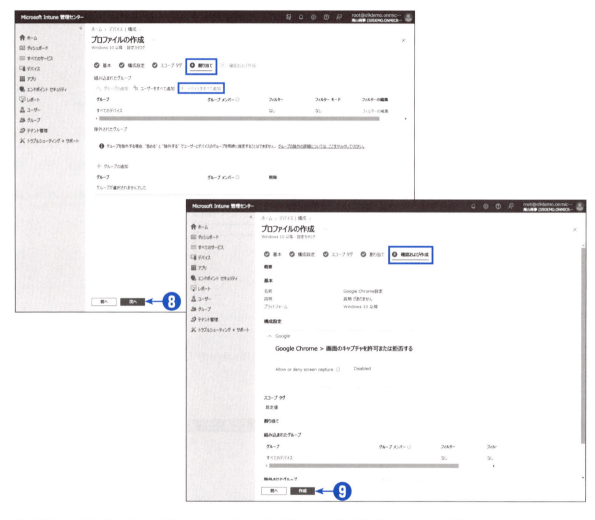

⑩[デバイス｜構成]画面の[ポリシー]タブで、構成プロファイルが作成されたことを確認する。

クラウドPKI

　この節では証明書を発行する認証局としてWindows ServerのActive Directory証明書サービスを利用しました。一方、Intune Suiteライセンスを保有するテナントでは証明書サービスそのものをIntuneから提供することができるため、完全にクラウドネイティブな証明書発行の環境を構築できます。Intuneから提供する証明書サービスは「クラウドPKI」と呼ばれ、ルート認証局（ルートCA）と実際の証明書を発行する認証局（発行元CA）をそれぞれ作成し、証明書を発行します。

　クラウドPKIを利用した認証局の作成と証明書の発行ステップは次のとおりです。

1. ルートCAを作成

　Microsoft Intune管理センターの［テナント管理］－［CA管理］にアクセスし、ルートCAを作成します。ルートCAでは認証局の有効期間と認証局から発行する証明書の種類（ここではClient auth証明書を指定）を指定して作成します。

2. ルートCAの証明書を展開

　構成プロファイルの［信頼済み証明書］を利用してルートCAの証明書を展開します。ルートCAの証明書は作成したルートCAのプロパティからダウンロードできます。

3. 発行元CAを作成

　Microsoft Intune管理センターの［テナント管理］－［CA管理］にアクセスし、発行元CAを作成します。発行元CAではルートCAを選択しますが、クラウドPKIで作成したルートCA以外にも別の場所で利用しているルートCAを指定することも可能です。

4. 発行元CAの証明書を展開

　構成プロファイルの［信頼済み証明書］を利用して中間CA証明書として発行元CAの証明書を展開します。発行元CAの証明書は作成した発行元CAのプロパティからダウンロードできます。なお、この画面に表示されているSCEP URIは次のステップで使用するので、コピーして控えておきます。

5. 発行元CAから証明書を展開

　クラウドPKIはSCEPプロトコルをサポートしているため、構成プロファイルの［SCEP証明書］を利用してユーザーまたはデバイスに証明書を発行します。SCEP証明書の構成設定では次のパラメーターを指定します。

- 証明書の種類：デバイス（ルートCAでClient auth証明書を指定しているためデバイスを対象とした証明書の種類を選択する）
- サブジェクトの別名：CN＝｛｛AAD_Device_ID｝｝（既定の設定であり、Microsoft Entra IDのデバイスIDが自動的に設定される）
- キー記憶域プロバイダー（KSP）：［トラステッドプラットフォームモジュール（TPM）KSPが存在する場合はTPM KSPに登録する］を選択
- キー使用法：［デジタル署名］と［キーの暗号化］を選択
- キーサイズ：2048
- ハッシュアルゴリズム：SHA-2
- ルート証明書：前の手順で［信頼済み証明書］構成プロファイルで作成したルートCAを指定
- 拡張キー使用法：クライアント認証（ルートCAでClient auth証明書を指定しているためクライアント認証を選択する）
- SCEPサーバーのURL：発行元CAのプロパティに記載のSCEP URIを登録

　以上の設定により、ルートCAの証明書、発行元CAの証明書、クライアント認証の証明書がそれぞれ発行されます。

OMA-URIベースのプロファイル設定

構成プロファイルではプロファイルの一覧から選択できない項目でもデバイスに対する設定可能な設定項目があります。それがOMA-URIを利用したプロファイル設定です。ここではOMA-URIを利用したプロファイル設定について解説します。

OMA-URIベースのプロファイル設定

　Intuneによるデバイスの管理は、「OMA-DM（Open Mobile Alliance - Device Management）」という規格に基づいています。OMA-DMにおけるポリシー設定では、「OMA-URI（Open Mobile Alliance – Uniform Resources）」と呼ばれるURIを指定してポリシーの管理を行います。OMA-URIは通常、Intuneのプロファイル設定としてGUI画面から管理しますが、Windowsデバイスに対しては、OMA-URIを直接指定してプロファイルを設定することができます。これにより、GUI画面からは設定できないプロファイル設定項目を構成できるメリットを得ることができます。

　OMA-DMで定められたURI（OMA-URI）は、「Configuration Service Provider（CSP）」と呼ばれるプロバイダーを通じて、結果的にWindowsデバイスで処理されます。IntuneからOMA-URIベースのプロファイルを配布するときは、OMA-URIデータが「SyncML」と呼ばれるXMLベースのデータに変換されて配布されます。変換されたSyncML内に記述された内容は、WindowsデバイスがCSPを利用して解釈し、最終的にデバイスに適用されます。

　Windowsのデバイスに対して利用可能なCSPおよび設定の一覧は、次のマイクロソフトのWebサイトで確認することができます。

「構成サービスプロバイダーのサポート」
https://learn.microsoft.com/ja-jp/windows/client-management/mdm/configuration-service-provider-support

　OMA-URIの中で、Windowsの設定に関わるプロファイルを定義している代表的なCSPとしてPolicy CSPがあります。Policy CSPで定義されるOMA-URIは次のような書式で記述します。

```
./Vendor/MSFT/Policy/Config/＜エリア名＞/＜ポリシー名＞
```

前述した「構成サービスプロバイダーのサポート」のWebサイトから「Policy CSP」のリンクをクリックして「Settings」のセクション（Webサイトでは「設定」と翻訳されて表示）を参照すると、「AllowDateTime」という項目があります。この場合、「Settings」がエリア名、「AllowDateTime」がポリシー名を表しています。したがって、この設定を利用するには、「./Vendor/MSFT/Policy/Config/」に続けてエリア名とポリシー名を記述する、つまり次のように記述することでプロファイルを指定します。

./Vendor/MSFT/Policy/Config/Settings/AllowDateTime

OMA-URIベースのプロファイルの作成および割り当て方法

　CIS Benchmarksの項目18.10.37.1で定義している「Ensure 'Turn off location' is set to 'Enabled'（［場所を無効にする］が［有効］に設定されていることを確認する）」では、位置情報の有効/無効をOMA-URIで設定する方法が記載されています。位置情報の設定は有効にしておくことでデバイス紛失時の手掛かりとして有効ですが（詳細は第11章で解説）、WindowsデバイスでWi-Fi利用時などは正確な情報を示さない可能性があること、セキュアな保護が必要なデバイスで位置情報を公開することは得策でないことなどから、ここではOMA-URIを利用して無効に設定します。

①Microsoft Intune管理センター画面（https://intune.microsoft.com）で、左側のメニューから、［デバイス］－［構成］をクリックし、［デバイス｜構成］画面の［ポリシー］タブで［作成］をクリックする。

②［プロファイルの作成］画面で、［プラットフォーム］と［プロファイルの種類］および［テンプレート名］を選択し、［作成］をクリックする。ここでは、次のとおり設定している。
- ［プラットフォーム］：［Windows 10以降］を選択
- ［プロファイルの種類］：［テンプレート］を選択
- ［テンプレート名］：［カスタム］を選択

③［カスタム］画面の［基本］タブで、［名前］に任意の名前を入力し、［次へ］をクリックする。ここでは、［名前］に「位置情報設定」と入力している。
④［構成設定］タブで、［追加］をクリックする。

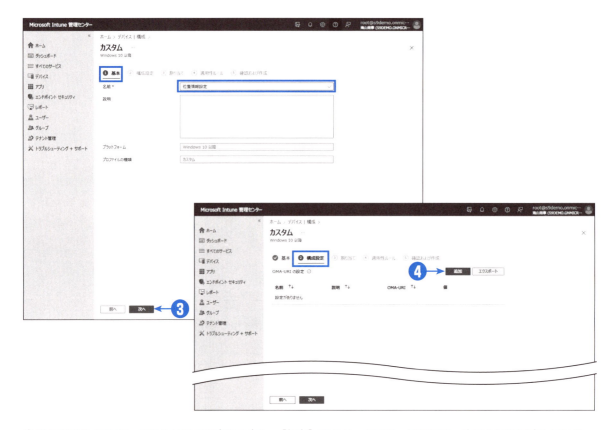

⑤［行の追加］画面で、OMA-URIの設定を入力し、［保存］をクリックする。ここでは、次のとおり設定している。
- ［名前］：「AllowLocation」と入力
- ［OMA-URI］：「./Device/Vendor/MSFT/Policy/Config/System/AllowLocation」と入力
- ［データ型］：［整数］を選択
- ［値］：「0」と入力

⑥［構成設定］タブで、［次へ］をクリックする。
⑦［割り当て］タブで、［すべてのデバイスを追加］をクリックし、［次へ］をクリックする。

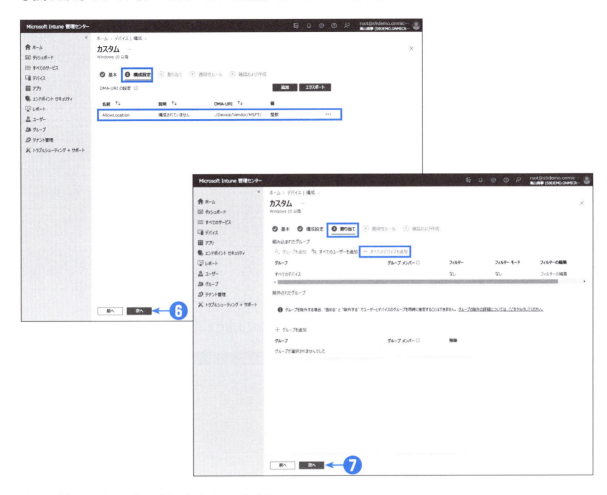

⑧［適用性ルール］タブで、［次へ］をクリックする。

⑨［確認および作成］タブで、設定内容を確認して［作成］をクリックする

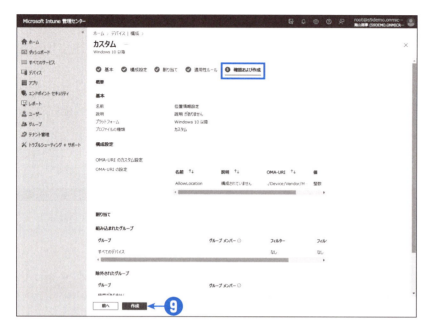

⑩［デバイス｜構成］画面の［ポリシー］タブで、構成プロファイルが作成されたことを確認する。

4 ADMXベースのプロファイル設定

グループポリシーを導入している組織の場合、Intuneに切り替えてもグループポリシー時代に利用していた設定を引き続き使いたいと考えることはあるでしょう。そのようなときに利用するのがADMXベースのプロファイル設定です。

ADMXベースのプロファイル設定

グループポリシーではオンプレミスのActive Directoryに参加するデバイスを対象に各種ポリシーを設定可能ですが、そのグループポリシー内にある管理用テンプレートのメニューを構成するためのADMXというフォーマットがあります。ADMXは設定ジャンルごとに独立したファイルがあり、グループポリシーオブジェクトにADMXファイルをインポートすることで、グループポリシーオブジェクトで利用可能な設定項目を拡張することができます。こうした仕組みはIntuneでも同じように利用可能で、Intuneではあらかじめよく使われるADMXファイルが登録された状態の構成プロファイルを用意しています。

一方、Intuneでは構成プロファイルで用意された設定以外の管理用テンプレートのメニューを追加することも可能で、その場合はADMXファイルを登録して構成プロファイルのメニューを追加します。

ここでは、既存の管理用テンプレートのメニューから構成プロファイルを設定する方法と、新たにADMXファイルを追加して構成プロファイルを設定する方法を解説します。

既存の管理用テンプレートから構成プロファイルを設定

CIS Benchmarksの項目18.9.7.1.4で定義している「Ensure 'Prevent installation of devices using drivers that match these device setup classes' is set to 'Enabled'（[これらのデバイスセットアップクラスと一致するドライバーを使用したデバイスのインストールを禁止する]が[有効]に設定されていることを確認する)」と、項目18.9.7.1.5で定義されている「Ensure 'Prevent installation of devices using drivers that match these device setup classes: Also apply to matching devices that are already installed.' is set to 'True'（[これらのデバイスセットアップクラスと一致するドライバーを使用したデバイスのインストールを禁止する]：[既にインストール済みの一致するデバイスにも適用されます]が[有効]に設定されていることを確認する)」では、デバイスセットアップクラスを利用して特定のデバイス種類をWindowsデバイスで利用できないように構成することができます。ここではデバイスセットアップクラスでBluetoothデバイスを指定し、Bluetooth接続でデバイスが利用できないように設定します。

デバイスセットアップクラスの一覧は、次のマイクロソフトのWebサイトで確認できます。Bluetoothデバイスのデバイスセットアップクラス（ClassGuid）は、{e0cbf06c-cd8b-4647-bb8a-263b43f0f974}と記載されています。この値を、この後の手順⑧で指定します。

「ベンダーが使用できるシステム定義のデバイスセットアップクラス」
https://learn.microsoft.com/ja-jp/windows-hardware/drivers/install/system-defined-device-setup-classes-available-to-vendors

①Microsoft Intune管理センター画面（https://intune.microsoft.com）で、左側のメニューから、［デバイス］－［構成］をクリックし、［デバイス｜構成］画面の［ポリシー］タブで［作成］をクリックする。

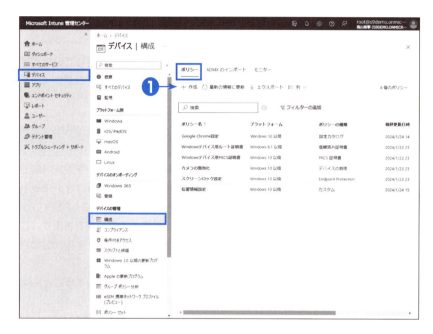

②［プロファイルの作成］画面で、［プラットフォーム］と［プロファイルの種類］および［テンプレート名］を選択し、［作成］をクリックする。ここでは、次のとおり設定している。
- ［プラットフォーム］：［Windows 10以降］を選択
- ［プロファイルの種類］：［テンプレート］を選択
- ［テンプレート名］：［管理用テンプレート］を選択

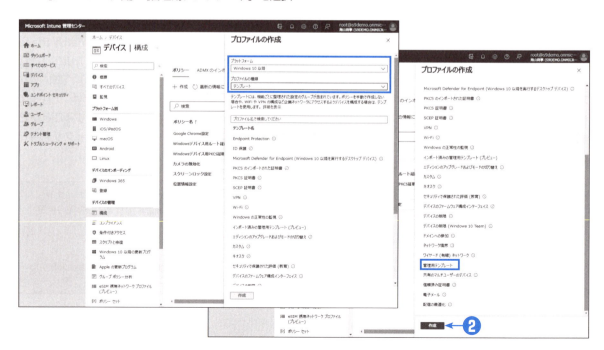

③［プロファイルの作成］画面の［基本］タブで、［名前］に任意の名前を入力し、［次へ］をクリックする。ここでは、［名前］に「Bluetooth利用制限」と入力している。

④［構成設定］タブで、［コンピューターの構成］をクリックし、［システム］をクリックする。
⑤［構成設定］タブで、［デバイスのインストール］をクリックする。

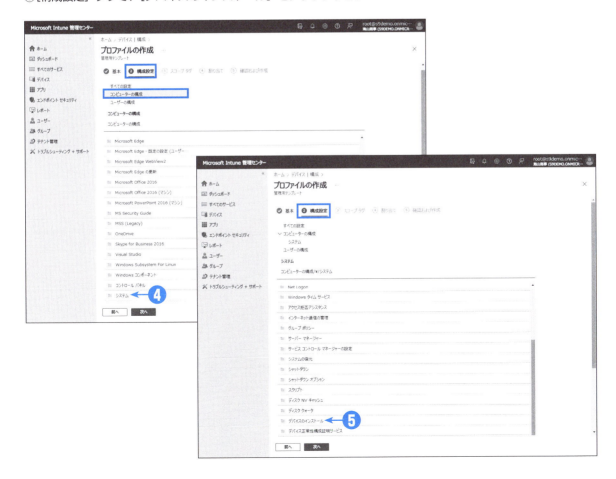

⑥［構成設定］タブで、［デバイスのインストールの制限］をクリックする。

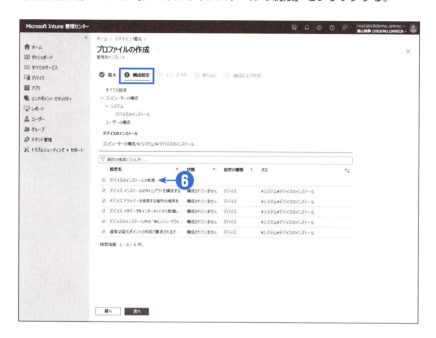

⑦［構成設定］タブで、［これらのデバイスセットアップクラスと一致するドライバーを使用したデバイスのインストールを禁止する］をクリックする。

⑧ [これらのデバイスセットアップクラスと一致するドライバーを使用したデバイスのインストールを禁止する] 画面で、デバイスのインストールおよび利用を制限するデバイス種類を指定し、[OK] をクリックする。ここでは、次のとおり設定している。

- [有効] を選択
- [これらのデバイスセットアップクラスと一致するドライバーを使用したデバイスのインストールを禁止する]：「{e0cbf06c-cd8b-4647-bb8a-263b43f0f974}」と入力
- [既にインストール済みの一致するデバイスにも適用されます。]：オンにする

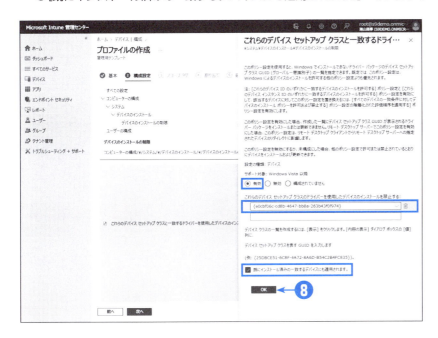

⑨ [構成設定] タブで、[次へ] をクリックする。

⑩ [スコープタグ] タブで、[次へ] をクリックする。
⑪ [割り当て] タブで、[すべてのデバイスを追加] をクリックし、[次へ] をクリックする。

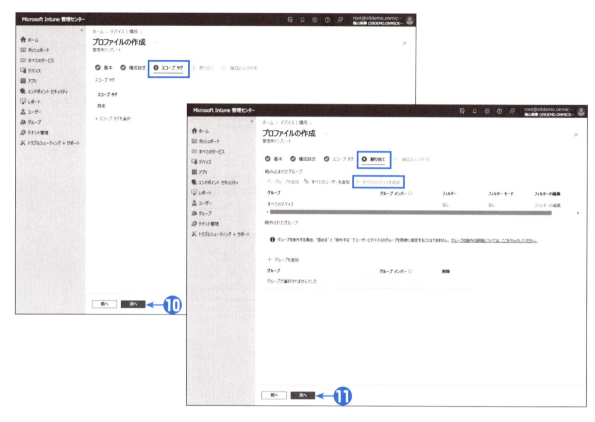

⑫ [確認および作成] タブで、設定内容を確認し、[作成] をクリックする。

⑬［デバイス｜構成］画面の［ポリシー］タブで、構成プロファイルが作成されたことを確認する。

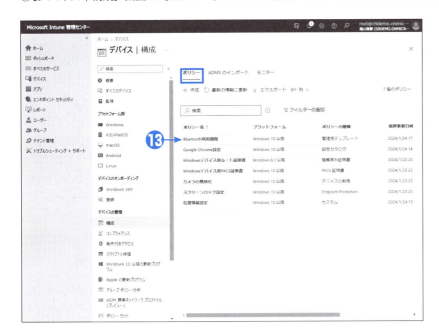

ADMXファイルを追加して構成プロファイルを設定

　管理用テンプレート構成プロファイルに用意されていない設定でも、アプリケーション提供ベンダーから独自にADMXファイルが用意されていれば、ADMXファイルをIntuneに追加して構成プロファイルから設定することができます。たとえば、Zoomデスクトップクライアントではグループポリシーから設定の一元管理を行うためのADMXファイルを提供しています。ここではZoomのWebサイトからADMXファイルをダウンロードし、ADMXファイルをIntuneにインポートして、構成プロファイルを設定します。

ADMXファイルは主にWindowsデバイスにインストールして利用するアプリケーションに対応したものを提供しています。具体的にはMicrosoft 365 Apps、Google Chrome、Mozilla Firefoxなどがあります。それぞれのADMXファイルは次のURLからダウンロードできます。

Microsoft 365 Apps
https://www.microsoft.com/en-us/download/details.aspx?id=49030

Google Chrome
https://chromeenterprise.google/browser/download/?sjid=8359221081261426271-AP#windows-tab

Mozilla Firefox
https://github.com/mozilla/policy-templates/releases

なお、Microsoft 365 AppsとGoogle ChromeのADMXファイルについては既定の管理用テンプレート構成プロファイルに含まれているため、ADMXファイルをダウンロードする必要はありません。

ADMXファイルのインポート

　ZoomのWebサイトからADMXファイルをダウンロードし、Intuneへのインポートを行います。

①ZoomのWebサイトにアクセスし、該当バージョンのZoomデスクトップクライアント用ポリシーのファイルをダウンロードする。ダウンロードしたZIPファイルを任意のフォルダーに展開（解凍）しておく。

「グループポリシーオブジェクトによる大規模展開」
https://support.zoom.com/hc/ja/article?id=zm_kb&sysparm_article=KB0065469

②マイクロソフトの次のWebサイトにアクセスし、Windows 11用のADMXファイルをダウンロードする。

「Administrative Templates（.admx）for Windows 11 2023 Update（23H2）」
https://www.microsoft.com/en-us/download/details.aspx?id=105667

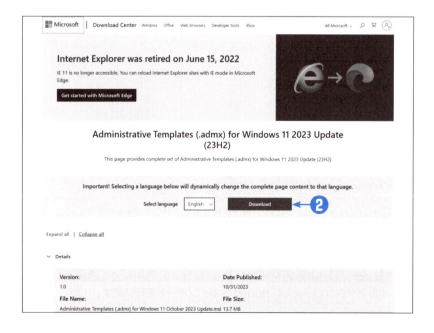

第4章 Windowsデバイスのポリシー管理

> Zoomが提供するADMXファイルは、WindowsクライアントのADMXファイルとの間に依存関係があります。そのため、WindowsクライアントのADMXファイルを事前にインポートするために、Windows 11用のADMXファイルをダウンロードします。
> なお、前述の手順②ではWindows 11 23H2用のADMXファイルをダウンロードしています。Windows 11 22H2/21H2用ADMXファイルのダウンロード用URLは、次のとおりです。本書の発行後に新しいバージョンのWindows 11が公開された場合は、そのバージョン用ADMXファイルが公開されているかどうかをマイクロソフトのサイトで確認してダウンロードしてください。
>
> 「Administrative Templates（.admx）for Windows 11 2022 Update（22H2）」
> https://www.microsoft.com/en-us/download/details.aspx?id=104593
>
> 「ADMX Templates for Windows 11 October 2021 Update ［21H2］」
> https://www.microsoft.com/en-us/download/details.aspx?id=103507
>
> 本手順のWindows 11用ADMXファイルに関する記述（ファイル名やフォルダー名、ウィザード名など）は、バージョン23H2を前提にしています。実際にお使いのバージョンに合わせて適宜、読み替えてください。

③ダウンロードしたAdministrative Templates（.admx）for Windows 11 October 2023 Update.msiファイルを実行する。

④［Welcome to the Administrative Templates（.admx）for Windows 11 October 2023 Update Setup Wizard］画面で、［Next］をクリックする。

⑤［End-User License Agreement］画面で、［I accept the terms in the License Agreement］をオンにし、［Next］をクリックする。

⑥［Custom Setup］画面で、［Next］をクリックする。

⑦［Ready to the Administrative Templates（.admx）for Windows...］画面で、［Install］をクリックする。

⑧ [Completed the Administrative Templates（.admx）for Windows 11 October 2023 Update Setup Wizard] 画面で、[Finish] をクリックする。

⑨ Windowsのエクスプローラー画面で、C:¥Program Files（x86）¥Microsoft Group Policy¥Windows 11 October 2023 Update（23H2）¥PolicyDefinitionsフォルダーにアクセスし、Windows.admxファイルがあることを確認する。

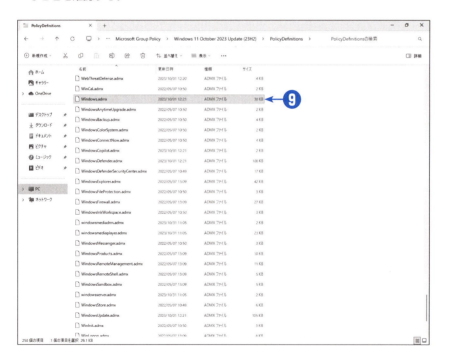

⑩Windowsのエクスプローラー画面で、C:¥Program Files（x86）¥Microsoft Group Policy¥Windows 11 October 2023 Update（23H2）¥PolicyDefinitions¥en-USフォルダーにアクセスし、Windows.admlファイルがあることを確認する。

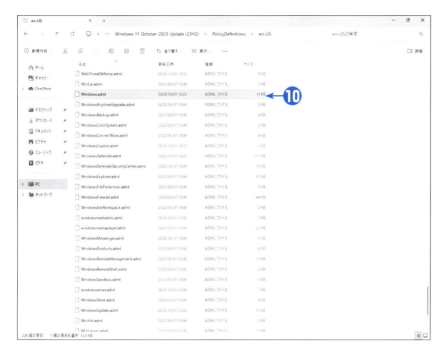

ADMXファイルでは、管理用テンプレートの構成プロファイルメニューのユーザーインターフェイスをつかさどるファイルとしてADMLファイルを利用します。本来、日本語のユーザーインターフェイスを利用するのであれば、ja-JPフォルダーにあるWindows.admlファイルを利用します。しかしZoomクライアント用のADMXファイルでは日本語のADMLファイルが用意されていないため、Windows.admxファイルのユーザーインターフェイスも英語のADMLファイルを利用します。

⑪Microsoft Intune管理センター画面（https://intune.microsoft.com）で、左側のメニューから、［デバイス］－［構成］をクリックし、［デバイス | 構成］画面で［ADMXのインポート］タブをクリックする。

⑫ [デバイス｜構成] 画面の [ADMXのインポート] タブで、[インポート] をクリックする。

⑬ [設定のインポート] 画面の [ADMXファイルのアップロード] タブで、[ADMXファイル] に手順⑨で確認した Windows.admxファイル、[既定の言語向けADMLファイル] に手順⑩で確認したWindows.admlファイルを指定し、[次へ] をクリックする。
⑭ [確認および作成] タブで、[作成] をクリックする。

第4章 Windowsデバイスのポリシー管理

⑮［デバイス｜構成］画面の［ADMXのインポート］タブで、Windowsクライアント用ADMXファイルがインポートされたことを確認し、再び［インポート］をクリックする。

⑯［設定のインポート］画面の［ADMXファイルのアップロード］タブで、［ADMXファイル］に手順①でダウンロードしたZoomMeetings_HKLM.admxファイル、［既定の言語向けADMLファイル］にZoomMeetings_HKLM.admlファイルを指定し、［次へ］をクリックする。

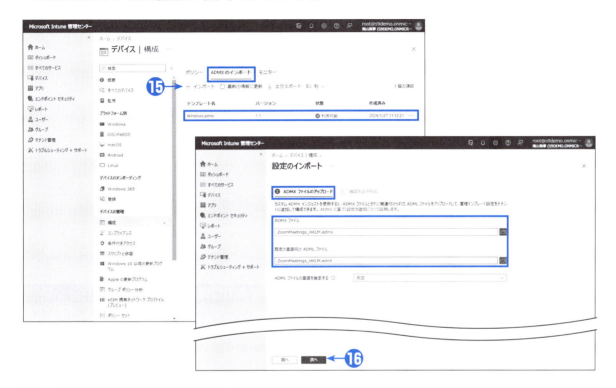

ZoomクライアントのADMXファイルには、デバイス向け設定のZoomMeetings_HKLM.admx/ZoomMeetings_HKLM.admlファイルと、ユーザー向け設定のZoomMeetings_HKCU.admx/ZoomMeetings_HKCU.admlファイルがあります。ここでは設定方法をわかりやすくするためにデバイス向け設定だけをインポートしています。

⑰［確認および作成］タブで、［作成］をクリックする。

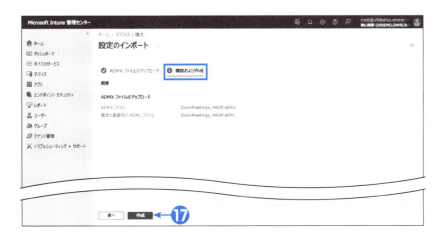

⑱［デバイス｜構成］画面の［ADMXのインポート］タブで、Zoomクライアント用ADMXファイルがインポートされたことを確認する。

インポートしたADMXファイルを利用した構成プロファイルの作成

ここではWindowsの起動時にZoomクライアントを自動実行し、タスクトレイに登録されるように構成します。

①Microsoft Intune管理センター画面（https://intune.microsoft.com）で、左側のメニューから、［デバイス］－［構成］をクリックし、［デバイス｜構成］画面の［ポリシー］タブで［作成］をクリックする。

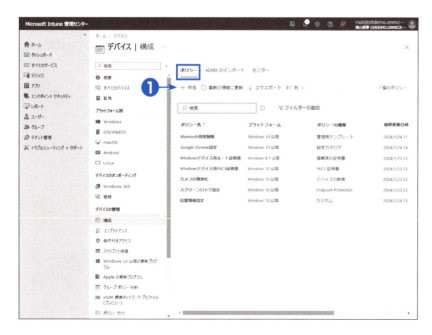

②［プロファイルの作成］画面で、［プラットフォーム］と［プロファイルの種類］および［テンプレート名］を選択し、［作成］をクリックする。ここでは、次のとおり設定している。
- ［プラットフォーム］：［Windows 10以降］を選択
- ［プロファイルの種類］：［テンプレート］を選択
- ［テンプレート名］：［インポート済みの管理用テンプレート（プレビュー）］を選択

③［プロファイルの作成］画面の［基本］タブで、［名前］に任意の名前を入力し、［次へ］をクリックする。ここでは、［名前］に「Zoom設定」と入力している。

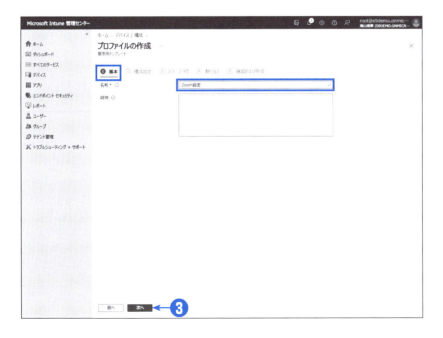

④［構成設定］タブで、［コンピューターの構成］をクリックし、［Zoom Meetings］をクリックする。

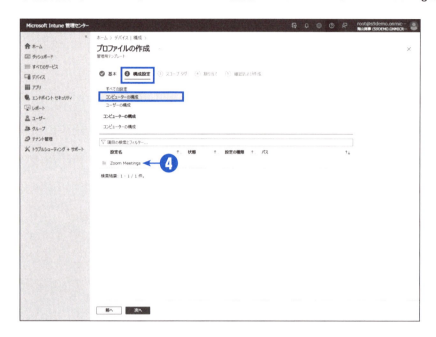

⑤［構成設定］タブで、［Zoom General Settings］をクリックする。

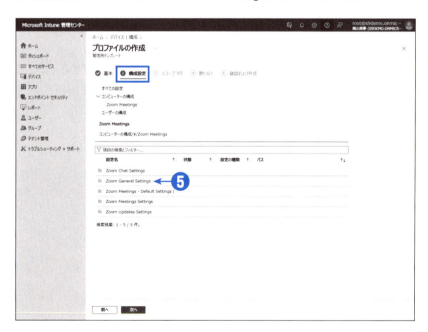

⑥［構成設定］タブで、［Auto start client after reboot in system tray］をクリックする。

⑦［Auto start client after reboot in system tray］画面で、［有効］を選択して［OK］をクリックする。

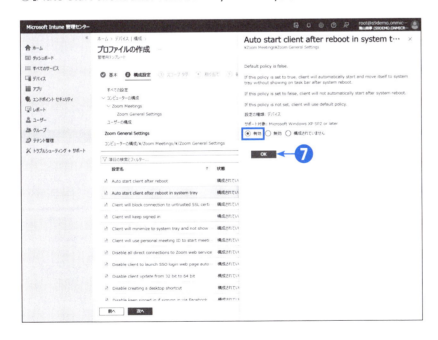

⑧［構成設定］タブで、［Auto start client after reboot in system tray］の［状態］列が［有効］になっていることを確認して、［次へ］をクリックする。

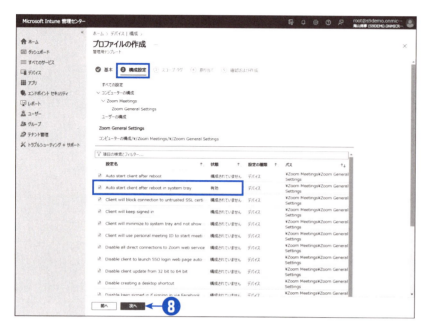

⑨［スコープタグ］タブで、［次へ］をクリックする。
⑩［割り当て］タブで、［すべてのデバイスを追加］をクリックし、［次へ］をクリックする。

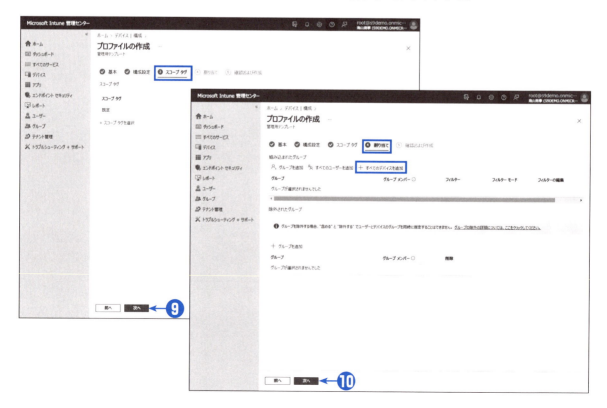

⑪ ［確認および作成］タブで、設定内容を確認し、［作成］をクリックする。

⑫ ［デバイス｜構成］画面の［ポリシー］タブで、構成プロファイルが作成されたことを確認する。

Windows E3ライセンスが必要な機能の有効化

Intuneで提供される機能のうち、一部の機能はIntuneのライセンスだけでなく、Windows E3ライセンスが必要となる機能があります。具体的には次の機能が挙げられます（かっこ内は本書で解説する節を示しています）。

- 修復スクリプト（この章の6）
- 機能更新プログラム/品質更新プログラムの管理（この章の7）
- Windows Autopatch（この章の7）

これらの機能を利用する場合、IntuneとWindows E3の両方のライセンスが必要になります。これらのライセンスは単体のライセンスとして購入することもできますが、両方のライセンスが含まれる、次のライセンスで賄うことも可能です。

- Windows 10以降のEnterprise E3またはE5、またはMicrosoft 365 F3、E3、またはE5
- Windows 10以降のEducation A3またはA5、またはMicrosoft 365 A3またはA5

これらのライセンスを保有している場合、その証明をIntune管理センターで行うことで上記の各機能を利用開始できます。

Windows E3ライセンスを必要とするIntune機能の有効化

①Microsoft Intune管理センター画面（https://intune.microsoft.com）で、左側のメニューから、［テナント管理］をクリックし、［コネクタとトークン］をクリックする。

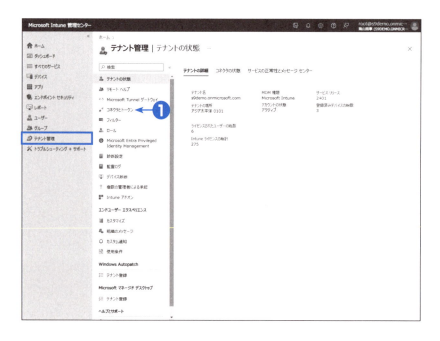

②［コネクタとトークン］画面で、［Windowsデータ］をクリックする。

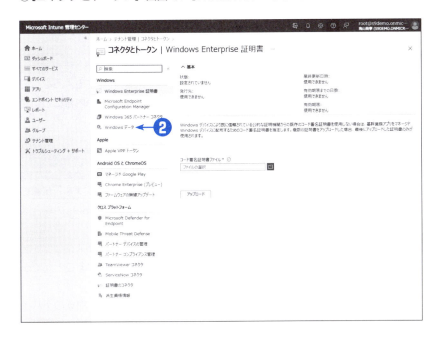

③［コネクタとトークン｜Windowsデータ］画面で、［プロセッサ構成でWindows診断データが必要な機能を有効にする］と［自分のテナントがこれらのライセンスのいずれかを所有していることを確認しました。］をそれぞれオンにし、［保存］をクリックする。

スクリプトベースのプロファイル設定

　IntuneではスクリプトをIntuneの管理対象のデバイスに直接送り込み、クライアント上で実行できるようなしくみを用意しています。これにより、管理ポータル上のプロファイル設定で項目として用意されていない内容についてもスクリプトを作成して対応することが可能です。

スクリプトの実行方法

　Intuneにおけるスクリプトの実行方法には、「プラットフォームごとのスクリプト」と「修復スクリプト」があります。プラットフォームごとのスクリプトはOS種類ごとに利用可能なスクリプト実行機能で、Windowsの場合はPowerShellスクリプトを登録してIntune登録デバイスで実行することができます。
　一方、修復スクリプトは「検出スクリプト」と「修復スクリプト」と呼ばれる2種類のPowerShellスクリプトを登録し、実行可能な機能で、検出スクリプトの実行結果に基づいて修復スクリプト実行の可否を設定することができます。
　プラットフォームごとのスクリプトと修復スクリプトは、ユーザーまたはデバイスに割り当てると、対象のデバイスにPowerShellスクリプトを実行するエージェントとして「Intune Management Extension」と呼ばれるエージェントが自動的にインストールされ、Intune Management Extensionを通じてPowerShellスクリプトが実行されます。
　Intune Management Extensionは1時間ごとにIntuneに接続し、新しく登録されたスクリプトをチェックします。登録されたスクリプトを検出するとIntune Management Extensionエージェントプログラムを通じて管理者アカウントまたはサインインユーザーアカウントでスクリプトを実行します。

プラットフォームごとのスクリプトを設定する

　ここでは例として、Google ChromeにWindows Accounts拡張機能を追加するスクリプトを作成し、実行します。

> Windows Accounts拡張機能はGoogle ChromeでMicrosoft Entra IDアカウントによるシングルサインオンを行うためのツールです。Microsoft Entra IDに登録されたデバイスは登録アカウントまたはサインインアカウントによるMicrosoft Entra IDへのシングルサインオンを行うことができますが、この処理をGoogle Chromeで実現するための拡張機能です。

①あらかじめ次の内容でPowerShellスクリプトファイルを作成しておく。
　●スクリプトファイル名：WindowsAccountsOnChrome.ps1
　●内容：

```
New-ItemProperty -Path HKLM:¥Software¥Policies¥Google¥Chrome `
  -Name ExtensionInstallForcelist -PropertyType REG_SZ `
  -Value ppnbnpeolgkicgegkbkbjmhlideopiji;https://clients2.google.com/service/update2/crx
```

> このスクリプトでは、Google Chrome に Windows Accounts 拡張機能を自動で追加するためのレジストリキーを **New-Item Property** コマンドレットを使用して作成しています。設定内容については次のマイクロソフトの Web サイトを参照してください。
>
> 「条件付きアクセス：条件」の「Chrome のサポート」
> https://learn.microsoft.com/ja-jp/entra/identity/conditional-access/concept-conditional-access-conditions#chrome-support

②Microsoft Intune 管理センター画面（https://intune.microsoft.com）で、左側のメニューから、［デバイス］－［スクリプトと修復］をクリックし、［デバイス｜スクリプトと修復］画面で［プラットフォームごとのスクリプト］タブをクリックする。

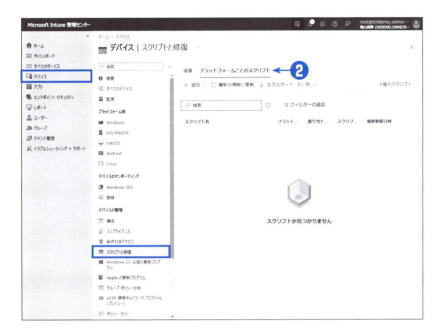

③［デバイス｜スクリプトと修復］画面の［プラットフォームごとのスクリプト］タブで、［追加］－［Windows 10 以降］をクリックする。

④ [PowerShellスクリプトの追加] 画面の [基本] タブで、[名前] に任意の名前を入力し、[次へ] をクリックする。ここでは、[名前] に「Windows Accounts機能拡張」と入力している。
⑤ [スクリプト設定] タブで、実行するスクリプトとスクリプトの実行方法を指定し、[次へ] をクリックする。ここでは、次のとおり設定している。
- [スクリプトの場所]：右端のフォルダーアイコンをクリックしてWindowsAccountsOnChrome.ps1ファイルを追加
- [このスクリプトをログオンしたユーザーの資格情報を使用して実行する]：[いいえ] を選択
- [スクリプト署名チェックを強制]：[いいえ] を選択

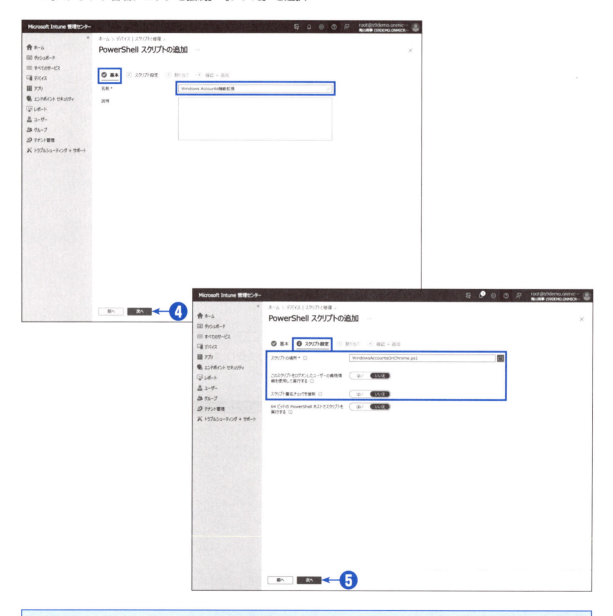

[このスクリプトをログオンしたユーザーの資格情報を使用して実行する] で [はい] を選択するとサインインユーザーの権限を使用したスクリプトの実行、[いいえ] を選択すると管理者権限を使用したスクリプトの実行を行います。

第4章 Windowsデバイスのポリシー管理

⑥ [割り当て] タブで、[すべてのデバイスを追加] をクリックし、[次へ] をクリックする。
⑦ [確認＋追加] タブで、設定内容を確認し、[追加] をクリックする。

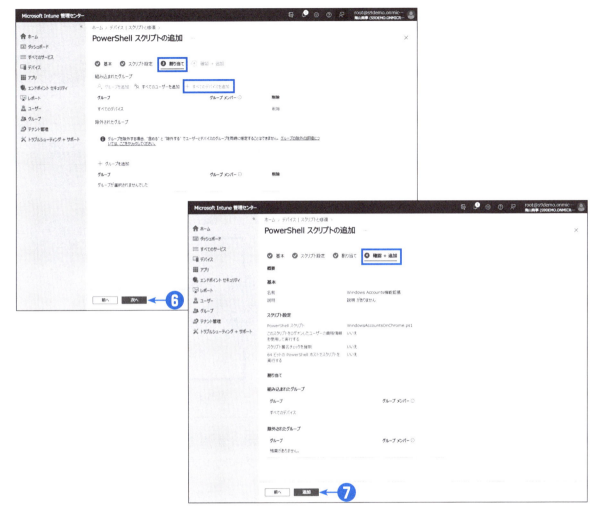

⑧ [デバイス｜スクリプトと修復] 画面の [プラットフォームごとのスクリプト] タブで、スクリプトが追加されたことを確認する。

修復スクリプトを設定する

先述のように、修復スクリプトは検出スクリプトと修復スクリプトの2つのスクリプトを登録して実行します。検出スクリプトは割り当て対象となる、すべてのユーザーまたはデバイスで実行します。検出スクリプトでは修復が必要なデバイスの条件をスクリプトで定義し、修復が不要なデバイスには終了コード0、修復が必要なデバイスには終了コード1を返すようなスクリプトを作成し、登録します。検出スクリプトが実際に実行され、終了コードとして1を返した場合、続いて修復スクリプトが実行されます。このように、デバイスの修復が必要なときだけ修復スクリプトを動作させるような運用を行うことができます。

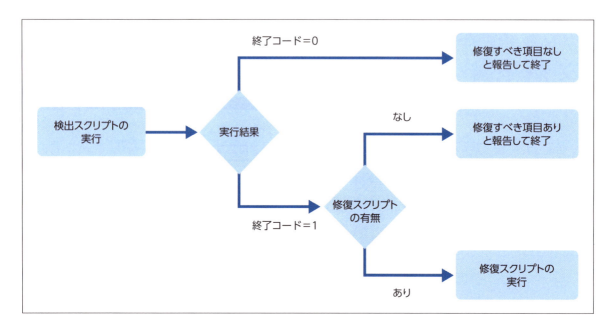

検出スクリプトと修復スクリプトはそれぞれ、PowerShellを利用して記述します。
マイクロソフトのWebサイトでは、検出スクリプト/修復スクリプトのサンプルが公開されています。

「修復用のPowerShellスクリプト」の「古い証明書スクリプトパッケージのクリア」
https://learn.microsoft.com/ja-jp/mem/intune/fundamentals/powershell-scripts-remediation#clear-stale-certificates-script-package

　ここでは公開されているサンプルのうち、期限切れのユーザー証明書を検出し、期限切れのユーザー証明書がある場合にはユーザー証明書を削除するスクリプト（Detect_Expired_User_Certificates.ps1 と Remediate_Expired_User_Certificates.ps1）を利用します。

> 修復スクリプトを設定する場合、Intuneのライセンスに加えてWindows E5/E3/A5/A3、Windows Virtual Desktop Access（VDA）E5/E3のいずれかのライセンスが必要になります。これらのいずれかのライセンスを保有している場合は、あらかじめこの章の「5 Windows E3ライセンスが必要な機能の有効化」で説明する手順を行っておいてください。

スクリプトの作成

①次のマイクロソフトのWebサイトにアクセスし、「期限切れ_ユーザー_証明書_検出.ps1」のコードをコピーする。

「修復用のPowerShellスクリプト」の「古い証明書スクリプトパッケージのクリア」
https://learn.microsoft.com/ja-jp/mem/intune/fundamentals/powershell-scripts-remediation#clear-stale-certificates-script-package

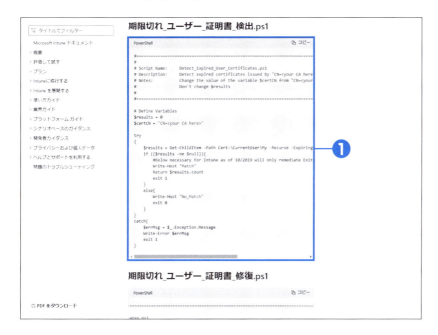

②Windows PowerShell ISEを起動する。
③Windows PowerShell ISE画面で、コピーしたコードを貼り付ける。
④Windows PowerShell ISE画面で、16行目に記述されている

```
| where {$_.Issuer -eq($certCN)}
```

の部分を削除し、16行目が

```
$results = Get-ChildItem -Path Cert:¥CurrentUser¥My -Recurse -ExpiringInDays 0
```

となるように変更する（次ページの画面も参照）。

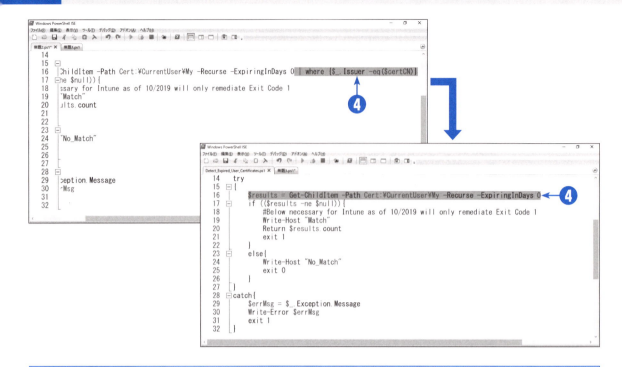

マイクロソフトのWebサイトに用意されているスクリプトでは、特定の認証局（CA）から発行された証明書だけを対象に期限切れの証明書を検索しています。しかし、ここではスクリプトに汎用性を持たせるため、特定の認証局を指定する項目を削除しています。

⑤Windows PowerShell ISE画面で、ファイル名を「Detect_Expired_User_Certificates.ps1」として保存する。
⑥Windows PowerShell ISE画面で、［ファイル］－［新規作成］をクリックする。
⑦手順①と同じURLにアクセスし、「期限切れ_ユーザー_証明書_修復.ps1」のコードをコピーする。

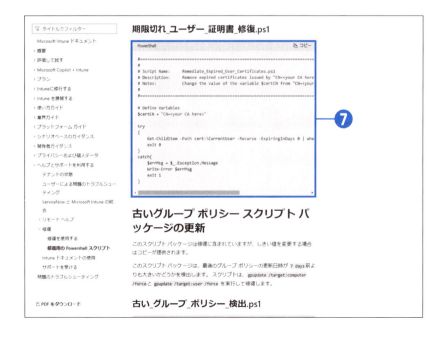

⑧Windows PowerShell ISE画面で、コピーしたコードを貼り付ける。

⑨Windows PowerShell ISE画面で、14行目に記述されている

```
| where {$_.Issuer -eq($certCN)}
```

の部分を削除し、14行目が

```
Get-ChildItem -Path cert:¥CurrentUser -Recurse -ExpiringInDays 0 | Remove-Item
```

となるように変更する。

> マイクロソフトのWebサイトに用意されているスクリプトでは、特定の認証局（CA）から発行された証明書だけを対象に期限切れの証明書を検索しています。しかし、ここでは手順④と同様に、スクリプトに汎用性を持たせるため、特定の認証局を指定する項目を削除しています。

⑩Windows PowerShell ISE画面で、ファイル名を「Remediate_Expired_User_Certificates.ps1」として保存する。

修復スクリプトの登録

①Microsoft Intune管理センター画面（https://intune.microsoft.com）で、左側のメニューから、［デバイス］－［スクリプトと修復］をクリックし、［デバイス | スクリプトと修復］画面の［修復］タブで［作成］をクリックする。

②［カスタムスクリプトの作成］画面の［基本］タブで、［名前］に任意の名前を入力し、［次へ］をクリックする。ここでは、［名前］に「期限切れユーザー証明書の調査」と入力している。

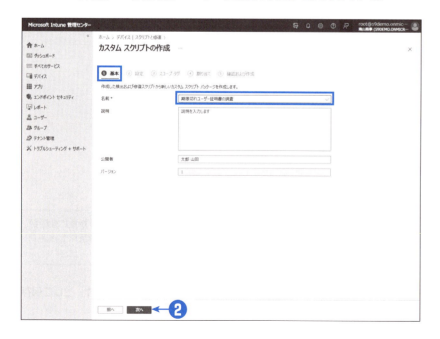

③［設定］タブで、検出スクリプトと修復スクリプトを指定し、［次へ］をクリックする。ここでは、次のとおり設定している。
- ［検出スクリプトファイル］：Detect_Expired_User_Certificates.ps1ファイルを追加
- ［修復スクリプトファイル］：Remediate_Expired_User_Certificates.ps1ファイルを追加
- ［このスクリプトをログオンした資格情報を使用して実行する］：［はい］を選択
- ［スクリプト署名チェックを強制］：［いいえ］を選択

④［スコープタグ］タブで、［次へ］をクリックする。
⑤［割り当て］タブで、［割り当て先］から［すべてのユーザー］を選択し、［次へ］をクリックする。

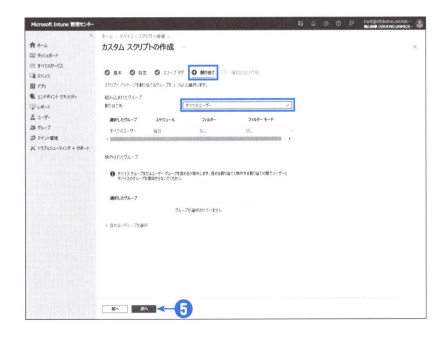

⑥［確認および作成］タブで、設定内容を確認し、［作成］をクリックする。

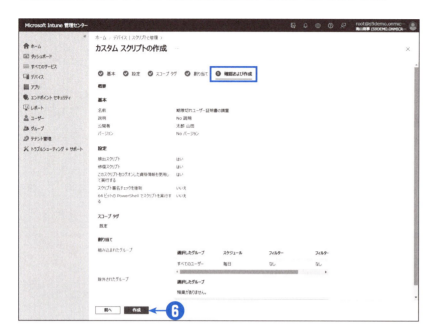

⑦［デバイス｜スクリプトと修復］画面の［修復］タブで、スクリプトが追加されたことを確認する。

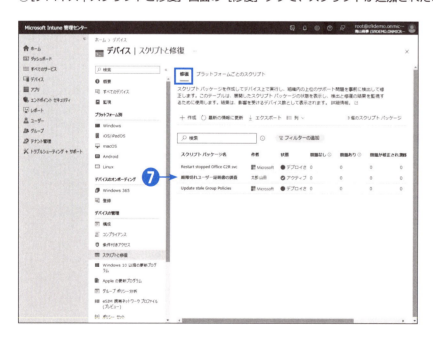

検出スクリプト/修復スクリプトの実行結果の確認

①Microsoft Intune管理センター画面（https://intune.microsoft.com）で、左側のメニューから、［デバイス］－［スクリプトと修復］をクリックし、［デバイス｜スクリプトと修復］画面の［修復］タブで作成したスクリプトをクリックする。

②スクリプトの［概要］画面で、［検出の状態］欄で検出スクリプトの実行結果、［修復の状態］欄で修復スクリプトの実行結果をそれぞれ確認できる。

③スクリプトの［概要］画面で［デバイスの状態］をクリックすると、デバイスごとの検出スクリプト、修復スクリプトの実行結果が確認できる。

7 更新プログラムの管理

　Intuneによる更新プログラムの管理はこれまでの時代とは異なる管理手法を採用しています。ここではIntuneを利用した更新プログラムの管理方法について解説します。

リングによる更新プログラム管理

　オンプレミスにおけるクライアントデバイスの更新プログラム管理では、Windows Server Update Services（WSUS）やMicrosoft Configuration Manager（MCM）のような更新プログラム管理を行うサーバーから更新プログラムをダウンロードし、インストールすることが一般的でした。一方、Intuneでは更新プログラム管理を行うサーバーを利用せず、クライアントデバイスが直接インターネットから更新プログラムをダウンロードしてインストールする（展開する）ことを前提とした管理を行います。そのため、Intuneでは「リング」と呼ばれるプロファイルを作成し、更新プログラムをインストールするタイミングだけを管理します。

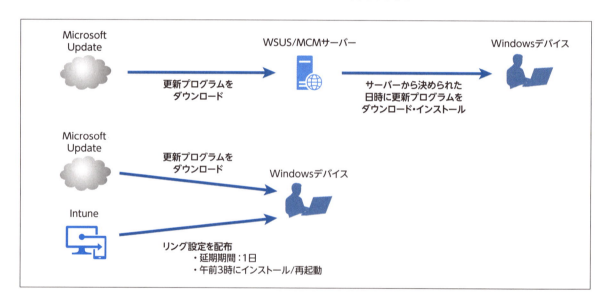

　リングを作成すると、ソフトウェア更新プログラムの展開を延期させる期間や展開を開始する時間帯などを構成できます。そして作成したリングは構成プロファイルと同様にグループ単位での割り当てが可能です。リングは次のような理由から、すべてのデバイスに割り当てるのではなく、グループを作成してグループのメンバーごとに異なるリングを割り当てていきます。

- **検証を事前に行いたい**

　すべてのデバイスに更新プログラムを展開する前に、更新プログラムを展開して問題ないことを事前に確認したい場合があります。このようなケースでは更新プログラムのリリース直後は検証用のデバイスにすばやく展開するリングと、検証結果が確認できてから実運用のデバイスに展開を始められるように一定期間の展開の延期を行うようなリングをそれぞれ作成します。

第4章 Windowsデバイスのポリシー管理

- **展開が同時に行われないようにしたい**

　オフィス内で利用する多数のデバイスに対して更新プログラムの展開を行う場合、個々のデバイスが直接インターネットに接続して更新プログラムをダウンロードするため、インターネットトラフィックを大量に利用する可能性があります。こうした課題を解決するためにデバイスをいくつかのグループに分けてメンバーとして追加しておき、延期期間を別々に設定したリングをそれぞれのグループに割り当てておきます。そうすることで、すべてのデバイスが一斉にインターネットに接続して更新プログラムをダウンロードするようなことを避けられます。

リング割り当て用グループの作成方法

①Microsoft Intune管理センター画面（https://intune.microsoft.com）で、左側のメニューから、［グループ］をクリックし、［グループ｜すべてのグループ］画面で［新しいグループ］をクリックする。

②［新しいグループ］画面で、［グループ名］にグループの名前を入力し、［メンバー］の［メンバーが選択されていません］をクリックする。ここでは、［グループ名］に「Ring0」と入力している。

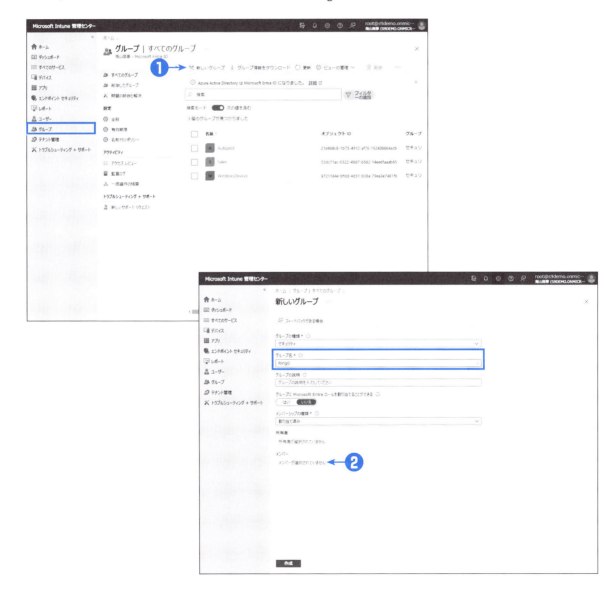

③［メンバーの追加］画面の［デバイス］タブで、グループのメンバーとなるデバイスを選択し、［選択］をクリックする。ここでは、［CL01］というデバイスを選択している。

④［新しいグループ］画面で、［作成］をクリックする。

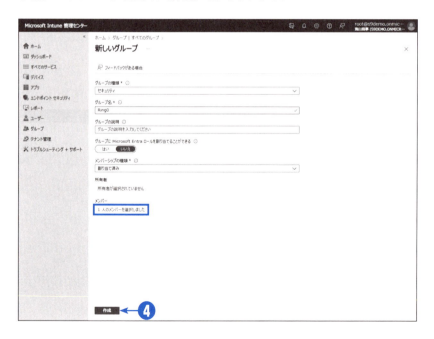

⑤［グループ｜すべてのグループ］画面で、グループが追加されたことを確認する。

ここまでの手順で作成したグループはこの後、更新プログラム適用の設定を割り当てるために使用します。そのため、グループのメンバーとして登録したデバイスに更新プログラムの設定が割り当てられることになります。

更新プログラムのリングの作成および割り当て方法

①Microsoft Intune管理センター画面（https://intune.microsoft.com）で、左側のメニューから、［デバイス］－［Windows 10以降の更新プログラム］をクリックし、［更新リング］タブで［プロファイルの作成］をクリックする。

②[Windows 10以降向け更新リングの生成]画面の[基本]タブで、[名前]に任意の名前を入力し、[次へ]をクリックする。ここでは、[名前]に「Ring0」と入力している。

③[更新リングの設定]タブで、更新プログラム適用のタイミング等を指定し、[次へ]をクリックする。ここでは、次のとおり設定している。
- [品質更新プログラムの延期期間(日数)]:「1」と入力
- [自動更新の動作]:[スケジュールした時刻に自動的にインストールおよび再起動する]を選択
- [スケジュールされたインストール時刻]:[午後5:00]を選択

第4章 Windowsデバイスのポリシー管理

④［割り当て］タブで、［組み込まれたグループ］の［グループを追加］をクリックする。
⑤［含めるグループを選択］画面で、前の手順で作成したグループを選択し、［選択］をクリックする。

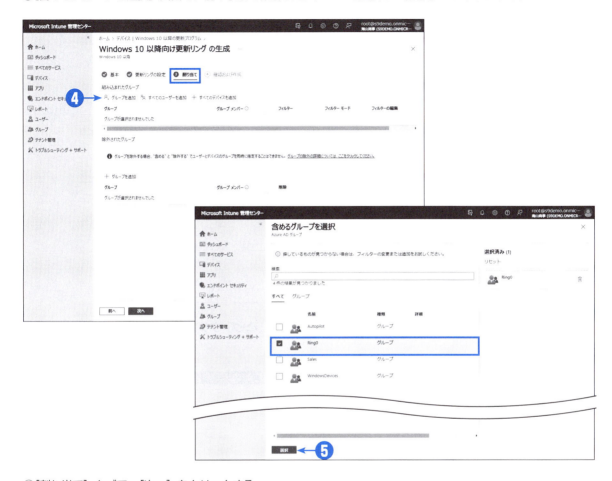

⑥［割り当て］タブで、［次へ］をクリックする。

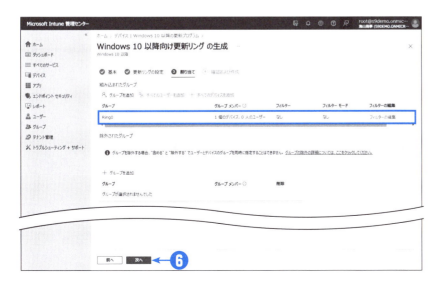

⑦ ［確認および作成］タブで、設定内容を確認し、［作成］をクリックする。

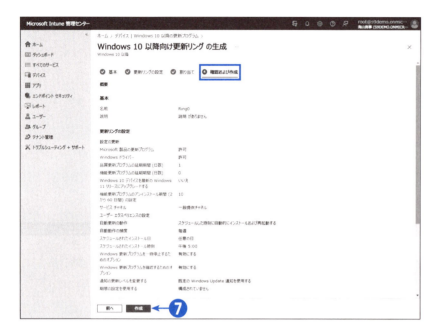

⑧ ［デバイス｜Windows 10以降の更新プログラム］画面の［更新リング］タブで、更新リングが追加されたことを確認する。

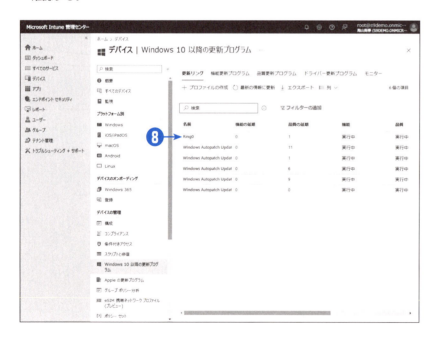

更新リングで設定可能な項目は次のとおりです。

設定項目	説明
Microsoft製品の更新プログラム	この更新リングの設定によって更新プログラムを展開することを定義
Windowsドライバー	この更新リングの設定によってドライバーを展開することを定義
品質更新プログラムの延期期間（日数）	品質更新プログラムがリリースされてから展開を開始するまでの待機期間
機能更新プログラムの延期期間（日数）	機能更新プログラムがリリースされてから展開を開始するまでの待機期間 ［Windows 10デバイスを最新のWindows 11リリースにアップグレードする］を［はい］にしておくことでWindows 11へのアップグレードを許可することも可能
機能更新プログラムのアンインストール期間（2から60日間）の設定	展開した機能更新プログラムをアンインストールすることを許可する期間
プレリリースビルドを有効にする	Windows Insiderとして提供されるプレビュープログラムの展開を定義
自動更新の動作	更新プログラムのインストール・再起動するタイミングを定義。メンテナンス時にインストールするように構成すればアクティブ時間として定義した時間外、スケジュールした時刻にインストールするように構成すれば決められた時刻にそれぞれインストールする
Windows更新プログラムを一時停止するためのオプション	ユーザーの操作によって更新プログラムのインストールを一時的に停止することを定義
Windows更新プログラムを確認するためのオプション	ユーザーの操作によって更新プログラムの有無を確認することを定義
期限の設定を使用する	更新プログラムのインストールを一時停止したときに、いつまで一時停止することを許可するかを定義
猶予期間	更新プログラムのインストール後に再起動が行われるまでの最小日数を定義

インストールする更新プログラムのバージョンを管理する

　更新プログラムは脆弱性を解消したり、時代に合った機能を利用できるようにしたりする効果があるため、最新バージョンを適用するべきです。しかし更新プログラム適用によって自社開発のアプリケーションが実行できなくなるなどのトラブルが既に把握できている場合には、最新の更新プログラムが適用されないように構成するべきです。この場合、機能更新プログラムと品質更新プログラムの両方でバージョンを固定することができます。ここでは品質更新プログラムを例に、バージョンの固定方法を確認します。

［品質更新プログラム］と［機能更新プログラム］タブのプロファイルを作成する場合、Intuneのライセンスに加えてWindows E5/E3/A5/A3、Windows Virtual Desktop Access（VDA）E5/E3、Microsoft 365 Business Premiumのいずれかのライセンスが必要になります。これらのいずれかのライセンスを保有している場合は、あらかじめこの章の「5 Windows E3ライセンスが必要な機能の有効化」で説明する手順を行っておいてください。

①Microsoft Intune管理センター画面（https://intune.microsoft.com）で、左側のメニューから、［デバイス］－［Windows 10以降の更新プログラム］をクリックし、［品質更新プログラム］タブをクリックして、［プロファイルの作成］をクリックする。

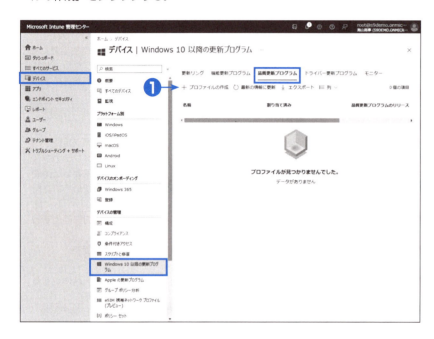

②［品質更新プログラムプロファイルの作成］画面の［設定］タブで、［名前］に任意の名前を入力し、［デバイスのOSバージョンが次より小さい場合に品質更新プログラムを迅速にインストールする］からインストールする更新プログラムのバージョンを選択して、［次へ］をクリックする。ここでは、［名前］に「Ring0」と入力している。

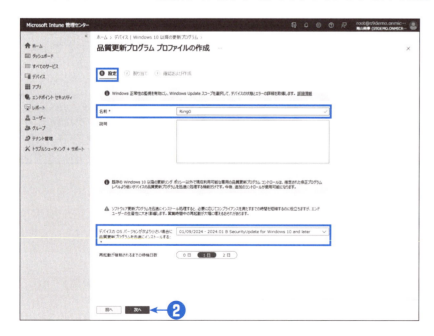

③［割り当て］タブで、［組み込まれたグループ］の［グループを追加］をクリックする。

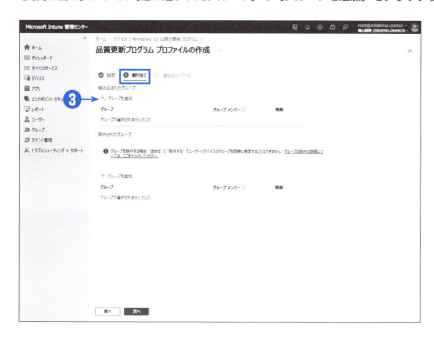

④［含めるグループを選択］画面で、前の手順で作成したグループを選択し、［選択］をクリックする。

⑤ [割り当て] タブで、[次へ] をクリックする。
⑥ [確認および作成] タブで、設定内容を確認し、[作成] をクリックする。

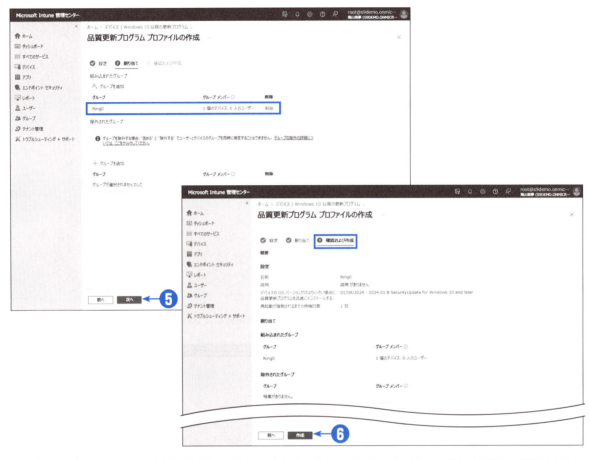

⑦ [デバイス | Windows 10以降の更新プログラム] 画面の [品質更新プログラム] タブで、更新リングが追加されたことを確認する。

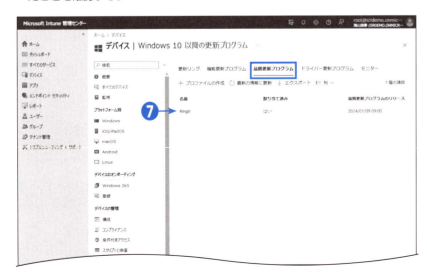

[更新リング] と [機能更新プログラム] のポリシーを同時に展開する場合、[更新リング] ポリシー内の [機能更新プログラムの延期期間] を0に設定する必要があります。

第4章 Windowsデバイスのポリシー管理　235

［レポート］メニューを利用した更新プログラム展開結果の確認

　更新リングの設定に基づき更新プログラムの展開を行った結果についてはMicrosoft Intune管理センターの［レポート］メニューまたは更新プログラムの［モニター］タブから参照することができます。［レポート］メニューを利用した展開結果の確認方法については次のとおりです。［モニター］タブから確認する方法は次の項で説明します。

①Microsoft Intune管理センター画面（https://intune.microsoft.com）で、左側のメニューから、［レポート］－［Windowsの更新プログラム］をクリックする。すると［レポート｜Windowsの更新プログラム］画面の［概要］タブが表示され、機能更新プログラム、品質更新プログラム、ドライバー更新プログラムの展開状況・結果が確認できる。

②［レポート｜Windowsの更新プログラム］画面で、［レポート］タブをクリックする。すると更新プログラム種類別の詳細レポートを確認できるため、ここでは［Windowsの優先更新レポート］をクリックする。

［Windowsの優先更新レポート］とは品質更新プログラムの展開に関わるレポートを指します。

③［Windows 10以降の優先更新プログラム］画面で、［優先更新プロファイルを選択する］をクリックする。

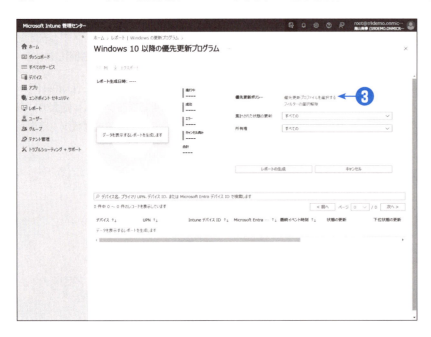

④［優先更新プログラムの展開］画面で、レポートを生成する対象となるリングを選択し、［OK］をクリックする。ここでは、前の手順で作成した［Ring0］を選択している。

⑤[Windows 10以降の優先更新プログラム]画面で、[レポートの生成]をクリックする。しばらくするとデバイスごとの展開状況または結果が確認できる。

レポートの結果ではエラーが確認できます。エラーの詳細については続けて解説する[モニター]メニューから確認できます。

［モニター］タブを利用した更新プログラム展開結果の確認

更新リングの設定に基づき更新プログラムの展開を行った結果のうち、エラーとなったものについては［モニター］タブで詳細を確認できます。

①Microsoft Intune管理センター画面（https://intune.microsoft.com）で、左側のメニューから、［デバイス］－［Windows 10以降の更新プログラム］をクリックし、［モニター］タブをクリックする。すると、更新リング、機能更新プログラム、品質更新プログラム、ドライバー更新プログラムの展開におけるエラーの数を確認できる。ここでは［緊急更新エラー］欄にエラーが表示されているため、［緊急更新エラー］をクリックする。

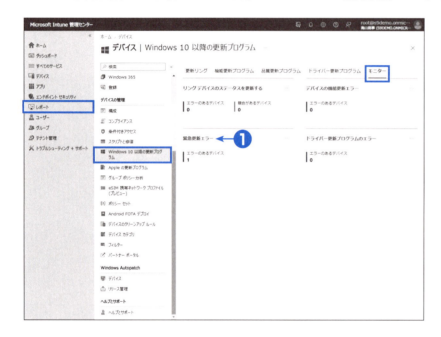

②［Windowsの優先更新プログラムのエラー］画面で、［プロファイル］列に表示されているプロファイル名をクリックする。

③［エラーデバイス］画面で、エラーとなった（展開に失敗した）デバイスが確認できる。エラーの詳細を確認するために［警告メッセージ］列のメッセージをクリックする。

④［エラーデバイスの完全な詳細］画面で、エラーの詳細を確認する。ここではCL01デバイスでインターネットに接続できなかったためにWindows Updateへの接続ができず、更新プログラムの展開ができなかったことが確認できる。

Windows Autopatchによる更新プログラム管理

　Intuneを利用した更新プログラム管理では各クライアントが同時にインターネットに接続して更新プログラムをダウンロードしてしまわないように複数のリングを作成して展開を行う方法を解説しましたが、こうした運用管理に必要な設定を自動的に行ってくれるのがWindows Autopatchです。

　Windows AutopatchはIntuneによる更新プログラム管理に必要なリング、機能更新プログラム、ドライバー更新プログラムの作成、またリングを利用するデバイスを分類するためのグループの作成とグループへのデバイスの自動振り分けを行ってくれます。これにより更新プログラムの管理を完全に自動化することができます。

> Windows Autopatchを利用する場合、Intuneのライセンスに加えてWindows E5/E3/A5/A3、Windows Virtual Desktop Access（VDA）E5/E3、Microsoft 365 Business Premiumのいずれかのライセンスが必要になります。これらのいずれかのライセンスを保有している場合は、あらかじめこの章の「5 Windows E3ライセンスが必要な機能の有効化」で説明する手順を行っておいてください。

> ドライバー更新プログラムはMicrosoft Intune管理センター画面の［デバイス］－［Windows 10以降の更新プログラム］メニューに、機能更新プログラム、品質更新プログラムと並んでタブとして用意されています。［ドライバー更新プログラム］タブでは、更新プログラム経由で提供されるデバイスドライバーの展開を自動的に承認することを定義できます。また、ドライバー展開の手動承認または自動承認の選択や、「自動承認であれば○日後に展開を開始する」といった設定を行うことができます。

Windows Autopatchの有効化

①Microsoft Intune管理センター画面（https://intune.microsoft.com）で、左側のメニューから［テナント管理］をクリックし、［Windows Autopatch］の［テナント登録］をクリックする。表示された画面で［準備評価の結果をMicrosoftが評価して保存できるようにするためには、チェックボックスをオンにして、［同意］を選択します］をオンにして、［同意］をクリックする。

②［テナント管理｜テナント登録］画面で、［準備の状態］欄に「準備完了」と表示されていることを確認し、［登録］をクリックする。

③［Windows Autopatch］画面で、［自分の代わりにMicrosoft Entra組織を管理するためのアクセス許可をMicrosoftに付与します］チェックボックスをオンにして、［同意］をクリックする。

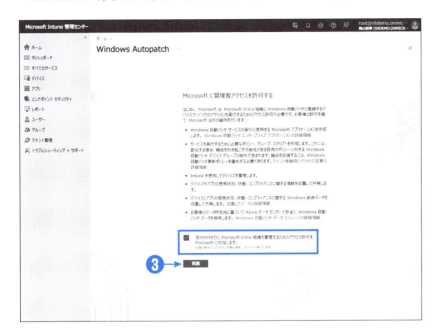

④［Windows Autopatchへようこそ］画面の［プライマリ管理者］タブで、管理者の情報を入力し、［次へ］をクリックする。

本書執筆時点では、この画面の［優先する言語］で日本語を選択することができません。そのため、ここでは［英語］を選択しています。

⑤［セカンダリ管理者］タブで、第2の管理者の情報を入力し、［完了］をクリックする。

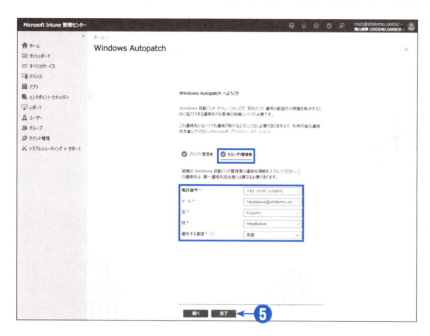

⑥［Windows Autopatchのセットアップが完了しました］画面で、［続行］をクリックする。

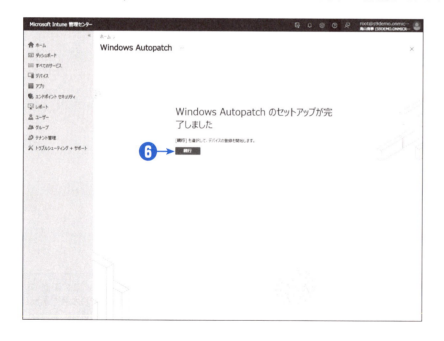

Windows Autopatchの有効化によって作成される更新リング

　Windows Autopatchを有効化すると5つの更新リングが作成されます。Microsoft Intune管理センター画面（https://intune.microsoft.com）で、左側のメニューから、[デバイス] - [Windows 10以降の更新プログラム]をクリックすると、[更新リング] タブで「Windows Autopatch Update Policy」で始まる名前の5つの更新リングが作成されていることを確認できます。

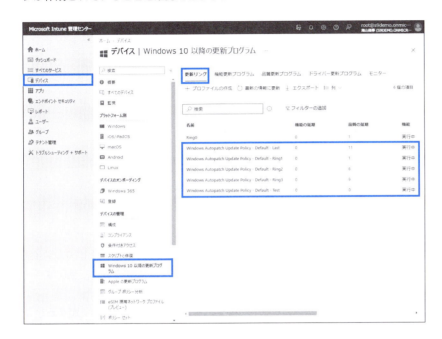

既定では次の5つのリングが作成されます。

更新リング名	機能更新プログラムの延期期間	品質更新プログラムの延期期間
Windows Autopatch Update Policy - Default - Test	0日	0日
Windows Autopatch Update Policy - Default - Ring1	0日	1日
Windows Autopatch Update Policy - Default - Ring2	0日	6日
Windows Autopatch Update Policy - Default - Ring3	0日	9日
Windows Autopatch Update Policy - Default - Last	0日	11日

Windows Autopatchの有効化によって作成される機能更新プログラム

　Windows Autopatchを有効化すると5つの機能更新プログラムのプロファイルが作成されます。Microsoft Intune管理センター画面（https://intune.microsoft.com）で、左側のメニューから、[デバイス] - [Windows 10以降の更新プログラム] をクリックし、[機能更新プログラム] タブをクリックすると、「Windows Autopatch」で始まる名前の5つのプロファイルが作成されていることを確認できます。

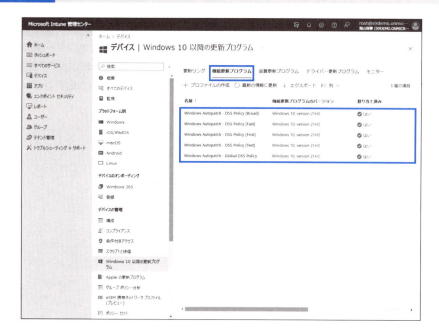

　これらのプロファイルはいずれも既定でWindows 10 22H2のバージョンに固定するように設定されています。そのため、Windows 10 22H2以降のOSを利用しているデバイスでは機能更新プログラムが適用されてバージョンが上がることはありません。機能更新プログラムの展開を行う場合は機能更新プログラムの設定を開いて適切なバージョンに設定を変更してください。

　各デバイスが利用する更新リングと機能更新プログラムは、それぞれのデバイスがどのグループに所属するかによって異なります。デバイスのグループへの登録は後述する設定により自動的に行われますが、それぞれの更新リングと機能更新プログラムに割り当てられるグループについては次のとおりであるため、このような特徴があることを踏まえて設定を変更するようにしてください。

グループ名	グループに割り当てられる更新リング	グループに割り当てられる機能更新プログラム
Windows Autopatch - Test	Windows Autopatch Update Policy - Default - Test	Windows Autopatch - DSS Policy [Test]
Windows Autopatch - Ring1	Windows Autopatch Update Policy - Default - Ring1	Windows Autopatch - DSS Policy [First]
Windows Autopatch - Ring2	Windows Autopatch Update Policy - Default - Ring2	Windows Autopatch - DSS Policy [Fast]
Windows Autopatch - Ring3	Windows Autopatch Update Policy - Default - Ring3	Windows Autopatch - DSS Policy [Broad]
Windows Autopatch - Last	Windows Autopatch Update Policy - Default - Last	Windows Autopatch - Global DSS Policy

Windows Autopatchの有効化によって作成されるドライバー更新プログラム

　Windows Autopatchを有効化すると4つのドライバー更新プログラムのプロファイルが作成されます。Microsoft Intune管理センター画面（https://intune.microsoft.com）で、左側のメニューから、[デバイス]－[Windows 10以降の更新プログラム]をクリックし、[ドライバー更新プログラム]タブをクリックすると、「Windows Autopatch - Driver Update Policy」で始まる名前の4つのプロファイルが作成されていることを確認できます。

第4章 Windowsデバイスのポリシー管理

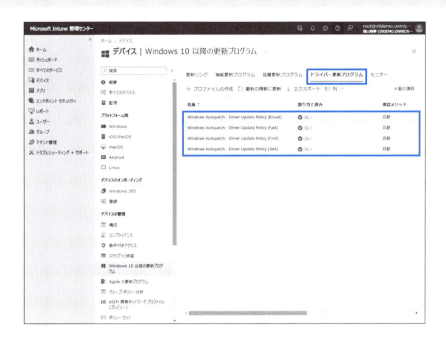

　ドライバー更新プログラムは更新リングおよび機能更新プログラムとは異なり、4つのプロファイルで分散して更新プログラムが展開されます。各ドライバー更新プログラムでの設定とドライバー更新プログラムプロファイルが割り当てられるグループは次のとおりです。

ドライバー更新プログラム	利用開始日	割り当てられるグループ
Windows Autopatch - Driver Update Policy [Test]	0日後に自動承認して開始	Modern Workplace Devices-Windows Autopatch-Test
Windows Autopatch - Driver Update Policy [First]	1日後に自動承認して開始	Modern Workplace Devices-Windows Autopatch-First
Windows Autopatch - Driver Update Policy [Fast]	6日後に自動承認して開始	Modern Workplace Devices-Windows Autopatch-Fast
Windows Autopatch - Driver Update Policy [Broad]	9日後に自動承認して開始	Modern Workplace Devices-Windows Autopatch-Broad

Windows Autopatchの有効化によって行われるデバイスのグループ分け

　ここまで、Windows Autopatchの有効化によって作成される、更新プログラムに関わる各種プロファイルについて解説しました。これらのプロファイルはグループが割り当てられているため、各デバイスはグループへの割り当てを行うことによってプロファイルに沿った更新プログラムの展開が行われるようになります。そしてWindows Autopatchはデバイスに対するグループへの割り当てを自動的に行います。デバイスへのグループ割り当てはMicrosoft Intune管理センター画面（https://intune.microsoft.com）で、左側のメニューから［デバイス］－［Windows Autopatch］－［リリース管理］をクリックし、［Autopatchグループ］タブをクリックして、［Windows Autopatch（既定）］をクリックすると、それぞれのデバイスをどのグループに配置するかについての割合を設定できます。

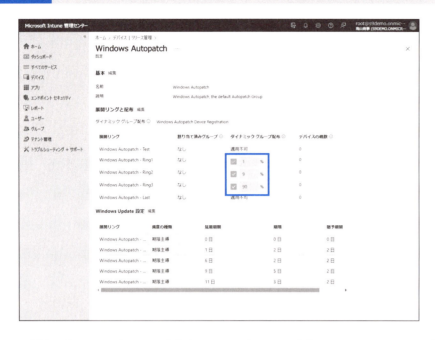

　既定では、Ring1に1％のデバイス、Ring2に9％のデバイス、Ring3に90％のデバイスを割り当てるように構成されていますが、この設定は変更したり、展開リングそのものを増やしたりすることができます。

　こうした設定を通じてグループ分けした結果についてはMicrosoft Intune管理センター画面（https://intune.microsoft.com）で、左側のメニューから［デバイス］をクリックし、［Windows Autopatch］の［デバイス］をクリックして確認できます。デバイスのグループ分けの結果が意図したものと異なる場合は、デバイスを選択し、［…］－［デバイスのアクション］をクリックすると、それぞれのデバイスをどのグループに配置するかについての割合を設定できます。

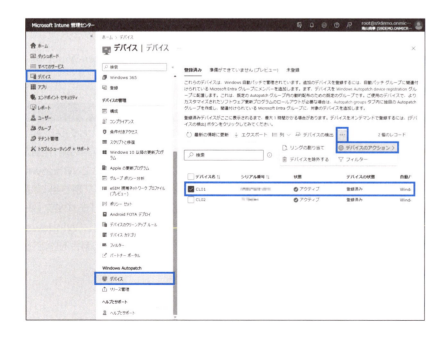

第4章　Windowsデバイスのポリシー管理　**247**

8 エンドポイントセキュリティ管理

　[エンドポイントセキュリティ]はMicrosoft Intune管理センターの左ペインに用意されたメニューで、名前のとおりデバイスに対するセキュリティ設定を行うための項目が用意されています。

設定可能な項目

　[エンドポイントセキュリティ]の[管理する]メニューには、主に次のような設定項目が用意されています。

[管理する]メニューの項目	説明
ウイルス対策	Microsoft Defenderウイルス対策のスキャンに関わる設定を構成する
ディスクの暗号化	Windowsデバイスで利用可能なBitLocker、macOSデバイスで利用可能なFileVaultディスク暗号化を構成する
ファイアウォール	Microsoft DefenderファイアウォールまたはmacOSファイアウォールのルールを構成する
エンドポイント特権の管理	特定のセットアッププログラムを実行することで表示されるセットアップウィザードの操作に対して管理権限を付与する（Intune Suiteライセンス必須）
エンドポイントの検出と応答	Microsoft Defender for Endpointに送信するテレメトリ情報のカスタマイズを行う
攻撃面の減少	攻撃面の減少ルールを作成し、マルウェア感染のリスクを減少させるための構成を行う
アカウント保護	ローカル管理者アカウントの設定やWindows Hello for Business、Credential Guardなどの有効/無効を定義する

　ウイルス対策、ディスクの暗号化、攻撃面の減少などの項目は、構成プロファイルから同様の設定を行うことが可能です。しかし、構成プロファイルとエンドポイントセキュリティには設定適用に関する優先順位が存在しないため、両方同時に設定すると最終的にどちらが適用されるかわからなくなります。そのため、ウイルス対策、ディスクの暗号化、攻撃面の減少などの項目については、構成プロファイルとエンドポイントセキュリティのどちらを利用するかを事前に決めておくことが重要です。

　この節ではエンドポイントセキュリティの設定項目のうち、Windowsデバイスに対して次の構成を行う手順について解説します。

- BitLockerによるディスク暗号化
- ウイルス対策
- アカウント保護

BitLockerによるディスク暗号化を設定する

　CIS Benchmarksの「18.10.9 BitLocker Disk Encryption」ではBitLockerを利用する場合の推奨設定を定義しています。ここでは推奨設定に沿ったBitLockerの設定をエンドポイントセキュリティより行います。

> BitLocker設定は構成プロファイルのEndpoint Protectionテンプレートから同様の設定を行うことができます。エンドポイントセキュリティと構成プロファイルのどちらから設定しても同じ結果になりますが、両方の設定を同時に行うと競合解決が正しくできなくなる可能性があるため、どちらか片方の設定のみを利用するようにしてください。

①Microsoft Intune管理センター画面（https://intune.microsoft.com）で、左側のメニューから、［エンドポイントセキュリティ］－［ディスクの暗号化］をクリックする。

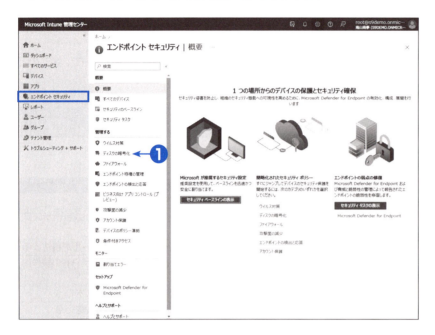

②［エンドポイントセキュリティ｜ディスクの暗号化］画面で、［ポリシーの作成］をクリックする。

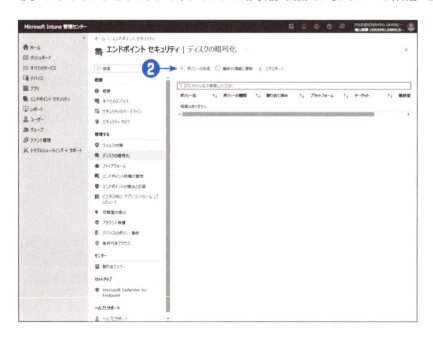

③ ［プロファイルの作成］画面で、［プラットフォーム］から［Windows 10以降］、［プロファイル］から［BitLocker］
を選択し、［作成］をクリックする。

④ ［プロファイルの作成］画面の［基本］タブで、［名前］に任意の名前を入力し、［次へ］をクリックする。ここで
は、［名前］に「BitLocker設定」と入力している。

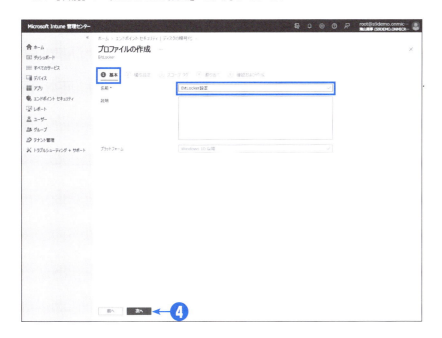

⑤［構成設定］タブで、BitLockerの運用方法を指定し、［次へ］をクリックする。ここでは、次の項目を設定している。

- ［Require Device Encryption］：Enabled
- ［Allow Warning For Other Disk Encryption］：Enabled
- ［Enforce drive encryption type on operating system drives］：Enabled
- ［Require additional authentication at startup］：Enabled
- ［Choose how BitLocker-protected operating system drives can be recovered］：Enabled
- ［Omit recovery options from the BitLocker setup wizard］：True
- ［Do not enable BitLocker until recovery information is stored to AD DS for operating system drives］：True
- ［Save BitLocker recovery information to AD DS for operating system drives］：True
- ［Enforce drive encryption type on fixed data drives］：Enabled
- ［Choose how BitLocker-protected fixed drives can be recovered］：Enabled
- ［Omit recovery options from the BitLocker setup wizard］：True
- ［Control use of BitLocker on removable drives］：Enabled
- ［Deny write access to removable drives not protected by BitLocker］：Disabled

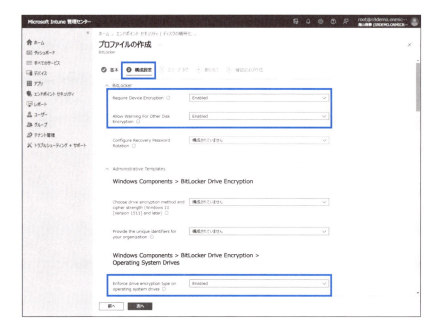

第4章 Windowsデバイスのポリシー管理

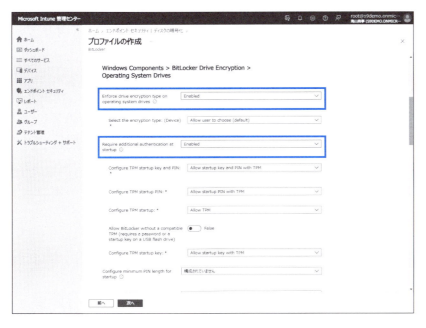

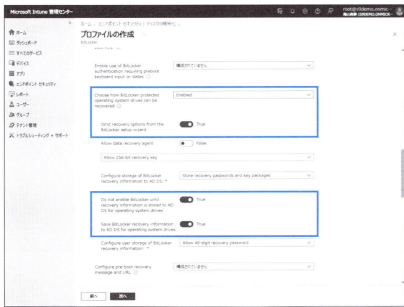

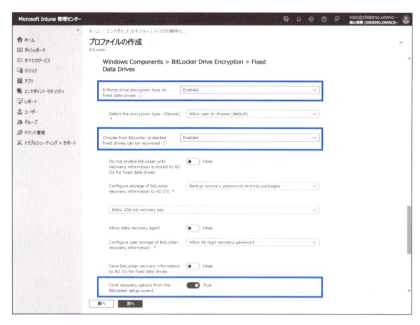

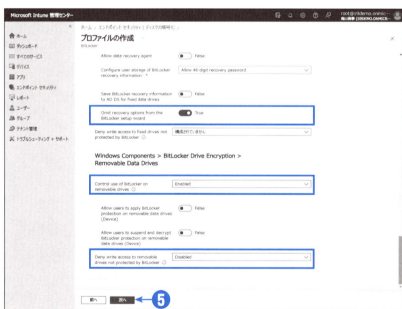

本手順で行ったBitLocker設定は次のとおりです。

設定項目	説明
Require Device Encryption	デバイス暗号化の有効化
Allow Warning For Other Disk Encryption	サードパーティ製ディスク暗号化による警告を許可する
Enforce drive encryption type on operating system drives	OSドライブの暗号化種類の強制
Require additional authentication at startup	起動時の追加認証の要求
Choose how BitLocker-protected operating system drives can be recovered	BitLockerで保護されたOSドライブの復元方法の選択を許可する
Omit recovery options from the BitLocker setup wizard	（OSドライブで）BitLockerセットアップウィザードからの回復オプションを省略する
Do not enable BitLocker until recovery information is stored to AD DS for operating system drives	回復キーがActive Directoryに保存されるまでOSドライブでBitLockerを有効化しない
Save BitLocker recovery information to AD DS for operating system drives	OSドライブの回復キーをActive Directoryに保存する
Enforce drive encryption type on fixed data drives	固定ドライブの暗号化種類の強制
Choose how BitLocker-protected fixed drives can be recovered	BitLockerで保護された固定ドライブの回復方法を選択できるようにする
Omit recovery options from the BitLocker setup wizard	（固定ドライブで）BitLockerセットアップウィザードからの回復オプションを省略する
Control use of BitLocker on removable drives	リムーバブル記憶域でBitLockerの利用を制御する
Deny write access to removable drives not protected by BitLocker	BitLockerで保護されていないリムーバブル記憶域への書き込みアクセスを制限する

⑥［スコープタグ］タブで、［次へ］をクリックする。

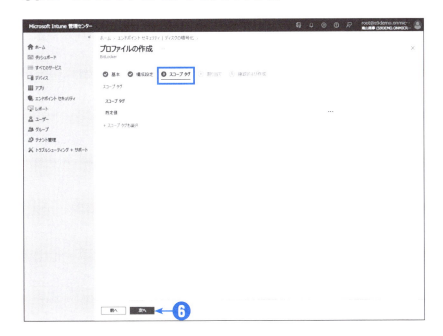

⑦[割り当て]タブで、[デバイスをすべて追加]をクリックし、[次へ]をクリックする。

⑧[確認および作成]タブで、設定内容を確認し、[作成]をクリックする。

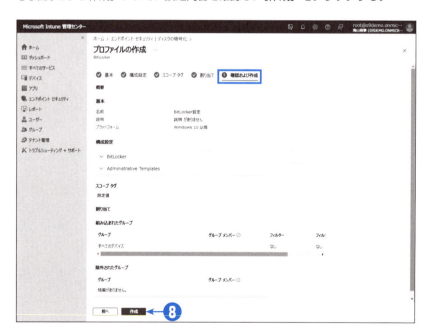

⑨［エンドポイントセキュリティ｜ディスクの暗号化］画面で、ポリシーが追加されたことを確認する。

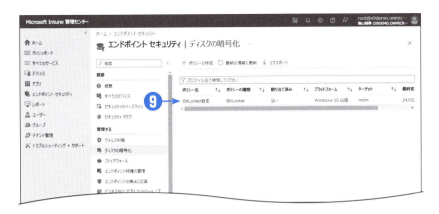

ウイルス対策を設定する

　CIS Benchmarksの「18.10.43 Microsoft Defender Antivirus」ではMicrosoft Defenderウイルス対策を利用する場合の推奨設定を定義しています。ここでは推奨設定に沿ったウイルス対策の設定をエンドポイントセキュリティより行います。

> ウイルス対策設定は構成プロファイルのEndpoint Protectionテンプレートから同様の設定を行うことができます。エンドポイントセキュリティと構成プロファイルのどちらから設定しても同じ結果になりますが、両方の設定を同時に行うと競合解決が正しくできなくなる可能性があるため、どちらか片方の設定のみを利用するようにしてください。

①Microsoft Intune管理センター画面（https://intune.microsoft.com）で、左側のメニューから、［エンドポイントセキュリティ］－［ウイルス対策］をクリックする。
②［エンドポイントセキュリティ｜ウイルス対策］画面の［概要］タブで、［ポリシーの作成］をクリックする。

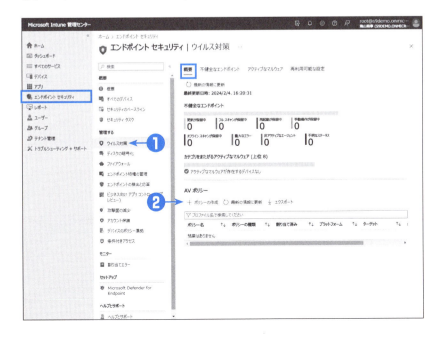

③［プロファイルの作成］画面で、［プラットフォーム］から［Windows 10、Windows 11、Windows Server］、［プロファイル］から［Microsoft Defenderウイルス対策］を選択し、［作成］をクリックする。

④［プロファイルの作成］画面の［基本］タブで、［名前］に任意の名前を入力し、［次へ］をクリックする。ここでは、［名前］に「ウイルス対策設定」と入力している。

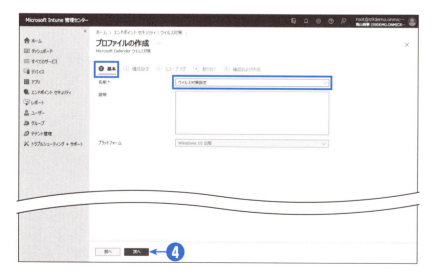

⑤［構成設定］タブで、ウイルス対策の運用方法を指定し、［次へ］をクリックする。ここでは、次の項目を設定している。
- ［Allow Cloud Protection］：Allowed. Turns on Cloud Protection.
- ［Allow Email Scanning］：Allowed. Turns on email scanning.
- ［Allow Full Scan Removable Drive Scanning］：Allowed. Scan removable drives.
- ［Allow scanning of all downloaded files and attachments］：Allowed.

- [Allow Realtime Monitoring]：Allowed. Turns on and runs the real-time monitoring service.
- [Allow Scanning Network Files]：Allowed. Scans network files.
- [Allow Script Scanning]：Allowed.
- [Allow User UI Access]：Not allowed. Prevents users from accessing UI.
- [Schedule Quick Scan Time]：構成されました
- [Schedule Scan Day]：Every day
- [Signature Update Interval]：構成されました

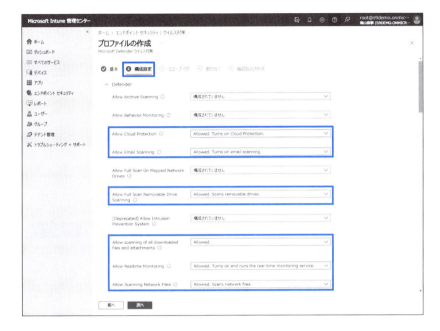

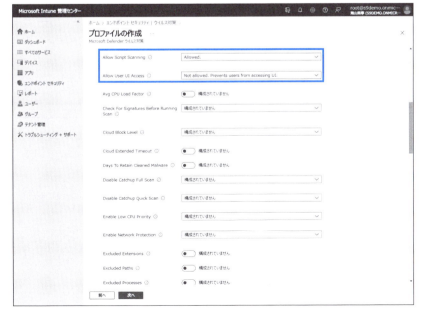

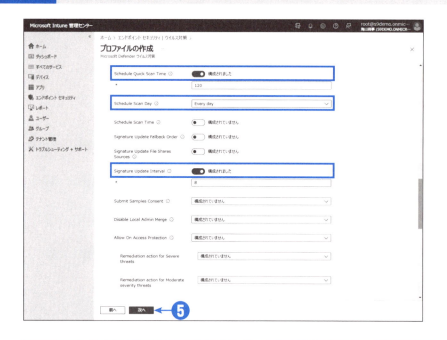

本手順で行ったウイルス対策設定は次のとおりです。

設定項目	説明
Allow Cloud Protection	クラウド保護を有効にする
Allow Email Scanning	メールスキャンを行う
Allow Full Scan Removable Drive Scanning	リムーバブルドライブのフルスキャンを行う
Allow scanning of all downloaded files and attachments	すべてのダウンロードしたファイルと添付ファイルのスキャンを行う
Allow Realtime Monitoring	リアルタイム監視を行う
Allow Scanning Network Files	ネットワーク上のファイルのスキャンを行う
Allow Script Scanning	スクリプトのスキャンを行う
Allow User UI Access	ウイルス対策設定に関するユーザーインターフェイスへのアクセスを許可する
Schedule Quick Scan Time	クイックスキャンを行う日時を設定する
Schedule Scan Day	スキャンを行う曜日
Signature Update Interval	シグネチャの更新間隔

⑥[スコープタグ]タブで、[次へ]をクリックする。
⑦[割り当て]タブで、[デバイスをすべて追加]をクリックし、[次へ]をクリックする。

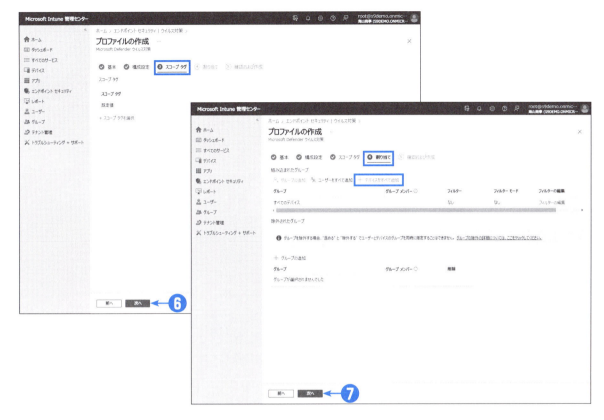

⑧[確認および作成]タブで、設定内容を確認し、[作成]をクリックする。

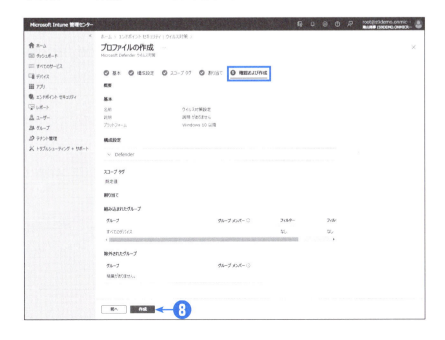

⑨ ［エンドポイントセキュリティ｜ウイルス対策］画面の［概要］タブで、ポリシーが追加されたことを確認する。

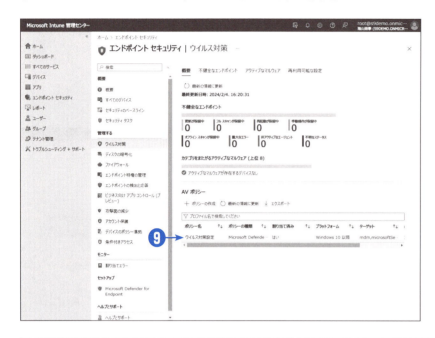

アカウント保護を設定する

　アカウント保護とはWindowsデバイスで使用するユーザーに関わるセキュリティ設定を行うためのMicrosoft Intune管理センターのメニューで、次の設定を行うことができます。

アカウント保護の設定項目	説明
Local admin password solution（Windows LAPS）	Windowsデバイスで使用するローカル管理者ユーザーのパスワードを一元的に管理する
ローカルユーザーグループメンバーシップ	Windowsデバイスで使用するローカルユーザーが所属するグループを一元的に管理する
アカウント保護	Windows Hello for BusinessやCredential Guardなどの設定を一元的に管理する

　ここではローカルユーザーグループメンバーシップの設定を行い、Windowsデバイスのローカル Administratorsグループのメンバーにhayakawa@s9demo.onmicrosoft.comを追加し、管理者としての作業ができるように構成します。

① Microsoft Intune管理センター画面（https://intune.microsoft.com）で、左側のメニューから、［エンドポイントセキュリティ］－［アカウント保護］をクリックする。
② ［エンドポイントセキュリティ｜アカウント保護］画面で、［ポリシーの作成］をクリックする。
③ ［プロファイルの作成］画面で、［プラットフォーム］から［Windows 10以降］、［プロファイル］から［ローカルユーザーグループメンバーシップ］を選択し、［作成］をクリックする。

第4章　Windowsデバイスのポリシー管理

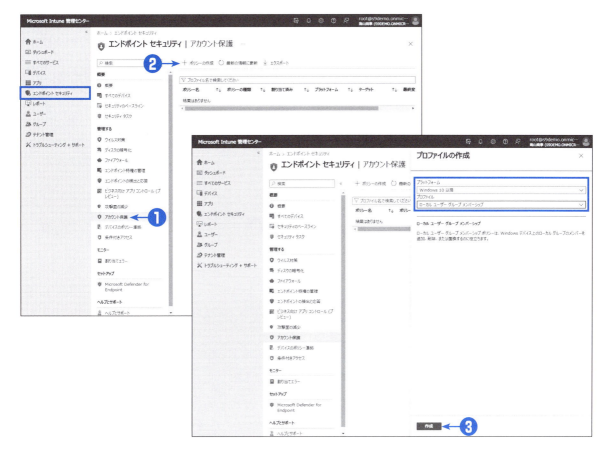

④［プロファイルの作成］画面の［基本］タブで、［名前］に任意の名前を入力し、［次へ］をクリックする。ここでは、［名前］に「ローカル管理者設定」と入力している。

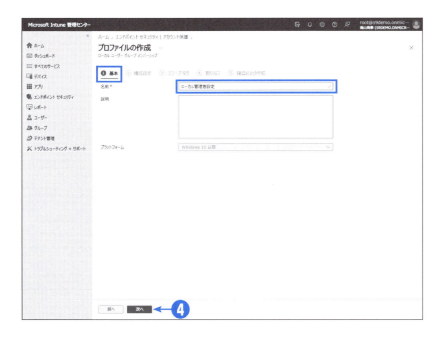

⑤ [構成設定] タブで、ローカルグループのメンバー設定を指定する。ここでは、ローカルAdministratorsグループにhayakawaユーザーを追加するため、次のとおり設定し、[ユーザー/グループの選択] をクリックしている。
- [Local group]：Administrators
- [Group and user action]：Add（Update）
- [User selection type]：Users/Groups

[Group and user action] 列では [Add（Update）] [Add（Replace）] [Remote（Update）] を選択できます。
- [Add（Update）]：既存のグループのメンバーにユーザー/グループを追加する
- [Add（Replace）]：既存のグループのメンバーをすべて削除し、ここで指定したユーザー/グループだけを追加する
- [Remote（Update）]：既存のグループのメンバーからここで指定したユーザー/グループを削除する

この設定を利用することによりAdministratorsグループのメンバーから不要なユーザーを削除してローカル管理者権限の乱用を防ぐ運用が可能になります。

⑥ [ユーザー/グループの選択] 画面で、hayakawaユーザーを選択し、[選択] をクリックする。

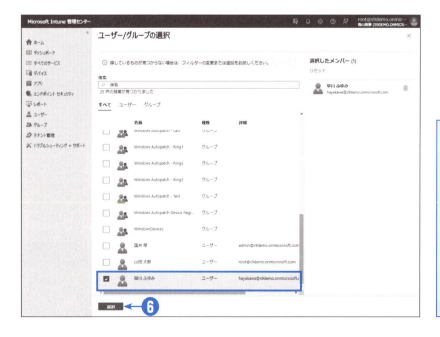

本手順ではMicrosoft Entraユーザーを指定していますが、WindowsデバイスにMicrosoft EntraユーザーでサインインできるのはMicrosoft Entra参加しているデバイスのみです。もし本手順でMicrosoft Entraユーザー以外のユーザー（ローカルユーザーなど）を指定する場合は、[構成設定] タブの [User selection type] メニューから [Manual] を選択して指定してください。

⑦［構成設定］タブで、［次へ］をクリックする。
⑧［スコープタグ］タブで、［次へ］をクリックする。

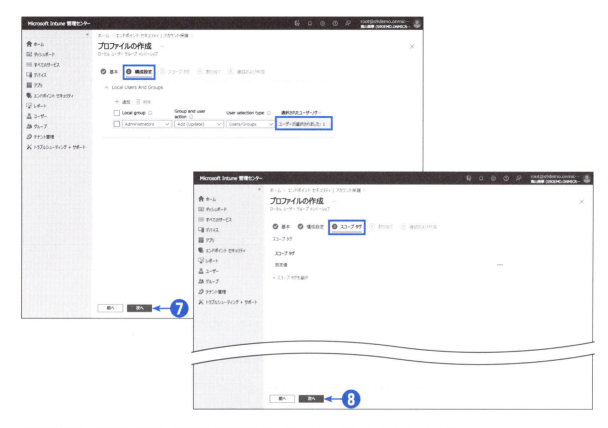

⑨［割り当て］タブで、［デバイスをすべて追加］をクリックし、［次へ］をクリックする。

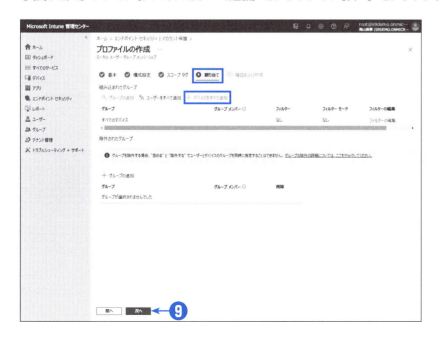

⑩ [確認および作成] タブで、設定内容を確認し、[作成] をクリックする。

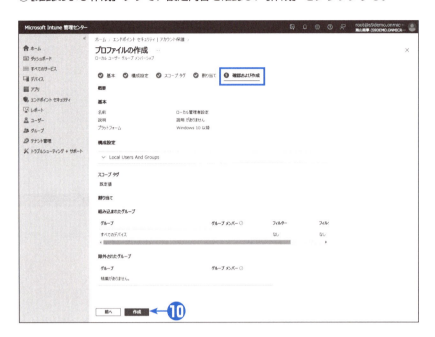

⑪ [エンドポイントセキュリティ | アカウント保護] 画面で、ポリシーが追加されたことを確認する。

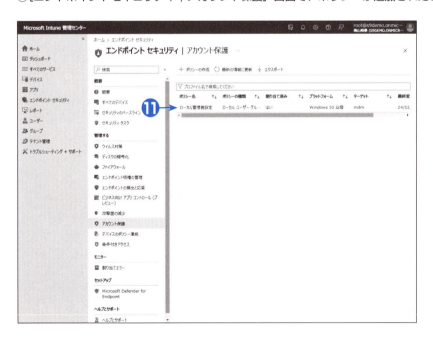

セキュリティベースライン

　セキュリティベースラインはマイクロソフトが推奨するセキュリティ設定をひとまとめにしたもので、企業ではセキュリティベースラインを適用するだけで、企業で必要とされるセキュリティ設定を一括で設定できるメリットがあります。

セキュリティベースラインに含まれる項目

　セキュリティベースラインの項目には次のようなものがあります。

セキュリティベースラインの項目	説明
Windows 10以降のセキュリティベースライン	Windows 11またはWindows 10のOSレベルで必要な推奨セキュリティ設定を提供
Microsoft Defender for Endpointベースライン	BitLocker、Device Guard、SmartScreen、攻撃の回避規則などMicrosoft Intune管理センターの［エンドポイントセキュリティ］項目から設定可能なセキュリティ設定の推奨を提供
Microsoft Edgeのセキュリティベースライン	Microsoft Edgeに関わる推奨セキュリティ設定を提供
Windows 365セキュリティベースライン	Windows 365仮想マシンとして動作するWindows 11またはWindows 10のOSレベルで必要な推奨セキュリティ設定を提供
Microsoft 365 Apps for Enterpriseセキュリティベースライン	Microsoft 365 Apps設定に関わるセキュリティ上の推奨事項を提供

　セキュリティベースラインでは最初から推奨設定が適用された状態でプロファイルを作成することになるため、各設定の有効化または無効化設定を行う必要がありません。一方、既定で定義されている推奨設定は、あなたの企業にとっての推奨とは限りません。そのため、利用時には設定項目を1つずつ精査し、マイクロソフトが推奨する設定をそのまま利用すべきでないと判断した場合には、個別にその設定を無効化する必要があります。

Windows 10以降のセキュリティベースラインを適用する

①Microsoft Intune管理センター画面（https://intune.microsoft.com）で、左側のメニューから、［エンドポイントセキュリティ］−［セキュリティのベースライン］をクリックする。

②［エンドポイントセキュリティ｜セキュリティのベースライン］画面で、［Windows 10以降のセキュリティベースライン］をクリックする。

③［MDMセキュリティベースライン｜プロファイル］画面で、［プロファイルの作成］をクリックする。

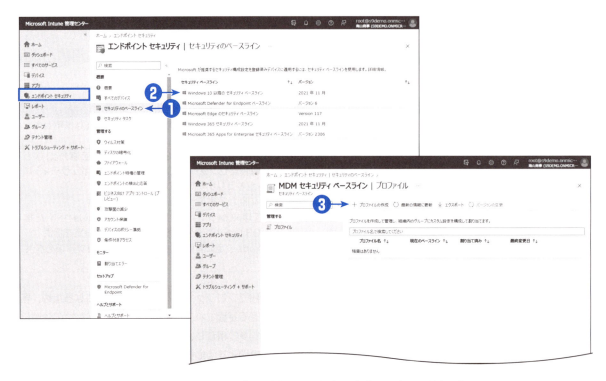

④［プロファイルの作成］画面の［基本］タブで、［名前］に任意の名前を入力し、［次へ］をクリックする。ここでは、［名前］に「会社標準のセキュリティ設定」と入力している。

⑤［構成設定］タブで、［次へ］をクリックする。

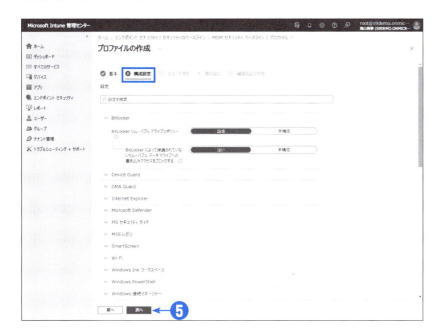

⑥［スコープタグ］タブで、［次へ］をクリックする。
⑦［割り当て］タブで、［デバイスをすべて追加］をクリックし、［次へ］をクリックする。

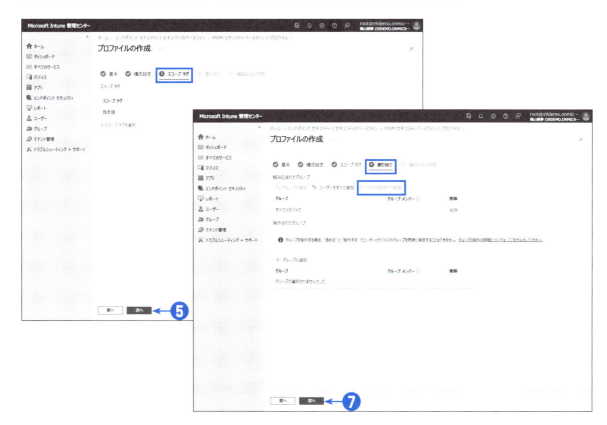

⑧ ［確認および作成］タブで、設定内容を確認し、［作成］をクリックする。

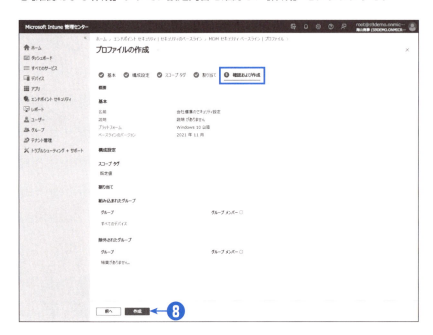

⑨ ［MDM セキュリティベースライン | プロファイル］画面で、プロファイルが作成されたことを確認する。

 セキュリティベースラインにおける競合について

　セキュリティベースラインはマイクロソフトが推奨する設定がすべて詰まったポリシーです。そのため、他の構成プロファイルで既に個別の設定を行っていると、その設定と競合する可能性があります。競合が発生しないようにセキュリティベースラインのプロファイル新規作成時に確認しておく必要がありますが、もし競合を発生させてしまった場合にはセキュリティベースラインのプロファイルを開くと確認できます。

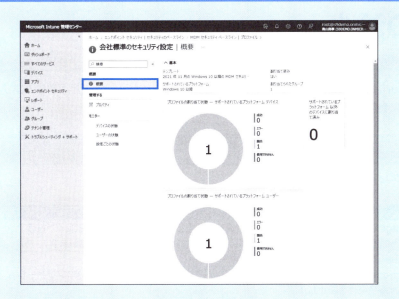

競合が発生した場合には［設定ごとの状態］をクリックして、［レポートの生成］をクリックします。すると、競合を発生させている項目を特定することができます。

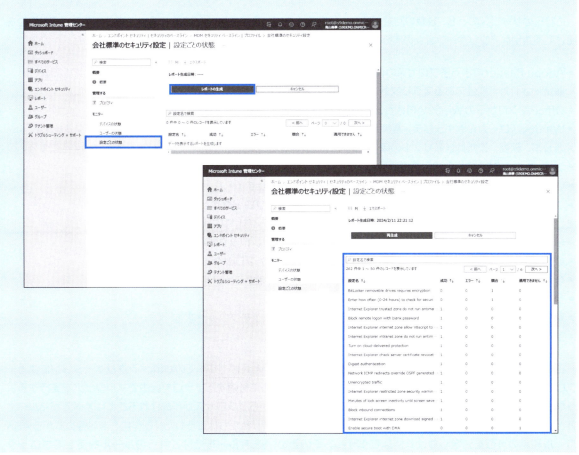

10 攻撃面の減少

攻撃面の減少は「ASR（Attack Surface Reduction）」とも呼ばれ、Windowsコンピューターで不適切なアプリケーションの利用や実行を防ぐために利用可能な機能を提供します。

ASRの種類

ASRが提供する機能には、主に次のようなものがあります。

ASRの種類	説明
Microsoft Defender Application Guard	Microsoft Edgeを他のプロセスから分離した環境で実行することで、Microsoft Edgeで扱うコンテンツをコピーさせない、ファイルを保存させない、印刷させないなどの制限を実現します。
Exploit Protection	OSやアプリの脆弱性を悪用した攻撃に対する軽減策を適用します。
アプリケーション制御	Microsoft Defender Application Controlとも呼ばれる機能で、信頼されていないアプリケーションのインストールや実行を防止します。
攻撃の回避規則	不適切なアプリケーションの実行を制限する機能群が用意されています。
デバイスコントロール	リムーバブル記憶域へのアクセスを制限します。

これらのサービスのうち、攻撃の回避規則として定義されている機能を「ASRルール」と呼び、次のような機能を通じて不適切なアプリケーションの実行を制限します。

- Adobe Readerによる子プロセスの作成をブロックする
- 難読化された可能性のあるスクリプトの実行を防止する
- OfficeマクロからのWin32 API呼び出しをブロックする
- Windowsローカルセキュリティ機関サブシステム（lsass.exe）からの資格情報の盗難をブロックする
- 普及率、期間、または信頼リストの条件を満たしていない場合に実行可能ファイルが実行されないようにする
- JavaScriptまたはVBScriptのダウンロードされた実行可能なコンテンツの起動をブロックする
- Officeの通信アプリケーションによる子プロセスの作成を防止する
- すべてのOfficeアプリケーションによる子プロセスの作成をブロックする
- USBから実行される信頼されていないプロセスと署名されていないプロセスをブロックする
- PSExecおよびWMIコマンドから発生するプロセスの作成をブロックする
- Officeアプリケーションによる実行可能なコンテンツの作成をブロックする
- Officeアプリケーションによる他のプロセスへのコード挿入をブロックする
- ランサムウェアに対して高度な保護を使用する
- 電子メールクライアントとWebメールの実行可能なコンテンツをブロックする
- 悪用された脆弱性のある署名済みドライバーの乱用を禁止する

これらの設定はマルウェアの実行を制限するうえで有効で、たとえば「すべてのOfficeアプリケーションによる子プロセスの作成をブロックする」設定であれば、Excelファイルに付随するマクロを経由でマルウェアを実行するような攻撃をブロックします。しかし、Officeアプリケーションから子プロセスが作成されることはすべてがマルウェアとは限らず、正常なプロセスをブロックする可能性があります。私たちはこうした「副作用」を見極めながらASRルール利用の可否を決定しなければなりません。そのため、ASRルールではこれらのルールを使ってブロック

（Block）するだけでなく、ルールに該当する処理があったときにアラートを出力する警告（Warning）やログを記録する監査（Audit）を選択して、いきなりブロックされるようなことがないような運用が求められます。

> ASRルールでブロック、警告、監査のいずれかの設定を行い、実際に該当する処理が行われた場合、Microsoft Defender管理センター（https://security.microsoft.com）のレポートからその結果を参照することができます。参照方法についての詳細については、姉妹書『ひと目でわかるMicrosoft Defender for Endpoint』（日経BP、2023年）を参照してください。

ASRルールを設定する

　CIS Benchmarksの「18.10.43.4.1.2 Ensure 'Configure Attack Surface Reduction rules: Set the state for each ASR rule' is configured（[Attack Surface Reduction規則の構成：各ASR規則の状態を設定します]が構成されていることを確認する）」ではASRルールの推奨設定として、すべてのルールでブロックを設定するよう定義しています。ここでは推奨設定の中から[PSExecおよびWMIコマンドから発生するプロセスの作成をブロックする]設定を有効化し、該当する処理があったときにはブロックする手順について解説します。

①Microsoft Intune管理センター画面（https://intune.microsoft.com）で、左側のメニューから、[エンドポイントセキュリティ]－[攻撃面の減少]をクリックする。
②[エンドポイントセキュリティ | 攻撃面の減少]画面の[概要]タブで、[ポリシーの作成]をクリックする。

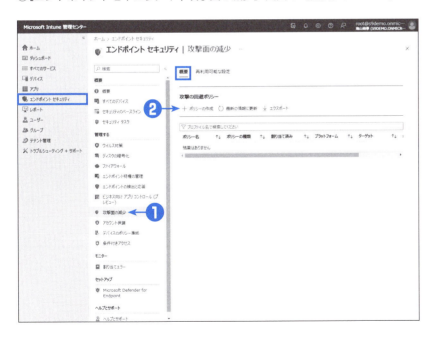

③[プロファイルの作成]画面で、[プラットフォーム]と[プロファイル]を選択し、[作成]をクリックする。ここでは、次のとおり設定している。
- [プラットフォーム]：[Windows 10、Windows 11、Windows Server]を選択
- [プロファイルの種類]：[攻撃の回避規則]を選択

④[プロファイルの作成]画面の[基本]タブで、[名前]に任意の名前を入力し、[次へ]をクリックする。ここでは、[名前]に「ASR設定」と入力している。

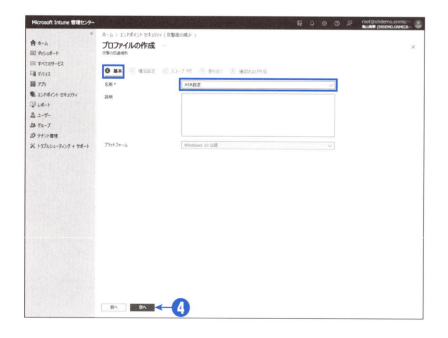

⑤［構成設定］タブで、ASRルールの運用方法を指定し、［次へ］をクリックする。ここでは、次の項目を設定する。
- ●［Block process creations originating from PSExec and WMI commands］：［Block］を選択

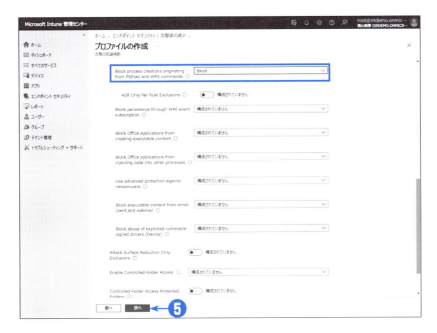

⑥［スコープタグ］タブで、［次へ］をクリックする。
⑦［割り当て］タブで、［組み込まれたグループ］の［グループの追加］をクリックする。

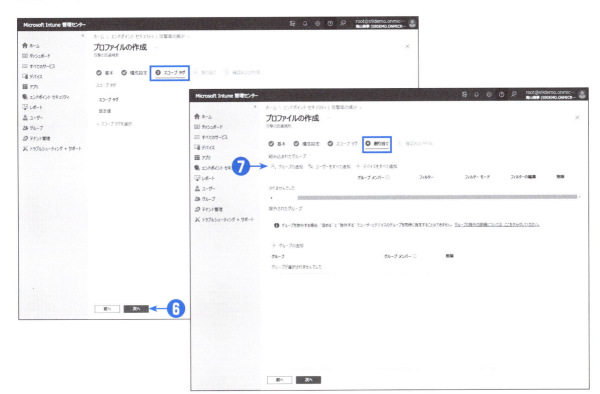

⑧［含めるグループの選択］画面で、［Ring0］グループを選択し、［選択］をクリックする。

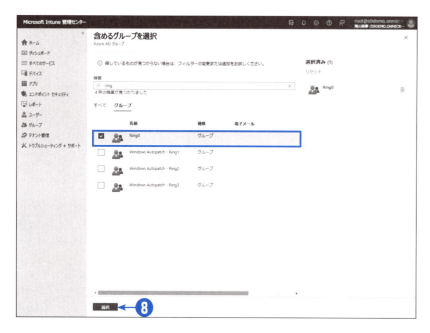

⑨［割り当て］タブで、［次へ］をクリックする。

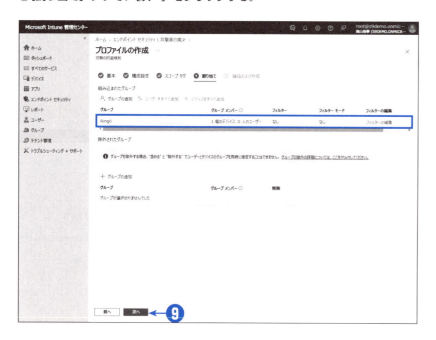

⑩[確認および作成]タブで、設定内容を確認し、[作成]をクリックする。

⑪[エンドポイントセキュリティ｜攻撃面の減少]画面の[概要]タブで、プロファイルが作成されたことを確認する。

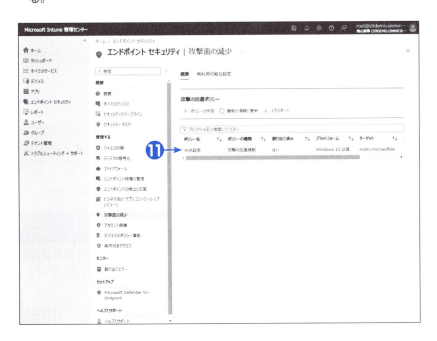

11 ポリシーの割り当て

ここまでの節で構成プロファイルやエンドポイントセキュリティなどの項目を利用してさまざまなポリシーを設定しました。設定したポリシーはすべて割り当て対象を指定することでポリシーが適用されます。ここでは、ポリシーの割り当てについて解説します。

デバイス/ユーザーへのポリシー割り当て

ポリシーの割り当てには、次の方法があります。

● **すべてのデバイス/すべてのユーザーに割り当て**

文字どおり、すべてのデバイスまたはすべてのユーザーに割り当てることを目的とした設定で、ポリシーの設定画面の中から該当のボタンをクリックして設定します。

● **特定のグループに割り当て**

あらかじめMicrosoft Entra IDでグループを作成し、グループに対してポリシーを割り当てることで、グループのメンバーに適用する方法です。割り当て対象となるグループにはデバイスが含まれるグループ、ユーザーが含まれるグループのどちらを利用することも可能です。一般的な運用では一部のユーザーまたはデバイスに割り当てて利用することが多く、ニーズに合わせてさまざまなグループを作成することになるため、グループ名の名前付けルールを事前に決めておくなど、グループが乱立したときにも作成したグループが何の目的で作られたものであるかわかるような運用が必要になります。

またグループに割り当てる運用では、割り当て対象の競合が発生する可能性があるため、1つのポリシーの中でデバイスグループとユーザーグループの両方を割り当てるべきではありません。

● **フィルターに該当するデバイスに割り当て**

すべてのデバイス/すべてのユーザー/特定のグループにポリシーを割り当てる場合、割り当て対象の中から特定の条件に合致するデバイスを抽出して割り当て対象を絞りこむことができます。このときに使用するデバイスを抽出するための条件を「フィルター」と呼びます。フィルターは事前にMicrosoft Intune管理センターの［デバイス］－［フィルター］メニューから条件を設定しておくことができます。

割り当て結果の確認

Intuneで設定した構成プロファイルやエンドポイントセキュリティでの各設定などのポリシーは割り当て状況を各ポリシーを開いて確認できます。たとえば、この章の2で作成した「カメラの無効化」構成プロファイルの場合、次のような方法で確認できます。

適用状況の概要確認

①Microsoft Intune管理センター画面（https://intune.microsoft.com）で、左側のメニューから、［デバイス］－［構成］をクリックする。

②［デバイス | 構成］画面の［ポリシー］タブで、この章の2で作成した［カメラの無効化］構成プロファイルをクリックする。

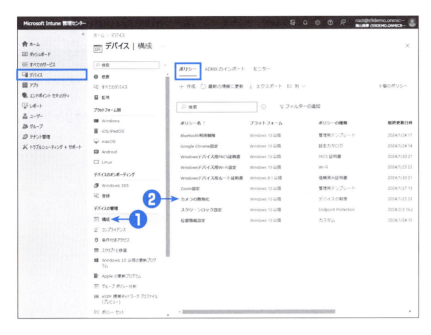

③［カメラの無効化］画面で、［デバイスとユーザーのチェックイン状態］欄を参照する。チェックイン状態として表示されている内容を次ページの表に示す。

状態	説明
成功しました	ポリシーが正常に適用されたことを表す。
エラー	ポリシー適用に失敗したことを表す。この状態が出力される場合は後述の方法によりエラーコードが確認できる。
競合	複数の異なる設定が適用されたことを表す。たとえばBitLockerに関する設定を2つの構成プロファイルで行い、片方を有効、もう片方を無効と設定した場合に出力される。後から設定したポリシーに競合と出力されるため、割り当てを解除するなどの対処が必要となる。
適用できません	OS種類やバージョンなどの違いにより割り当て不可能なポリシーが割り当てられた場合に出力される。

デバイスごとの適用状況の確認

①Microsoft Intune管理センター画面（https://intune.microsoft.com）で、左側のメニューから、［デバイス］－［構成］をクリックする。
②［デバイス | 構成］画面の［ポリシー］タブで、前の手順と同じ［カメラの無効化］構成プロファイルをクリックする。
③［カメラの無効化］画面で、［レポートの表示］をクリックする。

④［カメラの無効化］画面で、デバイスごとの割り当て状況とその結果が確認できる。

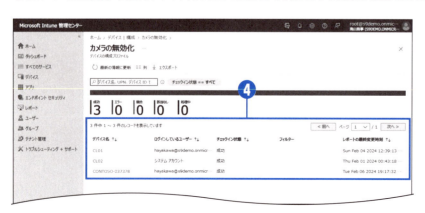

適用状況の詳細確認(デバイスごと)

①Microsoft Intune管理センター画面(https://intune.microsoft.com)で、左側のメニューから、[デバイス]-[構成]をクリックする。

②[デバイス | 構成]画面の[ポリシー]タブで、前の手順と同じ[カメラの無効化]構成プロファイルをクリックする。

③[カメラの無効化]画面で、[デバイス割り当ての状態]をクリックする。

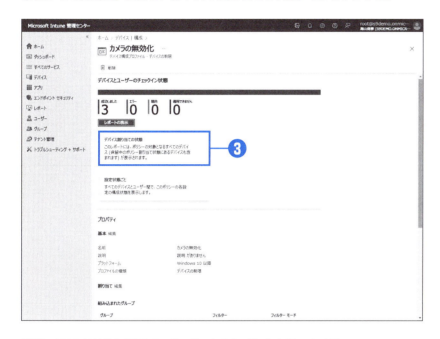

④[カメラの無効化]画面で、[レポートの生成]をクリックする。

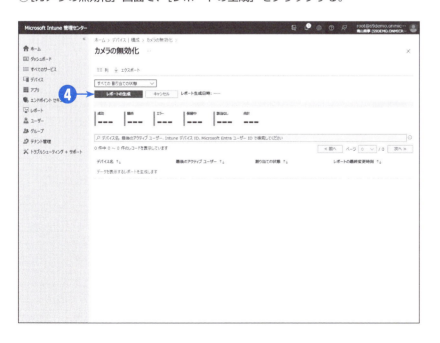

⑤ [カメラの無効化] 画面で、デバイスごとの割り当て状況とその結果が確認できる。なお、割り当て結果がエラーになっている場合、デバイス名をクリックすることでエラーコードが確認できる。

適用状況の詳細確認（設定項目ごと）

①Microsoft Intune管理センター画面（https://intune.microsoft.com）で、左側のメニューから、[デバイス]－[構成]をクリックする。

②[デバイス | 構成]画面の[ポリシー]タブで、前の手順と同じ[カメラの無効化]構成プロファイルをクリックする。

③[カメラの無効化]画面で、[設定状態ごと]をクリックする。

④[カメラの無効化]画面で、設定項目ごとの割り当て結果が総数として表示される。

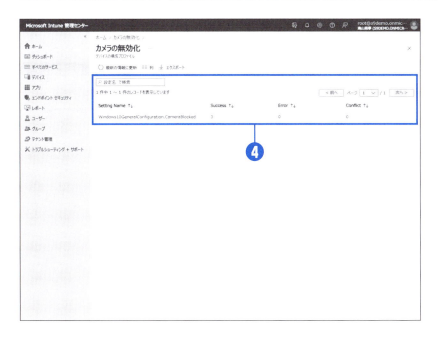

ポリシー設定の割り当てを今すぐ行う

　Intuneに登録されたWindowsデバイスは、次のようなタイミングで「チェックイン」と呼ばれる同期処理を行い、構成プロファイルなどで設定したポリシーを割り当てたり、後続の章で解説するアプリを展開したりします。

デバイスの状態	チェックイン間隔
デバイスを登録した最初の15分まで	3分ごと
その後の2時間後まで	15分ごと
それ以降	8時間ごと

　デバイスを登録してから一定期間が経過すると8時間ごとにチェックインを行うため、ポリシーを設定してもすぐにデバイスに適用されない可能性があります。検証等の目的で結果をすぐに確認する必要がある場合は上記の間隔に関わりなくポリシーが適用されるよう、同期を強制的に実行することができます。

Microsoft Intune管理センターから同期を実行

①Microsoft Intune管理センター画面（https://intune.microsoft.com）で、左側のメニューから、［デバイス］－［すべてのデバイス］をクリックし、同期対象となるデバイスをクリックする。
②デバイスの概要画面で、［同期］をクリックし、確認メッセージで［はい］をクリックする。なお、最後に同期（チェックイン）を行った結果については［最終チェックイン時刻］欄で確認できる。

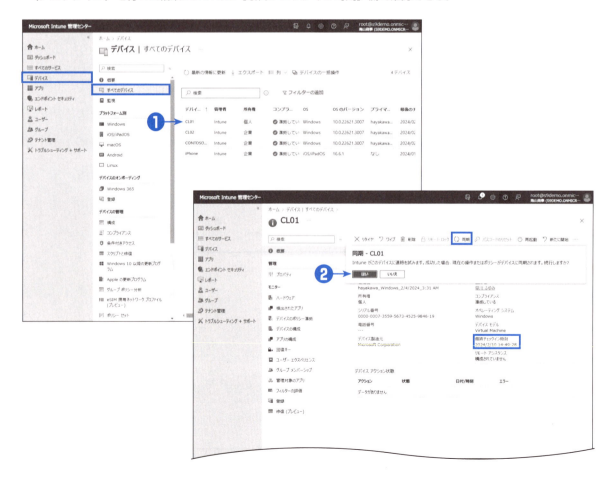

Intune登録デバイスから同期を実行

①Windowsデバイスで［スタート］ボタンをクリックし、［設定］をクリックする。

②［設定］画面で、［アカウント］をクリックし、［職場または学校へのアクセス］をクリックする。

③ [職場または学校にアクセスする] 画面で、管理者の登録アカウントの名前をクリックし、[情報] をクリックする。

④ 管理者画面で、[同期] をクリックする。なお、最後に同期（チェックイン）を行った結果については [前回試行した同期] 欄に表示される日時で確認できる。

12 グループポリシーからの移行 / 共存

　現在、グループポリシーを利用した運用を行っている組織では、これからIntuneを利用開始するにあたり、グループポリシーで実装した設定をIntuneに移植して使いたいケースがあります。そのときに利用可能なグループポリシーからの設定の移行と共存の方法について解説します。

グループポリシーオブジェクトとIntuneプロファイル

　Active Directoryを中心としたWindowsクライアントの管理体制ではグループポリシーを通じて、さまざまな設定の一元管理を行ってきました。一方、クラウドを中心とした設定の管理では、その役割はIntuneの構成プロファイルなどが担います。「オンプレミスからクラウドへ」という管理形態の変化に伴い、グループポリシーによる管理から構成プロファイルによる管理へ切り替えていくことを検討している場合、次のことが課題として浮上します。

● クラウド中心の運用に合った設定に変更する必要はあるか

　グループポリシーからIntuneの構成プロファイルに設定を移行するときに、グループポリシーのすべての設定をそのままIntuneに移行しようとするケースがあります。しかし、グループポリシーの設定はオンプレミスでクライアント/サーバーを利用することを前提とした設定であるため、クラウドの環境でそのまま利用することがふさわしくない設定があります。たとえば、オンプレミスでWindows Server Update Services（WSUS）を利用するように設定している場合、グループポリシーで［イントラネットのMicrosoft更新サービスの場所を指定する］という設定を利用してWSUSサーバーのURLを指定しますが、クライアントが社内にない場合には不要な設定です。

　このように、グループポリシーからIntuneへポリシーを移行する場合は機械的に移行してしまうのではなく、最初に移行する必要があるかについて検討するようにしてください。

● グループポリシーで利用していた設定はIntuneではどの設定で代替可能か

　グループポリシーの設定のうち、Intuneに移行すべき設定であることが確認できたら、続いてグループポリシーの設定がIntuneにも同じく用意されているかを確認します。Intuneでは［グループポリシー分析］というツールを利用してグループポリシー設定を読み込んで、グループポリシーオブジェクト（GPO）で設定した項目に該当するIntuneの構成プロファイルが用意されているかを分析できます。

● 代替設定がない場合、どのように対応するのか

　Intune構成プロファイルにグループポリシーの代替となる設定がない場合、Windows PowerShellを利用して代替することを検討します。作成したPowerShellスクリプトはIntuneから展開することで、クライアントでのスクリプトの実行を自動化できます。

　以上の課題のうち、この節ではグループポリシーの分析を行い、グループポリシーの設定のうち、Intuneへ移行可能な設定を見極める方法について解説します。

グループポリシーのエクスポート

ここでは、現在組織で利用しているGPOをIntuneで分析するためにエクスポートを行う設定を確認します。

①Active Directoryドメインコントローラーで、［グループポリシーの管理］ツールを起動する。
②［グループポリシーの管理］画面で、エクスポートするGPOの内容を確認するために、対象のGPOを右クリックして［編集］をクリックする。ここでは、「Standard」という名前のGPOを対象としている。

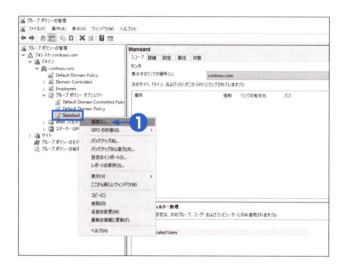

③［グループポリシー管理エディター］画面で、GPOの設定内容を確認して画面を閉じる。ここでは、次のように設定されているものとする。

左ペインのメニュー	右ペインのメニューと設定
［コンピューターの構成］－［ポリシー］－［管理用テンプレート］－［Windowsコンポーネント］－［Windows Update］	・［自動更新を構成する］ 　設定値：有効 ・［自動更新の構成］ 　設定値：4 - 自動ダウンロードしインストール日時を指定 　そのほかの設定値は既定
［コンピューターの構成］－［ポリシー］－［管理用テンプレート］－［Windowsコンポーネント］－［リモートデスクトップサービス］－［リモートデスクトップセッションホスト］－［接続］	・［ユーザーがリモートデスクトップサービスを使ってリモート接続することを許可する］ 　設定値：有効
［ユーザーの構成］－［ポリシー］－［管理用テンプレート］－［Windowsコンポーネント］－［コントロールパネル］－［プログラムの追加と削除］	・［［プログラムの追加と削除］を削除する］ 　設定値：有効

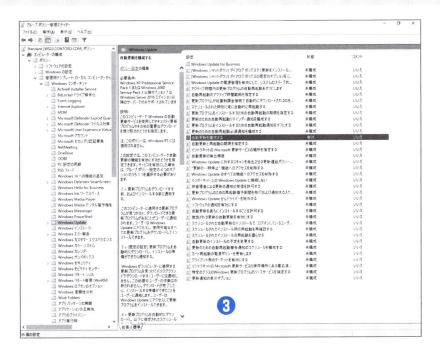

④ ［グループポリシーの管理］画面で、左ペインの［Standard］を右クリックし、［バックアップ］をクリックする。
⑤ ［グループポリシーオブジェクトのバックアップ］画面で、［場所］に任意の保存場所を指定し、［バックアップ］を
クリックする。

⑥ ［グループポリシーの管理］画面で、左ペインの［Default Domain Policy］を右クリックし、［バックアップ］を
クリックする。

⑦ ［グループポリシーオブジェクトのバックアップ］画面で、［場所］に任意の保存場所を指定し、［バックアップ］を
クリックする。ここまでの設定により、［Standard］GPOと［Default Domain Policy］GPOの2つの設定をエ
クスポートした。

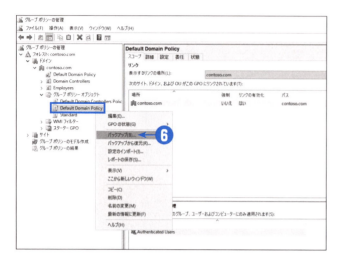
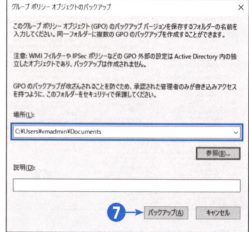

グループポリシーの分析

前の手順でエクスポートしたGPO設定のうち、gpreport.xmlファイルをIntuneにインポートして、移行可能な
グループポリシー設定の分析を行います。

① Microsoft Intune管理センター画面（https://intune.microsoft.com）で、左側のメニューから、［デバイス］－
［グループポリシー分析］をクリックし、［インポート］をクリックする。

② ［グループポリシーオブジェクトファイルのインポート］画面の［GPOファイルのアップロード］タブで、前の手順でエクスポートした［Default Domain Policy］GPO内のgpreport.xmlファイルをインポートする。インポートが完了したら、［次へ］をクリックする。

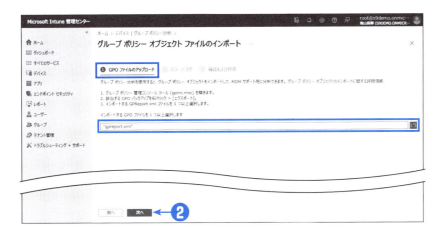

③ ［スコープタグ］タブで、［次へ］をクリックする。

④ ［確認および作成］タブで、［作成］をクリックする。

⑤［デバイス｜グループポリシー分析］画面で、［Default Domain Policy］GPO内の設定のうち、26％の設定がIntuneでサポートしていることが確認できる。確認できたら、［26％］の部分をクリックする。

⑥［Default Domain Policy］画面の［設定］タブで、移行可能な設定を確認する。設定を確認したら、［×］をクリックして［Default Domain Policy］画面を閉じる。

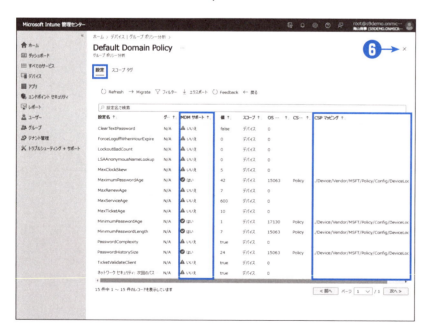

> 移行可能な設定は［MDMサポート］列で確認できます。具体的なIntuneでの設定方法については［CSPマッピング］列で確認できます。

⑦[デバイス｜グループポリシー分析］画面で、［インポート］をクリックする。

⑧［グループポリシーオブジェクトファイルのインポート］画面の［GPOファイルのアップロード］タブで、前の手順でエクスポートした［Standard］GPO内のgpreport.xmlファイルをインポートする。インポートが完了したら、［次へ］をクリックする。

⑨［スコープタグ］タブで、［次へ］をクリックする。

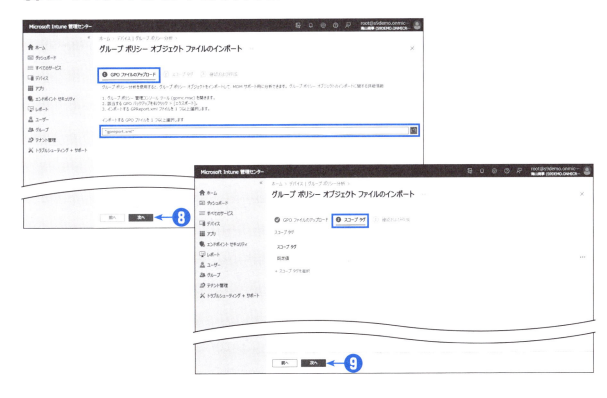

⑩ ［確認および作成］タブで、［作成］をクリックする。
⑪ ［デバイス｜グループポリシー分析］画面で、［Standard］GPO内の設定のうち、16%の設定がIntuneでサポートしていることが確認できる。確認できたら、［16%］の部分をクリックする。

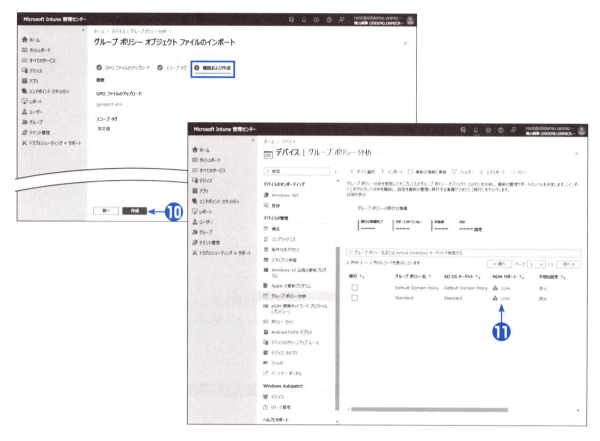

⑫ ［Standard］画面の［設定］タブで、移行可能な設定を確認する。

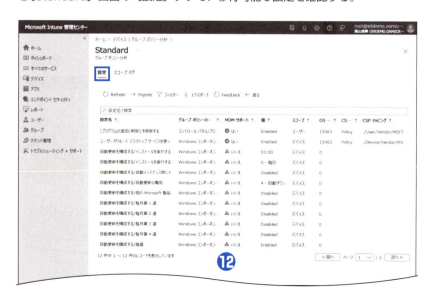

グループポリシーの分析結果の適用

　前の手順で分析した結果のうち、Intuneへの移行が可能な設定については、Microsoft Intune管理センター画面のメニューからそのまま移行することが可能です。ここで説明する手順は、前の手順からの続きです。

① Microsoft Intune管理センター（https://intune.microsoft.com）の［Standard］画面で、［Migrate］をクリックする。

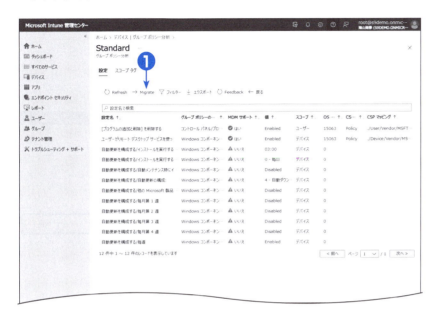

②［グループポリシー設定をクラウドに移行する］画面の［移行する設定］タブで、移行対象となる設定を選択し、［次へ］をクリックする。ここでは［MDMサポート］列に［はい］と表示されている項目を選択している。

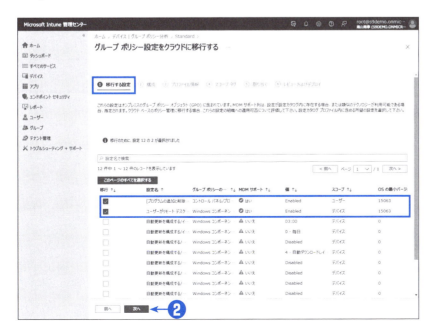

③［構成］タブで、移行対象を確認し、［次へ］をクリックする。
④［プロファイル情報］タブで、［名前］に任意の名前を入力し、［次へ］をクリックする。ここでは、［名前］に「GPOからの移行設定」と入力している。

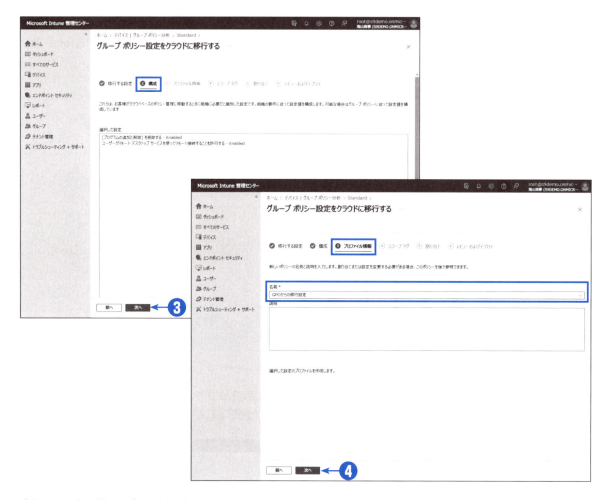

⑤［スコープタグ］タブで、［次へ］をクリックする。

⑥［割り当て］タブで、［デバイスをすべて追加］をクリックし、［次へ］をクリックする。

⑦［レビューおよびデプロイ］タブで、設定内容を確認し、［展開］をクリックする。

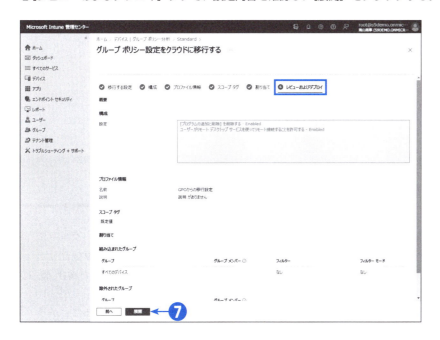

⑧Microsoft Intune管理センター画面で、左側のメニューから［デバイス］－［構成］をクリックし、［デバイス｜構成］画面で［ポリシー］タブをクリックする。すると、ここまでの手順で移行を行ったグループポリシー設定が構成プロファイルとして作成されていることが確認できる。

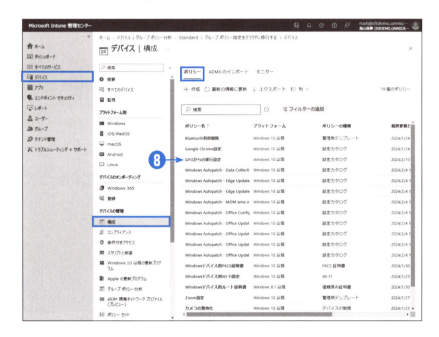

グループポリシー設定とIntune設定の共存

　Active Directoryドメインに参加しているデバイスがIntuneへのデバイス登録を行っている場合、グループポリシー設定とIntuneの構成プロファイル設定で同じ設定を行う可能性があり、結果として設定が競合してしまう可能性があります。グループポリシー設定とIntuneの構成プロファイル設定を同時に設定した場合、既定ではグループポリシーの設定が優先されます。
　Intune設定を優先したい場合、次のようなOMA-URI設定でIntune設定を優先するように構成することができます。

- OMA-URI：./Device/Vendor/MSFT/Policy/Config/ControlPolicyConflict/MDMWinsOverGP
- データ型：整数
- 値：1

iOS/Androidデバイスのポリシー管理

第 5 章

1 iOS/Androidデバイスのポリシー管理の概要
2 構成プロファイルを利用したポリシー設定
3 Apple Configuratorを利用したカスタムプロファイルの作成
4 更新プログラムの管理

Intuneでは、Windowsデバイスと同様に、ポリシー設定を通じてiOSとAndroidデバイスに対する各種設定を施すことができます。この章では、iOSとAndroidデバイスに対するポリシー設定の方法と設定可能な項目について見ていきます。

1 iOS/Androidデバイスの ポリシー管理の概要

　従業員のiOSやAndroidデバイスを業務に活用する企業が増える中、これらのモバイルデバイスに対するポリシー管理が重要になっています。モバイルデバイスは社内外のさまざまな場所で利用されるため、ユーザーの設定ミスや不注意により、セキュリティインシデントが発生するリスクがあります。

　Intuneは、iOSとAndroidデバイスに対して組織のセキュリティポリシーに沿った設定を適用し、一元的に管理するための機能を提供しています。モバイルデバイスに対するポリシー設定を「プロファイル」という単位で管理し、このプロファイルにはデバイスの設定内容とその設定を適用する対象（ユーザーまたはデバイス）を定義します。

　Intuneは、iOSとAndroidの両方のプラットフォームに対応しており、それぞれのOSに適したプロファイル設定項目を提供しています。次に主要なプロファイル設定項目を紹介します。

● デバイスの制限

　デバイスの制限プロファイルでは、パスワードポリシー、アプリのインストール制限、Wi-Fi設定の変更制限など、デバイスの特定の機能や設定を制限することができます。これにより、ユーザーによる意図しない設定変更を防止し、セキュリティを維持することが可能です。

● 電子メール

　電子メールプロファイルを使用すると、Intuneからメールアプリの設定を配布できます。これにより、ユーザーはデバイスで特別な設定を行うことなく、すぐにメールの送受信が可能になります。Outlookについてはそれぞれのプラットフォームに対応していますが、GmailやNine WorkはAndroidに限られていたり、またIntuneへの登録方法によって制御可能な内容が異なっていたりする点に注意が必要です。

● VPN/Wi-Fi

　VPN/Wi-Fiプロファイルにより、VPNサーバーやWi-Fiネットワークへの接続設定をIntuneから配布できます。これにより、ユーザーは手動での設定が不要となり、セキュアなネットワーク接続を容易に利用できます。

● 証明書

　証明書プロファイルを使用すると、VPNやWi-Fi接続に必要な証明書をIntuneから配布できます。Intuneは、オンプレミスのActive Directory証明書サービスと連携して証明書を配布するための方法として、SCEP（Simple Certificate Enrollment Protocol）とPKCS（Public-Key Cryptography Standards）の2種類の登録方法に対応しています。

● デバイス機能

　監視モードで登録されたiOSデバイスに限り、ホーム画面のレイアウト設定、Webコンテンツフィルター、壁紙の設定など、より詳細な制御が可能です。

● カスタム設定

　Android Enterpriseの仕事用プロファイルに対して、Intuneに組み込まれていないデバイス設定（たとえば仕事用アプリと個人用アプリ間でコピー・貼り付け操作を制限するなど）をOMA-URIを使って配布することができます。また同様に、iOSデバイスに対してIntuneに組み込まれていない設定を、Apple Configuratorを使って作成した構成プロファイルにて配布することが可能です。

2 構成プロファイルを利用した ポリシー設定

　ここでは、Intuneのプロファイル設定を利用して、iOSまたはAndroidデバイスに対して、次の機能を設定します。

- 特定機能の利用制限（iOS）
- 特定機能の利用制限（Android）
- メール設定
- Wi-Fi設定
- 証明書の配布

　この節のプロファイル設定では、純粋にプロファイル設定の方法を確認できるようにするため、すべてのデバイスに対するプロファイル設定の割り当てを行っています。特定のユーザーまたはデバイスに対するプロファイル設定の割り当て方法については、第4章で確認してください。

第4章でWindowsデバイスのサイバーセキュリティに関わるベストプラクティス設定として「CIS Benchmarks」を参考にすることを紹介しましたが、CIS BenchmarksはiOS/Android版のベストプラクティスも提供しています。

iOS/Android用Center for Internet Security（CIS）ベンチマークベストプラクティスリストダウンロードサイト
https://www.cisecurity.org/cis-benchmarks/

特定機能の利用制限（iOS）

　iOSデバイスに対する特定機能の利用制限を行う場合、プロファイルの［デバイスの制限］から設定します。ここでは、例として次の2つの設定を実装します。

- CIS Benchmark iOS/iPadOS 2.2.1.3で定義している、マネージドアプリで扱うデータのiCloudへの保存禁止（マネージドアプリについては第8章で解説します）
- CIS Benchmark iOS/iPadOS 3.2.1.4で定義している、iCloudへのバックアップ禁止

①Microsoft Intune管理センター画面（https://intune.microsoft.com）で、[デバイス]－[構成]をクリックする。
②[デバイス｜構成]画面の[ポリシー]タブで、[作成]をクリックし、[新しいポリシー]をクリックする。
③[プロファイルの作成]画面で、[プラットフォーム]から[iOS/iPadOS]、[プロファイルの種類]から[テンプレート]を選択し、テンプレート名の一覧から[デバイスの制限]を選択して[作成]をクリックする。

④[デバイスの制限]画面の[基本]タブで、[名前]に任意の名前を入力して[次へ]をクリックする。ここでは、[名前]に「iCloud利用禁止」と入力している。

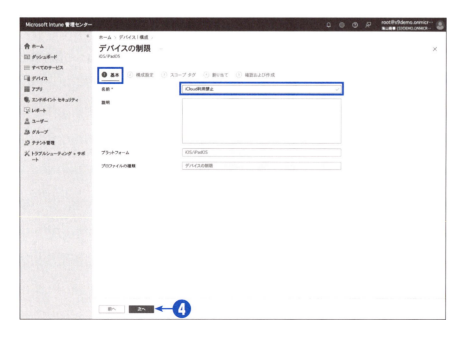

⑤ ［構成設定］タブで、CIS Benchmarkの定義に従い、次の設定を行って［次へ］をクリックする。
- ［マネージドアプリによるiCloudへのデータ保存をブロックする］：［はい］を選択
- ［iCloudバックアップをブロックする］：［はい］を選択

⑥［スコープタグ］タブで、［次へ］をクリックする。

⑦［割り当て］タブで、［組み込まれたグループ］から［すべてのデバイスを追加］をクリックし、［次へ］をクリックする。

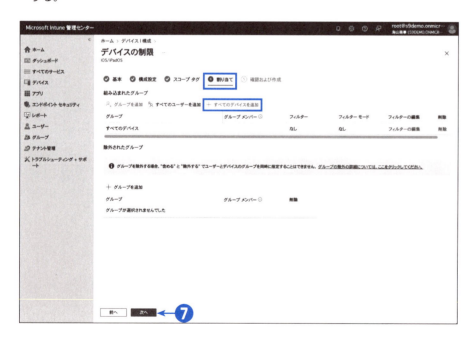

⑧［確認および作成］タブで、［作成］をクリックする。

⑨［デバイス｜構成］画面で、作成したプロファイルが追加されていることを確認する。

特定機能の利用制限（Android Enterprise）

　Androidデバイスに対する特定機能の利用制限を行う場合、iOSデバイスと同じく、プロファイルの［デバイスの制限］から設定します。ここでは、例としてフルマネージドのAndroid Enterpriseデバイスを対象に、画面キャプチャとカメラの機能を利用できないように制限します。

①Microsoft Intune管理センター画面（https://intune.microsoft.com）で、［デバイス］－［構成］をクリックする。
②［デバイス | 構成］画面の［ポリシー］タブで、［作成］をクリックし、［新しいポリシー］をクリックする。
③［プロファイルの作成］画面で、［プラットフォーム］から［Android Enterprise］、［プロファイルの種類］から［フルマネージド、専用、会社所有の仕事用プロファイル］内の［デバイスの制限］を選択して［作成］をクリックする。
④［デバイスの制限］画面の［基本］タブで、［名前］に任意の名前を入力して［次へ］をクリックする。ここでは、［名前］に「Androidデバイスの制限」と入力している。

⑤ [構成設定] タブで、[全般] 項目内の [画面キャプチャ（仕事用プロファイルレベル）] と [カメラ（仕事用プロファイルレベル）] でそれぞれ [ブロック] をクリックし、[次へ] をクリックする。

⑥ [スコープタグ] タブで、[次へ] をクリックする。
⑦ [割り当て] タブで、[組み込まれたグループ] から [すべてのデバイスを追加] をクリックし、[次へ] をクリックする。

⑧［確認および作成］タブで、［作成］をクリックする。

⑨［デバイス｜構成］画面で、作成したプロファイルが追加されていることを確認する。

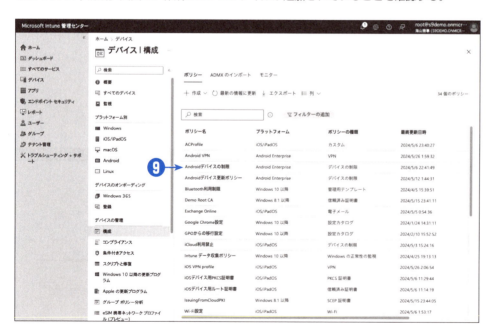

メール設定

　iOSデバイスに対して電子メールプロファイルを配布し、ユーザーがメール設定を行うことなく、メールの送受信ができるように構成します。ここでは、iOSデバイスからExchange Onlineに接続するための設定を行います。

①Microsoft Intune管理センター画面（https://intune.microsoft.com）で、［デバイス］－［構成］をクリックする。
②［デバイス | 構成］画面の［ポリシー］タブで、［作成］をクリックし、［新しいポリシー］をクリックする。
③［プロファイルの作成］画面で、［プラットフォーム］から［iOS/iPadOS］、［プロファイルの種類］から［テンプレート］を選択し、テンプレート名の一覧から［電子メール］を選択して［作成］をクリックする。
④［電子メール］画面の［基本］タブで、［名前］に任意の名前を入力し、［次へ］をクリックする。ここでは、［名前］に「Exchange Online」と入力している。

⑤ [構成設定] タブで、次の設定を行って [次へ] をクリックする。
- メールサーバー：outlook.office365.com
- アカウント名：Exchange Online
- Microsoft Entra IDからのユーザー名属性：ユーザープリンシパル名
- Microsoft Entra IDからのメールアドレス属性：ユーザープリンシパル名
- 認証方法：ユーザー名とパスワード

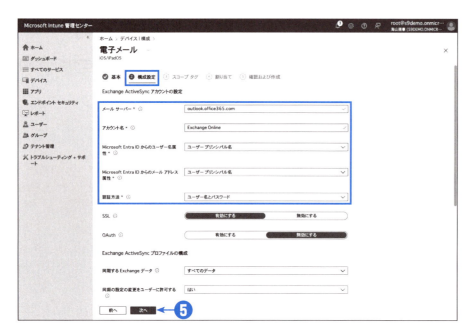

⑥ [スコープタグ] タブで、[次へ] をクリックする。

⑦ [割り当て] タブで、[組み込まれたグループ] から [すべてのデバイスを追加] をクリックし、[次へ] をクリックする。

⑧ [確認および作成] タブで、[作成] をクリックする。

⑨ [デバイス｜構成] 画面で、作成したプロファイルが追加されていることを確認する。

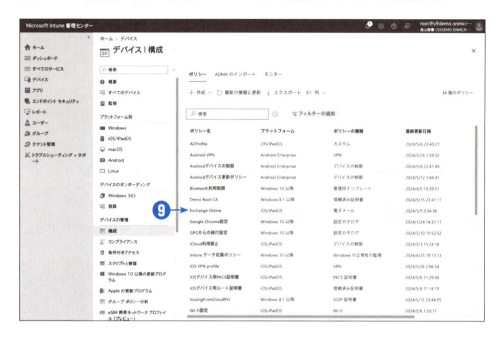

Wi-Fi接続設定

　iOSデバイスに対してWi-Fi設定プロファイルを配布し、ユーザーがWi-Fi設定を行うことなく、Wi-Fi接続ができるように構成します。ここではiOSデバイスでの設定方法を解説しますが、Android Enterpriseデバイスでも同様の設定で構成できます。

①Microsoft Intune管理センター画面（https://intune.microsoft.com）で、［デバイス］－［構成］をクリックする。
②［デバイス｜構成］画面の［ポリシー］タブで、［作成］をクリックし、［新しいポリシー］をクリックする。
③［プロファイルの作成］画面で、［プラットフォーム］から［iOS/iPadOS］、［プロファイルの種類］から［テンプレート］を選択し、テンプレート名の一覧から［Wi-Fi］を選択して［作成］をクリックする。

④［Wi-Fi］画面の［基本］タブで、［名前］に任意の名前を入力し、［次へ］をクリックする。ここでは、［名前］に「Wi-Fi設定」と入力している。

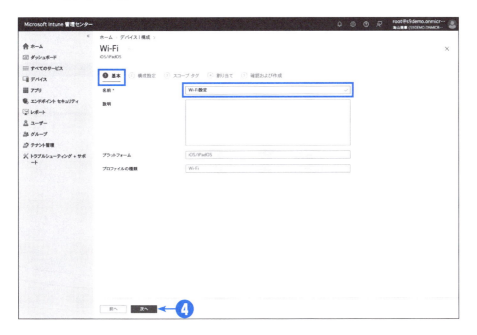

⑤［構成設定］タブで、次の設定を行って［次へ］をクリックする。

項目	設定値	説明
Wi-Fiの種類	基本	事前共有キーを利用したWi-Fi接続の場合は［基本］、証明書ベースの認証を行う場合は［Enterprise］を選択する
ネットワーク名	Wi-Fiの名前	Wi-Fiの表示上の名前を入力する
SSID	Wi-FiのSSID	SSIDとなる名前を入力する
自動的に接続する	有効にする	Wi-Fiのネットワーク範囲内に入ったときに自動的にWi-Fiに接続する
非公開のネットワーク	無効にする	非公開のWi-Fiの場合、有効にする
セキュリティの種類	WPA/WPA2-Personal	Wi-Fiの暗号化レベルを設定
事前共有キー	SSIDのパスワード	Wi-Fiのパスワードを設定
プロキシ設定	なし	接続したWi-Fiネットワークからインターネットアクセスする際にプロキシサーバーを経由する場合は、接続先となるプロキシサーバー名を定義
MACアドレスのランダム化を無効にする	構成されていません	実際のWi-Fi MACアドレスを利用するように構成し、ネットワークアクセス制御（NAC）利用時にMACアドレスをベースとした制御を利用できるようにする

⑥［スコープタグ］タブで、［次へ］をクリックする。

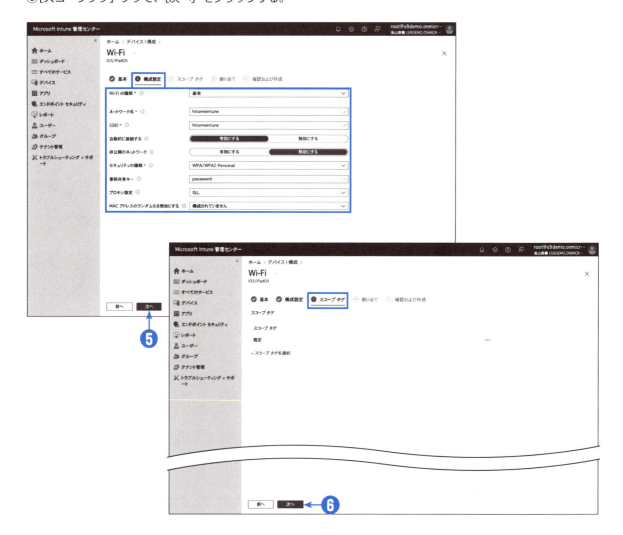

⑦［割り当て］タブで、［組み込まれたグループ］から［すべてのデバイスを追加］をクリックし、［次へ］をクリックする。

⑧［確認および作成］タブで、［作成］をクリックする。

⑨［デバイス｜構成］画面で、作成したプロファイルが追加されていることを確認する。

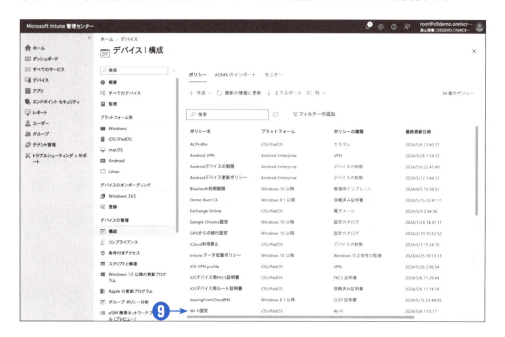

証明書の配布

　第4章で解説したWindows Serverにインストールされた認証局からIntune経由で証明書を展開する方法は、iOS/Androidデバイスに対しても展開することが可能です。ここでは、iOSデバイスの場合を例に展開のための設定について解説します。

　PKCS証明書をiOSデバイスに発行する場合、Windowsデバイスの場合と同じく、次のステップで設定を行います。

1. 認証局の作成
2. ルート証明書の取得と配布
3. 証明書テンプレートの作成
4. Intuneコネクタのインストール
5. PKCS証明書配布のためのプロファイル設定
6. PKCS証明書配布のための事前設定
7. 結果の確認

　第4章で行った設定とは別にiOSデバイスに対する設定として、「2. ルート証明書の取得と配布」と「5. PKCS証明書配布のためのプロファイル設定」がそれぞれ必要になるため、ここでは「ルート証明書の取得と配布」と「PKCS証明書配布のためのプロファイル設定」の設定方法について解説します。

ルート証明書の取得と配布

　Active Directory証明書サービスを認証局として利用する場合、証明書を利用するデバイスにActive Directory証明書サービスのルート証明書をあらかじめ実装しておく必要があります。本手順では、ルート証明書を取得し、プロファイルを利用して各デバイスに配布します。

①第4章の2の手順で事前に取得した認証局のルート証明書（root.cerファイル）を手元に用意する。
②Microsoft Intune管理センター画面（https://intune.microsoft.com）で、［デバイス］－［構成］をクリックする。
③［デバイス｜構成］画面の［ポリシー］タブで、［作成］をクリックし、［新しいポリシー］をクリックする。
④［プロファイルの作成］画面で、［プラットフォーム］から［iOS/iPadOS］、［プロファイルの種類］から［テンプレート］を選択し、テンプレート名の一覧から［信頼済み証明書］を選択して［作成］をクリックする。

⑤［信頼済み証明書］画面の［基本］タブで、［名前］に任意の名前を入力し、［次へ］をクリックする。ここでは、［名前］に「iOSデバイス用ルート証明書」と入力している。

⑥[構成設定]タブで、[有効な.cerファイルを選択]をクリックし、手順①で用意しておいたルート証明書（root.cerファイル）を選択して、[OK]をクリックする。
⑦[スコープタグ]タブで、[次へ]をクリックする。

⑧[割り当て]タブで、[組み込まれたグループ]から[すべてのデバイスを追加]をクリックし、[次へ]をクリックする。

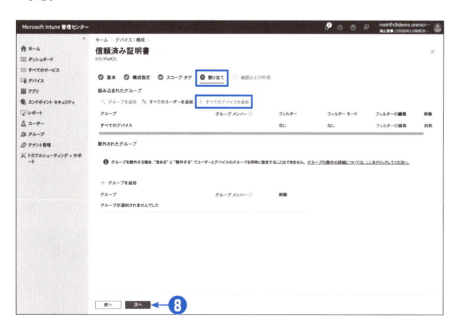

⑨ ［確認および作成］タブで、［作成］をクリックする。

⑩ ［デバイス｜構成］画面で、作成したプロファイルが追加されていることを確認する。

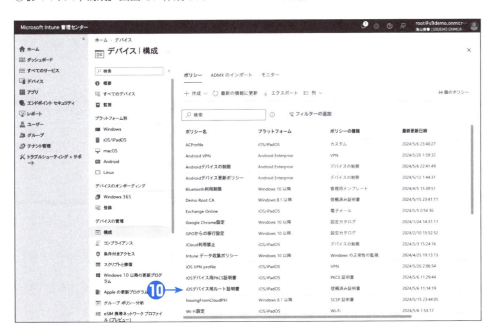

PKCS証明書配布のためのプロファイル設定

　Intuneコネクタを経由して、証明書テンプレートの内容に沿って自動的に証明書を発行できるように、PKCS証明書の配布を行うプロファイルを作成します。

①Microsoft Intune管理センター画面（https://intune.microsoft.com）で、［デバイス］-［構成］をクリックする。
②［デバイス | 構成］画面の［ポリシー］タブで、［作成］をクリックし、［新しいポリシー］をクリックする。
③［プロファイルの作成］画面で、［プラットフォーム］から［iOS/iPadOS］、［プロファイルの種類］から［テンプレート］を選択し、テンプレート名の一覧から［PKCS証明書］を選択して［作成］をクリックする。

④［PKCS証明書］画面の［基本］タブで、［名前］に任意の名前を入力し、［次へ］をクリックする。ここでは、［名前］に「iOSデバイス用PKCS証明書」と入力している。

第5章 iOS/Androidデバイスのポリシー管理

⑤ [構成設定] タブで、次の構成を行って [次へ] をクリックする。

項目	設定値	説明
更新しきい値（%）	20	証明書を再発行するまでの期間
証明書の有効期間	1年	証明書の有効期間
証明機関	ws22.contoso.com	認証局がインストールされたサーバーの名前
証明機関名	contoso-ws22-CA	エンタープライズCA作成時に設定した認証局の名前
証明書テンプレート名	Intune	前の手順で作成した証明書テンプレートの名前
証明書の種類	ユーザー	証明書のサブジェクトとサブジェクトの別名内にユーザーとデバイスの属性の両方を含める場合は［ユーザー］を選択し、デバイスの属性のみを含める場合は［デバイス］を選択する
サブジェクト名の形式	CN={{UserName}},E={{EmailAddress}}	発行する証明書の名前の形式
サブジェクトの別名	属性：ユーザープリンシパル名（UPN） 値：CN={{UserprincipalName}}	発行する証明書の名前に対して設定される別名の形式

⑥ [スコープタグ] タブで、[次へ] をクリックする。

⑦［割り当て］タブで、［組み込まれたグループ］から［すべてのデバイスを追加］をクリックし、［次へ］をクリックする。

⑧［確認および作成］タブで、［作成］をクリックする。

⑨ [デバイス｜構成] 画面で、作成したプロファイルが追加されていることを確認する。

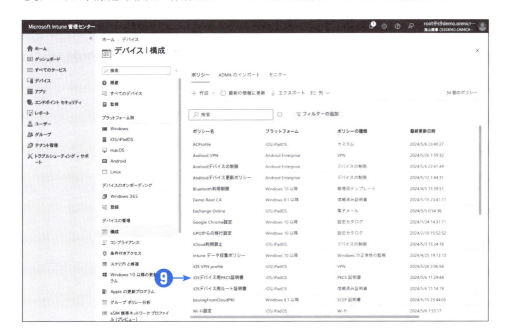

プロファイルの受信

ここまでの手順でiOS/Androidデバイスに対して、さまざまなプロファイルを割り当てました。割り当てたプロファイルはWindowsデバイスと同様に、Intuneポータルサイトアプリからの通知による方法、定期的に実行する方法、デバイス上で手動で実行する方法のいずれかでチェックインを行い、受信することができます。定期的に実行する場合、次の間隔でチェックインを行います。

- **iOSの場合**
  - ・デバイス登録後1時間までは15分ごと
  - ・その後は無期限に8時間ごと

- **Androidの場合**
  - ・デバイス登録後15分までは3分ごと
  - ・その後の2時間までは15分ごと
  - ・さらに、その後は無期限に8時間ごと

デバイスから手動でチェックインを行い、プロファイルを受信する場合、次のように操作します。

iOSデバイスでのプロファイルの受信

①iOSデバイスでIntuneポータルサイトアプリを起動する。
②Intuneポータルサイトアプリ画面で［デバイス］をタップしてiOSデバイスをタップし、［デバイスの詳細］画面で［状態の確認］をタップして、［デバイスの設定を確認しています…］の表示が消えて［これは、現在使用しているデバイスです。］の表示に戻ることで、プロファイルの受信を確認する。

Androidデバイスでのプロファイルの受信

①AndroidデバイスでIntuneポータルサイトアプリを起動する。
②Intuneポータルサイトアプリ画面で［デバイス］をタップし、Androidデバイスをタップする。
③［デバイスの詳細］画面で、［同期］をタップする。
④同期処理中は［同期］が非アクティブになるため、これが元のアクティブな状態になることで同期完了を確認する。

iOSデバイスで適用されたプロファイルの確認

受信したプロファイルの適用状況を確認する場合、次の方法で行います。

①iOSデバイスで［設定］アプリを起動する。
②［設定］画面で、［一般］をタップする。
③［一般］画面で、［VPNとデバイス管理］をタップする。

④［VPNとデバイス管理］画面で、［Management Profile］をタップする。
⑤［プロファイル］画面で、［機能制限］をタップする。
⑥［機能制限］画面で、構成プロファイルで設定した内容が適用されていることが確認できる。［プロファイル］をタップする。

⑦［プロファイル］画面で、［Management Profile］の［詳細］をタップする。
⑧［Management Profile］画面で、Wi-Fiプロファイルが追加されていることが確認できる。また、ルート証明書とPKCS証明書（ユーザー名が記載されている証明書）がそれぞれ確認できる。

3 Apple Configuratorを利用した カスタムプロファイルの作成

　WindowsまたはAndroidデバイス用のカスタムプロファイルでは、OMA-URIに準拠したプロファイルを作成し、割り当てることができます。一方、iOSデバイス用のカスタムプロファイルでは、OMA-URI準拠のプロファイルの代わりに、Apple Configuratorを利用して作成したプロファイルを割り当てることができます。ここでは、Apple Configuratorを利用してプロファイルを作成する方法について確認します。

Apple Configuratorによる構成プロファイルの作成

　Apple Configuratorを利用して構成プロファイルを作成します。なお、本手順では、macOSが動作するデバイスを使用します。

①macOSが動作するデバイスを起動し、App Storeより「Apple Configurator」をダウンロードしてインストールする。
②インストールしたApple Configuratorを起動する。
③Apple Configurator画面で、⌘＋Nキーを押す。

④［名称未設定］画面の［一般］で、［名前］に任意のプロファイル名を入力する。ここでは、［名前］に「Intune」と入力している。

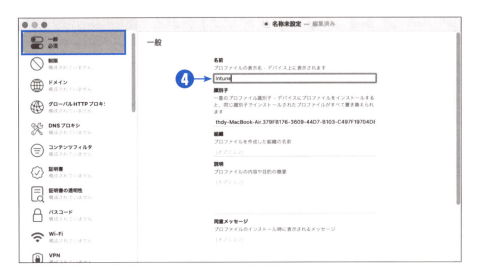

⑤［制限］をクリックし、［構成］をクリックする。

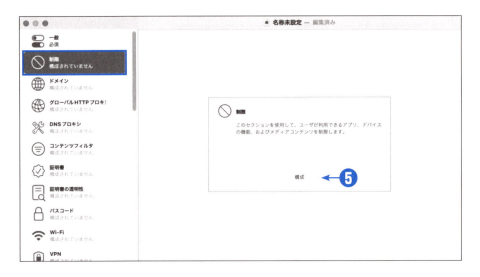

⑥表示された画面で、デバイスに対する制限のための設定を行う。ここでは、例として［FaceTimeを許可（監視対象のみ）］チェックボックスをオフにし、iOSデバイスのフロントカメラが利用できないようにしている。

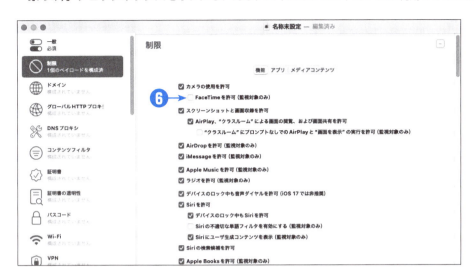

⑦設定を行ったら⌘＋Sキーを押し、表示された画面の［名前］に任意の名前を入力して［保存］をクリックする。ここでは、［名前］に「ACProfile」と入力している。ここまでの操作で「ACProfile.mobileconfig」という名前で構成プロファイルが作成される。

Intune経由での構成プロファイルの割り当て

　前の節で作成した構成プロファイルをIntuneのiOSデバイス用カスタムプロファイルとして割り当てることにより、インターネット経由で構成プロファイルをiOSデバイスに割り当てられるようにします。

①前の節で構成プロファイルを作成したmacOSデバイスでMicrosoft Intune管理センター画面（https://intune.microsoft.com）を開き、［デバイス］－［構成］をクリックする。
②［デバイス｜構成］画面の［ポリシー］タブで、［作成］をクリックし、［新しいポリシー］をクリックする。
③［プロファイルの作成］画面で、［プラットフォーム］から［iOS/iPadOS］、［プロファイルの種類］から［テンプレート］を選択し、テンプレート名の一覧から［カスタム］を選択して、［作成］をクリックする。

④［カスタム］画面の［基本］タブで、［名前］に任意の名前を入力し、［次へ］をクリックする。ここでは、［名前］に「AC2用カスタムプロファイル」と入力している。

⑤ [構成設定] タブで、[カスタム構成プロファイル名] に任意の名前を入力し、[構成プロファイルファイル] で右端のフォルダーアイコンをクリックし、前の項で作成した構成プロファイル ACProfile.mobileconfig を選択して [OK] をクリックする。ファイルのアップロードが完了したら、[次へ] をクリックする。ここでは、[カスタム構成プロファイル名] に「AC2用カスタムプロファイル」と入力している。

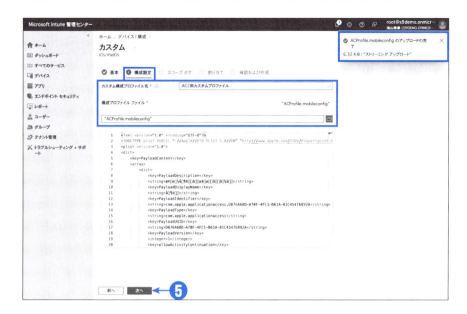

⑥ [スコープタグ] タブで、[次へ] をクリックする。
⑦ [割り当て] タブで、[組み込まれたグループ] から [すべてのデバイスを追加] をクリックし、[次へ] をクリックする。

⑧ [確認および作成] タブで、[作成] をクリックする。

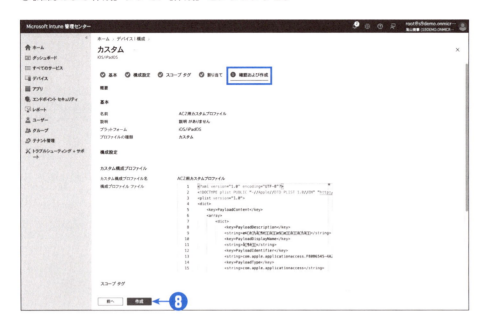

⑨ [デバイス｜構成] 画面で、作成したプロファイルが追加されていることを確認する。

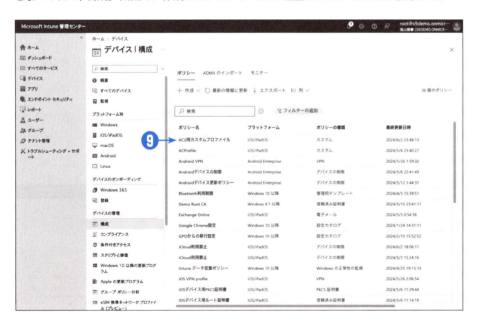

4 更新プログラムの管理

　Intune では Windows だけでなく、iOS や Android に対しても OS のバージョンアップを計画的に行うためのプロファイルが用意されています。ここでは、Intune のプロファイル設定を利用して、iOS または Android デバイスに対して、OS の更新プログラムの管理を設定します。

iOSの更新プログラム管理

　Intune では iOS の OS バージョンアップを計画的に行うためのプロファイルを「ポリシーの更新」という名称で用意しています。ポリシーの更新では、iOS デバイスにインストールする OS のバージョンとバージョンアップをいつ行うかについて、それぞれ定義し、その内容に沿って各デバイスのバージョンアップが自動的に行われます。

①Microsoft Intune 管理センター画面（https://intune.microsoft.com）で、[デバイス]をクリックする。
②[デバイス｜概要]画面で、[iOS/iPadOS]をクリックし、[iOS または iPadOS の更新ポリシー]をクリックし、[プロファイルの作成]をクリックする。
③[プロファイルの生成]画面の[基本]タブで、[名前]に任意の名前を入力し、[次へ]をクリックする。ここでは、[名前]に「iOS バージョンアップポリシー」と入力している。

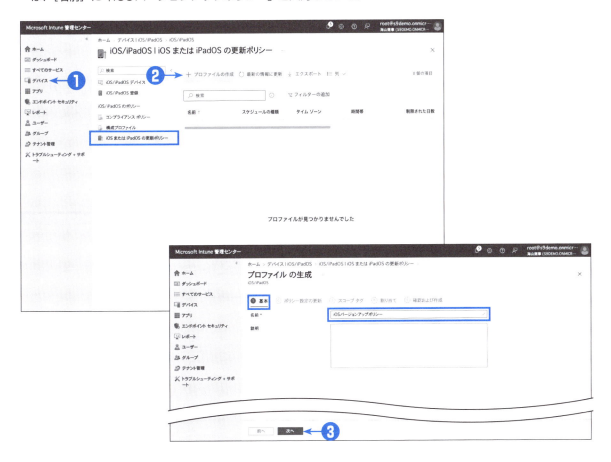

④ [ポリシー設定の更新] タブで、次の設定を行って [次へ] をクリックする。
- インストールするバージョンの選択：最新の更新プログラム
- スケジュールの種類：予定時刻中に更新する
- タイムゾーン：UTC+9
- 開始日：金曜日
- 開始時刻：午後 6:00
- 終了日：日曜日
- 終了時刻：午後 11:00

⑤ [スコープタグ] タブで、[次へ] をクリックする。
⑥ [割り当て] タブで、[組み込まれたグループ] から [すべてのデバイスを追加] をクリックし、[次へ] をクリックする。

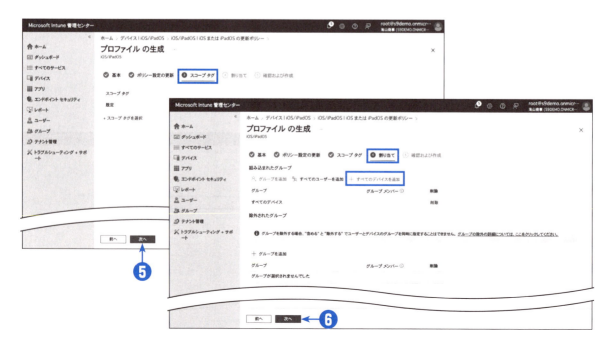

⑦［確認および作成］タブで、［作成］をクリックする。

⑧［iOS/iPadOS｜iOSまたはiPadOSの更新ポリシー］画面で、作成したプロファイルが追加されていることを確認する。

Androidの更新プログラム管理

　Android EnterpriseデバイスとしてIntuneに登録されている場合、Intuneを使用してAndroidデバイスが更新されるタイミングや、Wi-Fi接続状況や充電状況などの前提条件を管理することが可能です。なお、この設定はAndroid Enterpriseの［フルマネージド、専用、会社所有の仕事用プロファイル］デバイスに対して有効であり、BYOD（Bring Your Own Device）デバイスの場合には利用できないことに注意してください。

①Microsoft Intune管理センター画面（https://intune.microsoft.com）で、［デバイス］-［構成］をクリックする。
②［デバイス | 構成］画面の［ポリシー］タブで、［作成］をクリックし、［新しいポリシー］をクリックする。
③［プロファイルの作成］画面で、［プラットフォーム］から［Android Enterprise］、［プロファイルの種類］から［フルマネージド、専用、会社所有の仕事用プロファイル］内の［デバイスの制限］を選択して［作成］をクリックする。
④［デバイスの制限］画面の［基本］タブで、［名前］に任意の名前を入力し、［次へ］をクリックする。ここでは、［名前］に「Androidデバイス更新ポリシー」と入力している。

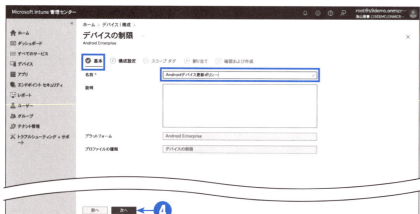

⑤［構成設定］タブで、［全般］項目内の［システムの更新プログラム］で［自動］を選択し、［次へ］をクリックする。

［システムの更新プログラム］の選択肢は、更新プログラムの処理方法をそれぞれ次のように設定します。

- デバイスの既定値（既定値）：デバイスの既定の設定を使用します。デバイスがWi-Fiに接続されていて、かつ充電中の場合に自動的に更新されます。
- 自動：ユーザーの操作なしで自動的にインストールされます。保留中の更新プログラムがある場合は即時にインストールが行われます。
- 延期：更新が30日間延期されます。30日を経過すると、更新プログラムのインストールが求められます。
- メンテナンス期間：任意に設定する開始時刻から終了時刻の間に更新プログラムを自動的にインストールします。インストールは毎日30日間試行され、30日を経過すると更新プログラムのインストールが求められます。なおこの設定は、OSとPlayストアアプリの更新プログラムに適用されます。シングルアプリ専用デバイスのアプリを更新できるため、キオスク端末などの専用デバイスにはこのオプションを使用します。

⑥［スコープタグ］タブで、［次へ］をクリックする。

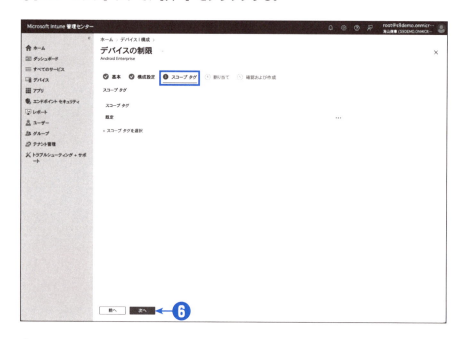

⑦［割り当て］タブで、［組み込まれたグループ］から［すべてのデバイスを追加］をクリックし、［次へ］をクリックする。

⑧［確認および作成］タブで、［作成］をクリックする。

⑨［デバイス｜構成］画面で、作成したプロファイルが追加されていることを確認する。

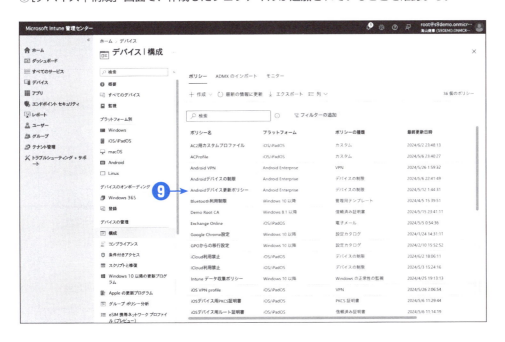

コラム Intune Suiteライセンスで利用できる iOS/Android向けの機能

ここでは、iOS/Androidを管理するうえで、Intune Suiteライセンスを保有するテナントでのみ利用できる機能について紹介します。

モバイルアプリケーション管理のためのMicrosoft Tunnel

Microsoft Tunnel（以降、Tunnel）とは、リモートワークやハイブリッドワーク環境において、企業のネットワークリソースへの安全なアクセスを提供するMicrosoftのサービスです。iOS/AndroidにてTunnelを使用する際に、モバイルアプリケーション管理（MAM）を追加することでIntuneに登録されていないデバイスでもTunnelを利用できるようになります。これによって個人所有のデバイス（BYOD）からも企業の既存資産にセキュアなアクセスを提供するなど、Tunnelの利用シーンを拡大することが可能です。

Microsoft Intuneを使用した特殊なデバイスの管理

ここまでに解説してきたようなスマートフォンやタブレットデバイスではなく、AR/VRヘッドセットやウェアラブルヘッドセット、大型のスマートスクリーンデバイス、会議室用の会議デバイスなどの特殊なデバイスの管理・構成が可能です。

Mobile Firmware-over-the-air update

FOTA（Firmware Over-The-Air）と呼ばれる機能をサポートしているSamsungやZebraの一部のデバイスにおいて、無線通信によるファームウェアの更新をIntune経由で制御することが可能になります。

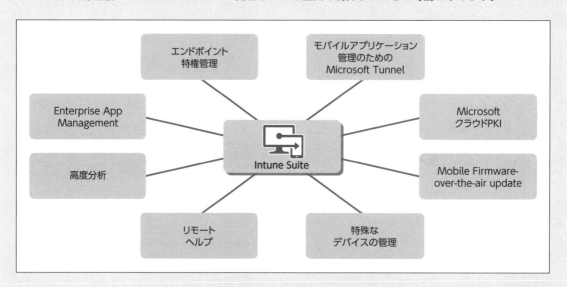

Intune Suiteライセンスで利用できる機能の詳細については、次のマイクロソフトのWebサイトを参照してください。

「Microsoft Intune Suiteアドオン機能を使用する」
https://learn.microsoft.com/ja-jp/mem/intune/fundamentals/intune-add-ons

Windowsデバイスの アプリケーション管理

第 6 章

1 Intuneを利用したWindowsアプリケーション管理

2 Win32アプリの展開

3 Microsoft Storeアプリの展開

4 Microsoft 365アプリの展開

5 展開対象の割り当て

6 クライアントデバイスでの割り当ての確認

Intuneでは、デバイス上で利用するアプリケーションを展開し、アプリケーションの設定を構成することができます。この章では、Windowsデバイスに対するアプリケーションの管理に必要な設定の方法と設定可能な項目について見ていきます。

1 Intuneを利用した Windowsアプリケーション管理

　組織が管理するデバイスにはさまざまなアプリケーションが展開され、目的に応じたアプリケーションを実行し利用します。こうしたアプリケーションでは、組織のデータを参照、編集が行われるため、デバイス上で利用するアプリケーションの管理は、組織において重要な課題です。

　アプリケーション管理とは、デバイスに対して必要なアプリケーションを展開するだけでなく、強制的な削除を実現するだけでなく、デバイス上のアプリケーションの動作を制限することによって、アプリケーション間のデータを制御することができます。こうしたデバイス上のアプリケーションの管理する仕組みを、モバイルアプリケーション管理（Mobile Application Management：MAM）と表現します。

Windowsデバイスへ展開可能なアプリケーションの種類

Intuneでは、Windows 10/11デバイスに対し、次の7つの種類のアプリケーション展開方法を提供しています。

- Microsoft Storeアプリ（新規）
- Microsoft Storeアプリ（レガシ）
- Windows 10以降のMicrosoft 365アプリ
- Windows 10以降のMicrosoft Edgeバージョン77以降
- Windows Webリンク
- 基幹業務アプリ（Windows LOBアプリ）
- Windowsアプリ（Win32）

　利用したいアプリケーションによって、使用するアプリケーションの展開方法が異なります。次からはそれぞれのアプリケーションの種類の特徴について確認します。

Microsoft Storeアプリ（新規）

　WindowsデバイスへMicrosoft Storeで提供されるアプリケーションを検索し展開することができます。Microsoft Storeアプリ（新規）から展開されるMicrosoft Storeアプリケーションは、自動的に最新のバージョンが展開されます。

　Microsoft Storeアプリ（新規）では、次のパッケージがサポートされています。

- Universal Windows Platform（UWP）アプリ
- .msix形式のパッケージ化されたデスクトップアプリ
- .exeまたは.msiインストーラーによってパッケージ化されたWin32アプリ

Microsoft Storeアプリ（レガシ）

　Microsoft Store for BusinessとMicrosoft Store for Educationから提供されるアプリケーションを展開するために利用されていました。

Microsoft Store for BusinessとMicrosoft Store for Educationは2023年3月の廃止が計画され、2023年9月15日にIntune管理センターから削除される予定でしたが、本書執筆時点でこの予定は延期されています。最新情報は次のマイクロソフトのWebサイトで確認してください。

「ビジネス向けMicrosoft Storeと教育機関向けMicrosoft Storeの概要」
https://learn.microsoft.com/ja-jp/microsoft-store/microsoft-store-for-business-overview

「Adding your Microsoft Store for Business and Education apps to the Microsoft Store in Intune」
https://techcommunity.microsoft.com/t5/intune-customer-success/adding-your-microsoft-store-for-business-and-education-apps-to/ba-p/3788506

Windows 10以降のMicrosoft 365アプリ

Microsoft 365 Apps for enterpriseまたは、Microsoft 365 Apps for businessのライセンスを持つユーザーのWindowsデバイスに対しWord、Excel、PowerPointなどを展開することができます。

Microsoft 365 Apps for enterpriseを展開する場合、構成設定の形式に「構成デザイナー」または「XMLデータを入力する」のどちらも利用することができます。しかし、Microsoft 365 Apps for businessを展開する場合、構成設定の形式において「構成デザイナー」ではなく、「XMLデータを入力する」を指定する必要があります。これは、Microsoft 365 Apps for businessライセンスの制限事項となります。
XMLデータを作成する際には、Microsoft 365 Appsをローカルインストールする際に利用する、「Office展開ツール（ODT）」と呼ばれるコマンドラインツールの構成ファイルの記述ルールに従う必要があります。

「Office展開ツールの概要」
https://learn.microsoft.com/ja-jp/deployoffice/overview-office-deployment-tool

Windows 10/11では、OneDriveアプリがOS標準で組み込まれており、Intune経由でOneDriveをインストールすることはサポートされていません。XMLデータを作成する際にはご注意ください。

Windows 10以降のMicrosoft Edgeバージョン77以降

WindowsデバイスへMicrosoft Edgeバージョン77以降を展開することができます。アプリの展開に使用する「言語」と「チャネル（Stable、Beta、Dev）」を選択することができます。

Windows Webリンク

Windowsデバイスの［スタート］メニューにWebサイトへのショートカットが追加されます。

基幹業務アプリ（Windows LOBアプリ）

WindowsデバイスへWindowsアプリ（.msi、.appx、.appxbundle、.msix、.msixbundle）を展開することができます。
Microsoft Storeに登録がないが、対応する拡張子のアプリケーションが提供されている場合に、インストーラーをMicrosoft Intune管理センターにWindows LOBアプリとしてアップロードすることで展開が可能になります。

Windowsアプリ（Win32）

WindowsデバイスへMicrosoft Win32 Content Prep Tool（Microsoft Win32コンテンツ準備ツール）でパッケージ化したアプリケーションを展開することができます。Microsoft Win32 Content Prep Toolは無償で利用することができ、Windows LOBアプリでサポートされていないインストーラーのアプリケーションに対応すること

ができます。Microsoft Storeアプリとは異なり、Windowsアプリ（Win32）で展開したアプリケーションのバージョンアップはアプリケーションに依存します。

　また、デバイスはIntuneにMDM（Mobile Device Management）として登録されるだけでなく、次のいずれかの形でMicrosoft Entra IDにデバイス登録されている必要があります（デバイス登録については第2章で解説します）。

- Microsoft Entra登録
- Microsoft Entra参加
- Microsoft Entraハイブリッド参加

Windows LOBアプリではインストールパッケージとして対応するファイルを登録するため、展開が行いやすい配布方法です。また、Windowsアプリ（Win32）では、「.exe」のような組織利用する独自のアプリケーションを展開することができますが、事前に展開用のパッケージである「.intunewin」形式に変換する必要があります。そして、環境によってはこの2つの方法が1つのWindowsデバイスに対して混在する場合があります。

デバイスのAutopilot登録時にWindowsアプリ（Win32）とWindows LOBアプリを混在させて割り当てた状態で構成を行うと、それぞれのアプリケーションのインストール処理において「Trusted Installerサービス」を使用するため、インストール処理の途中で失敗することがあります。混在させる際には、同時に処理が実行されないように注意が必要です。

2 Win32アプリの展開

前の節で解説したとおり、IntuneからWindowsデバイスにアプリケーションの展開を行う方法は複数あります。ここでは、前の節で紹介したアプリケーションの展開方法のうち、「Windowsアプリ（Win32）」の展開を行うための手順を確認します。

Windowsアプリ（Win32）とは、「*.exe」形式などの一般的なインストーラーで提供されたアプリケーションパッケージです。

Win32アプリの展開の前提条件

Win32アプリを展開するための前提条件は次のとおりです。

対象デバイス

Windowsアプリ（Win32）を利用してアプリケーションの展開を行うには次の条件を満たすデバイスである必要があります。

- Windows 10のバージョン1607以降（Enterprise、Pro、Educationエディション）
- Windows 11のバージョン22H2以降（Enterprise、Pro、Educationエディション）
- ※Windows 10/11のHomeエディションでは利用できません。

Intune Management Extension

Windowsアプリ（Win32）がユーザーやデバイスに割り当てられる際に、Intune Management Extension（Intune管理拡張機能：IME）が自動的にインストールされます。

そのため、対象となるデバイスが前提条件を満たしている必要があります。

> Intune Management Extensionの前提条件については、次のマイクロソフトのWebサイトを参照してください。
>
> **「IntuneでWindows 10/11デバイスに対してPowerShellスクリプトを使用する」の「前提条件」**
> https://learn.microsoft.com/ja-jp/mem/intune/apps/intune-management-extension#prerequisites

アプリケーションサイズ

Windowsアプリ（Win32）として展開することができるアプリケーションサイズは1アプリケーションあたり30GB以下で構成する必要があります。

インストールアプリケーション

Windowsアプリ（Win32）を利用してアプリケーションの展開を行うには、対象のアプリケーションが「サイレントインストール」と呼ばれるインストールに対応している必要があります。サイレントインストールを利用したインストールの際には、アプリケーションごとに用意されたコマンド引数を指定する必要があります。コマンド引数の対応はアプリケーションによって異なるため開発元の情報を確認する必要があります。

なお、GUIを使用したインストールを必須とするようなアプリケーションの展開は行えないことに注意が必要です。

Win32アプリの展開の事前準備

Win32アプリをIntune Management Extension経由で展開するための事前準備は次のとおりです。

Microsoft Win32 Content Prep Tool（Microsoft Win32コンテンツ準備ツール）

　Windowsアプリ（Win32）では、事前に「*.intunewin」という専用のインストールパッケージ形式に変換する必要があります。「*.exe」形式のアプリケーションをそのまま展開することはできないことに注意が必要です。

　「*.intunewin」形式に変換されたアプリケーションをIntuneにアップロードし、登録されたデバイスに割り当てることで、デバイスにアプリケーションを展開することができます。

　展開するアプリケーションを「*.intunewin」形式に変換するには、Microsoft Win32 Content Prep Toolを使用します。

Microsoft Win32 Content Prep Toolの入手

　Microsoft Win32 Content Prep ToolはGitHubの次のリポジトリで公開され、ソースコードとコンパイル済みの「IntuneWinAppUtil.exe」が提供されています。

https://github.com/Microsoft/Microsoft-Win32-Content-Prep-Tool

　Microsoft Win32 Content Prep Toolを利用してパッケージを作成する環境には、「.NET Framework 4.7.2」がインストールされている必要があります。

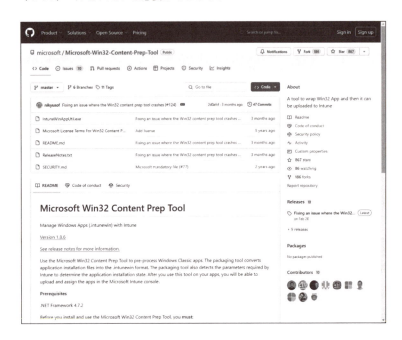

Microsoft Win32 Content Prep ToolのMicrosoftライセンス条項もGitHubで公開されています。
https://github.com/Microsoft/Microsoft-Win32-Content-Prep-Tool/blob/master/Microsoft%20License%20Terms%20For%20Win32%20Content%20Prep%20Tool.pdf

Microsoft Win32 Content Prep Toolの作業用環境の準備

　Windowsアプリ（Win32）の展開用パッケージ（*.intunewin）を作成する環境を準備します。作業用には次のフォルダーが必要です。

- 変換アプリケーションの格納用フォルダー
- 変換パッケージの出力先フォルダー
- Microsoft Win32 Content Prep Toolの格納用フォルダー

①Windowsデバイスでエクスプローラーを起動し、変換作業用のフォルダーを作成する。ここでは例として、Cドライブのルートに Intune フォルダーを作成し、その配下に次の3つのサブフォルダーを作成している。
C:¥Intune¥app（変換アプリケーションの格納用フォルダー）
C:¥Intune¥intunewin（変換パッケージの出力先フォルダー）
C:¥Intune¥work（Microsoft Win32 Content Prep Toolの格納用フォルダー）

変換アプリケーションの格納用フォルダーの配下には、必要なアプリケーションファイル以外を格納しないように注意します。使用したファイルは作業ごとに削除または移動してください。

②Microsoft Win32 Content Prep Tool（IntuneWinAppUtil.exe）を配布サイトからダウンロードし、C:¥Intune¥workフォルダーに格納する。

③ダウンロードしたMicrosoft Win32 Content Prep Tool（IntuneWinAppUtil.exe）のプロパティを開き、［全般］タブの［セキュリティ］で［このファイルは他のコンピューターから取得したものです。（以下略）］の［許可する］チェックボックスをオンにし、［OK］を選択する。このチェックボックスが表示されない場合、この操作を実施する必要はない。

Microsoft Win32 Content Prep Toolは、作業を行う際には最新バージョンを使用してください。最新バージョンを使用しなかった場合、アプリの登録時に古いバージョンのツールを使用してパッケージ化されたことを示す警告が表示されます。

Microsoft Win32 Content Prep Toolを使った変換手順

作業用環境の準備ができたら、展開を行いたいアプリの変換を行います。

①変換を行うWin32アプリの.exeファイルをC:¥Intune¥appフォルダーに格納する。

ここでは展開するアプリの例として、Adobe Acrobat Reader DCを用いて手順を解説します。ここで説明する手順のとおりに実施する場合、事前に次のURLから.exe形式のファイルをダウンロードしておく必要があります。

Adobe Acrobat Reader DC ダウンロードサイト
https://get.adobe.com/jp/reader/enterprise/

②Windowsターミナルを起動し、次のとおり1行で入力してEnterキーを押す。

```
C:¥Intune¥work¥IntuneWinAppUtil.exe -c C:¥Intune¥app¥ -s ＜アプリケーションファイル名＞ -o C:¥Intune¥intunewin¥
```

このコマンドラインに指定したオプションの内容は次のとおりです。
-c ＜セットアップフォルダー＞　このフォルダー内のファイルはすべて.intunewinファイルに圧縮されます。変換対象アプリケーションのセットアップファイルだけをこのフォルダーに格納します。
-s ＜セットアップファイル＞　セットアップファイルのファイル名を指定します（例：setup.exe）。
-o ＜出力先フォルダー＞　生成された.intunewinファイルの出力先フォルダーを指定します。

③エクスプローラーでC:¥Intune¥intunewinフォルダーを開き、.intunewinファイルが作成されていることを確認する。

Win32アプリの展開手順

　.intunewinファイルが作成できたら、作成したファイルをMicrosoft Intune管理センターから登録し、展開を行います。

①Microsoft Intune管理センター画面（https://intune.microsoft.com）で、左側のメニューから［アプリ］をクリックし、［アプリ｜概要］画面で［すべてのアプリ］または［Windows］をクリックする。

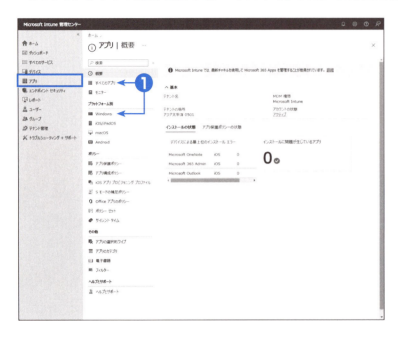

②［Windows｜Windowsのアプリ］画面で、［追加］をクリックする。

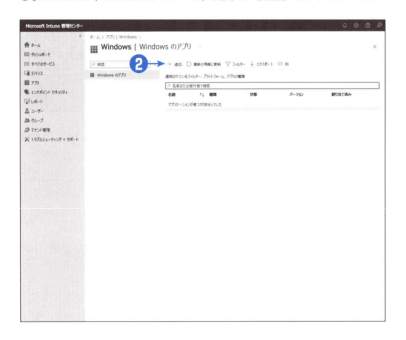

③［アプリケーションの種類の選択］画面で、［アプリの種類］から［Windowsアプリ（Win32）］を選択する。

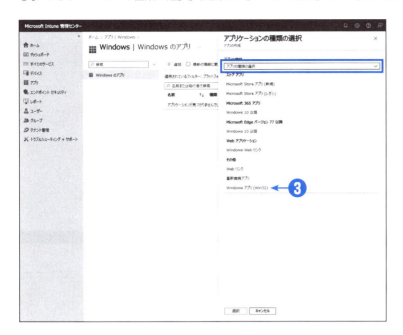

④［アプリケーションの種類の選択］画面で、［選択］をクリックする。

⑤[アプリの追加]画面の[アプリ情報]タブで、[ファイルの選択]の[アプリパッケージファイルの選択]をクリックする。
⑥[アプリのパッケージファイル]画面で、[ファイルの選択]をクリックする。

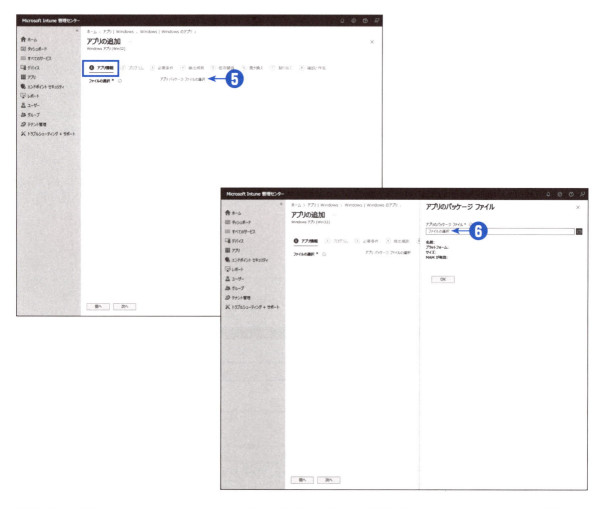

⑦[開く]画面で、Microsoft Win32 Content Prep Toolで変換した、拡張子が.intunewinのファイルを選択して[開く]をクリックする。

⑧［アプリのパッケージファイル］画面で、アプリの［名前］［プラットフォーム］［サイズ］情報が表示されたことを確認し、［OK］をクリックする。

⑨［アプリ情報］タブで、［名前］と［説明］に自動入力された初期値を必要に応じて変更し、［発行元］の情報を入力して、［次へ］をクリックする。ここでは次のとおり設定している。
- ［名前］：「Adobe Acrobat Reader DC」と入力
- ［説明］：「Adobe Acrobat Reader DC」と入力
- ［発行元］：「Adobe」と入力

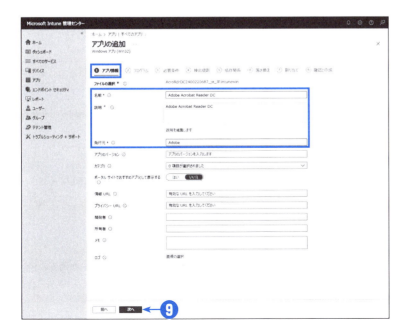

⑩ [プログラム] タブで、[インストールコマンド] や [アンインストールコマンド] などを指定し、[次へ] をクリックする。ここでは次のとおり設定している。

● [インストールコマンド]：次のコマンドを入力

```
AcroRdrDC2400220687_ja_JP.exe /sAll /rs /msi EULA_ACCEPT=YES
```

● [アンインストールコマンド]：次のコマンドを入力

```
msiexec /x {AC76BA86-7AD7-1041-7B44-AC0F074E4100} /qn
```

● [デバイスの再起動]：[何もしない] を選択

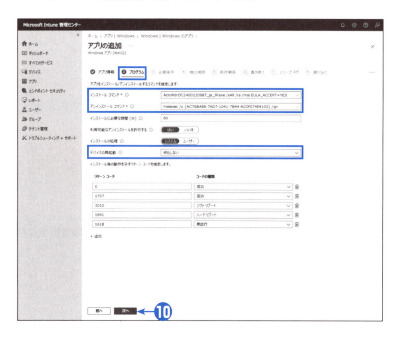

インストールコマンドオプションの指定でサポートされる引数については登録するプログラムによって異なります。今回のオプションの指定は次のとおりです。

オプション	概要
/sAll	サイレントモードで実行する
/rs	再起動が必要な場合でも、システムの再起動を抑制する
/msi ＜コマンドラインオプション＞	Windows Installerのオプションを直接指定する

その他の指定可能オプションについては、ここで使用したAdobe Acrobat Reader DCの場合は次の公式ページを参照してください。

「MSI and Cmd-line examples」
https://www.adobe.com/devnet-docs/acrobatetk/tools/DesktopDeployment/cmdline.html

アンインストールコマンドは、アプリのGUID（Globally Unique IDentifier）を指定することができます。インストール済みのデバイス上で、次のコマンドを実行して参照することができます。

```
Get-WmiObject Win32_Product | Format-Table IdentifyingNumber, Name, LocalPackage -AutoSize
```

⑪ [必要条件] タブで、インストール前に満たす必要のある条件を指定し、[次へ] をクリックする。ここでは次のとおり設定している。
- [オペレーティングシステムのアーキテクチャ]：[64ビット] を選択
- [最低限のオペレーティングシステム]：[Windows 11 22H2] を選択

⑫ [検出規則] タブで、[規則の形式] から [検出規則を手動で構成する] を選択する。

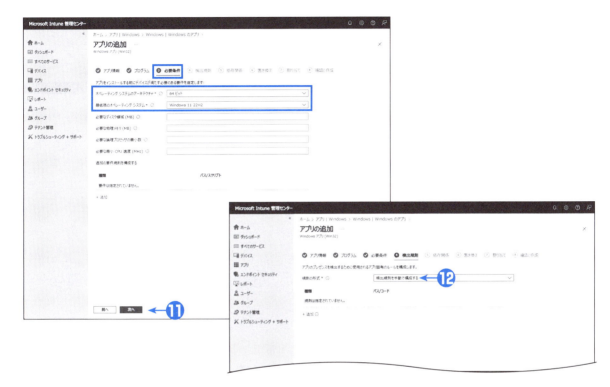

⑬ [検出規則] タブで、[追加] をクリックし、検出規則を指定して [OK] をクリックする。ここでは次のとおり設定している。
- [規則の規則]：[ファイル] を選択
- [パス]：「C:¥Program Files (x86)¥Adobe¥Acrobat Reader DC¥Reader」と入力
- [ファイルまたはフィルター]：「AcroRd32.exe」と入力
- [検出方法]：[ファイルまたはフォルダーが存在する] を選択

⑭ [検出規則] タブで、検出規則が追加されたことを確認して [次へ] をクリックする。
⑮ [依存関係] タブを確認し、[次へ] をクリックする。

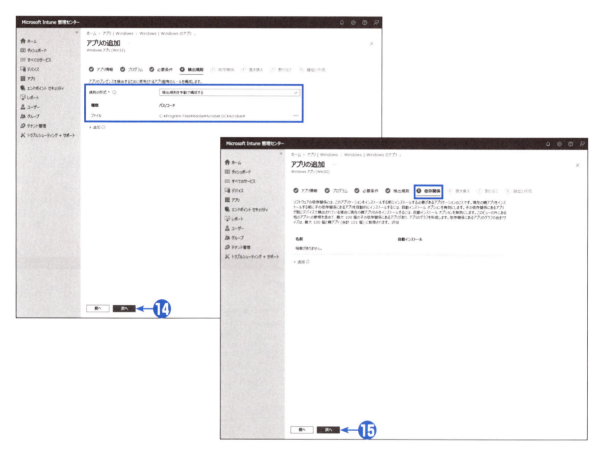

⑯ [置き換え] タブを確認し、[次へ] をクリックする。

> この「置き換え」は、インストール済みのアプリケーションをアンインストールし、展開するアプリケーションと入れ替える機能です。

⑰［割り当て］タブで、［必須］欄の［グループの追加］をクリックする。

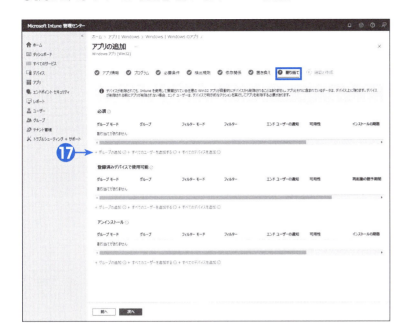

⑱［グループの選択］画面で、対象となるグループを選択して［選択］をクリックする。

⑲[割り当て]タブで、[必須]欄にグループが選択されたことを確認して[次へ]をクリックする。

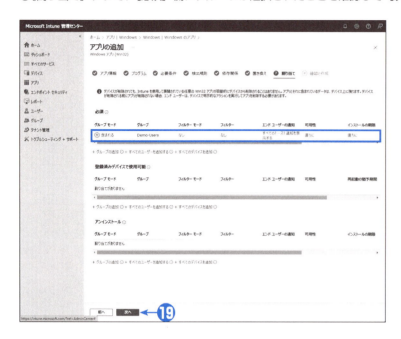

⑳[確認と作成]タブで、設定内容を確認して[作成]をクリックする。

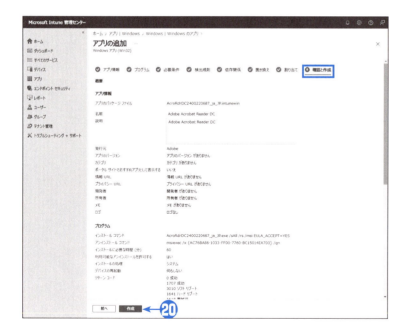

㉑作成されたアプリケーションの概要画面で、［作成済み］欄が更新されていることを確認する。
㉒インストールパッケージの［アップロード中］通知を確認する。

㉓［アップロード完了］通知を確認する。

Microsoft Storeアプリの展開

ここではIntuneからWindowsデバイスにアプリケーションの展開を行う方法のうち、「Microsoft Storeアプリ」の展開を行うための手順を確認します。Microsoft Storeアプリの展開では、Microsoftが提供するMicrosoft Storeサービスのアプリケーションストアで公開されたアプリケーションをインストールすることができます。

Microsoft Storeサービスのアプリケーションストア
https://apps.microsoft.com/

Microsoft Storeアプリの展開手順

Microsoft Storeアプリの展開は、次の手順で行います。

①Microsoft Intune管理センター画面（https://intune.microsoft.com）で、左側のメニューから［アプリ］をクリックし、［アプリ｜概要］画面で［すべてのアプリ］または［Windows］をクリックする。
②［Windows｜Windowsのアプリ］画面で、［追加］をクリックする。

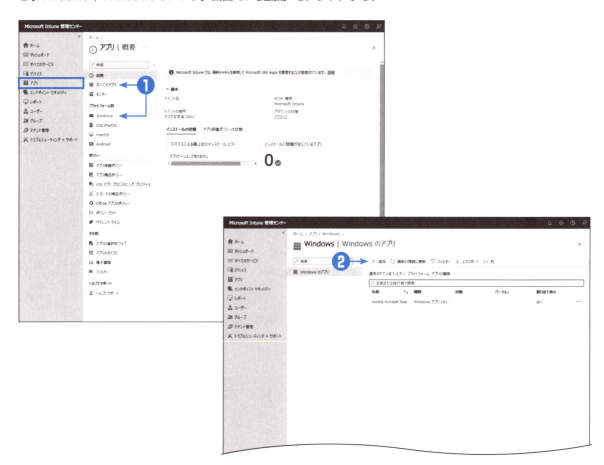

③［アプリケーションの種類の選択］画面で、［アプリの種類］から［Microsoft Storeアプリ（新規）］を選択する。

④［アプリケーションの種類の選択］画面で、［選択］をクリックする。
⑤［アプリの追加］画面の［アプリ情報］タブで、［アプリの選択］の［Microsoft Storeアプリ（新規）を検索する］をクリックする。

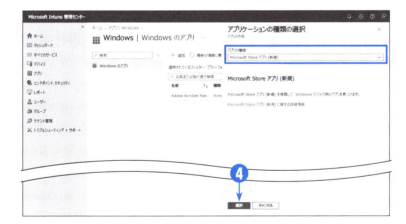

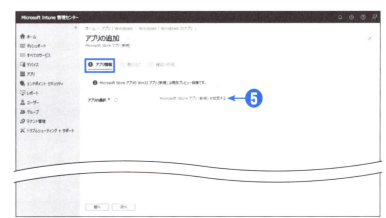

⑥［Microsoft Storeアプリ（新規）を検索する］画面で、展開するアプリケーションを検索する。ここでは、検索ボックスに「Microsoft Loop」と入力し、検索結果から［Microsoft Loop］を選択して［選択］をクリックする。

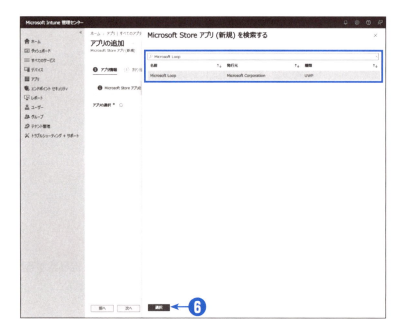

⑦［アプリ情報］タブで、各項目が自動的に入力されたことを確認する。［インストールの処理］を次のいずれかに設定し、［次へ］をクリックする。
- アプリケーションをすべてのユーザーにインストールするには、［システム］を選択
- デバイスにログオンしているユーザーにインストールするには、［ユーザー］を選択

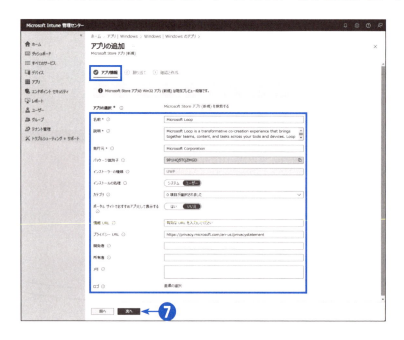

⑧［割り当て］タブで、［必須］欄の［グループの追加］をクリックする。

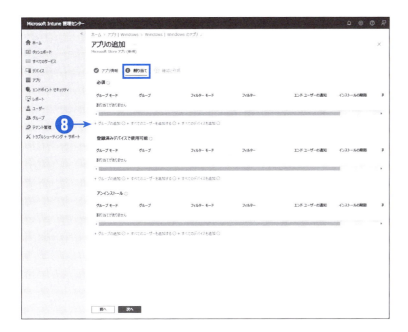

⑨［グループの選択］画面で、対象となるグループを選択して［選択］をクリックする。

⑩ [割り当て] タブで、グループが選択されたことを確認して [次へ] をクリックする。

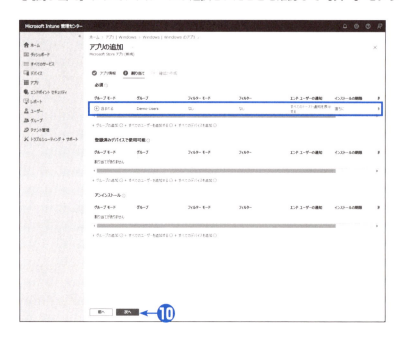

⑪ [確認と作成] タブで、入力した内容を確認して [作成] をクリックする。
⑫ [アプリケーションの保存中] 通知を確認する。

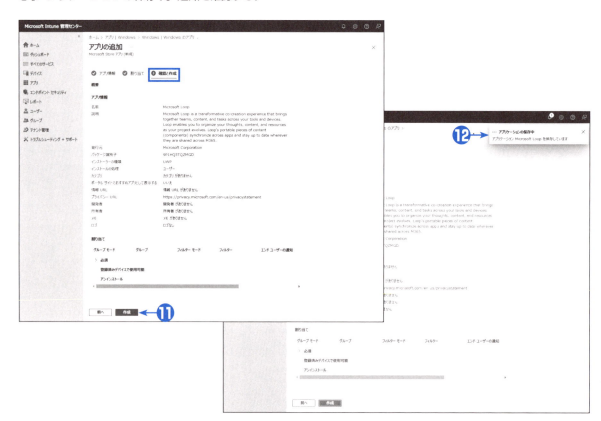

⑬［アプリケーションが作成されました］通知を確認する。

⑭作成されたアプリケーションの概要画面で、［作成済み］欄が更新されていることを確認する。

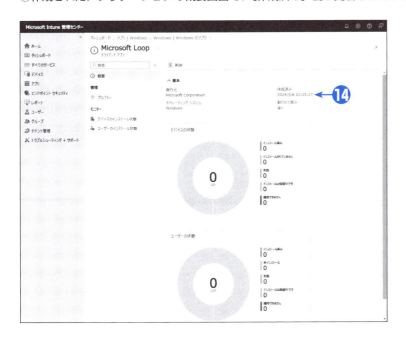

4 Microsoft 365アプリの展開

ここではIntuneからWindowsデバイスにアプリケーションの展開を行う方法のうち、「Microsoft 365アプリ」の展開を行うための手順を確認します。Microsoft 365アプリの展開では、Word、Excel、OutlookなどのOfficeアプリケーションをインストールすることができます。

Microsoft 365アプリの展開手順

Microsoft 365アプリの展開は、次の手順で行います。

①Microsoft Intune管理センター画面（https://intune.microsoft.com）で、左側のメニューから［アプリ］をクリックし、［アプリ | 概要］画面で［すべてのアプリ］または［Windows］をクリックする。
②［Windows | Windowsのアプリ］画面で、［追加］をクリックする。

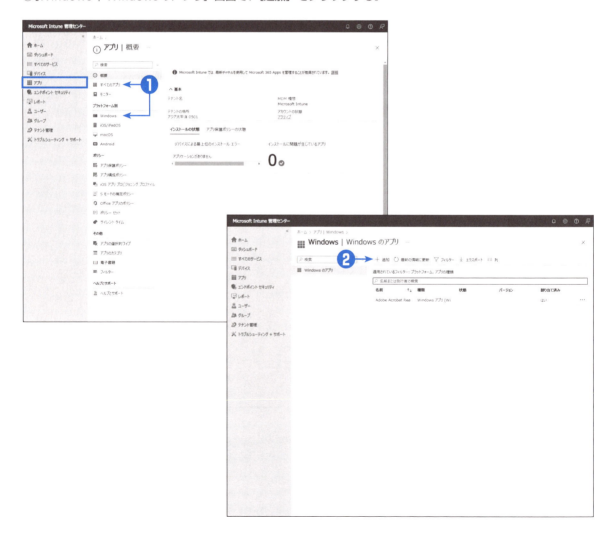

③ ［アプリケーションの種類の選択］画面で、［アプリの種類］から［Microsoft 365アプリ］の［Windows 10以降］を選択する。

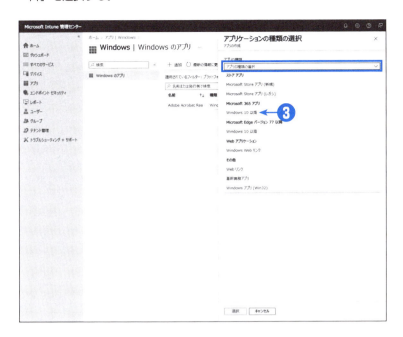

④ ［アプリケーションの種類の選択］画面で［選択］をクリックする。

⑤［Microsoft 365アプリの追加］画面の［アプリスイートの情報］タブで、各項目が自動的に入力されたことを確認する。［スイート名］と［スイートの説明］を任意に入力し、［次へ］をクリックする。ここでは、［スイート名］と［スイートの説明］に［Microsoft 365 Apps（Windows 10以降）］と入力している。

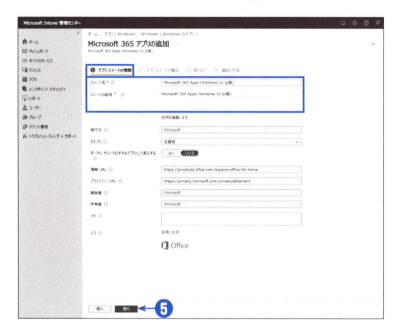

⑥［アプリスイートの構成］タブで、［構成設定の形式］から［構成デザイナー］を選択する。

Microsoft 365 Apps for businessを展開する場合、［構成設定の形式］において［構成デザイナー］ではなく［XMLデータを入力する］を指定する必要があります。XMLデータを作成する際、「Officeカスタマイズツール」を利用することでXMLを直接記述することなく作成できます。
Officeカスタマイズツールは、Microsoft 365 Apps admin centerから利用できます。

Microsoft 365 Apps admin center
https://config.office.com/

⑦［アプリスイートの構成］タブの［アプリスイートの構成］欄で、インストールするOfficeアプリケーションを指定する。ここでは次のとおり設定している。
- ［Officeアプリを選択する］：［Access］［Excel］［Outlook］［PowerPoint］［Word］を選択

⑧［アプリスイートの構成］タブの［アプリスイートの情報］欄で、［アーキテクチャ］と［既定のファイル形式］および［更新チャネル］を選択する。ここでは次のとおり設定している。
- ［アーキテクチャ］：［64ビット］を選択
- ［既定のファイル形式］：［Office Open XML形式］を選択
- ［更新チャネル］：［半期エンタープライズチャネル］を選択

Microsoft 365アプリには、新機能または更新された機能を取得する頻度を制御する「更新チャネル」と呼ばれる設定があります。企業利用では、［半期エンタープライズチャネル］を利用することが比較的多いです。Microsoft Copilot for Microsoft 365のような一部のサービスでは、［最新チャネル］や［月次エンタープライズ］などの特定のチャネルを指定して利用する必要があります。

⑨ [アプリスイートの構成] タブの [プロパティ] 欄で、設定を行って [次へ] をクリックする。ここでは次のとおり設定している。
- [Microsoft Search in Bing のバックグラウンドサービスをインストールする]：[はい] を選択
- [言語]：[言語が選択されていない] をクリックして [日本語] を選択

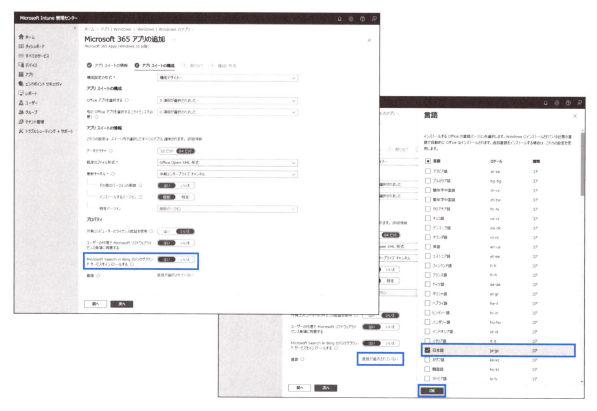

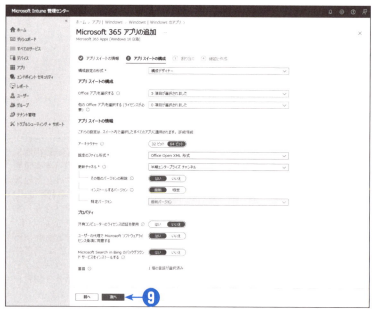

[プロパティ] 欄で [共有コンピューターのライセンス認証を使用] を [はい] に設定することで、1つのPCを複数のユーザーが使用する環境用に Microsoft 365 アプリを展開できます。ただし、共有コンピューター上における利用には、次のライセンスをユーザーが持つ必要があります。

- Microsoft 365 Apps for enterprise
- Microsoft 365 Business Premium に含まれる Microsoft 365 Apps for business

※単独の Microsoft 365 Apps for business ライセンス、および、Microsoft 365 Business Premium 以外に含まれる Microsoft 365 Apps for business ライセンスでは、共有コンピューター上での利用はライセンス上できません。

⑩［Microsoft 365アプリの追加］の［割り当て］画面で、［必須］欄の［グループの追加］をクリックする。

⑪［グループの選択］画面で、対象となるグループを選択して［選択］をクリックする。
⑫［割り当て］タブで、グループが選択されたことを確認して［次へ］をクリックする。

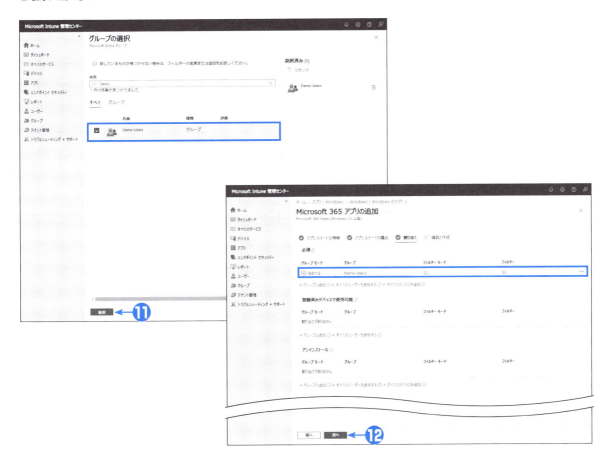

⑬ [確認と作成] タブで、設定内容を確認して [作成] をクリックする。
⑭ [アプリケーションの保存中] 通知を確認する。

⑮ 作成されたアプリケーションの概要画面で、[作成済み] 欄が更新されていることを確認する。

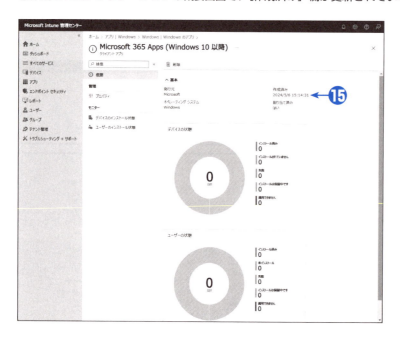

展開対象の割り当て

Intuneでは、さまざまなアプリケーションを登録し、展開することができますが、すべてのユーザーに共通して展開するアプリケーションもあれば、特定のユーザーにのみ展開を行いたい場合もあります。そうしたときに、Intuneでは条件を指定することでアプリケーションの展開を制御することができます。

アプリケーションの展開動作の指定

Intuneでは登録したアプリケーションの展開方法となる割り当ての種類に［必須］［登録済みデバイスで使用可能］［アンインストール］の3つの処理が提供されています。割り当ての種類を指定する対象は、ユーザーグループまたはデバイスグループを選択する必要があります。

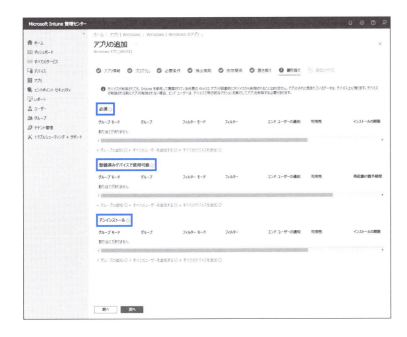

また、各割り当て対象には「組み込みの割り当てグループ」と呼ばれる、テナントに存在するIntuneライセンスを付与された［すべてのユーザー］や［すべてのデバイス］といった割り当てを指定することができます。なお、すべてのユーザーを独自にグループとして作成することもできますが、組み込みの割り当てグループの利用が推奨されます。

それぞれの割り当ての種類と割り当て対象の特徴は次のとおりです。

必須

［必須］を指定したアプリケーションの対象となったユーザーまたはデバイスは、アプリケーションが自動的にインストールされます。

割り当て可能な対象は、ユーザーグループとデバイスグループです。

登録済みデバイスで使用可能

　［登録済みデバイスで使用可能］を指定したアプリケーションの対象となったユーザーまたはデバイスは、自動的なインストール処理は実行されません。この割り当てを行ったアプリケーションはIntuneポータルサイトアプリまたはポータルサイトWebサイト（https://portal.manage.microsoft.com/）を経由してユーザーが任意のタイミングでインストールを実行することができます。この割り当て指定はIntuneにMDM登録されたデバイスのみで利用することができます。割り当て可能な対象は、ユーザーグループです。ただし、［Windowsアプリ（Win32）］の場合のみデバイスグループを割り当てることができます。

> 管理されているアプリケーションが既にデバイスにインストールされている場合、［登録済みデバイスで使用可能］を指定したアプリケーション設定は反映されません。

アンインストール

　［アンインストール］を指定したアプリケーションの対象となったユーザーまたはデバイスは、インストールされたアプリケーションが存在するデバイスを利用している場合に自動的にアンインストール処理を実行します。
　割り当て可能な対象は、ユーザーグループとデバイスグループです。

> ［必須］割り当てを指定したデバイスから［必須］割り当てが解除されてもアンインストールされません。アンインストールを実行したい場合は、別途［アンインストール］割り当てを展開する必要があります。
> ［Microsoft Storeアプリ（新規）］と［Windowsアプリ（Win32）］の場合、［登録済みデバイスで使用可能］割り当てを指定したデバイスではIntuneポータルサイトアプリまたはポータルサイトWebサイトからユーザーによるアンインストールを許可することができます。［Windowsアプリ（Win32）］の場合は［アプリの追加］画面の［プログラム］タブで、［利用可能なアンインストールを許可する］を［はい］に設定してください。

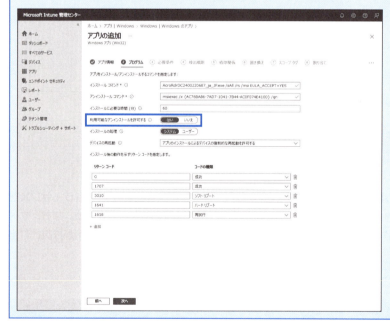

Windowsデバイスへのアプリ展開においては、iOS/iPadOS、Androidで利用可能な［登録の有無にかかわらず使用可能］の割り当ての種類を選択することはできません。

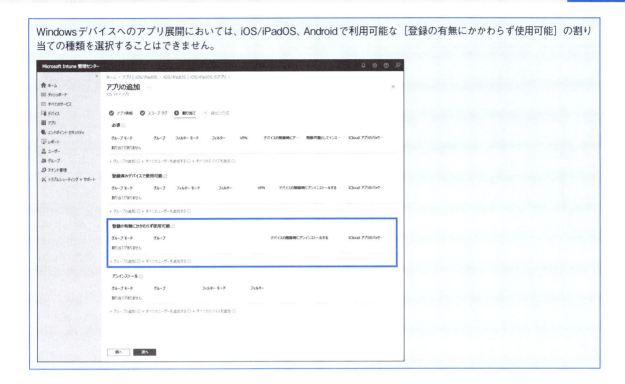

アプリの割り当て対象の指定

Intuneでは登録したアプリケーションの展開の対象となるターゲットの割り当てには、「ユーザーグループ」または「デバイスグループ」を選択します。

ユーザーグループの割り当て

Microsoft Entra IDに登録されているユーザーを指定する方法です。ユーザーオブジェクトが含まれるグループを指定することで、そのユーザーが持つすべてのデバイスを割り当ての対象とします。

IntuneにMDM登録されないBYOD（Bring Your Own Device）シナリオの場合、ユーザーグループを利用する必要があります。

デバイスグループの割り当て

Intuneに登録されているデバイスを指定する方法です。デバイスオブジェクトが含まれるグループを指定することで、そのデバイスを割り当ての対象とします。

割り当て指定が競合した場合

［アンインストール］［登録済みデバイスで使用可能］［必須］が同時に1つのユーザーやデバイスに割り当てられた場合、その組み合わせによって処理結果が異なります。次の表によくある構成をまとめました。

対象グループ1		対象グループ2		処理結果
割り当て指定	展開対象	割り当て指定	展開対象	
[必須]	ユーザーグループ	[登録済みデバイスで使用可能]	ユーザーグループ	自動インストールされる
[必須]	ユーザーグループ	[アンインストール]	ユーザーグループ	自動インストールされる（アンインストールされない）
[アンインストール]	ユーザーグループ	[アンインストール]	ユーザーグループ	アンインストールされる
[必須]	ユーザーグループ	[必須]	デバイスグループ	自動インストールされる
[必須]	ユーザーグループ	[アンインストール]	デバイスグループ	自動インストールされる（アンインストールされない）
[登録済みデバイスで使用可能]	ユーザーグループ	[必須]	デバイスグループ	自動インストールされる
[登録済みデバイスで使用可能]	ユーザーグループ	[アンインストール]	デバイスグループ	アプリが既に [必須] 設定でインストールされていた場合、アプリはアンインストールされる　アプリが未インストールの場合、Intuneポータルサイトに使用可能として表示される　ユーザーがIntuneポータルサイトからインストールした場合、アプリはインストールされる（アンインストールされない）
[アンインストール]	ユーザーグループ	[必須]	デバイスグループ	自動インストールされる
[アンインストール]	ユーザーグループ	[アンインストール]	デバイスグループ	アンインストールされる
[必須]	デバイスグループ	[必須]	デバイスグループ	自動インストールされる

> 推奨される設定として、ユーザーグループにはユーザーグループ専用のアプリケーションを、デバイスグループにはデバイスグループ専用のアプリケーションを作成し、割り当ててください。また、ユーザーとデバイスが1つのグループに含まれる混合グループを指定することは推奨されていません。

アプリの割り当てオプション

　アプリケーションの展開設定では割り当ての種類と割り当て対象の指定以外にも、割り当て時に設定可能なさまざまなオプションがあります。

グループモード

　[Microsoft Storeアプリ（新規）] [Windowsアプリ（Win32）] [基幹業務アプリ] で指定することができるオプションです。指定したグループに含まれるユーザーまたはデバイスを、指定または除外することを選択できます。
　グループモードを設定するには、[アプリの追加] 画面の [割り当て] タブで、対象のグループを追加後、対象のグループの [グループモード] 列の [含まれる] をクリックして [割り当ての編集] 画面を表示します。
　[含まれるアクセス許可] を選択した場合は、そのグループに含まれるオブジェクトを対象とします。

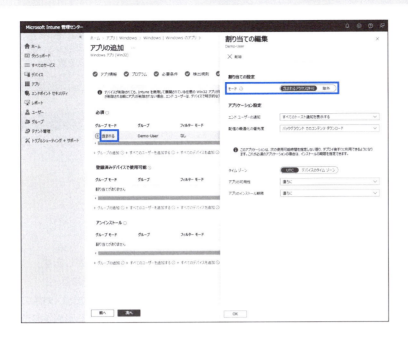

［除外］を指定した場合、別の割り当て設定が指定されている場合であっても、処理の対象から除外されます。なお、［除外］設定は［すべてのユーザー］と［すべてのデバイス］の組み込みの割り当てグループでは使用できません。

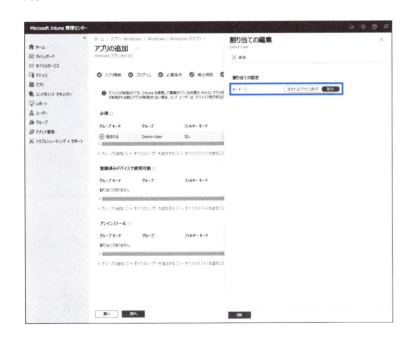

また、［含まれるアクセス許可］で指定したユーザーグループのユーザーが、別のユーザーグループで［除外］指定された場合、［除外］が優先されます。これは、デバイスグループの指定においても同様の結果になります。注意が必要なのは、［含まれるアクセス許可］で指定したユーザーグループを指定し、［除外］指定をデバイスグループとした場合、除外は適用されません。除外を指定する場合、指定するグループの種類が一致するように指定してください。

対象範囲が大きなグループにアプリを一括して提供し、特定のグループのみを除外することにより、特定のニーズや要件に応じて柔軟に対応することが可能です。たとえば、[すべてのユーザー]を割り当て対象として指定し、一部のユーザーグループを[除外]グループとして指定することで、パイロット配信を行うユーザーやアプリケーションが展開されない絞り込み設定を構成できます。

フィルターモード

　グループモードを[含まれるアクセス許可]で構成した場合に利用できるオプションです。ある特定のグループの中で一部の条件を指定し、次のルールを適用できます。

- [フィルターを適用しないでください]
- [フィルターされたデバイスを割り当てに含める]
- [フィルターされたデバイスを割り当てから除外する]

　フィルターを利用する場合、事前にフィルターを作成しておく必要があります。そのための手順は後述します。
　なお、Windowsデバイスに展開可能な[Webリンク]では、フィルター機能を利用することはできません。
　フィルターモードを設定するには、[アプリの追加]画面の[割り当て]タブで、対象のグループを追加後、対象のグループの[フィルター]列の[なし](または設定済みのフィルター名)をクリックして[フィルター]画面を表示します。

たとえば、フィルターによってOSがWindowsで、会社所有、メーカーや型番といったデバイスの持つ情報を特定の条件として指定することで、特定のグループに含まれるユーザーが利用する特定のモデルのSurfaceで利用するアプリケーションとして展開することが可能になります。メーカーやモデルなどで展開を制御したい場合に利用を検討してください。

　フィルターの作成方法は次のとおりです。ここではWindows 11 23H2に該当するデバイスを指定するためのフィルターを作成します。

第6章 Windowsデバイスのアプリケーション管理

①Microsoft Intune管理センター画面（https://intune.microsoft.com）で、左側のメニューから［テナント管理］をクリックし、［テナント管理｜テナントの状態］画面で［フィルター］をクリックする。

②［テナント管理｜フィルター］画面で［作成］をクリックし、［マネージドデバイス］または［マネージドアプリ］を選択する。ここでは［マネージドデバイス］を選択している。

Intuneに登録されたデバイス用のフィルターを作成する場合は、［マネージドデバイス］を選択します。
Intuneに登録されないデバイス上のアプリ用のフィルターを作成する場合は、［マネージドアプリ］を選択します。

③［フィルターの作成］画面の［基本］タブで、［名前］を任意に入力し、［プラットフォーム］を選択して［次へ］をクリックする。ここでは次のように設定している。
- ［名前］：「Windows 11」と入力
- ［プラットフォーム］：［Windows 10以降］を選択

［プラットフォーム］は、作成するフィルターの対象によって選択可能な値が次のように異なります。

マネージドデバイスを利用できるプラットフォーム

- Android管理デバイス
- Android Enterprise
- Android（AOSP）
- iOS/iPadOS
- macOS
- Windows 10/11

マネージドアプリを利用できるプラットフォーム

- Android
- iOS/iPadOS
- Windows

④[規則]タブで、ルールビルダーまたはルール構文テキストボックスを使用して、フィルターの規則を作成する。ここでは、次のようにルールビルダーを使用して、OSバージョンがWindows 11 23H2を表すように指定している。
- [プロパティ]：[osVersion（OSバージョン）]を選択
- [演算子]：[Contains]を選択
- [値]：「10.0.22631」と入力

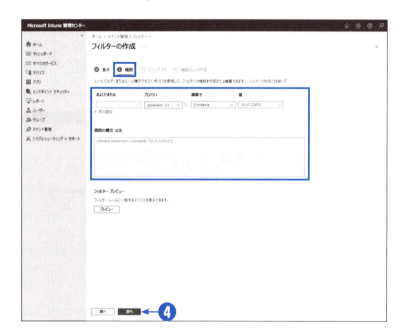

⑤[確認および作成]タブで、設定内容を確認し、[作成]をクリックする。

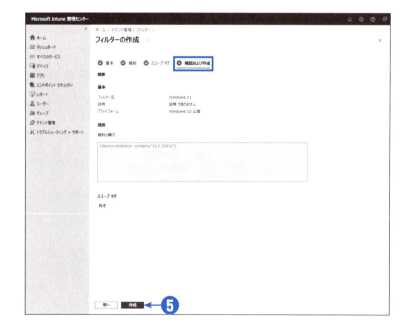

コンテキストのインストール

［基幹業務アプリ］で指定することができるオプションです。適切なインストールコンテキストを選択します。

ユーザーコンテキストでは対象のユーザーにのみアプリがインストールされますが、デバイスコンテキストではデバイス上のすべてのユーザーにアプリがインストールされます。

> 作成されたアプリによっては、インストールコンテキストをユーザーまたはシステムのいずれかを指定することができるデュアルモードのアプリが存在します。デュアルモードをサポートするアプリの場合、このアプリに必要なコンテキストを選択してください。シングルモードのアプリでは、パッケージの情報に基づき自動的に選択されていて、変更できません。
>
> 「インストールコンテキスト」
> https://learn.microsoft.com/ja-jp/windows/win32/msi/installation-context

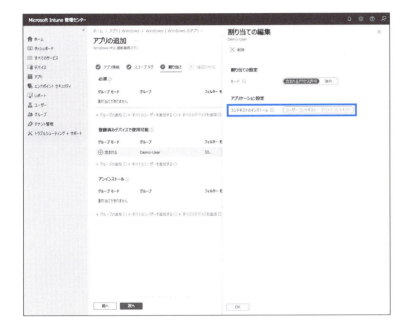

エンドユーザーの通知

［Microsoft Store アプリ（新規）］と［Windows アプリ（Win32）］で指定することができるオプションです。選択した設定に応じてアプリケーションのインストール時の通知を絞ることができます。

- ［すべてのトースト通知を表示する］
- ［コンピューターの再起動時にトースト通知を表示する］
- ［すべてのトースト通知を非表示にする］

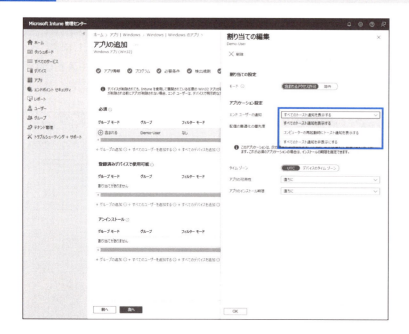

配信の最適化の優先度

　［Windowsアプリ（Win32）］で指定することができるオプションです。バックグラウンドモードまたはフォアグラウンドモードを選択できます。

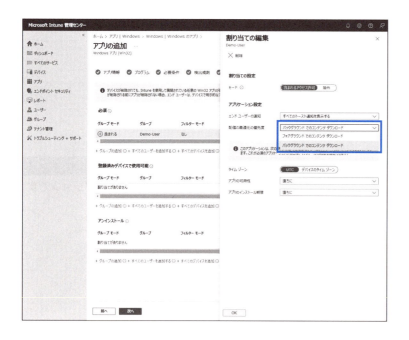

> 配信の最適化とは、Windows 10/11 に組み込まれた Windows Update やアプリケーションのコンテンツダウンロードを効率化するための機能です。ピアツーピア（P2P）技術を使用し、同じネットワーク内にいるほかのデバイスとの間でコンテンツのキャッシュを共有することでネットワークにかかる負荷を分散します。
> フォアグラウンドモードを指定した場合、ユーザー操作アクションとなり、アプリケーションのダウンロードの完了を優先します。
> バックグラウンドモードを指定した場合、システムによる実行アクションとなり、アプリケーションのダウンロードは Windows Update におけるダウンロードプロセスと同様に処理されます。
> バックグラウンドモードでは配信の最適化の制御設定に従ってほかのデバイス上のキャッシュをダウンロードすることでインターネット経由の通信を抑制します。

タイムゾーン

［Microsoft Store アプリ（新規）］と［Windows アプリ（Win32）］で指定することができるオプションです。［UTC］と［デバイスのタイムゾーン］を選択できます。［デバイスのタイムゾーン］を選択することで、国内、海外など時差のある環境において、組織の営業時間などを意識した時間指定が設定できます。

アプリの可用性

　［Windowsアプリ（Win32）］で指定することができるオプションです。［直ちに］または［特定の日付と時刻］を選択できます。指定した時間は、タイムゾーンで指定した時間で処理されます。

　バックグラウンドモードを指定した場合、アプリの可用性で指定する［特定の日付と時刻］を超過したのちにダウンロードが実行されます。

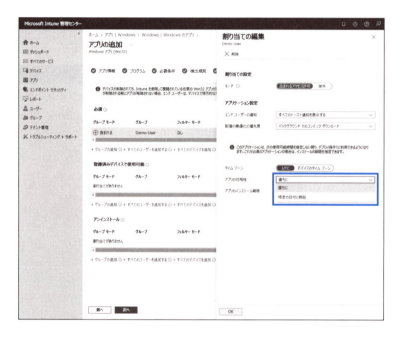

アプリのインストール期限

［Microsoft Storeアプリ（新規）］と［Windowsアプリ（Win32）］で指定することができるオプションです。［直ちに］または［特定の日付と時刻］を選択できます。［特定の日付と時刻］を設定した場合、Intune Management Extension（Intune管理拡張機能）によってアプリケーションのコンテンツのダウンロードを開始し、期限時刻となったタイミングでアプリケーションがインストールされます。同じアプリケーションの設定の中で、1つのデバイスに対し複数の期限が設定された場合には最も早い期限が優先されます。

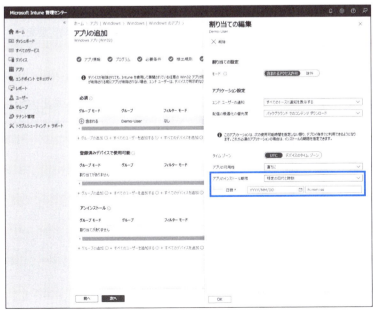

［アプリの可用性］を［特定の日付と時刻］で未来の日付を指定しつつ、［アプリのインストール期限］を［直ちに］とした場合、［アプリの可用性］で指定した日付となるまでインストールは実行されません。設定時の未来の指定日付が時間経過と共に過去の時間となった場合は、［直ちに］と同じ処理となります。

再起動の猶予時間

［Microsoft Storeアプリ（新規）］で指定することができるオプションです。［有効］または［無効］を選択できます。

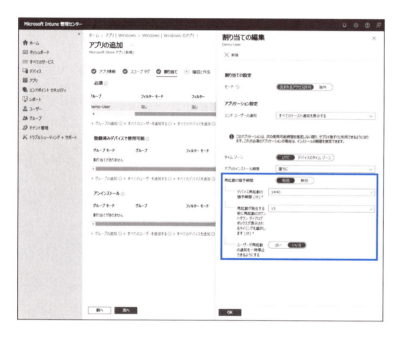

［有効］を指定した場合、次の3つの値を指定することで、アプリケーションのインストール後の再起動処理をカスタマイズすることができます。

- ［デバイス再起動の猶予期間（分）］
- ［再起動が発生する前に再起動のカウントダウンダイアログボックスが表示されるタイミングを選択します（分）］
- ［ユーザーが再起動の通知を一時停止できるようにする］

［無効］を指定した場合、ユーザーへの通知なしに再起動を行います。

ここまで説明したアプリの割り当てオプションを展開済みのアプリに対して設定するには、［アプリケーションの編集］画面から行います。［アプリケーションの編集］画面は、展開済みアプリの概要画面で［管理］の［プロパティ］をクリックし、アプリのプロパティ画面で［割り当て］欄の［編集］を選択して表示します。

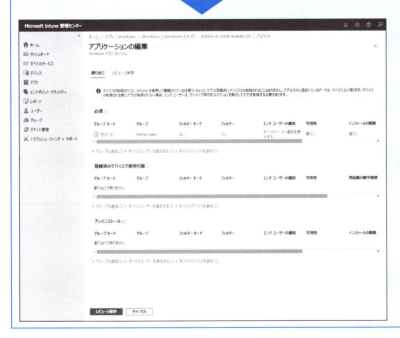

6 クライアントデバイスでの割り当ての確認

　Intuneに追加したアプリケーションは、割り当てられた対象のデバイスに展開されます。ここでは、アプリケーションが割り当てられた後の確認方法とトラブルシューティング時のチェックポイントについて確認します。

WindowsデバイスとIntuneテナントのポリシーの同期の確認

　アプリケーションの展開では、IntuneサービスとMDM登録されたWindowsデバイスが正しく通信ができていることが前提となります。同期について確認する手順は次のとおりです。

①Windowsデバイスで［スタート］ボタンをクリックし、［設定］をクリックする。

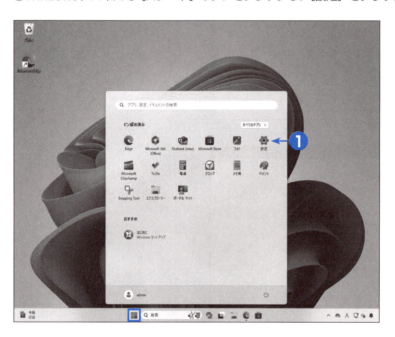

②［設定］の［ホーム］画面で、［アカウント］をクリックする

③［アカウント］画面で、［職場または学校にアクセスする］をクリックする。

④［職場または学校にアクセスする］画面で、［＜アカウントID＞によって接続済み］をクリックし、［管理者：＜会社名＞］の［情報］をクリックする。

⑤［管理者：＜会社名＞］画面をスクロールして、［デバイスの同期状態］欄の［同期］をクリックする。

Intuneによってアプリケーションを割り当てられたデバイスは、設定した展開条件を満たすことではじめて処理が実行されます。Windowsデバイスでは通常、約8時間ごとにIntuneサービスとの間で更新処理が実行されます。この定期処理による実行で問題がない場合、ユーザーが［同期］を手動で実行する必要はありません。

⑥同期が開始され、［前回試行した同期：］に「同期を実行中です」と表示されていることを確認する。

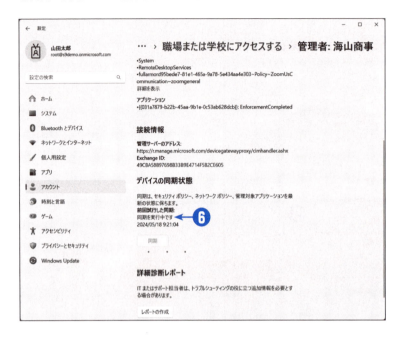

⑦［前回試行した同期：］に「正しく同期されました」と表示されたことを確認し、［×］をクリックして画面を閉じる。

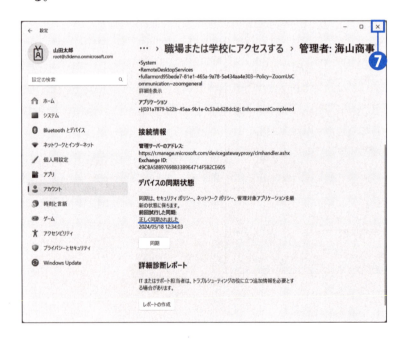

Intuneポータルサイトの［設定］をクリックし、［同期］からも同様の処理が行えます。

Windowsデバイスのコンプライアンス状態の確認

　IntuneにMDM登録したWindowsデバイスがIntuneとMicrosoft 365サービスとの間で正しく通信が行えていない場合、「条件付きアクセス」または「コンプライアンスポリシー」の影響を受けている場合があります。なお「条件付きアクセス」と「コンプライアンスポリシー」については、第9章を参照してください。

　Windows Autopilot以外の方法でWindowsデバイスを展開している場合は、Intuneポータルサイトアプリはインストールされていません。手動でMicrosoft Storeからインストールを行うか、IntuneによるMicrosoft Storeアプリの展開を実施してください。

Windows Autopilotを使用してデバイスを展開した場合、Intuneポータルサイトアプリは既定で自動的にインストールされます。

　次の手順でデバイスの状態を確認します。

①Windowsデバイスで［スタート］ボタンをクリックし、［ポータルサイト］をクリックする。

②［ポータルサイト］画面のホーム画面で、［デバイス］欄の［このデバイス］とラベルの付いたデバイスをクリックする。
③［デバイスの状態］欄のステータス表示が「会社のリソースにアクセスできます」となっていることを確認する。

第6章 Windowsデバイスのアプリケーション管理　**393**

④［アクセスの確認］をクリックし、［デバイスの状態］欄のステータス表示が「会社のリソースへのアクセスを確認しています」となったことを確認する。

アクセスの確認には数分かかります。

⑤［デバイスの状態］欄のステータス表示が「会社のリソースにアクセスできます」になったことを確認する。

ステータスが「会社のリソースにアクセスできないと表示された場合、組織が設定したコンプライアンスに準拠していない可能性があります。OSのアップデートやウイルス対策ソフトの更新を行ってコンプライアンスに準拠するようにした後に、再度アクセスの確認を行ってください。

デバイス上の展開ステータスの確認

　Intuneからアプリケーションの割り当てを行うと、Intuneポータルサイトアプリから確認することができます。次の手順で確認を行います。

①Windowsデバイスで［スタート］ボタンをクリックし、［ポータルサイト］をクリックする。

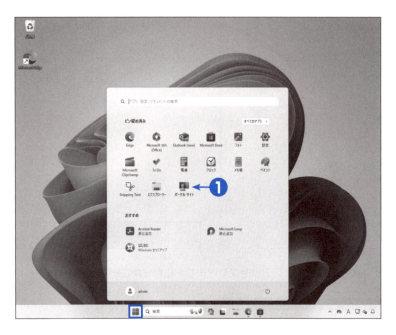

②［ポータルサイト］画面の左側のメニューで［アプリ］をクリックし、展開されているアプリケーションのステータスを確認する。

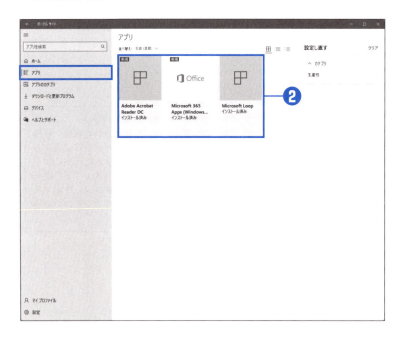

デバイスからの［必須］展開結果の確認

アプリケーションの割り当てに［必須］を指定した場合、デバイスがIntuneサービスと同期したタイミングで自動的にアプリケーションのインストールを実行します。

①Windowsデバイスで［スタート］ボタンをクリックし、［ポータルサイト］をクリックする。

②［ポータルサイト］画面の左側のメニューから［アプリ］をクリックし、アプリケーションのカタログに展開されたアプリケーションが表示されていることを確認する。
③［必須］割り当てを指定したアプリケーションをクリックする。ここでは、「Adobe Acrobat Reader DC」をクリックしている。

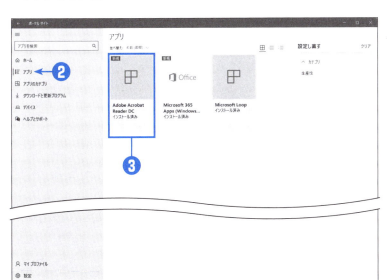

④展開されたアプリケーションのステータスが「インストール済み」と表示されていることを確認し、[×] をクリックして [ポータルサイト] 画面を閉じる。

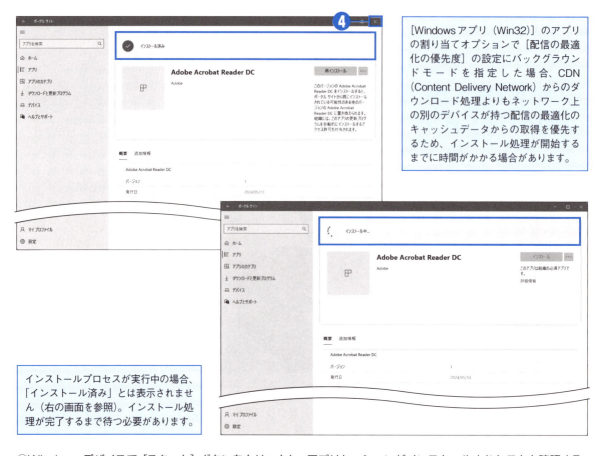

[Windowsアプリ（Win32）] のアプリの割り当てオプションで [配信の最適化の優先度] の設定にバックグラウンドモードを指定した場合、CDN（Content Delivery Network）からのダウンロード処理よりもネットワーク上の別のデバイスが持つ配信の最適化のキャッシュデータからの取得を優先するため、インストール処理が開始するまでに時間がかかる場合があります。

インストールプロセスが実行中の場合、「インストール済み」とは表示されません（右の画面を参照）。インストール処理が完了するまで待つ必要があります。

⑤Windowsデバイスで [スタート] ボタンをクリックし、アプリケーションがインストールされたことを確認する。

デバイスからの［登録済みデバイスで使用可能］展開結果の確認

アプリケーションの割り当てに［登録済みデバイスで使用可能］を指定した場合、デバイスがIntuneサービスと同期しても自動的にはインストールを行いません。ユーザー自身がアプリケーションのインストールを要求する必要があります。

①Windowsデバイスで［スタート］ボタンをクリックし、［ポータルサイト］をクリックする。

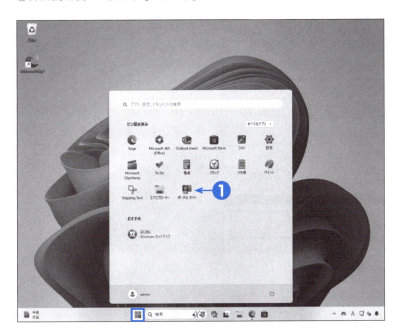

②［ポータルサイト］画面の左側のメニューから［アプリ］を選択し、アプリケーションのカタログに展開されたアプリケーションが表示されていることを確認する。

③［登録済みデバイスで使用可能］割り当てを指定したアプリケーションをクリックする。ここでは、［Microsoft Loop］をクリックしている。

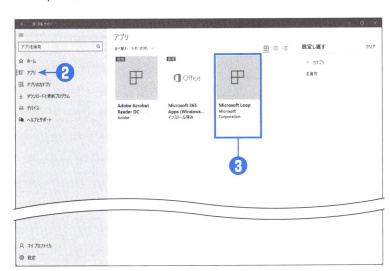

④展開されたアプリケーションの［インストール］をクリックする。

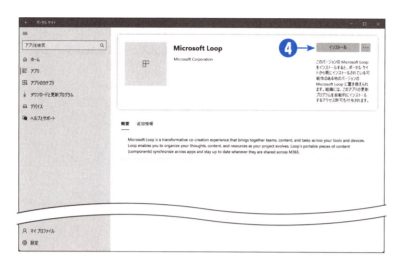

⑤インストールパッケージのダウンロードが実施され、インストールが開始したことを確認する。

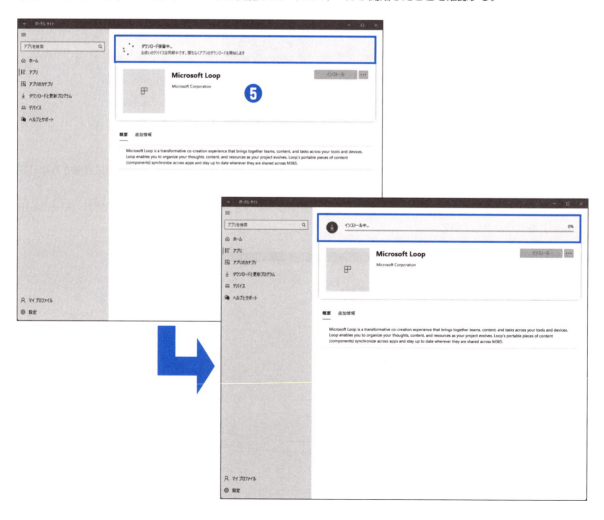

⑥インストールが完了してボタンの表示が［再インストール］となったことを確認し、［×］をクリックして［ポータルサイト］画面を閉じる。

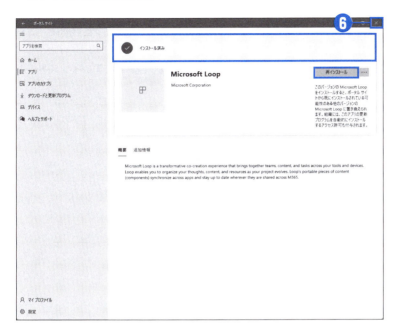

⑦Windowsデバイスで［スタート］ボタンをクリックし、アプリケーションがインストールされたことを確認する。

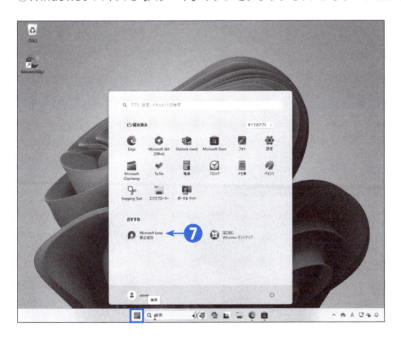

デバイスからの［アンインストール］展開結果の確認

　［必須］を割り当ててアプリケーションを展開し、インストールされたデバイスからは割り当てを解除しても［アンインストール］は実行されません。［登録済みデバイスで使用可能］を割り当ててアプリケーションを展開後、ユーザーの操作によってインストールを実行した場合も同様です。

　別途［アンインストール］を割り当てることで、デバイスがIntuneサービスと同期後、自動的にアンインストールを行います。

①Microsoft Intune管理センター画面（https://intune.microsoft.com）で、左側のメニューから［アプリ］をクリックし、［アプリ｜概要］画面で［すべてのアプリ］または［Windows］をクリックする。

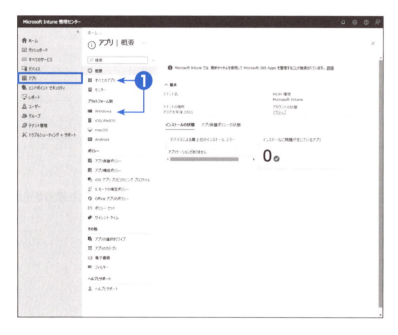

②［Windows｜Windowsのアプリ］画面で、展開されたアプリケーションをクリックする。ここでは、［Microsoft Loop］をクリックしている。

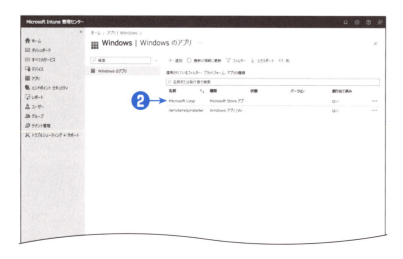

③アプリの概要画面で、[デバイスの状態]欄と[ユーザーの状態]欄を確認する。
インストール済みのユーザーまたはデバイス数が減少している。

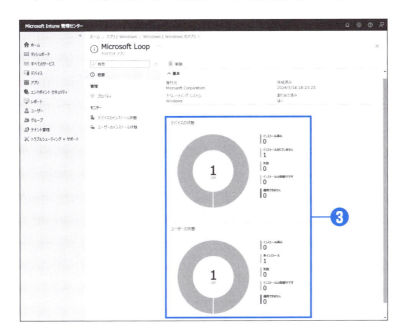

④Microsoft Intune管理センター画面で、左側のメニューから、[デバイス]-[Windows]をクリックし、[Windows | Windowsデバイス]画面でトラブルシューティングを行うWindowsデバイスをクリックする。ここでは[DESKTOP]というデバイスをクリックしている。

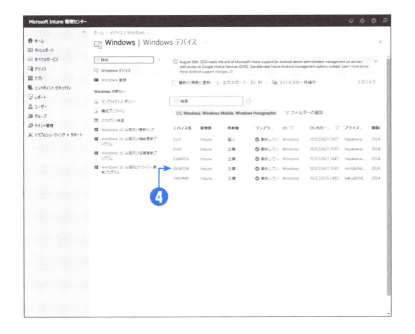

⑤デバイスの概要画面で［管理対象のアプリ］をクリックする。

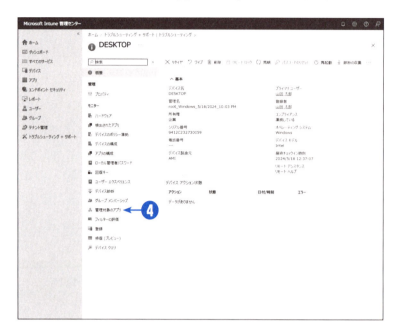

⑤デバイスの［管理対象のアプリ］画面にマネージドアプリケーションが存在しないことを確認する。

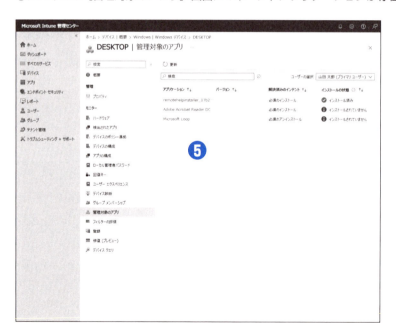

Microsoft Intune管理センターからの展開結果の確認

　Intuneからアプリケーションの展開を行った結果、Microsoft Intune管理センターから各アプリケーションの展開状態を確認することができます。

①Microsoft Intune管理センター画面（https://intune.microsoft.com）で、左側のメニューから［アプリ］をクリックし、［アプリ｜概要］画面で［すべてのアプリ］または［Windows］をクリックする。

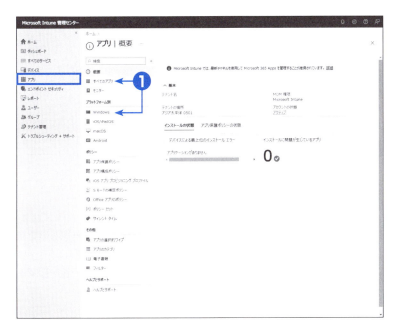

②［Windows｜Windowsのアプリ］画面で、展開されたアプリケーションをクリックする。ここでは、［Microsoft Loop］をクリックしている。

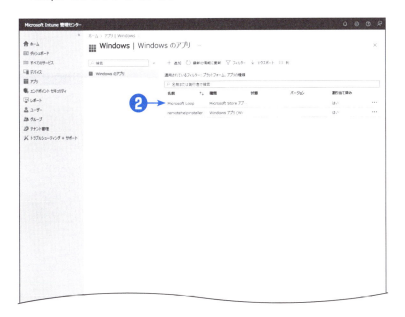

③アプリの概要画面で、[デバイスの状態]欄と[ユーザーの状態]欄を確認する。

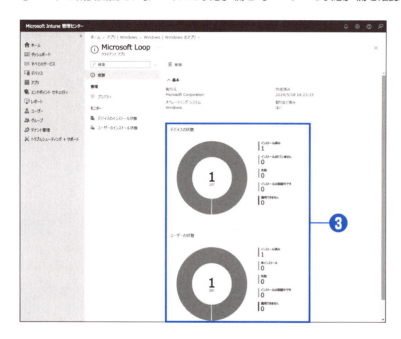

④[モニター]の[デバイスのインストール状態]を選択して、アプリケーションを展開したデバイスの一覧を確認する。
⑤[モニター]の[ユーザーのインストール状態]を選択して、アプリケーションを展開したユーザーの一覧を確認する。

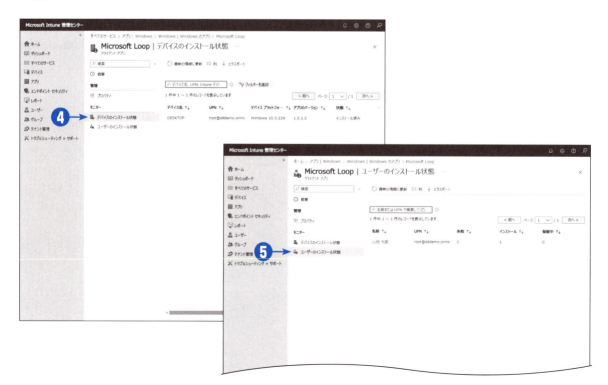

Microsoft Intune管理センターによるトラブルシューティング

　Intuneからアプリケーションの展開において何らかの問題が発生している場合、Microsoft Intune管理センターから展開の状態を確認することができます。

①Microsoft Intune管理センター画面（https://intune.microsoft.com）で、左側のメニューから［トラブルシューティング＋サポート］を選択する。

②［トラブルシューティング＋サポート｜トラブルシューティング］画面で、［ユーザー］にユーザーの名前またはメールアドレスを入力し、トラブルシューティング情報が表示されることを確認する。

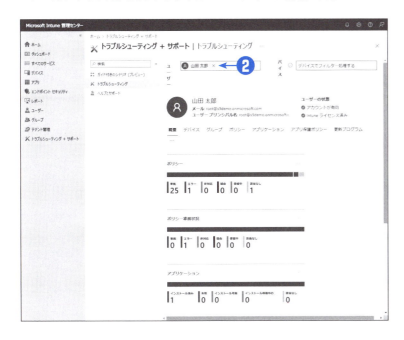

③［デバイス］タブをクリックし、デバイスの一覧からトラブルシューティングするデバイスをクリックする。ここでは、［DESKTOP］というデバイスをクリックしている。
④デバイスの概要画面で［管理対象のアプリ］をクリックする。

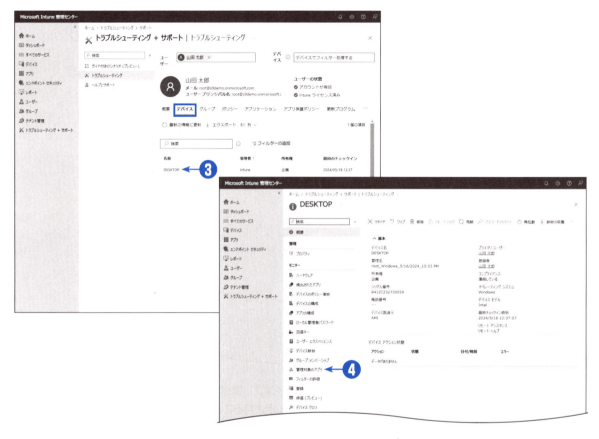

⑤デバイスの［管理対象のアプリ］画面にマネージドアプリケーションの一覧が表示されるので、ステータスを確認したいアプリをクリックする。

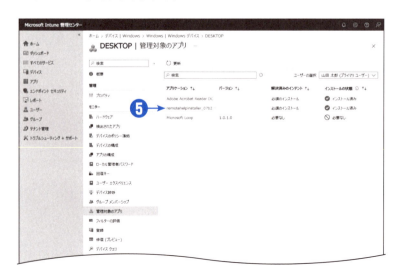

⑥対象のアプリの展開に伴うステータスを確認する。

展開において、エラーがある場合、次の画面のようにエラーが表示されます。
また、［管理対象のアプリ］画面の［インストールの状態］列にも「失敗」などの表示がされます。

Microsoft Intune管理センターによる診断の収集

　[Windowsアプリ（Win32）]のインストールが失敗した場合は、問題をさらに診断するために診断を収集するオプションがあります。なお、デバイスに対する操作については第11章で詳しく解説します。

①Microsoft Intune管理センター画面（https://intune.microsoft.com）で、左側のメニューから、[デバイス]－[Windows]をクリックし、[Windows | Windowsデバイス]画面でトラブルシューティングを行うWindowsデバイスをクリックする。ここでは[DESKTOP]というデバイスをクリックしている。

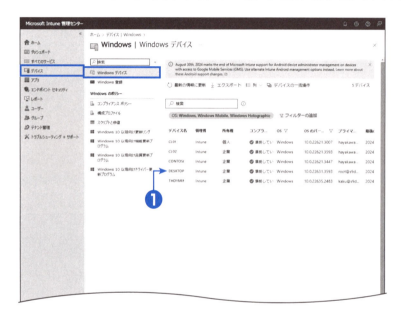

②デバイスの概要画面で[診断の収集]をクリックし、診断の収集の確認画面で[はい]をクリックする。

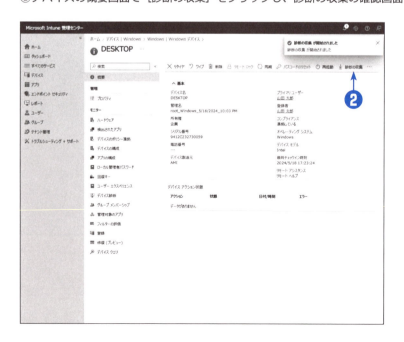

③デバイスの概要画面に「診断の収集　保留中…」の通知が表示される。

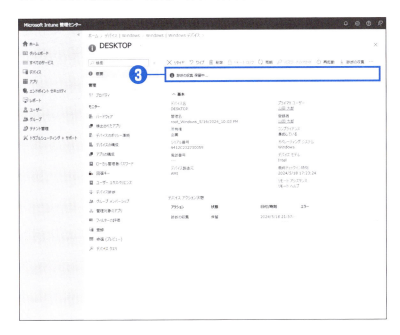

④［デバイスアクション状態］欄で対象のアクションをクリックし、結果を確認する。

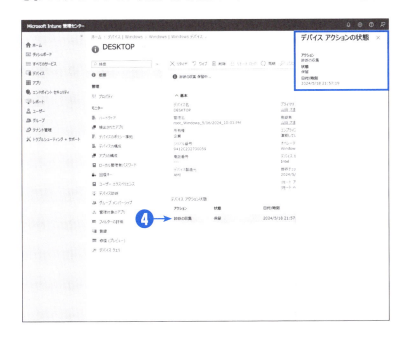

診断の収集には約15分から20分かかります。診断の収集は、デバイスの状態がオンラインである必要があります。20分を超えている場合は、デバイスがオンラインとなっており、Intuneサービスと同期が可能であることを確認してください。

⑤デバイスの概要画面で、収集が完了したことを確認する。［デバイス診断］画面（手順⑧）の実行履歴でも確認できる。

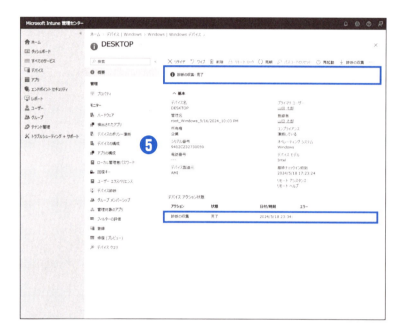

⑥［デバイスアクション状態］欄で対象のアクションをクリックし、結果を確認する。

⑦デバイスの概要画面で、[モニター]の[デバイス診断]をクリックする。

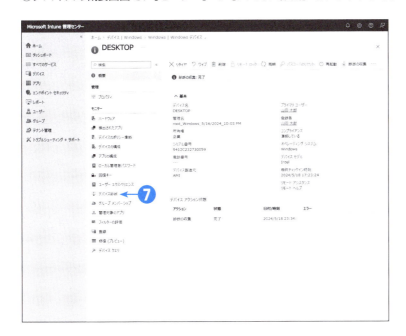

⑧デバイスの[デバイス診断]画面で、[…]−[ダウンロード]をクリックする。

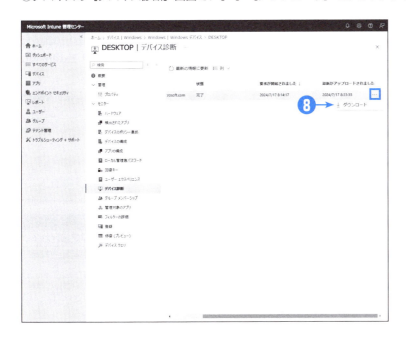

⑨ダウンロードした診断ファイルを展開し、診断ログなどのファイルやフォルダーが含まれていることを確認する。

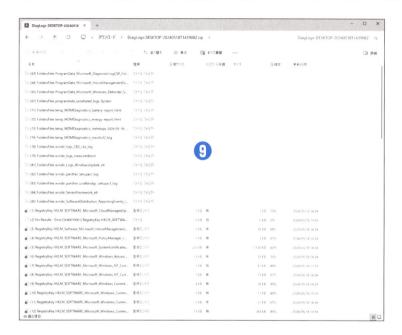

Intune Management Extension（IME）エージェントのログの確認

　Intuneサービスとデバイスの間で何が行われているかを確認するには、Intune Management Extension（IME）エージェントのログファイルを確認する必要があります。

　診断データの取得を実施するか、デバイスの次のフォルダーのログファイルを確認することで、展開に関する詳細な情報を確認することができます。

```
%ProgramData%¥Microsoft¥IntuneManagementExtension¥Logs¥
```

　各ログファイルの内容を次表にまとめます。

ログファイル名	概要
AgentExecutor.log	Intuneからスクリプトの展開を行い実行したPowerShellスクリプトが記録される。
ClientHealth.log	IMEエージェントに関連するすべての正常性確認および修復アクションが記録される。
IntuneManagementExtension.log	IMEに関連する処理が記録される。

第6章　Windowsデバイスのアプリケーション管理　**413**

> **ヒント**
>
> ### Windowsアプリ（Win32）のアップロードから展開までの流れ
>
> ［Windowsアプリ（Win32）］では、Intuneに展開準備として作成したインストールパッケージである.intunewinファイルをアップロードすることは、この章の2でも説明しました。
>
> Microsoft Intune管理センターを通じてアップロードされた［.intunewinアプリパッケージ］は、Azureストレージに格納され、その後CDNに展開されます。アプリの割り当てを行うとIntuneサービスはWindowsデバイスにIntune Management Extension（IME）エージェントを自動的に展開します。インストールされたIMEは定期的にIntuneサービスと通信を行い、割り当てられたポリシーや登録したアプリケーションの［必要条件］と［検出規則］を確認します。
>
> 確認処理の結果、［必須］の割り当てを指定している場合、［アプリの可用性］と［アプリのインストール期限］に応じて直ちにまたは指定日に、条件を満たしたデバイスにダウンロードおよびインストールを実行します。［登録済みデバイスで使用可能］の割り当てを指定している場合も確認処理が同様に実施され、Intuneポータルサイトにインストールが可能なアプリとして表示されます。

［Windowsアプリ（Win32）］の展開に失敗するケースは、展開からインストールまでのプロセスごとに確認を行うことで原因を特定しやすくなります。切り分けポイントを次に示すので参考にしてください。

①デバイス上のIMEによるIntuneサービスとの同期を確認する

Intuneポータルサイトを使い［同期］を確認します。また、その際にはユーザーがMicrosoft Entra IDに紐付けられているユーザーアカウントでWindowsデバイスにログオンしているかを確認します。

②デバイス上のIMEによるポリシーの取得結果を確認する

IMEは定期的にIntuneサービスと通信し最新のポリシーを取得します。このポリシー取得プロセスが正常に行われていることを確認します。問題原因の例としてプロキシやDNSの影響により失敗する場合もあります。

③デバイスと展開したアプリケーションの展開条件が一致することを確認する

IMEはアプリケーションに設定した［必要条件］と［検出規則］に従って処理を実行します。対象のWindowsデバイスに適合していない検出規則を設定している場合、IMEが後続プロセスをスキップします。

実際のログには、次のような記述を確認できます。

- **ログファイル：IntuneManagementExtension.log**
  検出規則：ファイルまたはフォルダーが存在する（例）

  ```
  <![LOG[[Win32App]Checked filePath: ＜処理実行内容＞ ]LOG]!>
  ```

④デバイスへの展開パッケージのダウンロード結果を確認する

IMEが展開条件に適合していることを確認後、インストール準備処理に進みます。この処理では次のフォルダーに対象のアプリケーションパッケージをダウンロードします。

```
C:¥Program Files (x86)¥Microsoft Intune Management Extension¥Content¥Incoming
```

実際のログには、次のような記述を確認できます。

- **ログファイル：IntuneManagementExtension.log**

  ```
  <![LOG[[Win32App]DownloadType = 0, DownloadUrl =＜URL＞ .intunewin.bin]LOG]!>
  <![LOG[[StatusService]Downloading app ＜処理実行内容＞ LOG]!>
  ```

⑤ 展開パッケージの整合性チェック結果を確認する

ダウンロードが成功すると、パッケージは次のフォルダーに移動され、整合性チェックのプロセスに進みます。

C:¥Program Files (x86)¥Microsoft Intune Management Extension¥Content¥Staging¥

> 整合性チェックに失敗する場合、ファイル自体に問題があるか、ウイルス対策ソフトなどの影響により失敗している可能性があります。

⑥ デバイスへのインストールの結果を確認する

IMEによるインストールパッケージの整合性チェックプロセスを終えると、インストールの実行に移ります。［インストールの処理］に［ユーザー］を選択している場合、ログオンしているユーザーの権限を昇格してインストールを実行するプロセスを起動します。

> インストールプロセスに入る前にユーザーがWindowsデバイスからログオフすると、この権限昇格処理に失敗し、インストールが失敗します。

［Windowsアプリ（Win32）］の［アプリの追加］画面の［プログラム］タブにおいて、［インストールの処理］に［システム］を選択している場合、［インストールに必要な時間（分）］で指定した時間または既定値の60分を超えるインストール処理が実行されると、インストールが失敗します。

実際のログには、次のような記述を確認できます。

- ログファイル：**IntuneManagementExtension.log**

    <! [LOG[[Win32App] ===Step=== InstallBehavior ＜処理実行内容＞]LOG]!>

> より詳しい処理の内容については、次のマイクロソフトのWebサイトを参照してください。
>
> 「サポートヒント - Intuneを使用したWin32アプリケーションのデプロイ、配信、処理の背後にあるフローを理解する」
> https://learn.microsoft.com/ja-jp/troubleshoot/mem/intune/app-management/develop-deliver-working-win32-app-via-intune

iOS/Android デバイスのアプリケーション管理

第 7 章

1 Intune を利用した iOS/Android のアプリケーション管理

2 ストアアプリの展開

3 VPP 経由でのアプリの展開 (iOS)

4 マネージド Google Play 経由でのアプリの展開

5 アプリ構成ポリシー

6 展開対象の割り当て

Intune では「展開」と呼ばれる仕組みを通じて、Intune 登録デバイスに対してさまざまな設定をするだけでなく、アプリケーション（アプリ）のインストールを行うことができます。この章では、iOS と Android デバイスに対する、さまざまなアプリの展開方法を見ていきます。

1 Intuneを利用したiOS/Androidのアプリケーション管理

　組織においては、所属する部門や役職によって必要とされるアプリケーション（アプリ）が異なるケースがあります。ユーザーやデバイスごとに適切なアプリを選択し、インストールすることは煩雑な作業です。Intuneでは、組織で必要なアプリを「展開」するように設定し、アプリのインストールと管理を自動化できます。

　Intuneからアプリを展開する際には、どのようなアプリを展開するかに加えて、アプリの展開方法が大きな設定項目となります。

Intuneで展開可能なアプリの種類

　Intuneを使ってiOS/Androidデバイスにアプリの展開を行う際、次のようなアプリの種類を選択できます。

● ストアアプリ

　iOSの場合はApp Store、Androidの場合はGoogle Playストアから提供されるアプリを、URLリンクを通じて展開できます。

　またiOSデバイスではApple Business Manager（ABM）、AndroidデバイスではマネージドGoogle Playを利用することで、AppleやGoogleからアプリを一元的に管理・展開できます。ABMやマネージドGoogle Playを利用することで管理者がライセンスを一元的に管理できるメリットがあり、有償のアプリについても管理者が必要数分だけ事前にライセンス購入して展開することが可能となります。

● 基幹業務アプリ

　自社で開発したiOS/Android用アプリがある場合、iOSの場合は.ipa拡張子、Androidアプリの場合は.apk拡張子のアプリを、Intuneからクライアントデバイスに直接展開できます。

● 組み込みアプリ

　Intune App SDKを利用してモバイルアプリケーション管理機能が組み込まれたアプリを、［組み込みアプリ］の項目から展開することができます。

● Webリンク（またはWebクリップ）

　特定のURLにアクセスするためのリンクを展開します。展開するリンクはデバイス上にショートカットやアイコンとして配置することが可能です。

　Microsoft Edgeを使ってURLにアクセスするよう強制したり、iOSの場合は全画面表示したりするように構成することも可能です。

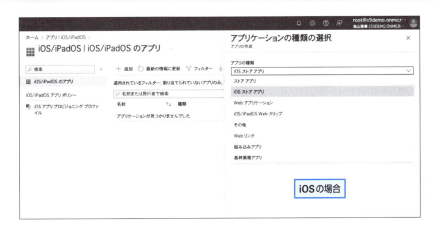

アプリの展開方法

　IntuneからiOS/Androidデバイスへのアプリの展開においては、Windowsデバイスへの展開と同様にユーザーまたはデバイスへの展開を選択できます。そして、展開の種類として［必須］および［登録済みデバイスで使用可能］に加えて［登録の有無にかかわらず使用可能］が選択可能です（この章の6で説明します）。また、既にインストールされているアプリをアンインストールすることもできます。

アプリ構成ポリシー

　アプリを展開する際、「アプリ構成ポリシー」と呼ばれる各種設定を一緒に展開することができます。設定内容はアプリによって異なりますが、あらかじめ用意されているメニューに従って設定するパターンと、アプリのサプライヤーが定義した書式に従って記述・設定するパターンがあります。この章の5では、実際にアプリ構成ポリシーを作成してアプリの展開を行います。

2 ストアアプリの展開

ここでは、iOS/Androidデバイスに対して、次のストアアプリを展開します。

- Adobe Acrobat Reader（iOS）
- OneDrive（iOS）
- Adobe Acrobat Reader（Android）

Adobe Acrobat Readerの展開（iOS）

App Storeから提供されるiOS用アプリを展開する場合、Microsoft Intune管理センター経由でApp Storeにアクセスし、展開するアプリを指定できます。ここでは、特定のユーザーが含まれるDemo-Userグループを対象として、Adobe Acrobat Readerを強制的にiOSデバイスにインストールする［必須］による展開を行います。

①Microsoft Intune管理センター画面（https://intune.microsoft.com）で、左側のメニューから［アプリ］をクリックし、［アプリ | 概要］画面で、［プラットフォーム別］の［iOS/iPadOS］をクリックする。

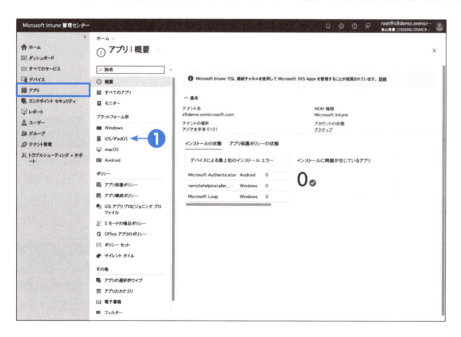

②［iOS/iPadOS｜iOS/iPadOSのアプリ］画面で、［追加］をクリックする。
③［アプリケーションの種類の選択］画面で、［アプリの種類］から［iOSストアアプリ］を選択し、［選択］をクリックする。

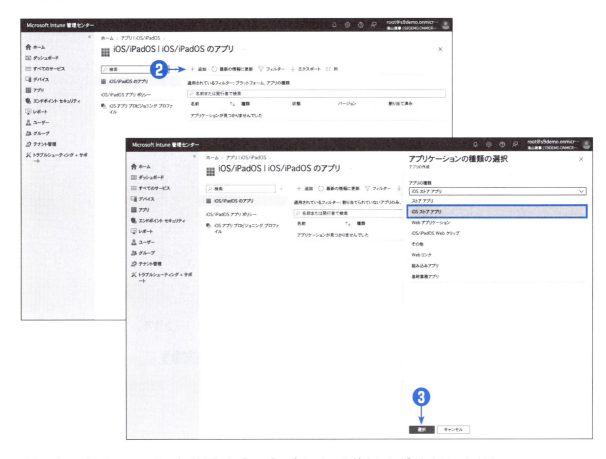

④［アプリの追加］画面の［アプリ情報］タブで、［アプリストアを検索します］をクリックする。

⑤［アプリストアを検索します］画面で、言語欄から［日本］を選択し、検索ボックスに「Adobe Acrobat Reader」と入力して検索する。検索結果から［Adobe Acrobat Reader］をクリックし、［選択］をクリックする。

⑥［アプリ情報］タブに、選択したアプリの情報が自動入力される。［次へ］をクリックする。

⑦ [スコープタグ] タブで、[次へ] をクリックする。
⑧ [割り当て] タブで、[必須] 欄から [グループの追加] をクリックする。

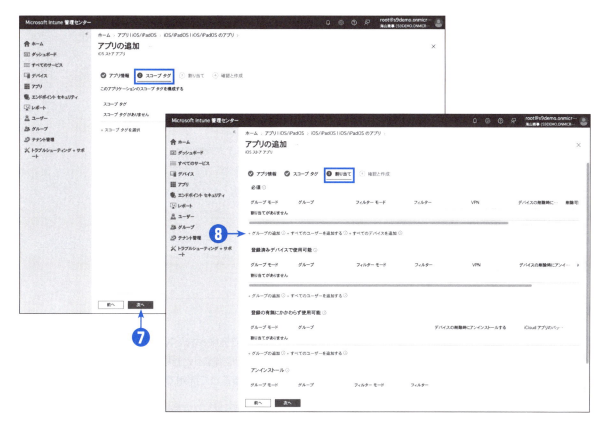

⑨ [グループの選択] 画面で、Demo-User グループを選択し、[選択] をクリックする。

⑩［割り当て］タブで、［次へ］をクリックする。

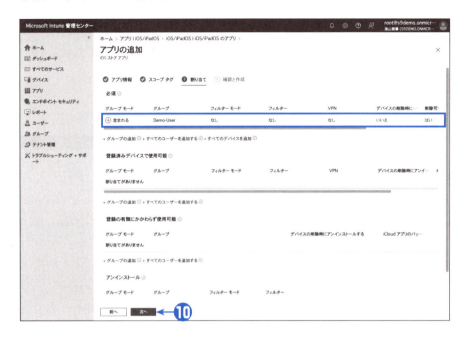

⑪［確認および作成］タブで、［作成］をクリックする。
⑫以上の操作により、Demo-Userグループのメンバーであるユーザーで登録されたiOSデバイスに対して、Adobe Acrobat Readerをインストール開始しようとする。インストールを開始するときは［アプリのインストール］画面がiOSデバイス上に表示されるので、［インストール］をタップすることで開始できる。

OneDriveの展開（iOS）

　前の手順ではAdobe Acrobat Readerを［必須］という展開オプションで展開し、自動的にインストールステップが開始される様子を確認しました。ここでは、ストアアプリで提供されるOneDriveアプリを［登録済みデバイスで使用可能］オプションで展開した場合の動作について確認します。

①Microsoft Intune管理センター画面（https://intune.microsoft.com）で、左側のメニューから［アプリ］をクリックし、［アプリ｜概要］画面で、［プラットフォーム別］の［iOS/iPadOS］をクリックする。
②［iOS/iPadOS｜iOS/iPadOSのアプリ］画面で、［追加］をクリックする。
③［アプリケーションの種類の選択］画面で、［アプリの種類］から［iOSストアアプリ］を選択し、［選択］をクリックする。

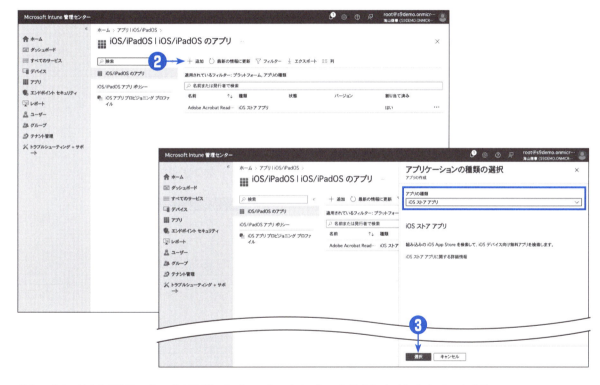

④［アプリの追加］画面の［アプリ情報］タブで、［アプリストアを検索します］をクリックする。

⑤［アプリストアを検索します］画面で、言語欄から［日本］を選択し、検索ボックスに「OneDrive」と入力して検索する。検索結果から［Microsoft OneDrive］をクリックし、［選択］をクリックする。

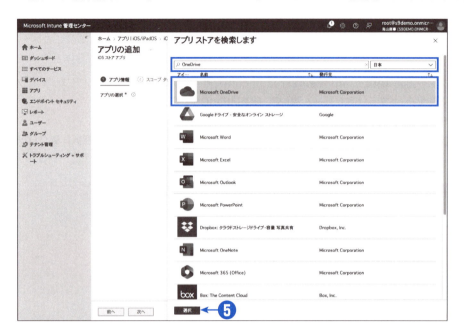

⑥［アプリ情報］タブに、選択したアプリの情報が自動入力される。［次へ］をクリックする。

⑦ [スコープタグ] タブで、[次へ] をクリックする。
⑧ [割り当て] タブで、[登録済みデバイスで使用可能] 欄から [グループの追加] をクリックする。

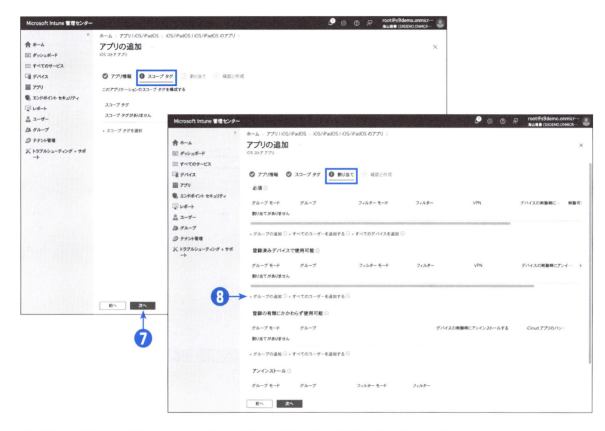

⑨ [グループの選択] 画面で、Demo-User グループを選択し、[選択] をクリックする。

⑩[割り当て]タブで、[次へ]をクリックする。

⑪[確認と作成]タブで、[作成]をクリックする。

⑫iOSデバイスで、［ポータル］をタップしてIntuneポータルサイトアプリを起動する。
⑬Demo-Userグループのメンバーとなるユーザーでポータルにサインインしているデバイスの場合、ポータルサイトアプリ画面の［アプリ］欄に［Microsoft OneDrive］が候補として表示されていることが確認できる。［Microsoft OneDrive］をタップする。

⑭アプリ画面で、［インストール］をタップする。
⑮［アプリのインストール］画面で、［インストール］をタップすることでインストールが開始できる。

Adobe Acrobat Readerの展開（Android）

　Google Playストアから提供されるAndroid用アプリを展開する場合、あらかじめGoogle Playストアでアプリの情報を確認したうえで、Intune上で構成する必要があります。ここでは、特定のユーザーが含まれるDemo-Userグループを対象として、Adobe Acrobat ReaderをAndroidデバイスに強制的にインストールする［必須］による展開を行います。

①Microsoft Intune管理センター画面（https://intune.microsoft.com）で、左側のメニューから［アプリ］をクリックし、［アプリ｜概要］画面で、［プラットフォーム別］の［Android］をクリックする。

②［Android｜Androidのアプリ］画面で、［追加］をクリックする。

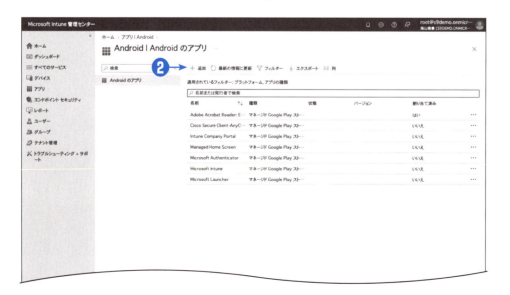

③［アプリケーションの種類の選択］画面で、［アプリの種類］から［Androidストアアプリ］を選択し、［選択］をクリックする。

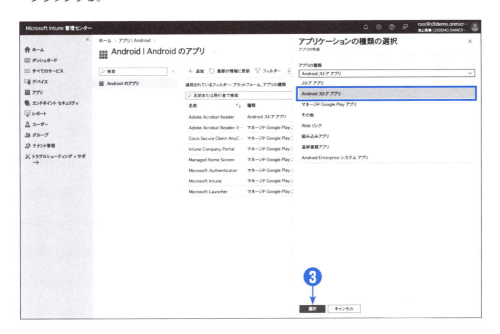

④Google Playストア（https://play.google.com/store/apps）で該当のアプリを検索して詳細を確認したうえで、［アプリの追加］画面の［アプリ情報］タブで［名前］［説明］［発行元］［アプリストアのURL］を入力し、［次へ］をクリックする。

⑤［スコープタグ］タブで、［次へ］をクリックする。

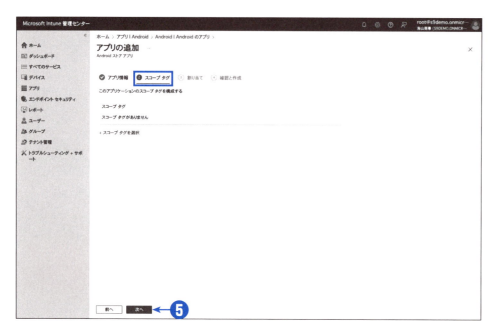

⑥［割り当て］タブで、［必須］欄から［グループの追加］をクリックする。

⑦［グループの選択］画面で、Demo-Userグループを選択し、［選択］をクリックする。

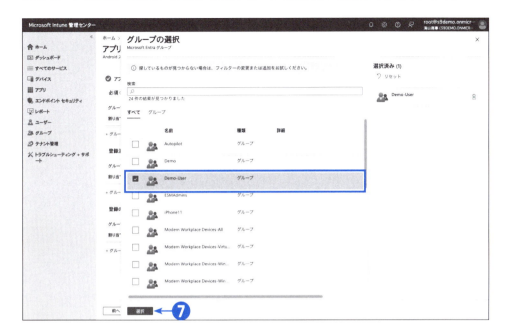

⑧［割り当て］タブで、［次へ］をクリックする。

⑨［確認と作成］タブで、［作成］をクリックする。

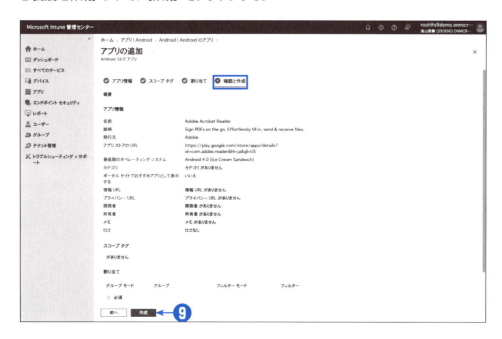

⑩以上の操作により、Demo-Userグループのメンバーであるユーザーで登録されたAndroidデバイスに対して、Adobe Acrobat Readerをインストール開始しようとする。インストールが開始されると、マネージドGoogle Playアプリの中にAdobe Acrobat Readerが追加されることで確認できる。

第7章 iOS/Androidデバイスのアプリケーション管理　433

VPP経由でのアプリの展開（iOS）

　この章の1でも解説したように、Apple Business Manager（ABM）経由でiOSデバイスを管理している場合、Appleが提供するVolume Purchase Program（VPP）を経由してアプリを展開できます。VPP経由で展開するアプリは事前にABMのサイトでライセンス購入を行います。ライセンス購入したアプリの情報がIntuneに同期されたのち、Microsoft Intune管理センター画面で展開対象となるユーザーまたはデバイスを指定します。ここまでの設定が完了すると、VPPからiOSデバイスへライセンス購入済みのアプリの展開が始まります。

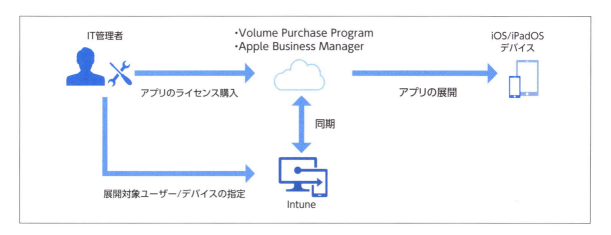

　ここでは例として、Microsoft AuthenticatorアプリをVPP経由で展開します。Microsoft Authenticatorアプリは無料で提供されていますが、ライセンス自体はABMで購入する必要があります。そのため、ここではライセンス購入手続きを含めた操作について確認します。

VPPトークンの登録

　VPPとIntuneを連携させるためには、VPPから発行されるトークンをIntuneに登録する必要があります。この設定はテナントで一度だけ行う必要のある操作です。

VPPトークンは有効期限が1年であるため、1年に1度、期限が切れる前に更新する必要があります。詳細については次のマイクロソフトのWebサイトを参照してください。

「iOS証明書とトークンを更新する」の「VPPトークンを更新する」
https://learn.microsoft.com/ja-jp/intune-education/renew-ios-certificate-token#renew-vpp-token

①Apple Business Managerポータルサイト（https://business.apple.com/）にアクセスし、ABMアカウントでサインインする。
②ABM画面で、左下のユーザー名をクリックして［環境設定］をクリックし、［お支払いと請求］をクリックして、［コンテンツトークン］欄の［ダウンロード］をクリックする。

③手順②を行ったデバイスでMicrosoft Intune管理センター画面（https://intune.microsoft.com）を開き、左側のメニューから［テナント管理］をクリックし、［テナント管理｜テナントの状態］画面で［コネクタとトークン］をクリックする。

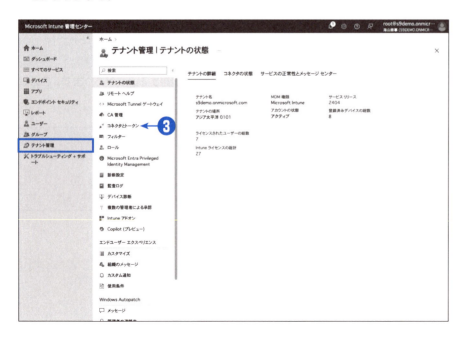

④［コネクタとトークン］画面で、［Apple］の［Apple VPP トークン］をクリックし、［作成］をクリックする。
⑤［VPP トークンの作成］画面の［基本］タブで、［トークン名］に任意のトークンの名前、［Apple ID］にABMにサインインする際に使用するApple IDを入力し、［VPP トークンファイル］に前の手順でダウンロードしたトークンファイルを登録して、［次へ］をクリックする。

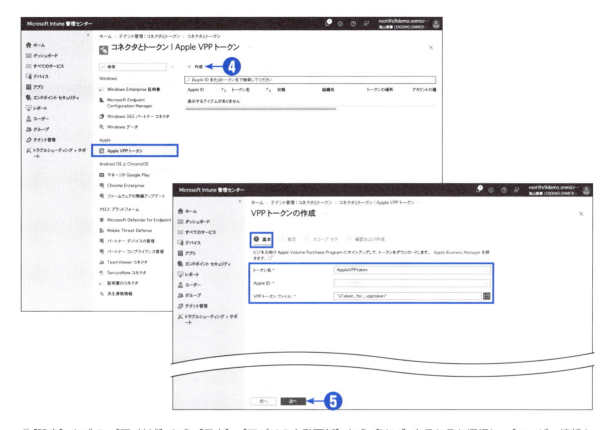

⑥［設定］タブで、［国/地域］から［日本］、［アプリの自動更新］から［はい］をそれぞれ選択し、［ユーザー情報とデバイス情報の両方をAppleに送信するためのアクセス許可をMicrosoftに付与します］チェックボックスをオンにして、［次へ］をクリックする。

［アプリの自動更新］を有効にしておくことで、アプリの更新を行うためにユーザーがApp Storeにアクセスする必要が完全になくなります。これにより、App Storeの利用を禁止する運用が可能になります。

⑦ [スコープタグ] タブで、[次へ] をクリックする。
⑧ [確認および作成] タブで、[作成] をクリックする。

⑨ [コネクタとトークン｜Apple VPP トークン] 画面で、登録したトークンが追加されていることを確認する。

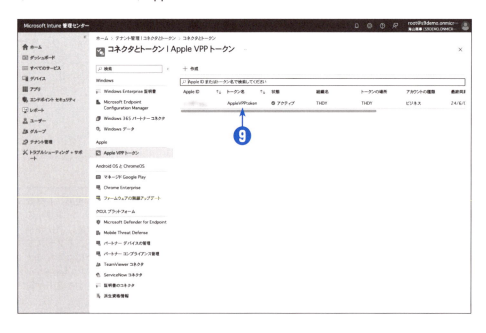

Microsoft Authenticator アプリの展開

　VPPトークンを登録したら、Microsoft Authenticatorアプリをすべてのデバイスを対象として強制的にiOSデバイスにインストールする［必須］による展開を行います。

①Apple Business Managerポータルサイト（https://business.apple.com/）にアクセスし、ABMアカウントでサインインする。
②ABM画面で、［アプリとブック］をクリックし、検索ボックスに「Authenticator」と入力して検索する。

③ABM画面で、検索結果から［Microsoft Authenticator］をクリックし、［割当先］からABMを契約している会社名を選択し、［数量］に購入するライセンス数を入力して、［入手］をクリックする。

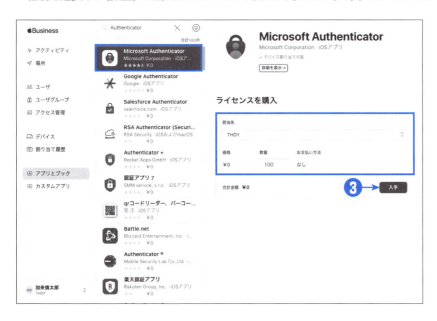

④ABM画面で、[ライセンスを管理]欄に購入済みライセンスが表示されていることを確認する。

⑤Microsoft Intune管理センター画面（https://intune.microsoft.com）で、左側のメニューから[テナント管理]をクリックし、[テナント管理｜テナントの状態]画面で[コネクタとトークン]をクリックする。

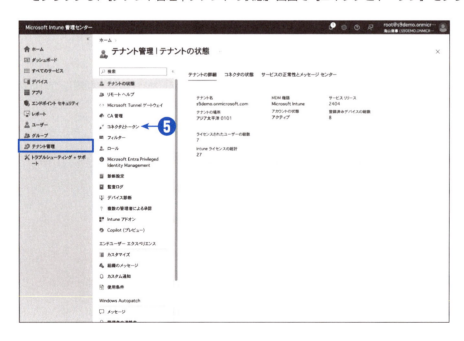

⑥［コネクタとトークン］画面で、［Apple］の［Apple VPP トークン］をクリックし、前の手順で作成したトークンの［…］をクリックして、［同期］をクリックする。

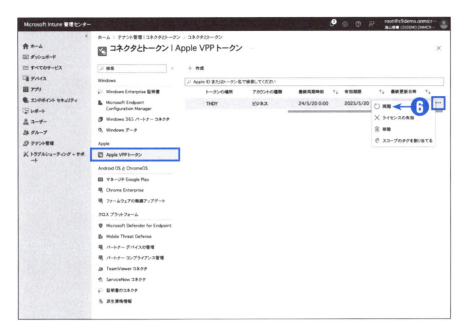

⑦Microsoft Intune 管理センター画面で、左側のメニューから［アプリ］をクリックし、［アプリ｜概要］画面で、［プラットフォーム別］の［iOS/iPadOS］をクリックする。
⑧［iOS/iPadOS｜iOS/iPadOSのアプリ］画面で、［Microsoft Authenticator］をクリックする。

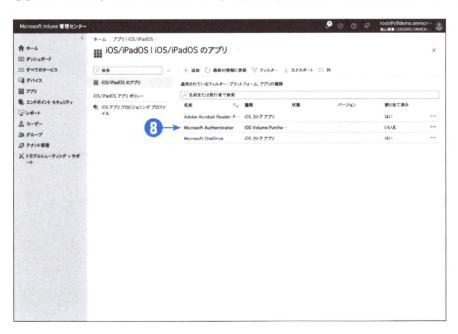

前の手順で実行した同期が完了した後にアプリの一覧が表示されます。

⑨ ［Microsoft Authenticator］画面で、［管理］の［プロパティ］をクリックし、［割り当て］欄の［編集］をクリックする。

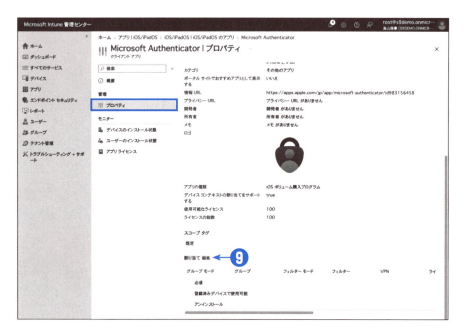

⑩ ［アプリケーションの編集］画面の［割り当て］タブで、［必須］欄の［すべてのデバイスを追加］をクリックする。

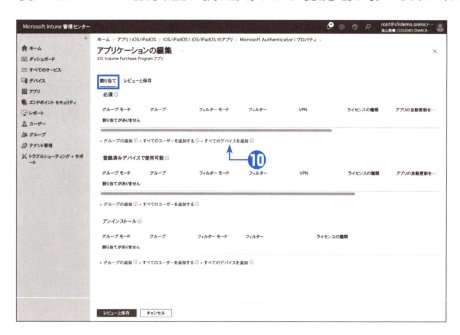

⑪［割り当て］タブで、［すべてのデバイス］行の［含まれる］をクリックする。

⑫［割り当ての編集］画面で、［デバイスの削除時にアンインストールする］から［はい］を選択し、［OK］をクリックする（［ライセンスの種類］については次ページを参照）。

本手順では展開対象としてデバイスを選択しているため、手順⑫の画面では［ライセンスの種類］を［デバイスライセンス］に設定しています。なお、デバイスライセンスによる展開が可能なアプリであるかは、ABM画面のアプリ情報に「デバイス割り当て可能」と表示されていることで確認できます。

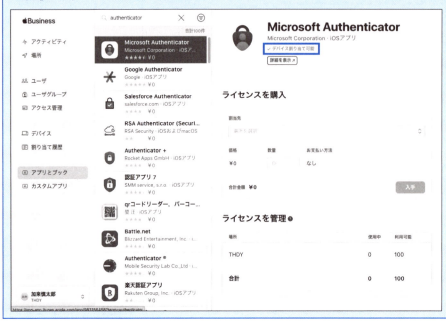

⑬［割り当て］タブで、［レビューと保存］をクリックする。

⑭［レビューと保存］タブで、［保存］をクリックする。

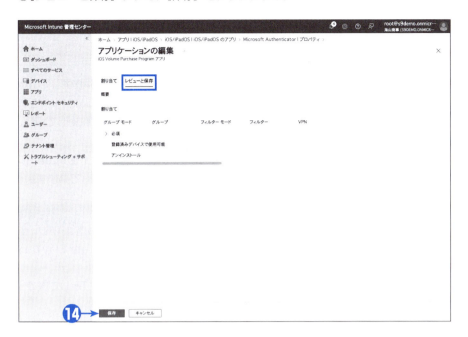

⑮［iOS/iPadOS｜iOS/iPadOSのアプリ］画面で、Microsoft Authenticatorアプリが追加されていることを確認する。

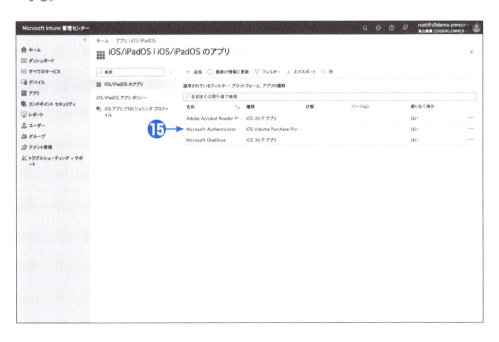

4 マネージドGoogle Play経由でのアプリの展開

　マネージドGoogle Playは、組織向けにカスタマイズ可能なGoogle PlayストアとしてGoogleが提供している機能です。IntuneでAndroid Enterpriseとして登録したAndroidデバイスの場合、マネージドGoogle Playを利用してアプリを展開することが可能です。そのため、アプリの登録はマネージドGoogle Playストアに対して行い、登録情報をIntuneから配布して、デバイスへのアプリの展開を開始します。

　なお、IntuneでマネージドGoogle Playを利用するためには、マネージドGoogle PlayアカウントをIntuneに関連付ける必要があります。これについては第3章の「5　Android Enterpriseの関連付け」で解説しています。

マネージドGoogle Playから展開可能なアプリの概要

　Android Enterpriseとして登録されたAndroidデバイスに対して、IntuneではマネージドGoogle Playから「ストアアプリ」「プライベート（LOB）アプリ」「Webリンク」の3種類のアプリが展開可能です。

　また、IntuneテナントをマネージドGoogle Playと接続すると、Android Enterprise関連アプリとして次の5つのアプリが自動的に追加されます。

- Intune Company Portal
- Managed Home Screen
- Microsoft Authenticator
- Microsoft Intune
- Microsoft Launcher

Adobe Acrobat Readerの展開（Android Enterprise）

　ここでは、特定のユーザーが含まれるDemo-Userグループを対象としてAdobe Acrobat Readerを強制的にAndroidデバイスにインストールする［必須］による展開を行います。

①Microsoft Intune管理センター画面（https://intune.microsoft.com）で、左側のメニューから［アプリ］をクリックし、［アプリ｜概要］画面で、［プラットフォーム別］の［Android］をクリックする。
②［Android｜Androidのアプリ］画面で、［追加］をクリックする。

第7章　iOS/Androidデバイスのアプリケーション管理　445

③［アプリケーションの種類の選択］画面で、［アプリの種類］から［マネージドGoogle Playアプリ］を選択し、［選択］をクリックする。

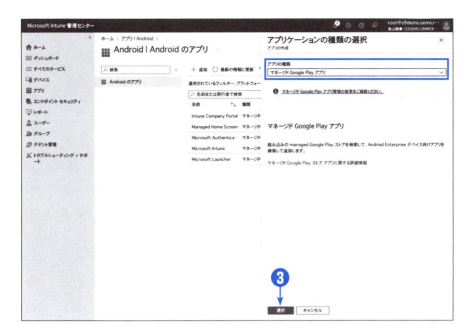

④［マネージドGoogle Play］画面で、［Adobe Acrobat Reader］をクリックする。

⑤［マネージドGoogle Play］画面で、［Adobe Acrobat Reader］アプリの［選択］をクリックする。

⑥［マネージドGoogle Play］画面で、［同期］をクリックする。

⑦ [Android｜Androidのアプリ] 画面で、[最新の情報に更新] をクリックする。
⑧ [Android｜Androidのアプリ] 画面で、[Adobe Acrobat Reader] をクリックする。

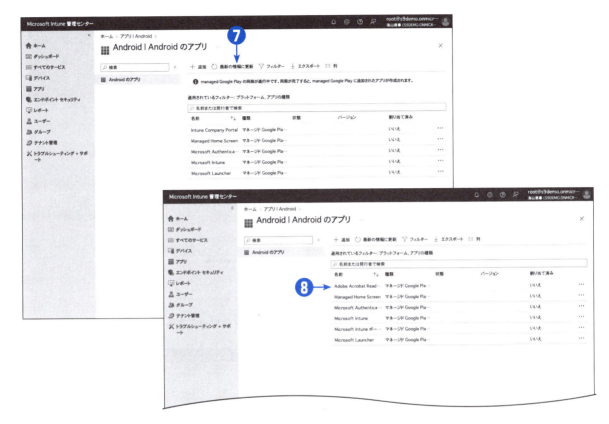

⑨ [Adobe Acrobat Reader] 画面で、[プロパティ] をクリックし、[割り当て] 欄の [編集] をクリックする。

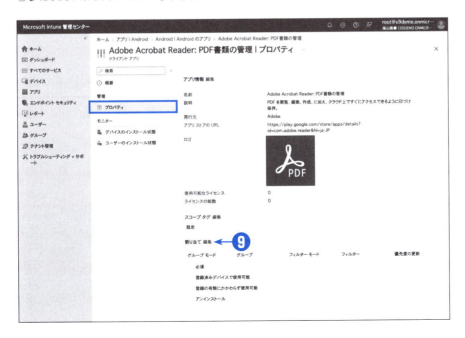

⑩［アプリケーションの編集］画面の［割り当て］タブで、［必須］欄から［グループの追加］をクリックする。

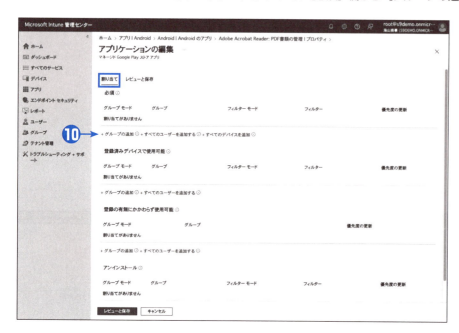

⑪［グループの選択］画面で、Demo-Userグループを選択し、［選択］をクリックする。

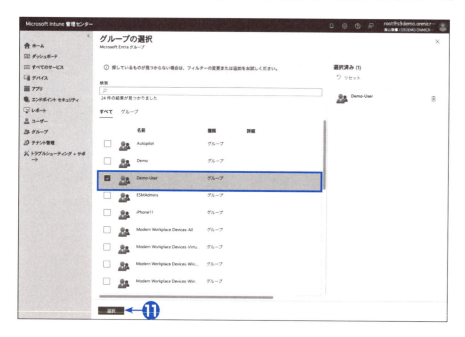

⑫［割り当て］タブで、［レビューと保存］をクリックする。

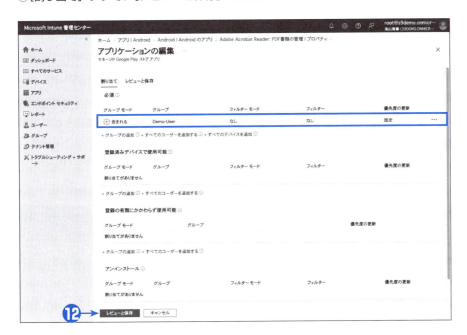

⑬［レビューと保存］タブで、［保存］をクリックする。
⑭以上の操作により、Demo-Userグループのメンバーであるユーザーで登録されたAndroidデバイスに対して、Adobe Acrobat Readerをインストール開始しようとする。インストールが開始されると、マネージドGoogle Playアプリの中にAdobe Acrobat Readerが追加されることで確認できる。

5 アプリ構成ポリシー

　アプリ構成ポリシーでは、Intuneから展開するアプリに対して各種設定を一緒に展開できます。たとえばMicrosoft Outlook（以降、Outlook）アプリを利用する場合、初期設定として電子メールプロファイルを作成する必要があります。アプリ構成ポリシーは電子メールプロファイルの作成を自動化するために活用することができます。そこで、ここでは例としてOutlookの電子メールプロファイルを含むアプリの設定について、アプリ構成ポリシーを利用して展開します。また、同時にOutlookアプリ自体も展開します。以上の設定により、展開されたアプリを開くと、最初から電子メールプロファイルが設定された状態になっていることを確認します。

Outlookの展開（iOS）

　ここでは、Outlookのアプリ構成ポリシーを適用する前提として、まずはOutlookアプリをiOSデバイスに展開します。Demo-Userグループを対象として、Outlookを強制的にインストールする［必須］による展開を行います。

①Microsoft Intune管理センター画面（https://intune.microsoft.com）で、左側のメニューから［アプリ］をクリックし、［アプリ｜概要］画面で、［プラットフォーム別］の［iOS/iPadOS］をクリックする。
②［iOS/iPadOS｜iOS/iPadOSのアプリ］画面で、［追加］をクリックする。
③［アプリケーションの種類の選択］画面で、［アプリの種類］から［iOSストアアプリ］を選択し、［選択］をクリックする。

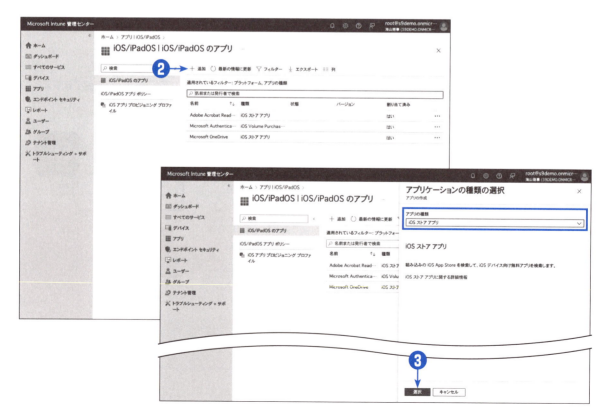

④［アプリの追加］画面の［アプリ情報］タブで、［アプリストアを検索します］をクリックする。
⑤［アプリストアを検索します］画面で、言語欄から［日本］を選択し、検索ボックスに「Outlook」と入力して検索する。検索結果から［Microsoft Outlook］をクリックし、［選択］をクリックする。

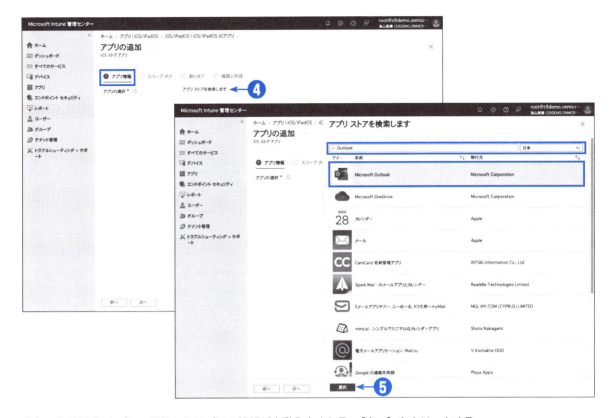

⑥［アプリ情報］タブに、選択したアプリの情報が自動入力される。［次へ］をクリックする。

⑦ [スコープタグ] タブで、[次へ] をクリックする。
⑧ [割り当て] タブで、[必須] 欄から [グループの追加] をクリックする。

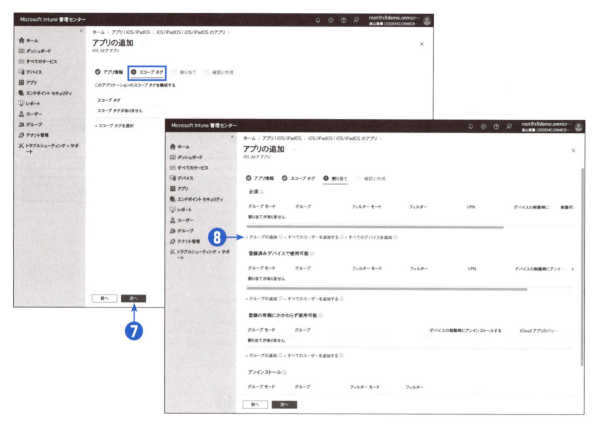

⑨ [グループの選択] タブで、Demo-User グループを選択し、[選択] をクリックする。

⑩［割り当て］タブで、［次へ］をクリックする。

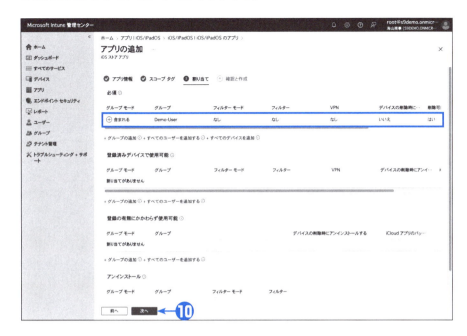

⑪［確認と作成］タブで、［作成］をクリックする。

⑫Outlookアプリが展開される。

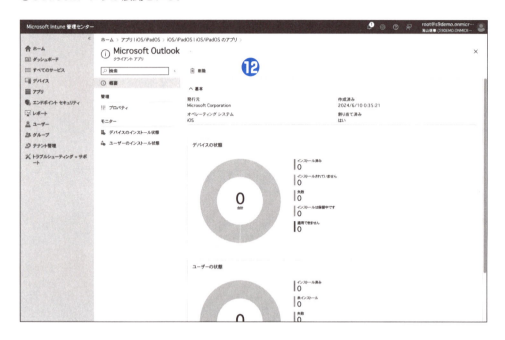

アプリ構成ポリシーの作成

続いて、iOS用Outlookのためのアプリ構成ポリシーを作成します。ここでは例としてDemo-Userグループを対象に、ポリシーの展開を行います。

①Microsoft Intune管理センター画面（https://intune.microsoft.com）で、左側のメニューから［アプリ］をクリックし、［アプリ｜概要］画面で［ポリシー］の［アプリ構成ポリシー］をクリックする。

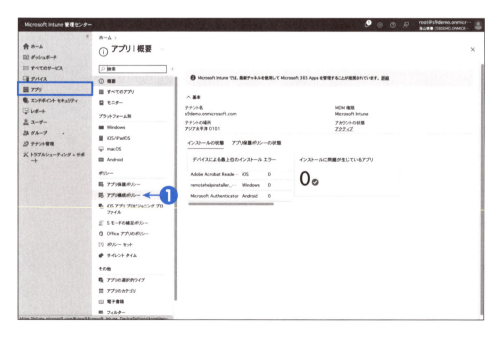

②[アプリ | アプリ構成ポリシー]画面で、[追加]-[マネージドデバイス]をクリックする。
③[アプリ構成ポリシーの作成]画面の[基本]タブで、[名前]に任意の名前を入力する。ここでは例として「Outlook profile」と入力している。入力できたら、[プラットフォーム]から[iOS/iPadOS]を選択し、[アプリの選択]をクリックする。

④[関連アプリ]画面で、検索ボックスに「Outlook」と入力して検索する。検索結果から[Microsoft Outlook]を選択し、[OK]をクリックする。

⑤ [アプリ構成ポリシーの作成] 画面の [基本] タブに、選択したアプリの情報が自動入力される。[次へ] をクリックする。

⑥ [設定] タブで、[構成設定の形式] から [構成デザイナーを使用する] を選択し、次のように設定して、[次へ] をクリックする。

項目	値
メールアカウント設定を構成する	はい
認証の種類	先進認証
Microsoft Entra IDからのユーザー名属性	ユーザープリンシパル名
Microsoft Entra IDからのメールアドレス属性	プライマリSMTPアドレス
優先受信トレイ	オン

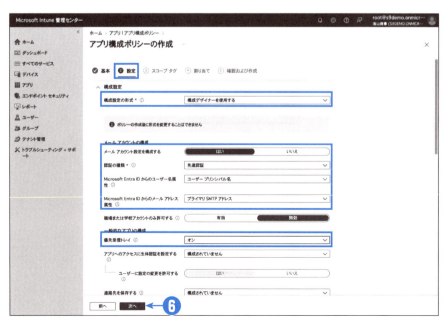

第7章 iOS/Androidデバイスのアプリケーション管理

［構成設定の形式］から［構成デザイナーを使用する］を選択した場合、手順⑥の画面のように設定項目に対するカスタマイズを値の選択によって行うことができます。一方、［一般的な構成設定］を選択した場合、同様の設定を次のように項目名と値をそれぞれ文字列にて定義する必要があります。値の列にある {{username}}、{{mail}}、{{userprincipalname}} はそれぞれ、Microsoft Entra ユーザーの属性情報を代入することを表しています。

構成デザイナーにおける項目名	一般的な構成設定における項目名	値
認証の種類	com.microsoft.outlook.EmailProfile.AccountType	ModernAuth
Microsoft Entra IDからのメールアドレス属性	com.microsoft.outlook.EmailProfile.EmailAddress	{{mail}}
Microsoft Entra IDからのユーザー名属性	com.microsoft.outlook.EmailProfile.EmailUPN	{{userprincipalname}}

⑦ ［スコープタグ］タブで、［次へ］をクリックする。

⑧ ［割り当て］タブで、［組み込まれたグループ］欄から［グループの追加］をクリックする。

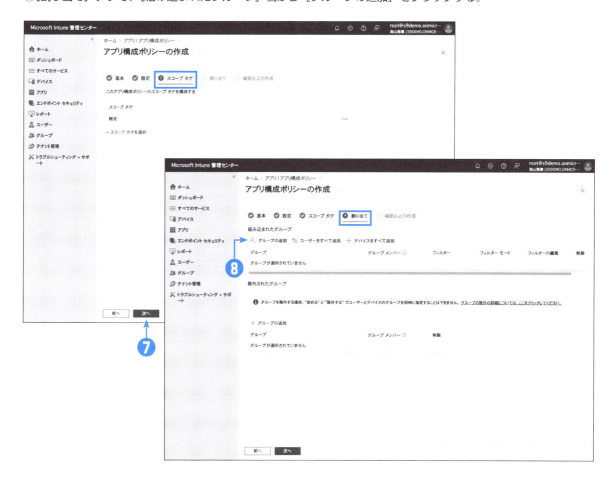

⑨ ［含めるグループを選択］画面で、Demo-User グループを選択し、［選択］をクリックする。

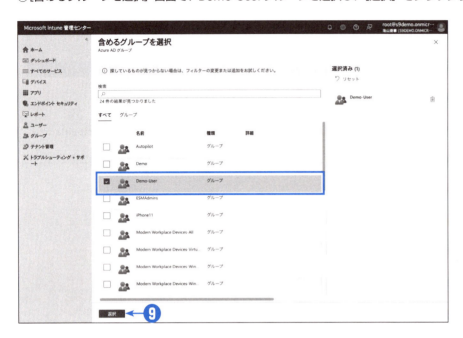

⑩ ［割り当て］タブで、［次へ］をクリックする。

⑪［確認および作成］タブで、［作成］をクリックする。

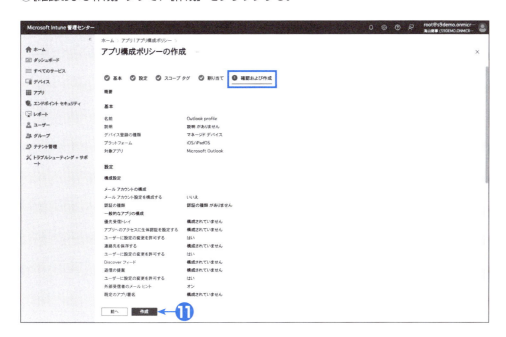

⑫以上の操作により、Demo-Userグループのメンバーであるユーザーで登録されたiOSデバイスに対してOutlookが自動的にインストールされる。インストール後、Outlookアプリを起動する。

⑬［○個のアカウントが見つかりました］画面で、Intuneポータルサイトアプリにサインインした際のユーザー名が自動的に追加されていることが確認できる。［アカウントの追加］をクリックする。

⑭ [別のアカウントを追加] 画面で、[後で] をクリックする。
⑮ [受信トレイ] 画面で、アプリ構成ポリシーで設定したとおり、受信トレイのメニューが [優先] と [その他] に分かれて表示されていることが確認できる。

6 展開対象の割り当て

　第6章では、主にWindowsデバイスへのアプリ展開に焦点を当てて展開対象の割り当てを解説しました。iOS/Androidデバイスへのアプリ展開においても基本的な考え方は変わりませんが、ここではiOS/Android固有の条件指定や、割り当てに関する注意点などについて解説します。

iOS/Android独自の展開動作の指定

　第6章ではIntuneで登録したアプリの展開方法となる割り当ての種類として［必須］［登録済みデバイスで使用可能］［アンインストール］の3つの処理を解説していますが、iOS/Androidのアプリの割り当て画面ではその3つに加えて［登録の有無にかかわらず使用可能］が利用可能です。

　この［登録の有無にかかわらず使用可能］は、デバイスがIntuneに登録されていないユーザーのグループを割り当てて利用することが可能ですが、対象のユーザーにはIntuneのライセンスを割り当てる必要があることに注意してください。

iOSアプリにのみ利用可能な割り当ての構成

　ここでは、iOSデバイスに対してアプリを展開する際にのみ利用できる割り当ての構成について解説します。

VPN

　Intuneでは、特定のアプリにおいてのみVPN（Virtual Private Network）を使用するように構成することが可能です。

前提条件として、あらかじめiOS用にVPNの構成プロファイルを作成する際に、プロファイル作成画面の［構成設定］タブの［自動VPN］において、［自動VPNの種類］に［アプリごとのVPN］を選択して構成しておく必要があります。

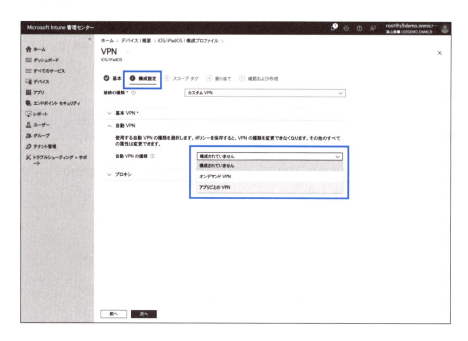

このように［アプリごとのVPN］として設定されたVPNの構成プロファイルが存在する場合、iOSアプリの［割り当ての編集］画面において、［VPN］の選択肢として、あらかじめ作成しておいた構成プロファイルが選択可能になります。

デバイスの削除時にアンインストールする

　iOSデバイスがIntuneから削除された際の制御としてアプリをアンインストールするかどうかを、あらかじめ構成することができます。この設定は、デバイスが組織の管理から離れた際に機密情報が含まれている可能性のあるアプリを自動で削除することでセキュリティを確保する目的などで役立ちます。なお、この設定はiOS/iPadOS WebクリップおよびWebリンクに対しては構成できないことに注意してください。

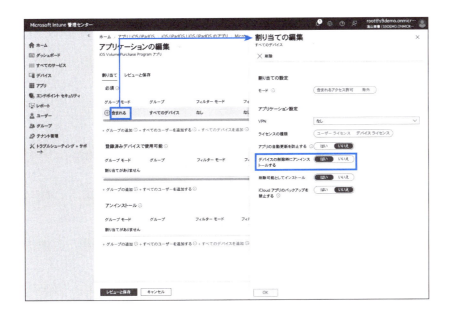

削除可能としてインストール

　組織として管理対象のiOSデバイスから特定のアプリをアンインストールさせたくない場合は、[削除可能としてインストール]の設定を[いいえ]に構成することによって、ユーザーがアプリを削除できないようにすることが可能です。

iCloudアプリのバックアップを禁止する

　App Storeアプリおよび基幹業務アプリにおいて、［iCloudアプリのバックアップを禁止する］を［はい］に設定することによって、iCloudへのアプリデータのバックアップを禁止することができます。これは個人のApple IDが設定されたiOSデバイスにおいて、組織外のiCloudストレージに組織の機密情報が保存されるのを防ぐシナリオなどで役立ちます。この設定が［いいえ］になっている場合には、iCloud経由でのバックアップが可能となります。

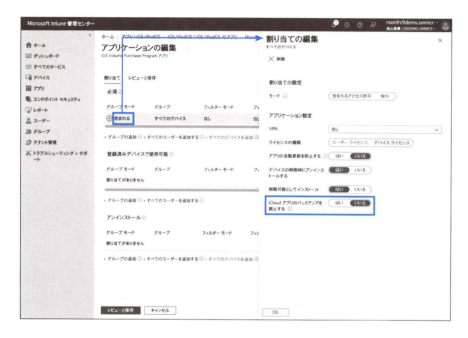

　なお、割り当てが［必須］として展開されている場合にはこの［iCloudアプリのバックアップを禁止する］の構成を変更するとデバイスに対して自動的にアプリが更新されますが、［登録済みデバイスで使用可能］として展開している場合にはアプリの再ダウンロードが必要な点について注意してください。

Androidアプリにのみ利用可能な割り当ての構成

　ここでは、Androidデバイスに対してアプリを展開する際にのみ利用できる割り当ての構成について解説します。

優先度の更新

　Intuneからアプリを展開する場合、既定では［優先度の更新］は［既定］に設定されており、この場合は次の条件を満たす場合にアプリが更新されます。

- デバイスがWi-Fiに接続されている
- デバイスが充電されている
- デバイスがアクティブに使用されていない
- 更新対象のアプリがフォアグラウンドで実行されていない

　［優先度の更新］を［高優先度］に構成した場合、上記の条件に関わらず開発者が新しいアプリを公開すると即時にデバイス側にアプリが更新されるようになります。これはトラブルシューティングや、脆弱性に対する修正プログラムの適用などでアプリの更新をすぐに行いたい場合に有用です。

なお、この［高優先度］の設定は［フルマネージド、専用、会社所有の仕事用プロファイル］としてIntuneに登録されたAndroid Enterpriseデバイスでのみ利用可能な点に注意してください。

［優先度の更新］を［延期］に構成した場合、アプリが新しいアップデートを受信してから90日間の待機期間が開始されます。90日が経過するとその時点で最新のバージョンで更新されます。

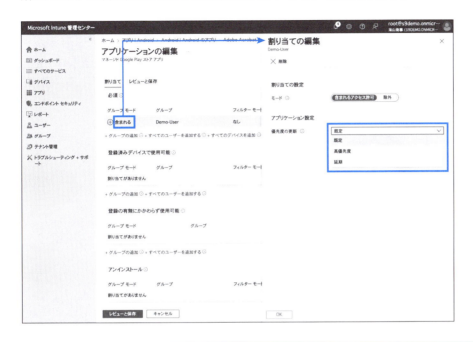

優先度の更新は、内部的にはGoogle Playの機能によって制御されており、その設定値をIntune経由で操作している形になります。［既定］［高優先度］［延期］それぞれの設定値の動作の詳細について把握したい場合は、次のGoogleのドキュメントを参照してください。

「アプリの更新を管理する ー ビジネス向けGoogle Playヘルプ」
https://support.google.com/googleplay/work/answer/9350374?hl=ja

アプリの概要画面に関する注意点

Androidデバイスに対するアプリの展開時に［登録の有無にかかわらず使用可能］として割り当てている場合、アプリの概要画面で表示されるデバイスとユーザーのインストール状況のグラフ（次ページの画面）においては「登録済みデバイスのアプリのインストール状態のみ報告される」ということに注意してください。Intuneに登録されていないデバイスではアプリのインストール状態は利用できません。

ひと目でわかるIntune 第3版

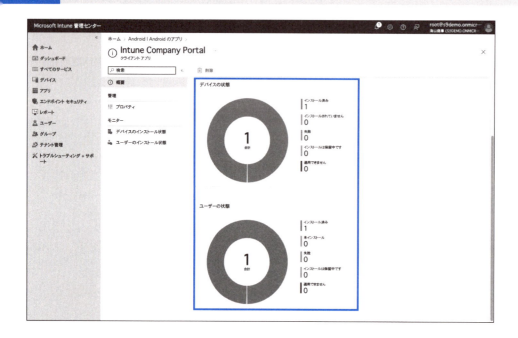

モバイル
アプリケーション管理

第 **8** 章

1 MAMの概要

2 アプリ保護ポリシーによるWindowsデバイスの保護

3 アプリ保護ポリシーによるiOS/Androidデバイスの保護

4 iOSデバイスでの保護の適用

5 Androidデバイスでの保護の適用

この章では、デバイス上の
アプリケーションが取り扱
うデータの保護に必要な設
定の方法と設定可能な項目
について見ていきます。

1 MAMの概要

組織のデータを取り扱う環境はクラウドを中心としたさまざまな環境からの利用が想定されます。その際に利用されるデバイスは組織が所有し管理するデバイスに限定されず、個人が所有するデバイス、いわゆるBYOD（Bring Your Own Device）と呼ばれる利用モデルも存在しています。

Intuneが提供するMAM（Mobile Application Management）機能を利用し、アプリケーションの展開に加えて「アプリ保護ポリシー」を構成することで、デバイスの管理状態によらない組織のアプリとデータの管理および保護を提供します。

MAM機能の利用シーン

第4章では、Intuneに組織が所有するMDM登録されているデバイス（マネージドデバイス）や、個人が所有するMDM管理されていないデバイス（アンマネージドデバイス）があることを見てきました。MDM登録されているデバイスでは、Intuneのデバイスへの制御機能であるMDM（Mobile Device Management）機能を利用して、組織が必要とするセキュリティポリシーへの対応を実現します。一方、個人が所有するMDM管理されていないデバイスでも同様の管理を実現することは可能ですが、多くのユーザーはプライベートな環境を組織に管理させるのを回避したいと考えます。

そのため、IntuneではMDM管理されていないデバイスであっても組織のアプリとデータを管理および保護する機能として、「デバイス登録なしのIntuneアプリ保護」が提供されています。つまり、Intuneのアプリ保護ポリシーを利用することで、管理モデルの違いにかかわらずアプリと組織のデータに対するセキュリティを提供しています。

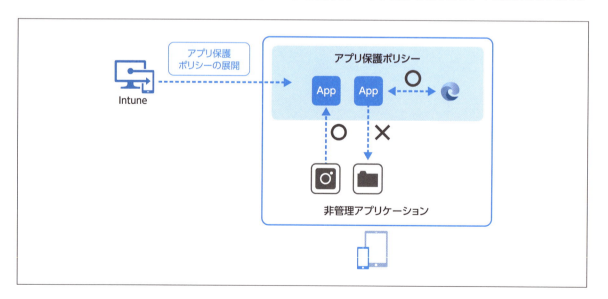

個人が所有するデバイスをIntuneによるMDM登録デバイスとして管理することも可能です。しかし、デバイス構成プロファイルなどのMDMによる制御機能の展開対象となるため、了解を得ることが難しいケースとなります。また、組織が管理するアプリケーションやサービスへのアクセス制御を実施する「条件付きアクセス」において「会社所有のデバイス」との違いを考慮した設計が必要となる場合もあります。デバイスのステータスと連携させたアクセス制御の設定については第9章で解説します。

アプリ保護ポリシーとは

　アプリ保護ポリシーは対応するアプリケーションに対し、個別または一括したポリシーを展開することができます。さまざまな設定項目により、特定のニーズに合わせて保護を調整できます。設定可能な組織のデータの制限機能については次のとおりです。

データ保護

　アプリ保護ポリシーの［データ保護］では、組織のデータを保護するためのアプリケーションによるデータの移動を制御します。

- **組織のデータファイルを移動するユーザーの機能を制御する**

　ポリシーで保護されたアプリでは、アプリケーション間のデータ移動を制御することができます。この制御により、組織のデータを非管理のアプリケーションへ移動することを制限します。また、例外アプリを指定することで、特定の許可したアプリケーションにのみデータ移動を許可するように構成することもできます。

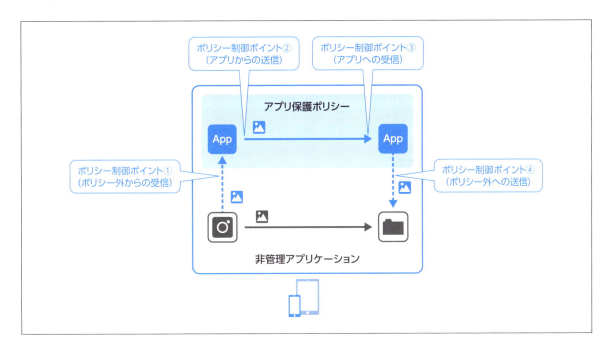

- **クリップボードの制限を構成する**

　ポリシーで保護されたアプリ上の情報に対し、OSの機能であるクリップボードを経由したコピーと貼り付けを制御することができます。また、例外アプリを指定することで、特定の許可したアプリケーションにのみコピーと貼り付けを許可するように構成することもできます。

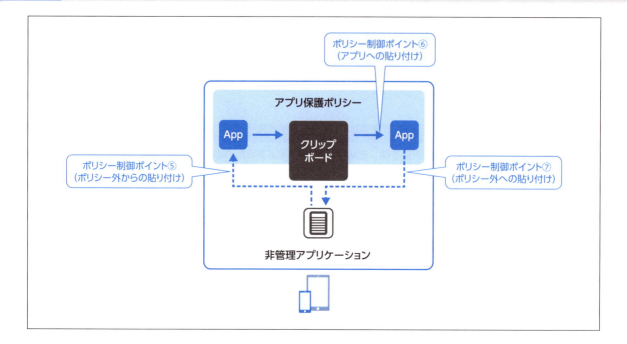

暗号化

　アプリ保護ポリシーの［暗号化］では、ポリシーで保護されたアプリが扱う組織のデータを自動的に暗号化したデータとして取り扱います。

- **保存されたデータに暗号化を適用する**

　アプリ保護ポリシーによって組織のデータの暗号化を有効化することでアプリが保存するデータを暗号化し、保護することができます。この機能を利用するためには、PINポリシーを有効化する必要があります。

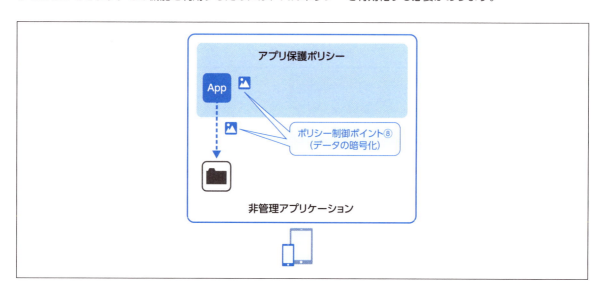

機能

アプリ保護ポリシーの［機能］では、デバイスに標準でインストールされるネイティブアプリやブラウザーなどのデータ連携に関する制御を行います。

- **組織のデータの印刷を制御する**

  組織のデータを持つアプリケーションから印刷を実行することができます。

- **マネージドブラウザーの使用を強制する**

  アプリ保護ポリシーのブラウザー制御では、組織のデータを持つアプリケーションやサービスに対し、ブラウザーを介して利用する際に組織が管理し、許可したブラウザーに限定してアクセスを行わせることができます。この機能を利用することで、モバイルデバイス上に展開する個別アプリのないサービスを一括して保護することができます。

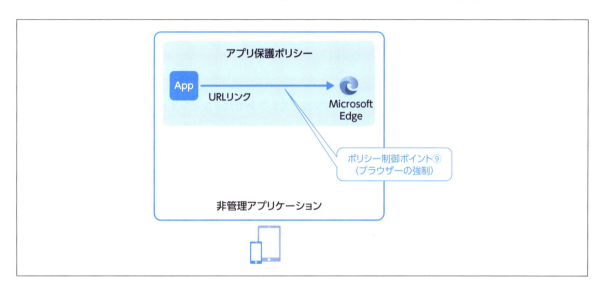

アクセス要件

アプリ保護ポリシーの［アクセス要件］では、ポリシーで保護されたアプリにアクセスするための条件を設定し、不正なユーザーの利用を防止することができます。

- **PINポリシーを適用する**

  画面ロックを行うことでデバイスへのアクセスを本人に限定します。アプリ保護ポリシーによるPINポリシーを利用することで、組織のデータを持つアプリ保護ポリシーが適用されているアプリにアクセスする前に、デバイスのロック画面解除と同じようにPIN（Personal Identification Number）の入力を求めることで本人確認を強制することができます。PINの種類は数値やパスコードを選択できます。デバイスが対応している場合には生体認証を利用することもできます。

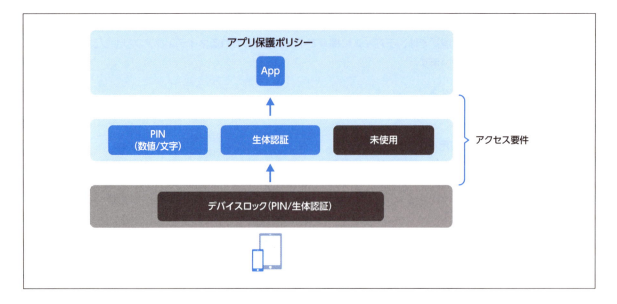

- **ユーザーがアプリにアクセスするために職場または学校アカウントでサインインすることを要求する**

　アプリケーションの起動時の制限として、組織が利用するMicrosoft 365にサインインで利用するアカウントを入力させて認証することができます。単独で利用することも、PINと併用することも可能です。

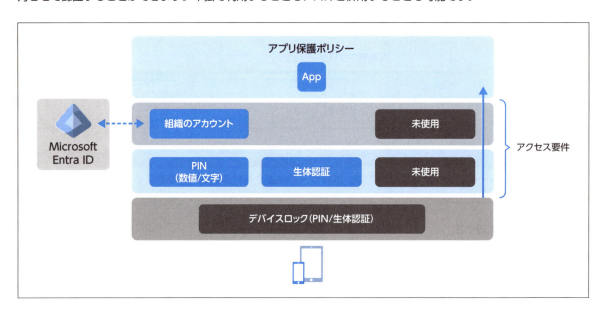

条件付き起動

　アプリ保護ポリシーの［条件付き起動］では、ポリシーで保護されたアプリが適切な環境で実行されていることのチェック項目を設定し、不適切な環境での利用を防止することができます。

- **デバイスの正常性とコンプライアンスを確認する**

　「条件付きアクセス」ではMDM登録されたデバイスの状態に基づいたアクセス制御を実現することができます。アプリ保護ポリシーを利用する場合も「条件付きアクセス」によるアクセス制御と同様に、そのアプリケーションの

起動をデバイス状態に基づいて制限することができます。

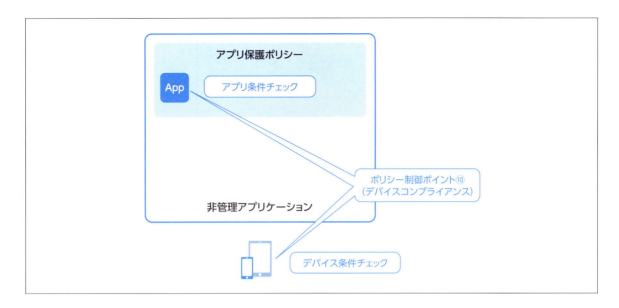

この機能は、MDM登録を行わない個人所有のデバイスにおいて有効です。MDM登録を実施しないデバイスでは、そのデバイスの状態を管理することができません。デバイスの状態が脱獄や不正な状態のデバイスで組織のデータを取り扱うことは非常にリスクがあります。Intuneによる「デバイス登録なしのIntuneアプリ保護（アンマネージドデバイス）」においてこの機能を活用することで、アプリケーションの起動時にデバイスが組織のセキュリティ要件への適合を識別し、アプリの実行を制御することができます。

組織のデータ管理

アプリ保護ポリシーは、MDM登録されているデバイス（マネージドデバイス）だけでなく、管理されていないデバイス（アンマネージドデバイス）から利用する場合でも、組織のデータを適切に取り扱うための機能に対応しています。

- **マルチIDのサポート**

アプリケーションには、1つのアプリケーションの中で複数のユーザーアカウントを切り替えて利用する「マルチID対応アプリケーション」があります。アプリ保護ポリシーは、こうしたマルチID対応アプリケーションにも対応することができます。

1つのアプリ内に組織のアカウントと個人のアカウントがある場合、アプリ保護ポリシーは組織のアカウントの範囲のみを保護し、個人のアカウントの領域には影響を与えません。こうすることでBYODのように個人が所有するデバイスにおいてプライベート領域を制限しないようにできます。逆に組織が所有するデバイスに対し、個人のアカウントを登録した場合も同様です。これは、アプリ保護ポリシーがユーザーアカウントを対象に動作するためです。

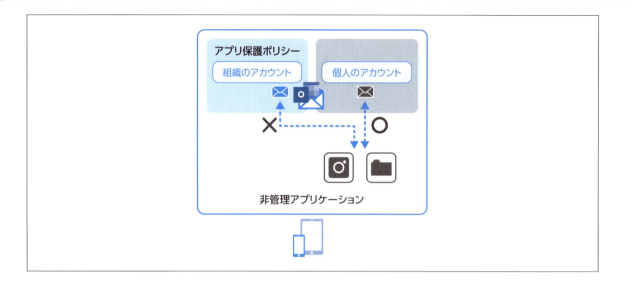

この機能は、Outlookのように個人のメールも組織のメールも1つのデバイスで利用するケースで利用します。

● **企業データをリモートでワイプする**

　IntuneにデバイスとしてMDM機能で管理されたデバイスはデバイス全体に対するリモートワイプ機能が提供されますが、デバイス登録なしのIntuneアプリ保護の利用シナリオではデバイス全体のワイプを実行することはできません。しかし、組織のデータを取り扱うアプリケーションの領域だけをユーザーのデバイス上からリモートワイプを行うことができます。個人所有のデバイスに対しリモートワイプを行っても、個人のデータは削除されません。

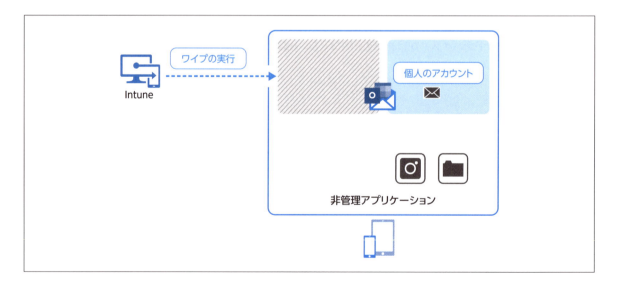

MAMを利用するための前提条件

アプリ保護ポリシーをデバイス上に展開するためには、次の前提条件を満たす必要があります。

利用可能なプラットフォーム

アプリ保護ポリシーは、次のプラットフォームで利用することができます。

- Windows
- iOS/iPadOS
- Android

> 本書執筆時点で、アプリ保護ポリシーはmacOSをサポートしていません。そのため、BYODなど個人所有のデバイスでmacOS
> を利用している環境では、アプリケーション上で扱う組織のデータ保護をIntuneは提供できません。

利用可能なデバイス管理

アプリ保護ポリシーを展開することが可能なデバイスの管理モデルは次のとおりです。

- Intuneに登録されているデバイス（マネージドデバイス）
- Intune以外のMDMソリューションによって管理されているデバイス
- MDMソリューションによって管理されていないデバイス（アンマネージドデバイス）

利用可能なアプリケーション

アプリ保護ポリシーは、すべてのアプリケーションで利用することはできません。アプリ保護ポリシーを利用するためには、Intune App SDKに対応したアプリケーションであることが必要です。Outlook、Teams、Copilotなど、Microsoftが提供するアプリケーションの多くが対応しています。

しかし、その他のAdobeやBoxなどのパートナー製アプリケーションについては、提供元であるパートナーの対応が必要です。対応するアプリケーションについての詳細なリストは次のマイクロソフトのWebサイトで公開されており、新しいアプリケーションが対応されると追加されます。

「保護されているMicrosoft Intuneアプリ」の「パートナーの生産性アプリ」

https://learn.microsoft.com/ja-jp/mem/intune/apps/apps-supported-intune-apps#partner-productivity-apps

なお、一部のパートナーからは通常版のアプリとは別に「Box for EMM」や「ServiceNow Agent - Intune」というように対応した専用のアプリが提供されていますので、展開する際には間違えないように注意してください。

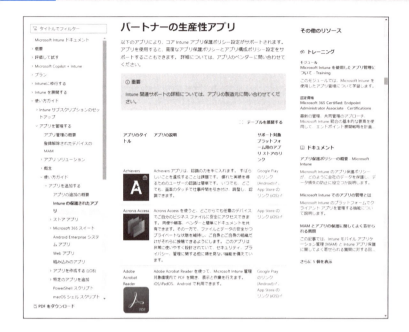

Intune App SDKについて

　モバイルアプリケーションを活用する組織の中には、業務に合わせた独自のアプリケーションを開発し、展開するケースもあります。そのような環境でも「アプリ保護ポリシー」を利用することで組織のデータを保護することが実現できます。独自のアプリケーションでアプリ保護ポリシーを利用するためには、Intune App SDKを用いた開発を行う必要があります。Intune App SDKを統合することで組織独自のアプリケーションが取り扱うデータをアプリ保護ポリシーによって管理することができます。

> 一部の古いSDKで開発したアプリは、アプリ保護ポリシーのアップデートを取得することができなくなるため、ユーザーはアプリの起動ができなくなります。Intune App SDKのアップデートに対応した開発を実施する必要があります。

アプリ保護ポリシーの設計について

　アプリ保護ポリシーでは、非常に多くの設定項目が提供されておりそのすべての動作を確認し、設計することは非常に難しい作業です。次のマイクロソフトのWebサイトでアプリ保護ポリシーの利用を検討する際のフレームワークが提供されていますので、導入する際には積極的に活用してください。

「アプリ保護ポリシーを使用したデータ保護フレームワーク」
https://learn.microsoft.com/ja-jp/mem/intune/apps/app-protection-framework

　データ保護フレームワークでは３つの構成シナリオに分けて設定が用意されています。

- **エンタープライズ基本データ保護（レベル1）**
　ポリシーで保護されたアプリのアクセス要件において、PINを必要とし、組織のデータが暗号化およびリモートからのワイプに対応する構成です。組織のデータ転送シナリオに制限を設けていないエントリーレベルの構成であることに注意してください。

- **エンタープライズ拡張データ保護(レベル2)**
  レベル1の設定に加え、組織のデータ転送シナリオに対する制限を実施することで、組織のデータの漏洩を考慮した多くの組織に向けた構成です。

- **エンタープライズ高度データ保護(レベル3)**
  レベル2の設定に加え、より多くの制限を実施することで、機密度の高いデータにアクセスするユーザー向けの構成です。

Windows Information Protection(WIP)

　Windows Information Protection(WIP)は、Windowsデバイス上のアプリケーションやデータに対するデータ保護フレームワークです。

　WIPはWindowsデバイス内の組織のデータを取り扱うことのできる領域を定義し分離を行うことで、組織のデータへのアクセス制御を実現します。WIPによって定義されたアプリケーションが取り扱うデータは暗号化されるため、定義のないアプリケーションからのアクセスを制限することができます。しかし、クラウドサービスの利用が中心となっている現在の組織のデータ損失リスクに十分対応することが難しくなっており、より高度な保護が求められるようになりました。

　Microsoftは2022年7月以降のWIP利用は非推奨とし、Windows 11 24H2が最後のサポートOSとなることをアナウンスしています。今後は、Microsoft Purviewデータ損失防止(Purview DLP)、Endpointデータ損失防止(Endpoint DLP)、Microsoft Purview Information Protection(MIP)を活用することで、デバイスおよびクラウド環境を包括的に保護する必要があります。

> WIPのサポート終了ガイダンスについては、次のマイクロソフトのWebサイトを参照してください。
>
> 「Support tip: End of support guidance for Windows Information Protection」
> https://techcommunity.microsoft.com/t5/intune-customer-success/support-tip-end-of-support-guidance-for-windows-information/ba-p/3580091
>
> 次のマイクロソフトのWebサイトで、WIPをサポートする最後のOSはWindows 11 24H2であるとアナウンスされています。
>
> 「Migrating from Windows Information Protection to Microsoft Purview」
> https://techcommunity.microsoft.com/t5/security-compliance-and-identity/migrating-from-windows-information-protection-to-microsoft/ba-p/4093824

2 アプリ保護ポリシーによる Windowsデバイスの保護

　組織のデータを個人のWindowsデバイス上で安全に取り扱う仕組みとして、前の節で紹介したWindows MAMを利用することができます。ここでは、個人のWindowsデバイスへのアプリ保護ポリシーの展開について確認します。

Windows MAMによるデータ保護

　個人のWindowsデバイスから組織のデータにアクセスするには、デバイスが安全な状態であることや、適切なデータ保護が実装されていることが必要です。Windows MAMでは、組織に管理されていないWindowsデバイスであっても、そのデバイスの正常性の確認とアプリケーションがポリシーに従ってデータを保護することが可能であることを確認します。

　Windows MAMの動作を確認するために、次の環境を準備しておく必要があります。

- 組織で管理されていないWindows 10/11デバイス
- Microsoft Edge

Windows MAM をサポートする Windows は次のとおりです。

- Windows 10、ビルド 19045.3636、KB5031445以降
- Windows 11、ビルド 10.0.22621.2506、KB5031455（22H2）以降

アプリ保護ポリシーの作成

　アプリ保護ポリシーでは、許可されるアプリと、組織のデータに対して実行できるアクションを定義します。ここでは許可されるアプリとしてサポートされている、Microsoft Edgeを対象として設定します。

第8章 モバイルアプリケーション管理　479

①Microsoft Intune管理センター画面（https://intune.microsoft.com）で、左側のメニューから［アプリ］をクリックし、［アプリ｜概要］画面で［ポリシー］の［アプリ保護ポリシー］をクリックする。

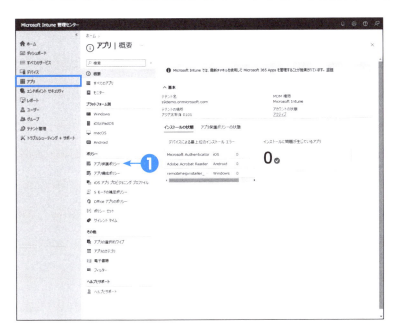

②［アプリ｜アプリ保護ポリシー］画面で、［ポリシーの作成］をクリックし、［Windows］をクリックする。

ここで［Windows情報保護］を選択した場合、WIPの作成となります。

③［ポリシーの作成］画面の［基本］タブで、［名前］と［説明］を任意に入力し、［次へ］をクリックする。ここでは次のように入力している。
- ［名前］：「Windows MAM」と入力
- ［説明］：「Windows MAM」と入力

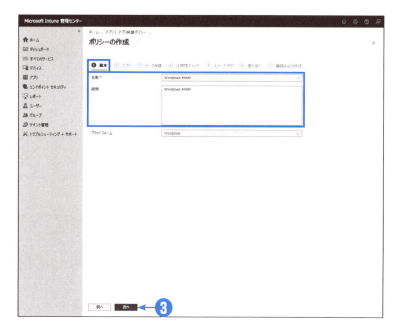

④［アプリ］タブで、［アプリを選択］をクリックする。

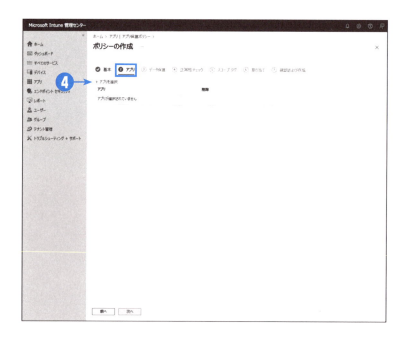

⑤［対象のアプリを選択します］画面で、［Microsoft Edge］をクリックし、［選択したアプリ］欄に追加されたことを確認し、［選択］をクリックする。

⑥［アプリ］タブに、［Microsoft Edge］が追加されたことを確認し、［次へ］をクリックする。

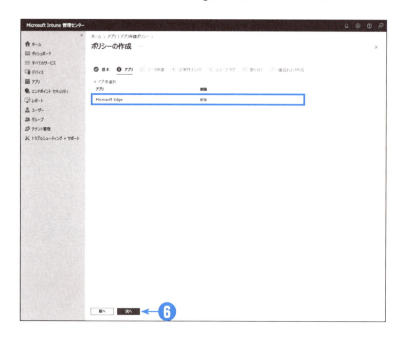

⑦［データ保護］タブで、必要な設定を行って［次へ］をクリックする。ここでは次のとおり設定している。
- ［データ受信］：［ソースなし］を選択
- ［組織データの送信先］：［宛先なし］を選択
- ［切り取り、コピー、貼り付けの許可］：［コピー先およびソースなし］を選択
- ［組織データの印刷］：［ブロック］を選択

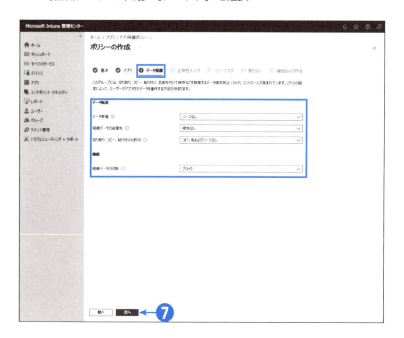

［データ保護］タブにおける設定内容は次のとおりです。

●データ受信

設定	設定時の動作
すべてのソース	Windows MAMで保護されたアプリケーションに対し、すべてのソースからデータを受信することを許可します。
ソースなし	Windows MAMで保護されたアプリケーションに対し、組織外のソースからデータを受信することをブロックします。 Microsoft Edgeの場合、ドラッグアンドドロップまたは［ファイルを開く］ダイアログを使用したファイルのアップロード動作を制御します。また、サイト/タブ間のローカルファイルの表示と共有をブロックします。

●組織データの送信先

設定	設定時の動作
すべてのソース	Windows MAMで保護されたアプリケーションから、すべてのソースにデータを送信することを許可します。
宛先なし	Windows MAMで保護されたアプリケーションから、組織外の領域にデータを送信することをブロックします。 Microsoft Edgeの場合、ファイルのダウンロードをブロックします。また、サイト/タブ間でのファイルの共有をブロックします。

●切り取り、コピー、貼り付けの許可

設定	設定時の動作
任意のコピー先と任意のソース	Windows MAMで保護されたアプリケーションに対し、切り取り、コピー、貼り付けを許可します。
コピー先およびソースなし	Windows MAMで保護されたアプリケーションに対し、切り取り、コピー、貼り付けをブロックします。ただし、アドレスバーへの制御は行われません。

●組織データの印刷

設定	設定時の動作
許可	Windows MAMで保護されたアプリケーション上の組織データの印刷を許可します。
ブロック	Windows MAMで保護されたアプリケーション上の組織データの印刷をブロックします。

⑧[正常性チェック]タブで、[次へ]をクリックする。

[正常性チェック]タブでは、次のように[アプリの条件]と[デバイスの条件]を設定することができます。

●[アプリの条件]欄：既定では次のように設定されています。
- [オフラインの猶予期間]：値[1440]、操作[アクセスのブロック（分）]
- [オフラインの猶予期間]：値[90]、操作[データをワイプ（日）]

この場合、オフライン時のアプリの実行時間が1440分を超えた場合、ネットワークアクセスが可能となるまでアプリへのアクセスがブロックされます。また、オフライン期間が90日を超えた場合にはユーザーの認証処理が要求され失敗すると組織のデータを削除する設定となります。正常に認証が行えた場合、オフライン期間はリセットされます。

●[デバイスの条件]欄
[OSの最小バージョン]や[OSの最大バージョン]を指定することで、組織の利用を想定する環境に制限することができます。

⑨[スコープタグ]タブで、[次へ]をクリックする。

第8章 モバイルアプリケーション管理　485

⑩［割り当て］タブで、［組み込まれたグループ］の［グループの追加］をクリックする。
⑪［含めるグループを選択］画面で、対象のグループを選択して［選択］をクリックする。

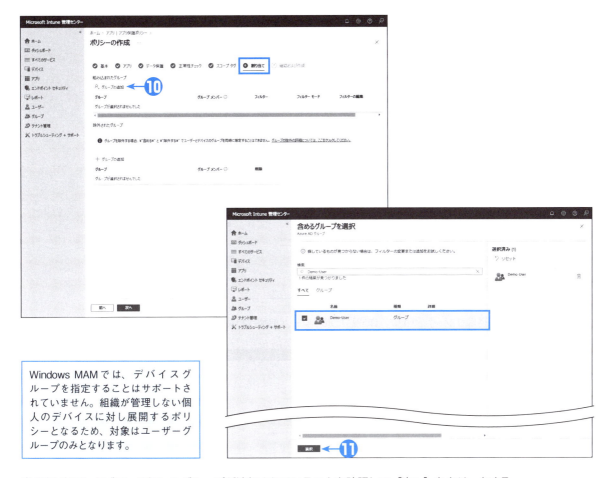

> Windows MAMでは、デバイスグループを指定することはサポートされていません。組織が管理しない個人のデバイスに対し展開するポリシーとなるため、対象はユーザーグループのみとなります。

⑫［割り当て］タブで、選択したグループが追加されていることを確認して［次へ］をクリックする。

⑬［確認および作成］タブで、設定内容を確認し、［作成］をクリックする。

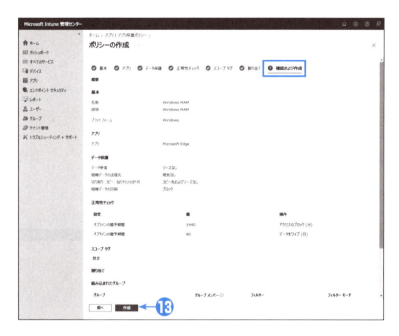

⑭［アプリ｜アプリ保護ポリシー］画面に、作成したポリシーが追加されたことを確認する。

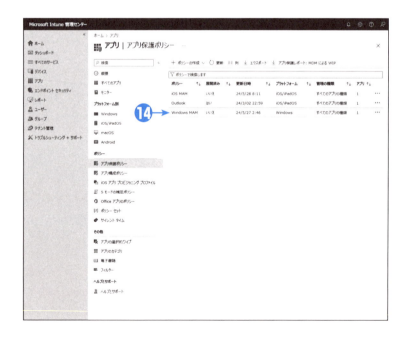

第8章　モバイルアプリケーション管理　**487**

アプリ保護ポリシーによるMicrosoft Edge for Windowsの動作確認

　IntuneにMDM登録を行っていないWindowsデバイスを準備し、Windows MAMによって保護されたMicrosoft Edgeの動作を確認します。

①Microsoft Edgeを起動する。

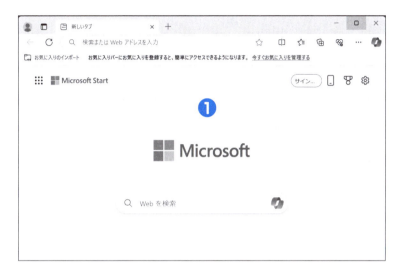

②Microsoft Edgeのプロファイルに組織アカウントを使用してサインインする。
③［すべてのアプリにサインインしたままにする］画面で、［いいえ、このアプリのみにサインインします］をクリックする。

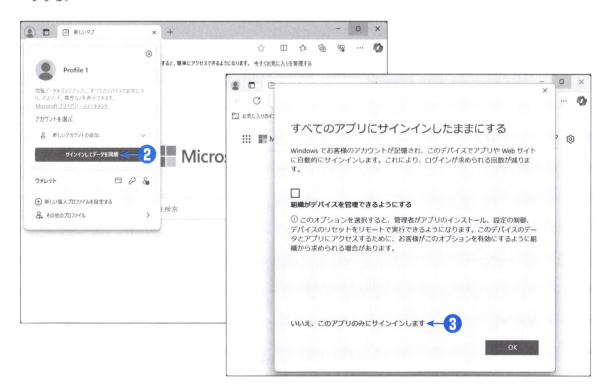

④組織アカウントのプロファイルで起動したMicrosoft Edgeで、組織のOneDriveサイトにアクセスする。
⑤OneDrive上のフォルダーに、PC上のファイルをドラッグアンドドロップすると、「保護されていないコンテンツのドラッグアンドドロップは、組織によってブロックされています。」と表示され、データのアップロード処理がブロックされることを確認し、[OK]をクリックする。

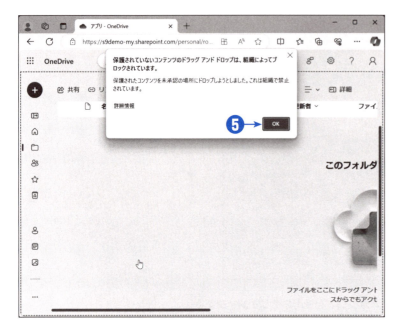

⑥組織アカウントのプロファイルで起動したMicrosoft Edgeで、OneDriveサイトからPCへファイルのダウンロードを実行すると、「このファイルをダウンロードできません。」と表示され、ダウンロード処理がブロックされることを確認し、[OK]をクリックする。

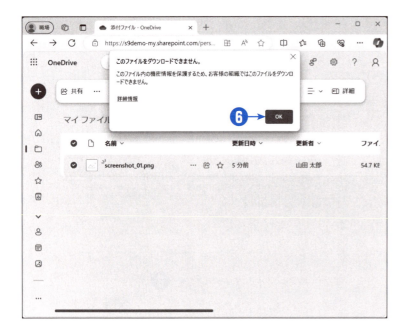

⑦組織アカウントのプロファイルで起動したMicrosoft Edgeで、組織のデータの文字をクリップボードにコピーを行うと、「組織により、このWebサイトからコンテンツをコピーできません。」と表示され、コンテンツのコピー処理がブロックされることを確認し、[OK]をクリックする。

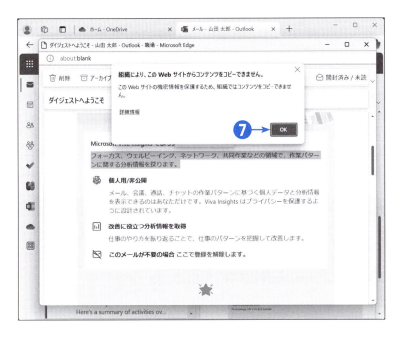

⑧組織アカウントのプロファイルで起動したMicrosoft Edgeで、組織のデータに対し印刷を実行すると、「組織により、このWebサイトを印刷できません。」と表示され、印刷処理がブロックされることを確認し、[OK]をクリックする。

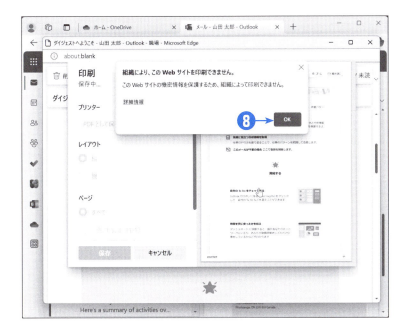

3 アプリ保護ポリシーによる iOS/Androidデバイスの保護

　iOS/iPadOSデバイスでは、組織が管理するデバイス、および組織が管理しないデバイスのどちらも、アプリ保護ポリシーを活用することで組織のデータ保護を実現できます。

iOS/iPadOSデバイスへのアプリ保護ポリシーの展開

　Intuneではアプリ保護ポリシーが展開されたアプリケーションのことを「保護されているMicrosoft Intuneアプリ」と言います。ここでは、保護されているMicrosoft IntuneアプリをiOS/iPadOSデバイスで利用するために、アプリ保護ポリシーを作成して割り当てる方法について確認します。

アプリ保護ポリシーの作成

①Microsoft Intune管理センター画面（https://intune.microsoft.com）で、左側のメニューから［アプリ］をクリックし、［アプリ | 概要］画面で［ポリシー］の［アプリ保護ポリシー］をクリックする。

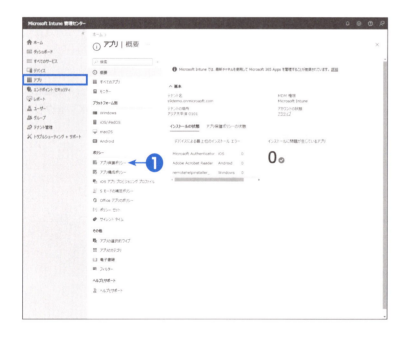

②［アプリ | アプリ保護ポリシー］画面で、［ポリシーの作成］をクリックし、［iOS/iPadOS］をクリックする。
③［ポリシーの作成］画面の［基本］タブで、［名前］と［説明］を任意に入力し、［次へ］をクリックする。ここでは次のように入力している。
- ［名前］：「iOS MAM」と入力
- ［説明］：「iOS MAM」と入力

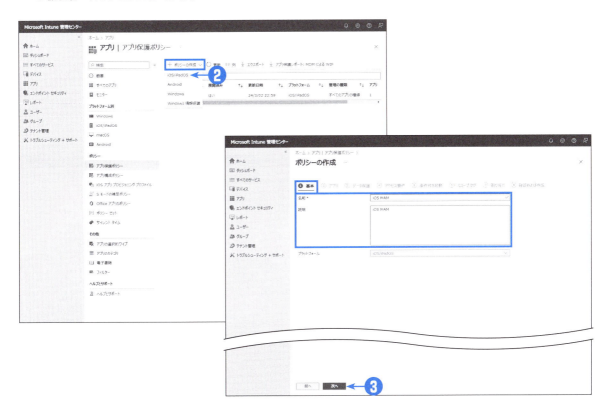

④［アプリ］タブで、［ポリシーの対象］から［選択されているアプリ］を選択する。

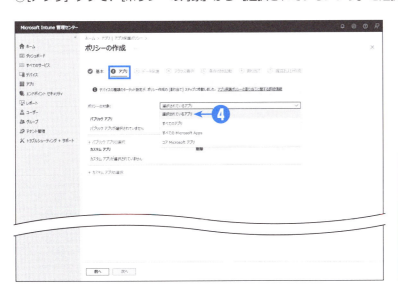

> Microsoft Appsのみを展開する場合、［コアMicrosoftアプリ］を使って展開すると保護ポリシーがサポートされるMicrosoftアプリを一括して指定することができます。Microsoft以外の対応アプリを都度追加するのを避けたい場合、［すべてのアプリ］を指定することもできます。

⑤ [アプリ] タブで、[パブリックアプリ] の [パブリックアプリの選択] をクリックする。
⑥ [対象のアプリを選択します] 画面で、アプリの一覧から目的のアプリを選択し、[選択] をクリックする。ここでは次のアプリを選択している。
- [Microsoft Edge] [Microsoft OneDrive] [Microsoft Word]

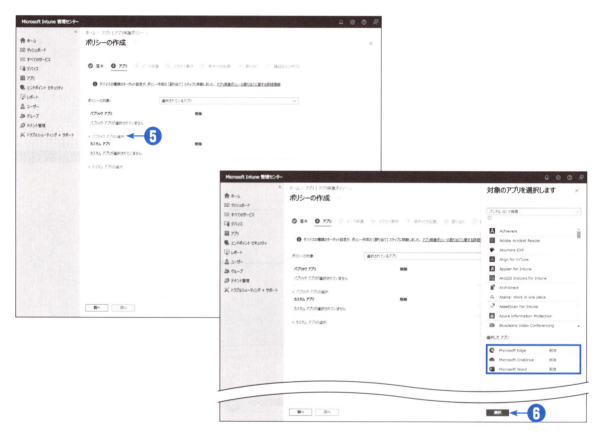

⑦ [アプリ] タブで、[パブリックアプリ] に指定したアプリが追加されたことを確認し、[次へ] をクリックする。

> パブリックアプリは、Intune App SDK に対応したMicrosoft Appsと、パートナー製アプリです。カスタムアプリは、組織が独自にIntune App SDKと統合したアプリ、またはIntuneアプリラッピングツールによって対応したアプリです。

第8章 モバイルアプリケーション管理　493

⑧［データ保護］タブで、必要な設定を行って［次へ］をクリックする。ここでは次のとおり設定している。
- ●［データ転送］欄
  - ・［他のアプリに組織データを送信］：［ポリシーマネージドアプリ］を選択
  - ・［組織データのコピーを保存］：［ブロック］を選択
  - ・［選択したサービスにユーザーがコピーを保存することを許可］：すべてオフ
  - ・［他のアプリからデータを受信］：［ポリシーマネージドアプリ］を選択
  - ・［データを開いて組織ドキュメントに読み込む］：［ブロック］を選択
  - ・［選択したサービスからデータを開くことをユーザーに許可する］：すべてオフ
  - ・［他のアプリとの間で切り取り、コピー、貼り付けを制限する］：［ポリシーマネージドアプリ］を選択
- ●［暗号化］欄
  - ・［組織データを暗号化］：［必要］を選択
- ●［機能］欄
  - ・［組織データを出力する］：［ブロック］を選択

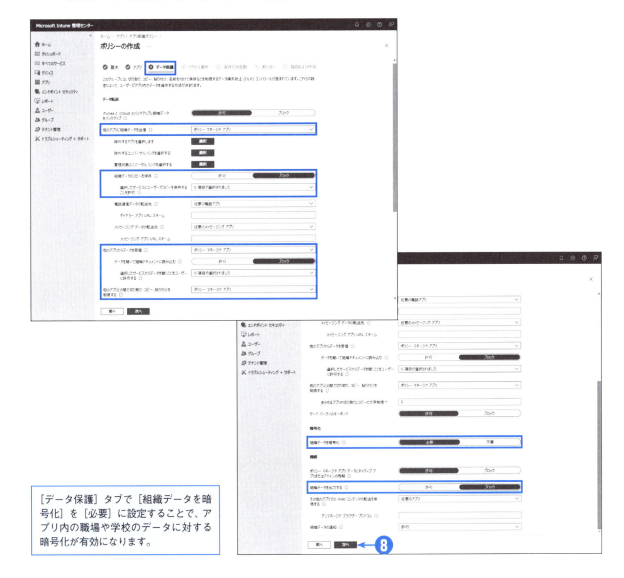

［データ保護］タブで［組織データを暗号化］を［必要］に設定することで、アプリ内の職場や学校のデータに対する暗号化が有効になります。

⑨ ［アクセス要件］タブで、必要な設定を行って［次へ］をクリックする。ここでは次のとおり設定している。
- ●［アクセスにPINを使用］：［必要］を選択

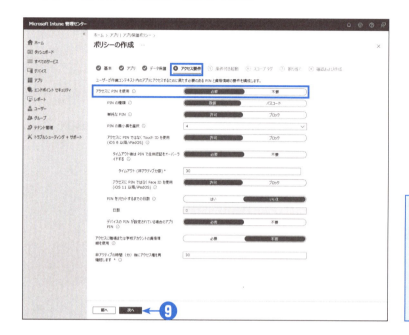

［アクセス要件］タブで［アクセスに職場または学校アカウントの資格情報を使用］を［必要］に設定した場合、アクセスにPINを使わずに組織のアカウントによるサインインを要求する動作となります。PINとアカウント資格の使用を同時に設定した場合は、アプリのアクセスの際に両方要求されます。

⑩ ［条件付き起動］タブの内容を確認し、［次へ］をクリックする。

［条件付き起動］タブでは、アプリを使用するための条件として［アプリの条件］と［デバイスの条件］の2つの要件を求めることができます。
［アプリの条件］は、PINの入力試行回数や、長い期間利用していない端末からのデータ削除などのアクションを指定することができます。また［デバイスの条件］では、不正なOSの改造がされていないか（脱獄）や、サポートが終了している古いバージョンのOSのチェックを指定することができます。

⑪［スコープタグ］タブで、［次へ］をクリックする。
⑫［割り当て］タブで、［組み込まれたグループ］の［グループの追加］をクリックする。

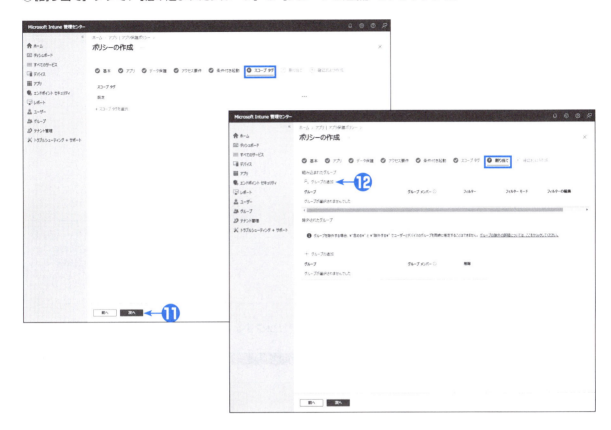

⑬［含めるグループを選択］画面で、対象のグループを選択して［選択］をクリックする。

⑭ [割り当て] タブで、選択したグループが追加されていることを確認して [次へ] をクリックする。

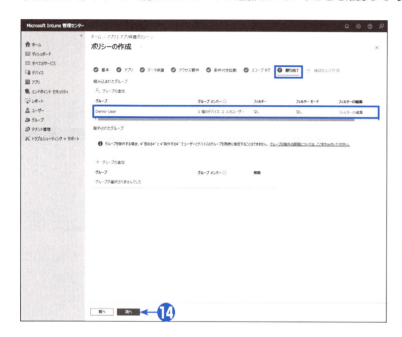

> アプリ保護ポリシーはユーザーのIDを対象として動作します。そのため、ユーザーの保護設定は、Intune登録済みデバイスとIntuneに登録されていないデバイスの両方に適用できます。

⑮ [確認および作成] タブで、設定内容を確認し、[作成] をクリックする。

⑯ [アプリ | アプリ保護ポリシー] 画面で、作成したポリシーが追加されていることを確認する。

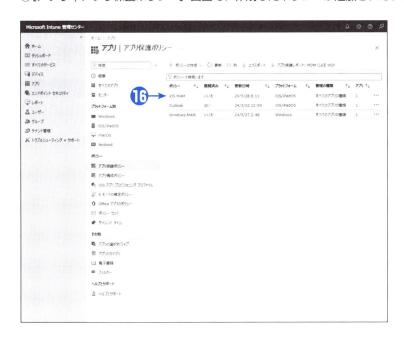

ここで作成したアプリ保護ポリシーの動作確認は、この章の4で行います。

実際にユーザーが利用することで、ポリシーの概要ページではチェックインユーザーとアプリのステータスを確認することができます。

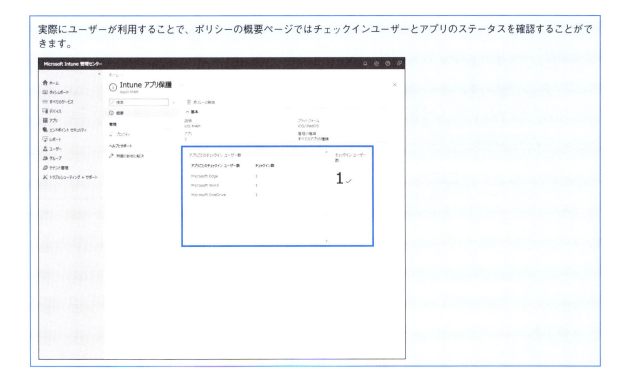

Androidデバイスへのアプリ保護ポリシーの展開

ここでは、保護されているMicrosoft IntuneアプリをAndroidデバイスで利用するために、アプリ保護ポリシーを作成して割り当てる方法について確認します。

アプリ保護ポリシーの作成

①Microsoft Intune管理センター画面（https://intune.microsoft.com）で、左側のメニューから［アプリ］をクリックし、［アプリ | 概要］画面で［ポリシー］の［アプリ保護ポリシー］をクリックする。

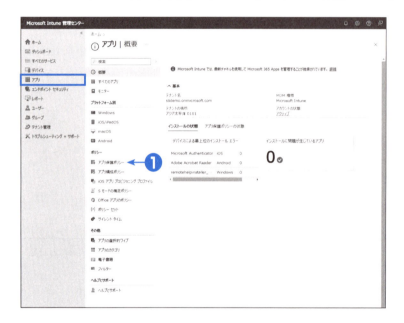

②［アプリ | アプリ保護ポリシー］画面で、［ポリシーの作成］をクリックし、［Android］をクリックする。

③［ポリシーの作成］画面の［基本］タブで、［名前］と［説明］を任意に入力し、［次へ］をクリックする。ここでは次のように入力している。
- ［名前］：「Android MAM」と入力
- ［説明］：「Android MAM」と入力

④［アプリ］タブで、［ポリシーの対象］から［選択されているアプリ］を選択する。

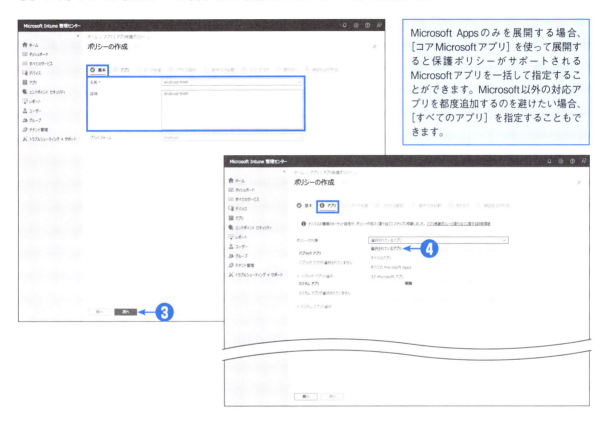

Microsoft Appsのみを展開する場合、［コアMicrosoftアプリ］を使って展開すると保護ポリシーがサポートされるMicrosoftアプリを一括して指定することができます。Microsoft以外の対応アプリを都度追加するのを避けたい場合、［すべてのアプリ］を指定することもできます。

⑤［アプリ］タブで、［パブリックアプリ］の［パブリックアプリの選択］をクリックする。

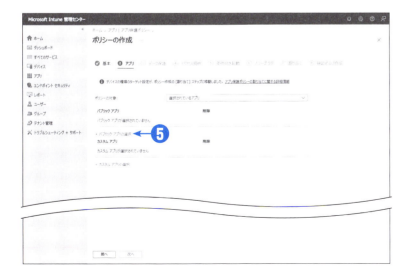

⑥[対象のアプリを選択します]画面で、アプリの一覧から目的のアプリを選択し、[選択]をクリックする。ここでは、次のアプリを選択している。

- [Microsoft Edge][Microsoft OneDrive][Microsoft Word]

⑦[アプリ]タブで、[パブリックアプリ]に指定したアプリが追加されたことを確認し、[次へ]をクリックする。

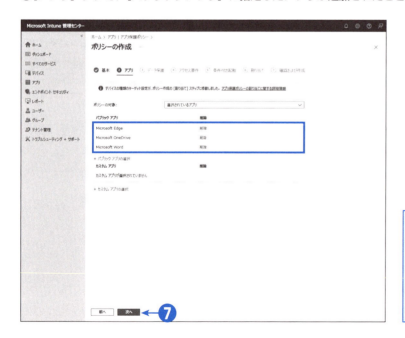

> パブリックアプリは、Intune App SDKに対応したMicrosoft Appsと、パートナー製アプリです。カスタムアプリは、組織が独自にIntune App SDKと統合したアプリ、またはIntuneアプリラッピングツールによって対応したアプリケーションです。

⑧［データ保護］タブで、必要な設定を行って［次へ］をクリックする。ここでは次のとおり設定している。
- ●［データ転送］欄
  - ・［他のアプリに組織データを送信］：［ポリシーマネージドアプリ］を選択
  - ・［組織データのコピーを保存］：［ブロック］を選択
  - ・［選択したサービスにユーザーがコピーを保存することを許可］：すべてオフ
  - ・［他のアプリからデータを受信］：［ポリシーマネージドアプリ］を選択
  - ・［データを開いて組織ドキュメントに読み込む］：［ブロック］を選択
  - ・［選択したサービスからデータを開くことをユーザーに許可する］：すべてオフ
  - ・［他のアプリとの間で切り取り、コピー、貼り付けを制限する］：［ポリシーマネージドアプリ］を選択
- ●［暗号化］欄
  - ・［組織データを暗号化］：［必要］を選択
  - ・［登録済みデバイスで組織データを暗号化］：［必要］を選択
- ●［機能］欄
  - ・［組織データを出力する］：［ブロック］を選択

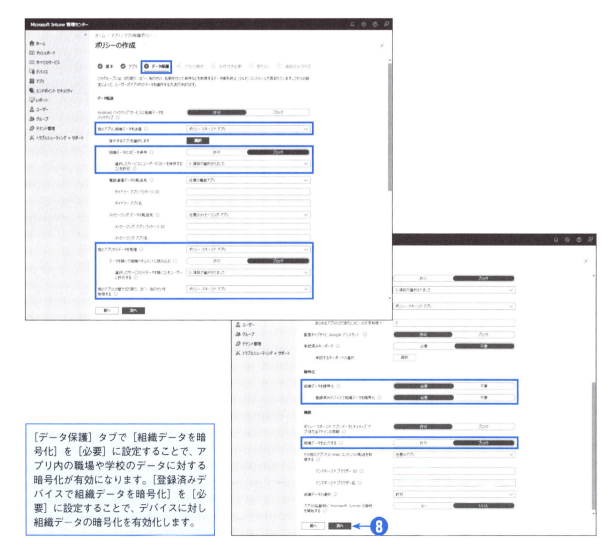

［データ保護］タブで［組織データを暗号化］を［必要］に設定することで、アプリ内の職場や学校のデータに対する暗号化が有効になります。［登録済みデバイスで組織データを暗号化］を［必要］に設定することで、デバイスに対し組織データの暗号化を有効化します。

⑨［アクセス要件］タブで、必要な設定を行って［次へ］をクリックする。ここでは次のとおり設定している。
● ［アクセスにPINを使用］：［必要］を選択

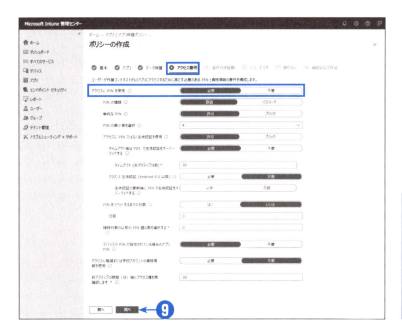

［アクセス要件］タブで［アクセスに職場または学校アカウントの資格情報を使用］を［必要］に設定した場合、アクセスにPINを使わずに組織のアカウントによるサインインを要求する動作となります。PINとアカウント資格の使用を同時に設定した場合は、アプリのアクセスの際に両方要求されます。

⑩［条件付き起動］タブの内容を確認し、［次へ］をクリックする。

［条件付き起動］タブでは、アプリを使用するための条件として［アプリの条件］と［デバイスの条件］の2つの要件を求めることができます。
［アプリの条件］は、PINの入力試行回数や長い期間利用していない端末からのデータ削除などのアクションを指定することができます。また［デバイスの条件］では、不正なOSの改造がされていないか（脱獄）や、サポートが終了している古いバージョンのOSのチェックを指定することができます。

⑪ [スコープタグ] タブで、[次へ] をクリックする。
⑫ [割り当て] タブで、[組み込まれたグループ] の [グループの追加] をクリックする。

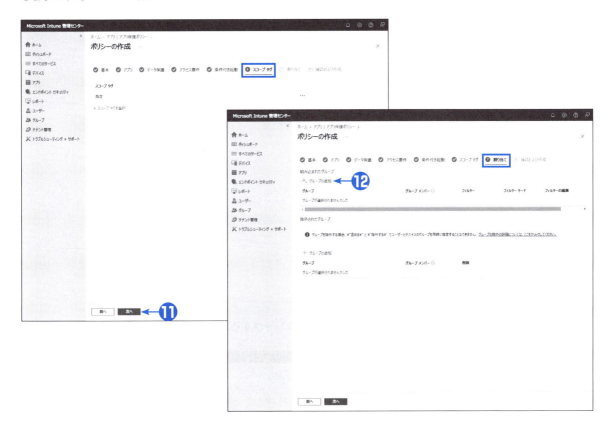

⑬ [含めるグループを選択] 画面で、対象のグループを選択して [選択] をクリックする。

⑭ [割り当て] タブで、選択したグループが追加されていることを確認して [次へ] をクリックする。

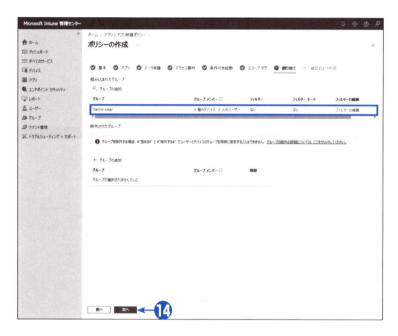

⑮ [確認および作成] タブで、設定内容を確認し、[作成] をクリックする。

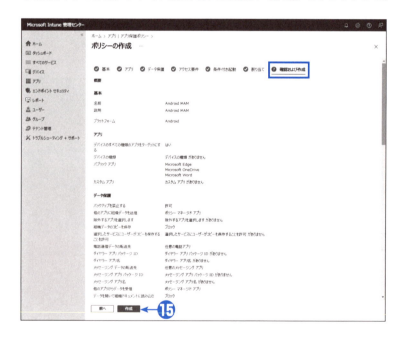

第8章　モバイルアプリケーション管理　505

⑯ ［アプリ｜アプリ保護ポリシー］画面で、作成したポリシーが追加されていることを確認する。

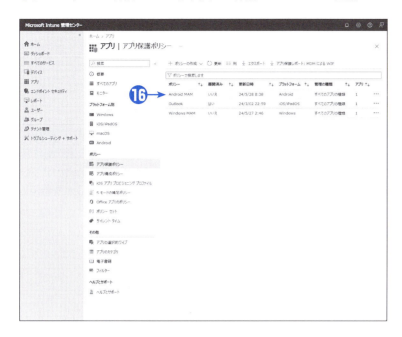

ここで作成したアプリ保護ポリシーの動作確認は、この章の5で行います。

実際にユーザーが利用することで、ポリシーの概要ページではチェックインユーザーとアプリのステータスを確認することができます。

4 iOSデバイスでの保護の適用

　前の節で作成したアプリ保護ポリシーをIntuneのアプリ保護ポリシーをサポートするアプリに展開し、デバイス上のアプリケーションへのアクセス制御を確認します。

iOS/iPadOSデバイスによるアプリ保護ポリシーの動作準備

　アプリ保護ポリシーの動作を確認するために、保護されているMicrosoft Intuneアプリに対応する次のアプリケーションの展開を実施しておく必要があります。なお、アプリケーションの展開方法については、第7章を参照してください。

- Microsoft Edge
- Microsoft OneDrive
- Microsoft Word

　この章の3で作成したアプリ保護ポリシーでは、次のとおり設定しています。

- [他のアプリに組織データを送信]：[ポリシーマネージドアプリ] を選択
- [組織データのコピーを保存]：[ブロック] を選択
- [選択したサービスにユーザーがコピーを保存することを許可]：すべてオフ
- [他のアプリからデータを受信]：[ポリシーマネージドアプリ] を選択
- [データを開いて組織ドキュメントに読み込む]：[ブロック] を選択
- [選択したサービスからデータを開くことをユーザーに許可する]：すべてオフ
- [他のアプリとの間で切り取り、コピー、貼り付けを制限する]：[ポリシーマネージドアプリ] を選択
- [組織データを暗号化]：[必要] を選択
- [組織データを出力する]：[ブロック] を選択

第8章 モバイルアプリケーション管理　　507

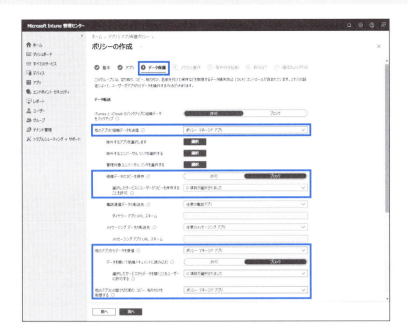

iOS/iPadOSデバイスのアプリ保護ポリシーに必要なデバイス設定

　iOS/iPadOSデバイスのアプリ保護ポリシーの設定において［データ保護］タブで［組織データを暗号化］を［必要］に設定した場合、デバイス構成プロファイルまたは手動による設定で［パスコードをオンにする］を有効化する必要があります（次ページの画面のように、デバイス構成プロファイルで設定する場合は［パスワードを必須にする］を［はい］にする）。なお、デバイス構成プロファイルの展開方法については、第5章を参照してください。

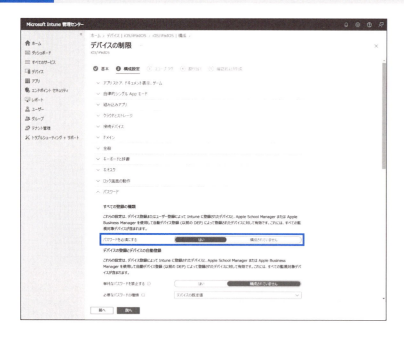

　パスコードの設定の確認は、iOS/iPadOSデバイス上で［設定］－［Touch IDとパスコード］を確認します。

**パスコードが
有効になっていない場合**

**パスコードが
有効になっている場合**

**デバイスのパスコードが
有効になっていない場合の通知**

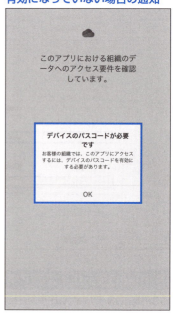

　［パスコードをオンにする］設定が有効化され、パスコードが設定されていないデバイスでは、［デバイスのパスコードが必要です］ダイアログが表示されます。デバイスにパスコードを設定するまでの間、アプリ保護ポリシーを適用したアプリケーションを利用できません。

iOS/iPadOSデバイスのアプリ保護ポリシーの初回起動動作

アプリ保護ポリシーを有効化したアプリケーションの初回起動時の操作を確認します。

①iOS/iPadOSデバイスで、展開した保護されているMicrosoft Intuneアプリを起動する。ここでは例として、[Microsoft OneDrive] アプリを起動している。
②[サインイン] をタップし、組織アカウントを入力し、認証する。
③[このアプリに存在する組織のデータは、現在、組織により保護されています。続行するには、アプリを再起動する必要があります。] ダイアログを確認し、[OK] をタップする。
④[組織のサポートチームが現在、このアプリに存在する職場または学校のデータの保護を支援しています。] ダイアログを確認し、[OK] をタップする。

BYODのデバイスで複数の組織アカウント（職場または学校のアカウント）を登録している場合、右のような［アカウントの削除］ダイアログが表示される場合があります。アプリ保護ポリシーを有効化することができるアカウントは1つに限られているため、2つ以上ある場合は1つになるように他のアカウントを削除してください。ダイアログに削除対象のアカウントが選択肢として表示されます。

⑤アプリ保護ポリシーの設定において［アクセス要件］タブの設定に応じたPINを設定し、確認の入力を実施する。
⑥アプリケーションが起動し、組織データへのアクセスが行えることを確認する。

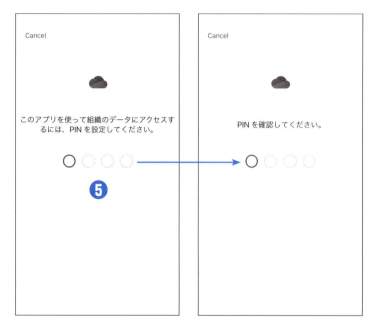

アプリ保護ポリシーの設定において［データ保護］タブで［サードパーティのキーボード］を［ブロック］に設定した場合、アプリの起動時に［サードパーティのキーボードの使用がブロックされています］ダイアログが表示されます。

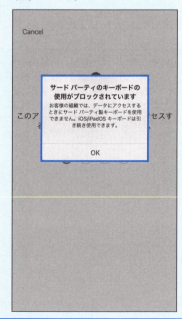

iOS/iPadOSデバイスのデータの切り取り、コピー、貼り付けの制限

アプリ保護ポリシーの設定において［データ保護］タブで［他のアプリとの間で切り取り、コピー、貼り付けを制限する］設定を有効化し、データの切り取り、コピー、貼り付けの制限を確認します。

［他のアプリとの間で切り取り、コピー、貼り付けを制限する］設定

設定	設定時の動作
ブロック済み	保護ポリシーを展開したアプリを含むすべてのアプリ間でデータの切り取り、コピー、貼り付けを制限する。
ポリシーマネージドアプリ	保護ポリシーを展開したアプリ間においては、データの切り取り、コピー、貼り付けを許可する。そのほかのアプリとのデータの切り取り、コピー、貼り付けを制限する。
貼り付けを使用する、ポリシーマネージドアプリ	保護ポリシーを展開したアプリ間においては、データの切り取り、コピー、貼り付けを許可する。そのほかのアプリとのデータの切り取り、コピー、貼り付けを制限する。ただし、そのほかのアプリからの貼り付けだけを許可する。
任意のアプリ	データの切り取り、コピー、貼り付けを許可する（制限なし）。

保護されているMicrosoft Intuneアプリから非管理アプリケーションへのコピーと貼り付け

アプリ保護ポリシーを展開し、保護されているMicrosoft Intuneアプリから非管理アプリケーションへのコピーと貼り付けを確認します。

①iOS/iPadOSデバイスで［Microsoft Edge］アプリを起動し、Webサイトにアクセスして任意の文字列を選択し、［コピー］をタップする。

②［メモ］アプリを起動し、［ペースト］をタップする。

ここでは、非管理アプリケーションの例として［メモ］アプリを使用している。

③［メモ］アプリに「組織のデータをここに貼り付けることはできません。」という文字列が入力されることを確認する。

非管理アプリケーションから保護されている Microsoft Intune アプリへのコピーと貼り付け

アプリ保護ポリシーを展開し、非管理アプリケーションから保護されている Microsoft Intune アプリへのコピーと貼り付けを確認します。

①iOS/iPadOSデバイスで［メモ］アプリを起動し、任意の文字列を入力して選択し、［コピー］をタップする。
　ここでは、非管理アプリケーションの例として［メモ］アプリを使用している。
②［Microsoft Word］アプリを起動する。
③新しいファイルを作成し、長押しタップを行い［"Word"に"メモ"からペーストしようとしています。よろしいですか？］ダイアログで［ペーストを許可］をタップする。
④［Microsoft Word］アプリ上に［ペースト］メニューが表示されないことを確認する。

第8章 モバイルアプリケーション管理　　513

> ［データ保護］タブで［他のアプリとの間で切り取り、コピー、貼り付けを制限する］を［ブロック済み］に設定している場合、共に保護されているMicrosoft Intuneアプリである［Microsoft Edge］アプリから［Microsoft Word］アプリへのコピーと貼り付けも同様に行えません。

iOS/iPadOSデバイスの組織データの送信/受信制限

　アプリ保護ポリシーの設定において［データ保護］タブで［他のアプリに組織データを送信］設定および［他のアプリからデータを受信］設定により、組織データの送受信を制限することができます。ただし、アプリ保護ポリシーをサポートしない管理アプリケーションや非管理アプリケーション間の動作には影響しません。

［他のアプリに組織データを送信］設定

設定	設定時の動作
すべてのアプリ	すべてのアプリ間で送信を許可する（制限なし）。 アプリが利用するデータは暗号化されない。
なし	すべての送信が制限される。なお、ポリシーが展開されていないアプリ間は制限されない。 アプリが利用するデータは暗号化される。
ポリシーマネージドアプリ	アプリ保護ポリシーを展開したアプリ間のみ送信が可能。 アプリが利用するデータは暗号化される。
OS共有利用の ポリシーマネージドアプリ	アプリ保護ポリシーを展開したアプリ間、およびIntuneから展開された管理アプリへの送信が可能。 アプリが利用するデータは暗号化される。 ※このポリシーはMDM登録されたデバイスのアプリでのみ利用可能。
Open In/Share フィルター利用の ポリシーマネージドアプリ	アプリ保護ポリシーを展開したアプリ間のみ送信が可能。またOS機能である［Open In/Share］の動作時に対応アプリのみを表示する。 アプリが利用するデータは暗号化される。

iOS/iPadOSデバイスには、「Managed Open In」と呼ばれるアプリケーションの制御機能が実装されています。この機能を利用することで、管理アプリケーションからの添付ファイルや文書を非管理アプリケーションで開けないように制限することができます。また、非管理アプリケーションからの添付ファイルや文書を管理アプリケーションで開くこともできません。保護されているMicrosoft Intuneアプリとの間でOpen In/Shareフィルターを利用することで、アプリ保護ポリシーが展開されているアプリケーションのみを表示することができます。この機能はBYODシナリオで組織が管理していないアプリが混在するケースで視覚的にも効果を得られるメリットがあります。

Open In/Shareフィルターにより、［メモ］アプリおよび［"ファイル"に保存］が非表示

［他のアプリからデータを受信］の設定

設定	設定時の動作
すべてのアプリ	すべてのアプリ間で受信を許可する（制限なし）。
なし	すべてのアプリ間でデータの受信を制限する。
ポリシーマネージドアプリ	保護ポリシーを展開したアプリからのみ、データの受信を許可する。そのほかのアプリからのデータの受信を制限する。
受信した組織データを持つすべてのアプリ	保護ポリシーを展開したアプリへの、データの受信を許可する。保護ポリシーアプリが受信したファイルは組織のデータとして取り扱われる（暗号化される）。

保護されているMicrosoft Intuneアプリから保護されているMicrosoft Intuneアプリへのファイル送受信

アプリ保護ポリシーを展開し、保護されているMicrosoft Intuneアプリ間の組織データの送受信を確認します。

①iOS/iPadOSデバイスで［Microsoft Word］アプリを起動し、新規にファイルを作成する。
②作成したファイルの上部メニューから［…］をタップする。
③［保存］をタップする。

④［名前］に任意のファイル名を入力し、保存先ストレージの一覧から［OneDrive］をタップする。ここでは、［名前］に「MAMテスト」と入力している。
⑤［保存］をタップする。

［Microsoft Word］アプリに対するアプリ保護ポリシーの設定において、［データ保護］タブで［他のアプリに組織データを送信］を［なし］に設定した場合、ファイルの送信が制限されるため別のアプリ領域への保存が行えません。
また、［Microsoft OneDrive］アプリに対するアプリ保護ポリシーにおいて、［データ保護］タブで［他のアプリからデータを受信］を［なし］に設定している場合も同様に、ファイルの受信が制限されるためファイルの保存が行えません。しかし、アプリ保護ポリシーの設定において［データ保護］タブで［組織データのコピーを保存］を［ブロック］に設定し、［選択したサービスにユーザーがコピーを保存することを許可］で［OneDrive for Business］を選択している場合は、例外的にOneDriveへの保存が可能になります。

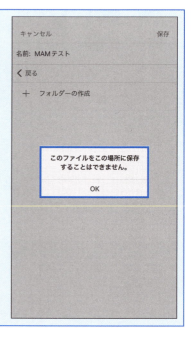

第8章 モバイルアプリケーション管理　517

保護されているMicrosoft Intuneアプリから非管理アプリケーションへのファイル送受信

アプリ保護ポリシーを展開し、保護されているMicrosoft Intuneアプリから非管理アプリケーションへのデータの送受信を確認します。

①iOS/iPadOSデバイスで［Microsoft OneDrive］アプリを起動し、前の手順で保存したWordファイルを選択して［…］をタップする。

②表示されたメニューから［詳細］をタップする。

③上部メニューの［…］をタップし、［別のアプリで開く］をタップする。

④[" ファイル "に保存]をタップし、[共有不可]ダイアログによって送信が制限されることを確認する。

非管理アプリケーションから保護されているMicrosoft Intuneアプリへのファイル送受信

アプリ保護ポリシーを展開し、非管理アプリケーションから保護されているMicrosoft Intuneアプリへのデータの送受信を確認します。

①iOS/iPadOSデバイスで、[メモ]アプリでテストファイルを作成し、[↑]アイコンをタップし、[" ファイル "に保存]をタップする。

第8章 モバイルアプリケーション管理　　519

②［Microsoft OneDrive］アプリで、上部メニューの［＋］をタップし、［アップロード］をタップする。

③［参照］をタップし、保存したテストファイルをアップロードする。
④アップロード処理が［共有不可］ダイアログによって制限されたことを確認する。

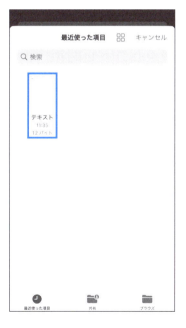

iOS/iPadOSデバイスの組織データの印刷

アプリ保護ポリシーの設定において、[データ保護]タブでの[組織データを出力する]を設定することにより、組織データの印刷を制限することができます。ただし、アプリ保護ポリシーをサポートしない管理アプリケーションや非管理アプリケーション間の動作には影響しません。

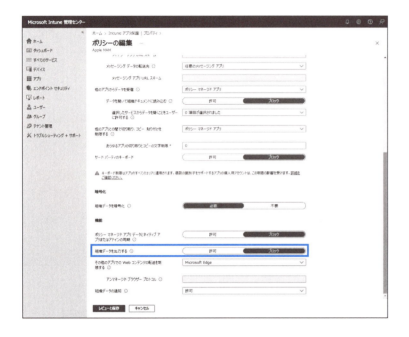

保護されているMicrosoft Intuneアプリからの印刷

アプリ保護ポリシーを展開し、保護されているMicrosoft Intuneアプリからの印刷を確認します。

①iOS/iPadOSデバイスで[Microsoft OneDrive]アプリを起動し、前の手順で保存したWordファイルを開く。
②上部メニューの[…]をタップし、[印刷]が制限されていることを確認する。

[データ保護］タブで［組織データを出力する］が［許可］（既定値）に設定の場合、次のように［印刷］の利用が可能となります。

Androidデバイスでの保護の適用

　この章の3で作成したアプリ保護ポリシーをIntuneのアプリ保護ポリシーをサポートするアプリに展開し、デバイス上のアプリケーションへのアクセス制御を確認します。

Androidによるアプリ保護ポリシーの動作準備

　アプリ保護ポリシーの動作を確認するために、保護されているMicrosoft Intuneアプリに対応する次のアプリケーションの展開を実施しておく必要があります。なお、アプリケーションの展開方法については、第7章を参照してください。

- Microsoft Edge
- Microsoft OneDrive
- Microsoft Word

　この章の3で作成したアプリ保護ポリシーでは、次のとおり設定しています。

- ［他のアプリに組織データを送信］：［ポリシーマネージドアプリ］を選択
- ［組織データのコピーを保存］：［ブロック］を選択
- ［選択したサービスにユーザーがコピーを保存することを許可］：すべてオフ
- ［他のアプリからデータを受信］：［ポリシーマネージドアプリ］を選択
- ［データを開いて組織ドキュメントに読み込む］：［ブロック］を選択
- ［選択したサービスからデータを開くことをユーザーに許可する］：すべてオフ
- ［他のアプリとの間で切り取り、コピー、貼り付けを制限する］：［ポリシーマネージドアプリ］を選択
- ［組織データを暗号化］：［必要］を選択
- ［登録済みデバイスで組織データを暗号化］：［必要］を選択
- ［組織データを出力する］：［ブロック］を選択

Androidデバイスのアプリ保護ポリシーに必要なデバイス設定

　Androidデバイスのアプリ保護ポリシーをデバイスが受信するためには、デバイスにIntuneポータルサイトアプリがインストールされている必要があります。

Androidデバイスのアプリ保護ポリシーの初回起動動作

　アプリ保護ポリシーを有効化したアプリケーションの初回起動時の操作を確認します。

①Androidデバイスで、展開した保護されているMicrosoft Intuneアプリを起動する。ここでは例として、[Microsoft OneDrive]アプリを起動している。
②[サインイン]をタップし、組織アカウントを入力し、認証する。
③[アクセスの取得]画面を確認し、[続行]をタップする。

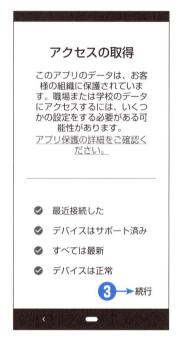

④アプリ保護ポリシーの設定において[アクセス要件]タブの設定に応じたPINを設定し、確認の入力を実施する。
⑤アプリケーションが起動し、組織データへのアクセスが行えることを確認する。

Androidのデータの切り取り、コピー、貼り付けの制限

アプリ保護ポリシーの設定において［データ保護］タブの［他のアプリとの間で切り取り、コピー、貼り付けを制限する］設定により、データの切り取り、コピー、貼り付けを制限することができます。

［他のアプリとの間で切り取り、コピー、貼り付けを制限する］設定

設定	設定時の動作
ブロック済み	保護ポリシーを展開したアプリを含むすべてのアプリ間でデータの切り取り、コピー、貼り付けを制限する。
ポリシーマネージドアプリ	保護ポリシーを展開したアプリ間においては、データの切り取り、コピー、貼り付けを許可する。そのほかのアプリとのデータの切り取り、コピー、貼り付けを制限する。
貼り付けを使用する、ポリシーマネージドアプリ	保護ポリシーを展開したアプリ間においては、データの切り取り、コピー、貼り付けを許可する。そのほかのアプリとのデータの切り取り、コピー、貼り付けを制限する。ただし、そのほかのアプリからの貼り付けだけを許可する。
任意のアプリ	データの切り取り、コピー、貼り付けを許可する（制限なし）。

保護されているMicrosoft Intuneアプリから非管理アプリケーションへのコピーと貼り付け

アプリ保護ポリシーを展開し、保護されているMicrosoft Intuneアプリから非管理アプリケーションへのコピーと貼り付けを確認します。

①Androidデバイスで［Microsoft Edge］アプリを起動し、Webサイトにアクセスして任意の文字列を選択し、［コピー］をタップする。

②［電話帳］アプリを起動して［＋］をタップし、［新しい連絡先の作成］画面の［姓］にコピーした文字列を貼り付ける。ここでは、非管理アプリケーションの例として［電話帳］アプリを使用している。

③［電話帳］アプリに「組織のデータをここには貼り付けることはできません。」という文字列が入力されたことを確認する。

第8章 モバイルアプリケーション管理

非管理アプリケーションから保護されているMicrosoft Intuneアプリへのコピーと貼り付け

アプリ保護ポリシーを展開し、非管理アプリケーションから保護されているMicrosoft Intuneアプリへのコピーと貼り付けを確認します。

①Androidデバイスで［電話帳］アプリを起動し、［新しい連絡先の作成］画面の［姓］に任意の文字列を入力して選択し、コピーする。
　ここでは、非管理アプリケーションの例として［電話帳］アプリを使用している。
②アプリ保護ポリシーを展開した、［Microsoft Word］アプリを起動する。
③新しいファイルを作成し、長押しタップを行い［貼り付け］をタップする。
④［Microsoft Word］アプリに「組織のデータをここに貼り付けることはできません。」という文字列が入力されたことを確認する。

［データ保護］タブで［他のアプリとの間で切り取り、コピー、貼り付けを制限する］を［ブロック済み］に設定している場合、［Microsoft Edge］アプリから［Microsoft Word］アプリへのコピーと貼り付けも同様に行えません。

Androidの組織データの送信/受信制限

アプリ保護ポリシーの設定において［データ保護］タブの［他のアプリに組織データを送信］設定および［他のアプリからデータを受信］設定により、組織データの送受信を制限することができます。ただし、アプリ保護ポリシーをサポートしない管理アプリケーションや非管理アプリケーション間の動作には影響しません。

［他のアプリに組織データを送信］設定

設定	設定時の動作
すべてのアプリ	すべてのアプリ間で送信を許可する（制限なし）。 アプリが利用するデータは暗号化されない。また、テキストデータはOSの共有を経由することでクリップボードに転送される可能性がある。
なし	すべての送信が制限される。なお、ポリシーが展開されていないアプリ間は制限されない。 アプリが利用するデータは暗号化される。
ポリシーマネージドアプリ	アプリ保護ポリシーを展開したアプリ間のみ送信が可能。 アプリが利用するデータは暗号化される。

［他のアプリからデータを受信］設定

設定	設定時の動作
すべてのアプリ	すべてのアプリ間で受信を許可する（制限なし）。
なし	すべての受信が制限される。なお、ポリシーが展開されていないアプリ間は制限されない。
ポリシーマネージドアプリ	保護ポリシーを展開したアプリからのみ、データの受信を許可する。そのほかのアプリからのデータの受信を制限する。

保護されているMicrosoft Intuneアプリから保護されているMicrosoft Intuneアプリへのファイル送受信

アプリ保護ポリシーを展開し、保護されているMicrosoft Intuneアプリ間の組織データの送受信を確認します。

①Androidデバイスで［Microsoft Word］アプリを起動し、新規にファイルを作成する。
②上部メニューの［︙］をタップし、［名前を付けて保存］を選択する。
③［ドキュメントの場所］の一覧から［OneDrive］をタップする。

[Microsoft Word]アプリに対するアプリ保護ポリシーの設定において、[データ保護]タブで[他のアプリに組織データを送信]を[なし]に設定した場合、ファイルの送信が制限されるためアプリへのデータの送信が行えません。

また、[Microsoft OneDrive]アプリに対するアプリ保護ポリシーにおいて、[データ保護]タブで[他のアプリからデータを受信]を[なし]に設定している場合も同様に、ファイルの受信が制限されるためアプリへの受信が行えません。また、アプリ保護ポリシーの設定において[データ保護]タブで[組織データのコピーを保存]を[ブロック]に設定し、[選択したサービスにユーザーがコピーを保存することを許可]で[OneDrive for Business]アプリを選択していない場合も保存することができません。

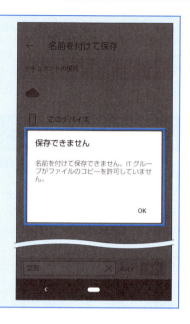

保護されているMicrosoft Intuneアプリから非管理アプリケーションへのファイル送受信

アプリ保護ポリシーを展開し、保護されているMicrosoft Intuneアプリから非管理アプリケーションへのデータの送受信を確認します。

①Androidデバイスで[Microsoft OneDrive]アプリを起動し、前の手順で保存したWordファイルの[：]をタップする。
②表示されたメニューから[ダウンロードする]をタップする。
③[アクションがブロックされました]ダイアログによって、送受信が制限されることを確認する。

第8章 モバイルアプリケーション管理 **531**

非管理アプリケーションから保護されているMicrosoft Intuneアプリへのファイル送受信

アプリ保護ポリシーを展開し、非管理アプリケーションから保護されているMicrosoft Intuneアプリへのデータの送受信を確認します。

①Androidデバイスで、[Microsoft OneDrive］アプリの上部メニューから［+］をタップする。
②表示されたメニューから［アップロード］をタップする。
③デバイスローカルに保存されている任意のファイルをアップロードする。ここではデバイスにダウンロードした画像ファイルを指定している。

④アップロード処理が制限されたことを確認する。

Androidデバイスの組織データの印刷

アプリ保護ポリシーの設定において［データ保護］タブの［組織データを出力する］設定により、組織データの印刷を制限することができます。ただし、アプリ保護ポリシーをサポートしない管理アプリケーションや非管理アプリケーション間の動作には影響しません。

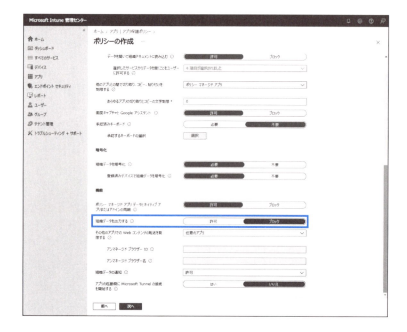

保護されているMicrosoft Intuneアプリからの印刷

アプリ保護ポリシーを展開し、保護されているMicrosoft Intuneアプリからの印刷を確認します。

①Androidデバイスで［Microsoft OneDrive］アプリを起動し、前の手順で保存したWordファイルを開いて、上部メニューの［:］をタップする。

②表示されたメニューから［印刷］をタップし、［組織によって印刷が無効になっています。］ダイアログによって、印刷が制限されていることを確認する。

第8章 モバイルアプリケーション管理

[データ保護] タブで [組織データを出力する] が [許可] （既定値）に設定の場合、右のように [印刷] が利用可能となります。

既存WIPポリシーの利用者の対応

　この章の1のコラム「Windows Information Protection（WIP）」で、WIPのサポート終了について紹介しました。現在WIPを展開している組織では、WIPポリシーの展開を中止する必要があります。対応手順は、既存のポリシーの割り当てを解除する、または、ポリシー上の設定をオフとした設定を展開することで、WIPの利用を中止することができます。

Windowsプラットフォームに対するアプリのデータ保護機能

　現在、IntuneへのMDM登録のあるデバイスについては、Microsoft Purviewデータ損失防止（Purview DLP）、Endpointデータ損失防止（Endpoint DLP）、Microsoft Purview Information Protection（MIP）などの新しいデータ保護の仕組みに移行することで実現できます。

①MDM登録デバイスにおけるデータ保護

　Windowsデバイス上の機密として取り扱うべき組織のデータ保護については、MIPによる「秘密度ラベル」を利用します。秘密度ラベルによってサポートされるファイルを暗号化や透かしによって保護することができます。

②機密データのアクセス制御

　Windowsデバイス上で組織のデータに対する印刷、USBストレージへのコピー、ネットワーク共有へのアップロード、特定ドメインサイトへのアクセス制御は、Endpoint DLPの機能を利用します。また、Microsoft Defender for Endpointと連携することで、組織が利用を許可するストレージデバイスを制御することができます。

　組織のデータのクラウドサービスへの持ち出し/持ち込みの制御については、Microsoft Defender Cloud Apps（MDA）の「ファイルポリシー」を利用します。MDAのファイルポリシーでは、組織が利用するストレージサービス上のデータをスキャンし、秘密度ラベルによって保護されていないデータを識別することができます。

③デバイス上で作成された組織データの識別

　組織のデータに含まれる機密情報などの識別には、Microsoft Purviewのデータ分類を利用します。Purview DLPのポリシーの対象に「デバイス」を指定することで、デバイス上のデータのアクティビティを監視または制限することができます。たとえば、機密を含むデータをブラウザーに貼り付けるのを制限することができます。

④データのリモート制御

　Intuneからのワイプアクションの実行によって組織のデータをワイプすることができます。

条件付きアクセス

第 **9** 章

1 ゼロトラストモデルと条件付きアクセス

2 デバイスをベースとしたアプリへのアクセス制御

3 コンプライアンスポリシーの設定

4 カスタムコンプライアンスの設定

5 Microsoft Defender for Endpoint との連携によるアクセス制御

6 コンプライアンスポリシーに基づくアクセス制御

7 アプリ保護ポリシーとの連携によるアクセス制御

この章では、Microsoft Entra ID に登録されたクラウドサービス等へのアクセス制御を行う条件付きアクセスについて、Intune と組み合わせて実装する方法を見ていきます。

1 ゼロトラストモデルと条件付きアクセス

　条件付きアクセスはMicrosoft 365を利用してゼロトラストモデルを実現するために作られたサービスです。そのため、条件付きアクセスを利用したアクセス制御について触れる前に、ここではゼロトラストモデルの重要性と、なぜ必要であるかについて見ていきます。

オンプレミス中心のセキュリティ対策の限界

　クラウドサービスを中心としたデバイスの管理やアプリケーションへのアクセスを行うことにより、リモートワークなどに代表される場所を問わない働き方を実現できます。しかし、それは同時に社内ネットワークに築き上げたセキュリティ機能が利用できなくなることでもあります。

　従来、社内ネットワークではファイアウォールやプロキシサーバーなどを活用して社外ネットワークからの不正アクセスの流入をブロックしたり、Active Directoryを利用して社内のサーバーへのアクセス制御を行ったりしてきましたが、それはクライアントデバイスが社内にいるということを前提とした仕組みでした。このように社内と社外のネットワークを分けて、その境界でセキュリティ対策を行う方法は現代の働き方にあったセキュリティ対策ではなく、さまざまな例外を生み出し、結果として抜け・漏れが発生しやすくなります。

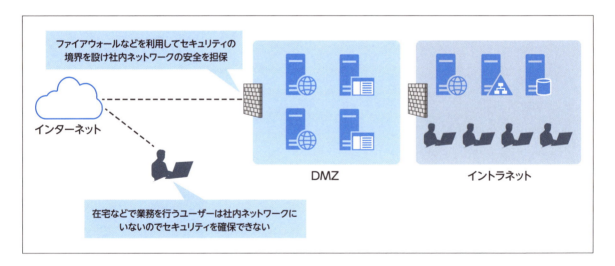

ゼロトラストモデルとは

　アプリケーションへのアクセスを行う際、デバイスの場所に関わりなく、「適切なユーザーであるか？」「会社で決められたデバイスからのアクセスであるか？」「安全なデバイスであるか？」などを確認し、アクセスを許可するようなアクセス制御方法が指向されるようになりました。このようなセキュリティ対策のモデルを「ゼロトラストモデル」と呼びます。Microsoft 365を利用してゼロトラストモデルに沿った運用を行う場合、Microsoft Entra IDで提供する条件付きアクセスと、Intuneで提供するデバイスの状態を監視するコンプライアンスポリシーを組み合わせて実現します。

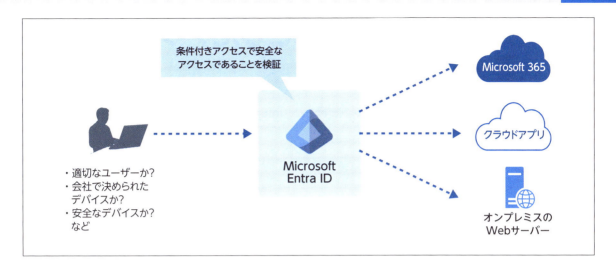

 ゼロトラストモデルへの変遷

　本文では「オンプレミス中心のセキュリティ対策の限界」と「ゼロトラストモデル」の対比でゼロトラストモデルが指向されるようになった理由を説明しましたが、この違いを理解するための要素として「マイクロセグメンテーション」という概念があります。

　マイクロセグメンテーションとはセキュリティレベルの異なるコンピューターなどを別々のネットワーク（セクション）に分割して管理することできめ細かいセキュリティ管理ができるという考え方です。会社の中で扱う資産が多様化すると、それに伴って必要とされるセキュリティレベルも多様化するため、単純に社内と社外のネットワークを分けるだけでなく、より詳細なネットワークの分割が求められるようになりました。マイクロセグメンテーションによる細分化は突き詰めるとデバイス（エンドポイント）単位でセキュリティ管理を行うことが最も効率の良いセキュリティ対策であり、デバイスに実装されたファイアウォールを利用して動的にアクセス制御すれば、デバイスごとに異なる、場所を問わないセキュリティ管理を行えるのではないかと考えられるようになりました。この考え方こそがゼロトラストモデルによるアクセス制御の基礎となる考え方に至っています。

2 デバイスをベースとしたアプリへのアクセス制御

ここでは条件付きアクセスを利用したアクセス制御機能と、Intuneで提供するサービスの関係性について解説します。

条件付きアクセスとは

条件付きアクセスとはMicrosoft Entra ID P1/P2ライセンスで提供するアクセス制御サービスです。条件付きアクセスでは、あらかじめMicrosoft Entra IDに関連付けられたクラウドサービス等へのアクセスに対して、クライアントアプリ、OS種類、ユーザー/グループ、IPアドレス、デバイス種類などの要素をもとにアクセス制御を行います。

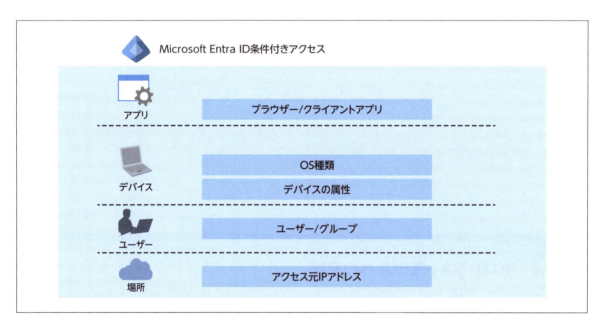

条件付きアクセスの割り当てを行うために指定する情報および条件について、順番に確認していきます。

- **場所**

クラウドサービスへのアクセスを行うIPアドレス（グローバルIPアドレス）を指定し、「どこから」アクセスしたかによってアクセス許可または拒否を制御します。オフィスからインターネットに接続するときは基本的に同じグローバルIPアドレスを利用するため、「特定のオフィスからアクセスするときだけアクセスを許可する」のようなアクセス制御を行うときに利用します。

- **ユーザー**

条件付きアクセスの条件を適用するユーザーまたはグループを指定し、「誰が」アクセスしたときに許可または拒否するかについて定義します。

- **デバイス**

　デバイスのOS種類や属性を指定し、「どのデバイスで」アクセスしたかによってクラウドサービスへのアクセス許可または拒否を制御します。デバイスの属性情報にはメーカーやモデルなどのハードウェア情報、Microsoft Entra登録/参加/ハイブリッド参加のデバイス登録種別、デバイス名などの情報を活用することができます。

- **ブラウザー/クライアントアプリ**

　デバイスが利用するアプリケーションを指定し、「どのアプリで」アクセスしたかによってアクセス許可または拒否を制御します。ここでは、ブラウザーまたはリッチアプリケーションを選択することができます。

条件付きアクセスの機能拡張

　条件付きアクセスではさまざまな要素によるアクセス制御の条件を設定できる一方、「会社で定めた基準を満たす安全なデバイスからのみアクセスさせる」「信頼できるアプリからのみアクセスさせる」などの、会社でありがちな要件を満たす項目がありませんでした。そこで、Intuneでは登録されたデバイスの情報などをベースに、条件付きアクセスに対して追加のアクセス制御の項目を提供しています。

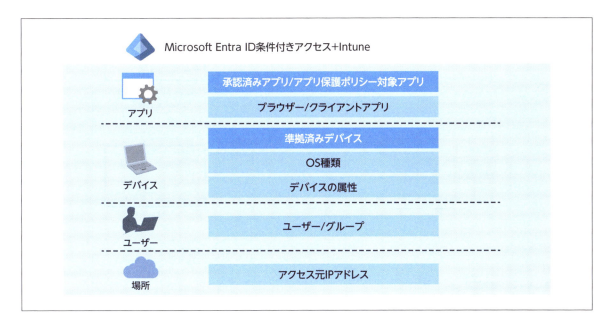

準拠済みデバイスによるアクセス制御

　条件付きアクセスには［デバイスは準拠しているとしてマーク済みである必要があります］という設定項目があります。ここでの「準拠」とは、次の3つの条件を満たしていることを表します。

1. Microsoft Entra IDにデバイスが登録されていること
2. Intuneにデバイスが登録されていること
3. Intune内に用意されたコンプライアンスポリシーに準拠していること

　上記3つの条件を満たす場合、そのデバイスはIntuneによって「準拠済みデバイス」として判定され、条件付きアクセスによるクラウドサービスへのアクセスが許可されます。上記の1.と2.については、会社支給のデバイスのような信頼できるデバイスだけがMicrosoft Entra ID/Intuneに登録されるはずです。また、3.についてはIntuneに登

録されたデバイスであってもリスクのある使い方をしているようであれば準拠しないように制御することができます。こうしてフィルターを設定することで、信頼できるデバイスだけがアクセスできるようになるのです。

承認済みアプリ/アプリ保護ポリシー対象アプリ

条件付きアクセスにはアプリの種類に基づくアクセス制御の項目として、[承認されたクライアントアプリが必要です]と[アプリの保護ポリシーが必要]という項目があります。承認済みアプリはアプリ保護ポリシーが適用可能なアプリ、アプリ保護ポリシー対象アプリはアプリ保護ポリシーによる保護設定が適用されているアプリによるアクセスを条件付きアクセスで許可するiOS/Android用の設定項目です。いずれの設定項目もアプリ保護ポリシーによって適切なコンテンツの保護を行っているため、情報漏えいのリスクが少ないと判断し、アクセスを許可するものです。

[承認されたクライアントアプリが必要です]設定は2026年3月に廃止が予定されているため、これから利用するべきではありません。代わりにアプリ保護ポリシーを利用してください。これについては、この章の7でもう一度取り上げます。

コンプライアンスポリシーの設定

条件付きアクセスで「準拠済みデバイス」の判定を行うにはコンプライアンスポリシーを利用します。ここでは、コンプライアンスポリシーの特徴とその利用方法について解説します。

コンプライアンスポリシーとは

第4章や第5章では、構成プロファイルなどを通じてIntuneに登録されたデバイスにさまざまな設定を適用できることを解説しました。Intuneでは、通常のプロファイルとは別に「コンプライアンスポリシー」と呼ばれるプロファイルを作成することができます。コンプライアンスポリシーは「組織のポリシーとして定義した内容」と「デバイスの構成および設定」が同じになっているかどうかをチェックするための設定です。チェックを行った結果、ポリシーと同じ設定になっている場合は「準拠」、ポリシーと異なる設定になっている場合は「非準拠」という結果をIntuneに対して報告します。「非準拠」と判定されたデバイスに対しては、その結果をエンドユーザーにメールで通知し、設定を変更（修復）するように促すことも可能です。

コンプライアンスポリシーの設定項目

コンプライアンスポリシーの設定項目はOS種類別に用意されているため、設定可能な項目もOS種類によって異なります。各OS種類に対して設定可能な項目が「コンプライアンス設定」として用意されており、いくつかのカテゴリに分かれてさまざまな構成ができるようになっています。コンプライアンス設定に含まれる代表的なカテゴリには、次のものがあります。

- **デバイスの正常性**

  脱獄（iOSとAndroidのみ）に関する設定や、サードパーティのモバイルデバイス用セキュリティソリューションと連携してデバイスの状態の確認についてチェックします。また、Windowsデバイスに対しては、BitLockerやセキュアブート、コードの整合性などの設定についてチェックすることができます。

- **デバイスのプロパティ**

  OSのバージョンについてチェックします。組織で使用することを許可しているOSのバージョン値を指定し、それ以外のバージョンが実行されている場合には非準拠と報告されます。これにより、ポリシー違反のデバイスが見つけやすくなります。

- **システムセキュリティ**

  デバイスに設定するパスワードや、内蔵ストレージの暗号化など、デバイスのセキュリティに関する設定についてチェックします。そのほか、Windowsデバイスに対するMicrosoft Defenderマルウェア対策の設定や、Androidのデバイスに対する提供元不明なアプリのインストール設定などが含まれています。

- **電子メール**

  iOS用のコンプライアンスポリシーの設定項目で、Intuneのプロファイルで割り当てた電子メールプロファイル以外を利用してメールアクセスを行うことを制限します。これにより、会社で管理されないメールアドレスの利用がないときだけ「準拠」と判断します。

- **Microsoft Defender for Endpoint**

　Microsoft 365 E5ライセンスなどを通じて提供される、Microsoft Defender for Endpointに登録（オンボーディング）されたデバイスのうち、一定のリスクスコア以上のデバイスを「非準拠」と判定します。Microsoft Defender for Endpointのリスクスコアはマルウェア感染などのインシデントの発生状況から判断されるスコアで、デバイスがセキュアな状態であることを確認するために利用できます。

- **カスタムコンプライアンス**

　WindowsまたはLinuxデバイスのみで利用可能な設定です。Windowsデバイスを対象としたポリシーの場合、事前に登録したPowerShellスクリプトをクライアントで実行して、その結果に基づいて準拠/非準拠を判定するものです。

コンプライアンスポリシーの設定

　ここではWindowsデバイス用とiOSデバイス用のコンプライアンスポリシーをそれぞれ作成する方法を解説します。Windowsデバイスに関してはWindows OSのバージョンを参照し、古いバージョンを利用している場合には非準拠とする設定、iOSデバイスに関してはiOSデバイスで使用しているパスコードが簡単なものである場合、非準拠とすると同時に準拠になるように構成変更を促します。

Windowsデバイス用コンプライアンスポリシーの設定

①Microsoft Intune管理センター画面（https://intune.microsoft.com）で、左側のメニューから、［デバイス］－［コンプライアンス］をクリックする。

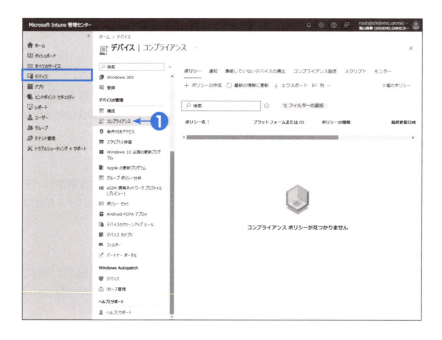

②［デバイス｜コンプライアンス］画面の［ポリシー］タブで、［ポリシーの作成］をクリックし、［ポリシーの作成］画面の［プラットフォーム］で［Windows 10以降］を選択して［作成］をクリックする。

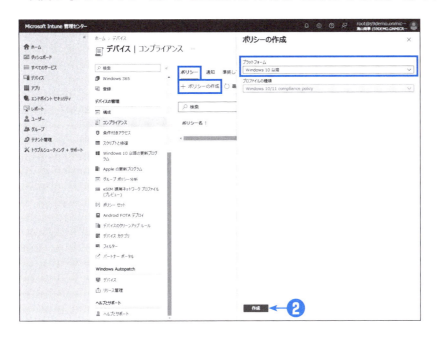

③［Windows 10/11 コンプライアンスポリシー］画面の［基本］タブで、［名前］に任意の名前を入力し、［次へ］をクリックする。ここでは、［名前］に「OSバージョンチェック」と入力している。

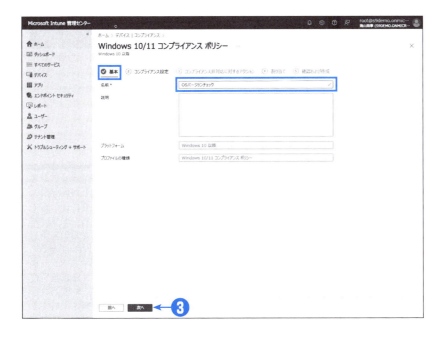

④ ［コンプライアンス設定］タブで、［デバイスのプロパティ］を展開し、［最小OSバージョン］に準拠する基準となるバージョンを入力し、［次へ］をクリックする。ここでは、Windows 11 23H2を表す「10.0.22631」と入力している。

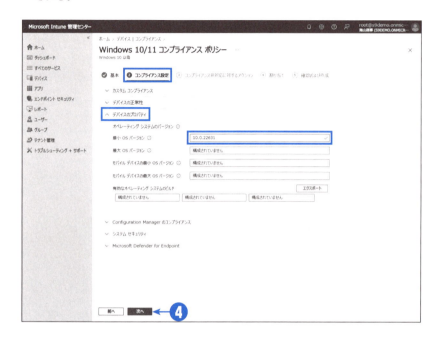

Windowsのバージョンはコマンドプロンプトを起動したときに表示される画面上で確認できます。バージョン番号は「メジャーバージョン番号.マイナーバージョン番号.ビルド番号.リビジョン番号」の順に記述され、コンプライアンスポリシーではリビジョン番号を省略してバージョン番号を指定することができます。

⑤ ［コンプライアンス非対応に対するアクション］タブで、［次へ］をクリックする。

既定では、コンプライアンスポリシーで設定した内容に準拠しなかった場合には即時で非準拠の判定を行います。非準拠の判定には数日の猶予を与えたい場合、［コンプライアンス非対応に対するアクション］タブで猶予する日数を設定してください。また、［コンプライアンス非対応に対するアクション］タブでは非準拠のデバイスを利用するユーザーにメールを送信し、非準拠の状態への対処を促すことができます。

⑥ [割り当て] タブで、[すべてのユーザーを追加] をクリックし、[次へ] をクリックする。

コンプライアンスポリシーの設定はユーザーまたはデバイスに割り当てることができますが、実際のポリシー評価はユーザー基準で行われます。ユーザーに割り当てた場合には割り当て対象となるユーザーでポリシー評価を行うのに対して、デバイスに割り当てた場合はデバイス起動時に使用するシステムユーザーとサインイン時に使用するサインインユーザーの2つのアカウントでポリシー評価（つまり2度のポリシー評価）を行います。そのため、どちらかのユーザーで非準拠と判定されると最終的な判定結果は非準拠となります。こうしたわかりにくい評価基準に振り回されないようにするために、サインインしてデバイスを利用する場合はユーザーに対する割り当て、サインインを予定していないデバイスの場合はデバイスへの割り当てを行うようにしてください。

⑦ [確認および作成] タブで、設定内容を確認し、[作成] をクリックする。

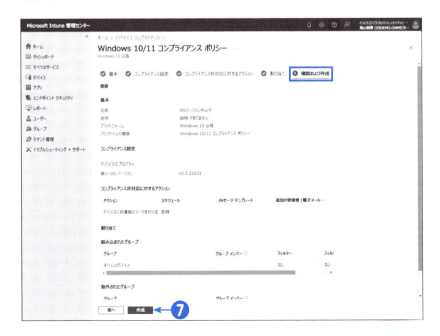

⑧コンプライアンスポリシーが作成されたことを確認する。

コンプライアンスポリシー設定結果の確認

①Microsoft Intune管理センター画面（https://intune.microsoft.com）で、左側のメニューから、［デバイス］－［すべてのデバイス］をクリックする。すると、［コンプライアンス］列の「準拠している」または「準拠していない」で結果が確認できる。

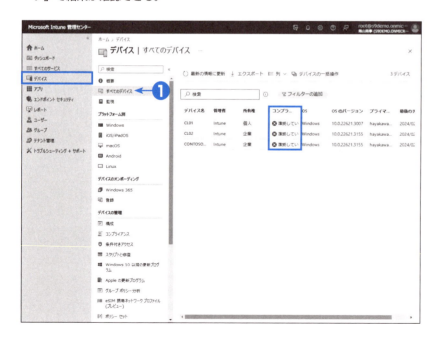

②Microsoft Intune管理センター画面で、左側のメニューから［デバイス］－［コンプライアンス］をクリックし、［デバイス｜コンプライアンス］画面の［ポリシー］タブで［OSバージョンチェック］（前の手順で作成したコンプライアンスポリシー）をクリックする。

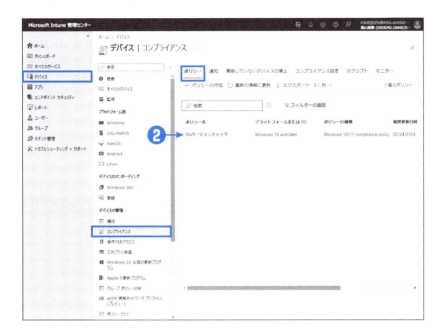

③［OSバージョンチェック］画面（ポリシー画面）の［モニター］タブで、準拠・非準拠のデバイス数が確認できる。［レポートの表示］をクリックする。

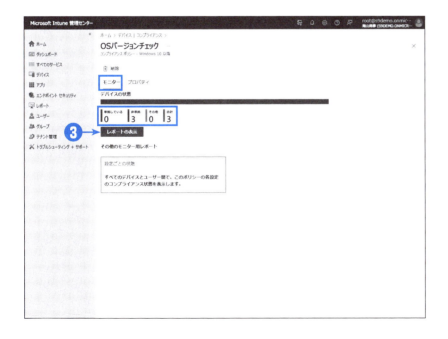

④[OSバージョンチェック]画面にレポートが表示され、デバイスごとの準拠・非準拠の結果を確認できる。画面上部の[OSバージョンチェック]リンクをクリックして前の画面に戻る。
⑤[OSバージョンチェック]画面で、[設定ごとの状態]をクリックする。

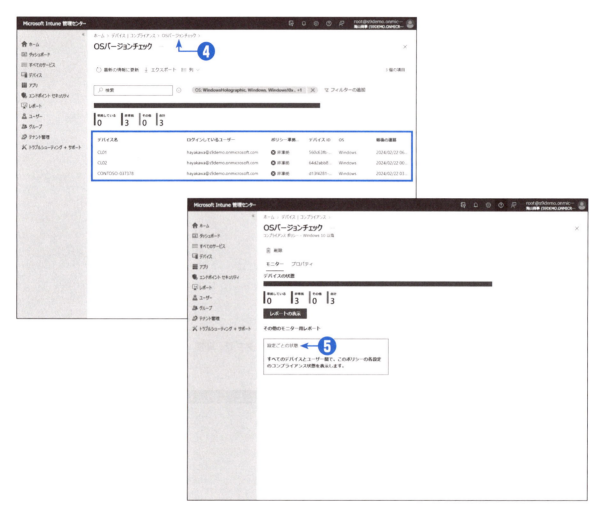

⑥[OSバージョンチェック | 設定ごとの状態]画面で、[最小OSバージョン]設定の準拠/非準拠の状況を確認できる。

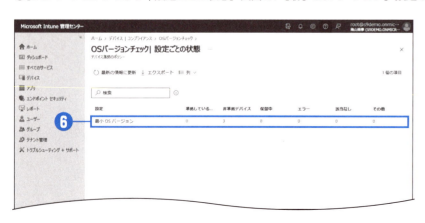

iOSデバイス用コンプライアンスポリシーの設定

①Microsoft Intune管理センター画面（https://intune.microsoft.com）で、左側のメニューから、［デバイス］－［コンプライアンス］をクリックする。

②［デバイス｜コンプライアンス］画面の［ポリシー］タブで、［ポリシーの作成］をクリックし、［ポリシーの作成］画面の［プラットフォーム］で［iOS/iPadOS］を選択して［作成］をクリックする。

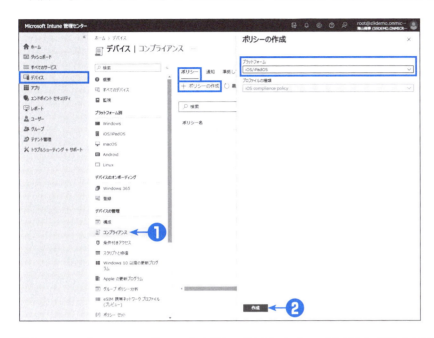

③［iOSコンプライアンスポリシー］画面の［基本］タブで、［名前］に任意の名前を入力し、［次へ］をクリックする。ここでは、［名前］に「パスコードの確認」と入力している。

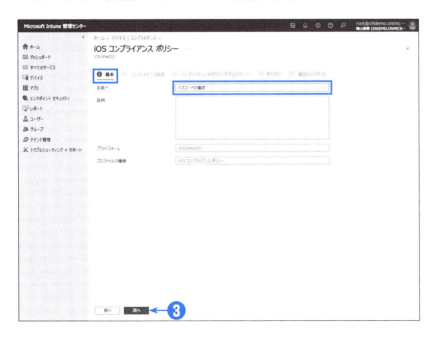

④［コンプライアンス設定］タブで、［システムセキュリティ］を展開し、パスコード利用の基準を設定して［次へ］をクリックする。ここでは、次のとおり設定している。
- ［モバイルデバイスのロックを解除するときにパスワードを要求する］：［必要］を選択
- ［パスワードの最小文字数］：「6」と入力

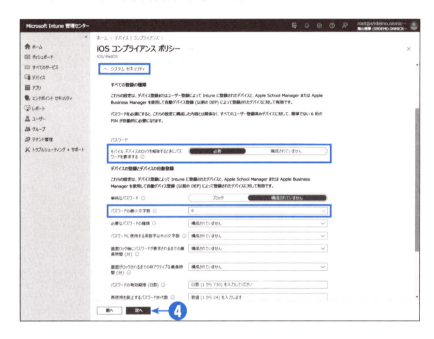

⑤［コンプライアンス非対応に対するアクション］タブで、［次へ］をクリックする。

⑥ [割り当て] タブで、[すべてのユーザーを追加] をクリックし、[次へ] をクリックする。
⑦ [確認および作成] タブで、設定内容を確認し、[作成] をクリックする。
⑧ コンプライアンスポリシーが作成されたことを確認する。

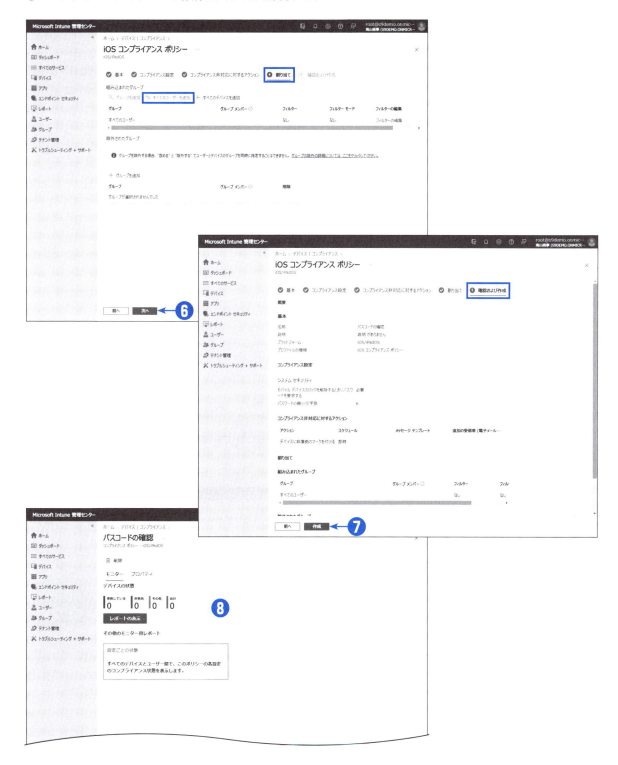

コンプライアンスポリシー設定結果の確認

　iOSのパスコードがコンプライアンスポリシーに準拠しない場合、単純に非準拠として結果を確定するのではなく、パスコードの設定変更を促し、非準拠にならないように構成します。

①Microsoft Intune管理センター画面（https://intune.microsoft.com）で、左側のメニューから、［デバイス］－［コンプライアンス］をクリックする。
②［デバイス｜コンプライアンス］画面の［ポリシー］タブで、［パスコードの確認］（前の手順で作成したコンプライアンスポリシー）をクリックする。

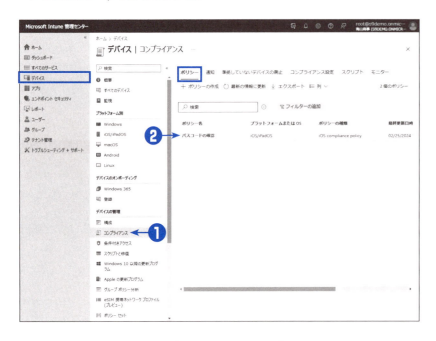

③［パスコードの確認］画面（ポリシー画面）で、［ポリシー準拠状況］列にエラーが表示されているデバイスが存在することを確認する。

④iOSデバイスでIntuneポータルサイトアプリを起動する。
⑤ポータルサイトアプリ画面で［デバイス］をタップし、iOSデバイスをタップする。
⑥［デバイスの詳細］画面で、［状態の確認］をタップする。
⑦［デバイスの詳細］画面で、デバイスが準拠状態ではないことが確認できる。［このデバイスの設定を更新する必要があります。詳細については、タップしてください。］をタップする。

⑧［デバイスの状態を確認しています］画面で、コンプライアンスポリシーで設定した項目によって準拠していないと判定されていることが確認できる。ここでは、［再試行］をタップせずに［完了］をタップしてポータルサイトアプリを閉じる。
⑨ポータルサイトアプリを閉じると表示される［パスコード要求］画面で、［今すぐ変更］をタップする。

⑩画面の指示に従い、現在のパスコードを入力し、新しいパスコードを設定する。なお、新しいパスコードはコンプライアンスポリシーで設定した6文字以上となるように設定する。

⑪改めてポータルサイトアプリを開き、［デバイスの状態を確認しています］画面で、［再試行］をタップする。
⑫［デバイスの詳細］画面に切り替わり、コンプライアンスポリシーで設定した条件に合致したことで、準拠状態に切り替わったことが確認できる。

⑬Microsoft Intune管理センター画面（https://intune.microsoft.com）で、左側のメニューから、［デバイス］ー［コンプライアンス］をクリックし、［デバイス｜コンプライアンス］画面で［パスコードの確認］をクリックする。
⑭［パスコードの確認］画面で、デバイスが準拠している状態に変化したことを確認する。

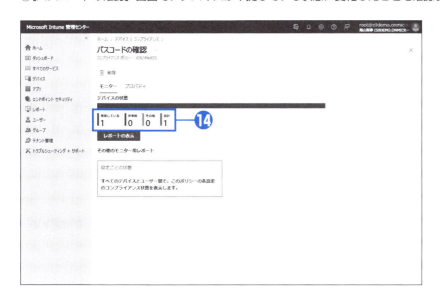

本手順ではiOSのパスコードを例に、コンプライアンスポリシーに準拠しない場合、パスコードの設定変更を促し、非準拠にならないように構成する方法を解説しました。こうした設定はiOSのパスコードとWindowsのパスワードでのみ有効で、Androidのパスワードや他のOSで準拠するように促すことはできず、準拠しないデバイスがあれば非準拠の報告のみを行います。

> **ヒント**
>
> ### コンプライアンスステータスの有効期限
>
> Microsoft Intune管理センター画面（https://intune.microsoft.com）で、左側のメニューから［デバイス］ー［コンプライアンス］をクリックし、［デバイス｜コンプライアンス］画面で［コンプライアンス設定］タブをクリックすると、［コンプライアンスステータスの有効期限（日）］という項目があります。この項目はデバイスが一定期間オフラインであった場合に自動的に非準拠に切り替える設定で、既定では30日間オフラインだったデバイスを非準拠にします。この設定は従業員の事情やデバイスが故障したなどの事情で一定期間オフラインだと、意図せずに非準拠と判定されてしまう可能性があります。そのため、30日という設定は必要に応じて設定変更し、利用してください。

4 カスタムコンプライアンスの設定

Windowsでは PowerShell を利用してデバイスの準拠/非準拠を判定できます。ここでは、この判定に利用できるカスタムコンプライアンスについて解説します。

カスタムコンプライアンスとは

Intune に登録されたデバイス上で PowerShell スクリプトを実行し、その結果に基づいて準拠/非準拠を判定するコンプライアンスポリシーの設定項目です。これにより既存のコンプライアンスポリシー設定項目にはない判定基準を設定することができます。たとえば、次のようなものが判定基準のユースケースとして活用することができます。

- セキュリティ向上を目的としたアプリケーションがインストールされていることを確認する
- BitLockerを利用するため、TPM（Trusted Platform Module）が利用可能なデバイスであることを確認する
- 特定のパッチがインストールされていることを確認する
- サードパーティ製ウイルス対策ソフトを利用しているケースで数日内にウイルススキャンを実行していることを確認する

こうした確認を行う場合、次の作業手順でカスタムコンプライアンスの設定を行います。

1. PowerShell スクリプトの作成
2. PowerShell スクリプトの登録
3. JSON ファイルの作成
4. カスタムコンプライアンスの作成

PowerShell スクリプトの作成

ここでは TPM が利用可能なデバイスであることを確認する PowerShell スクリプトを作成し、TPM が存在しない、もしくは利用できない場合には非準拠となるように構成します。

PowerShell スクリプトは Windows のメモ帳を開き、次のように記述します。

```
$TPM = Get-Tpm
$hash = @{TPMChipPresent = $TPM.TPMPresent}
return $hash | ConvertTo-Json -Compress
```

このスクリプトで記述している内容は次のとおりです。

- **1行目**

Get-Tpm コマンドレットを実行し、デバイスの TPM に関する情報を収集し、$TPM 変数に保存

- **2行目**

$TPM 変数に保存した内容から、TPM が利用可能であることを表す TPMPresent プロパティの情報を取り出し、「TPMChipPresent = 可否の情報」となるような文字列を $hash 変数に保存

なお、スクリプトの実行結果となる値は$hash変数に保存しなければならない

- **3行目**
$hash変数の情報を返し、JSON形式に変換

なお、カスタムコンプライアンスで使用するPowerShellスクリプトの最終行は必ずこのとおり入力しなければならない

PowerShellスクリプトの登録

PowerShellスクリプトが作成できたらMicrosoft Intune管理センターに登録します。

①Microsoft Intune管理センター画面（https://intune.microsoft.com）で、左側のメニューから、［デバイス］－［コンプライアンス］をクリックする。

②［デバイス｜コンプライアンス］画面で、［スクリプト］タブをクリックし、［追加］－［Windows 10以降］をクリックする。

③［カスタムスクリプトの作成］画面の［基本］タブで、［名前］に任意の名前を入力し、［次へ］をクリックする。ここでは、［名前］に「TPMの確認」と入力している。

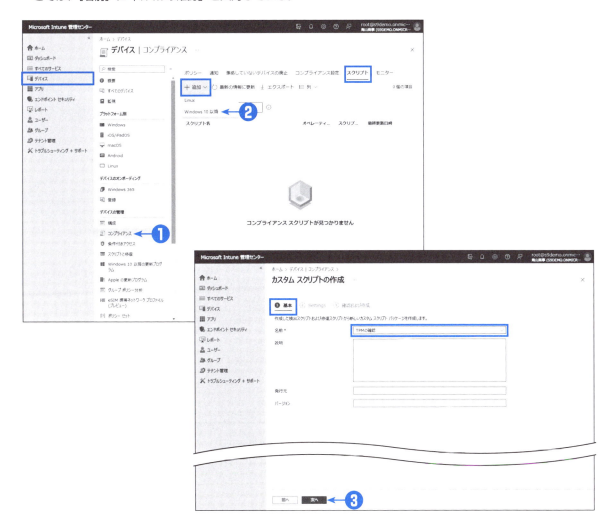

④［Settings］タブで、［検出スクリプト］に前の手順で作成したPowerShellスクリプトの文字列を貼り付け、［次へ］をクリックする。

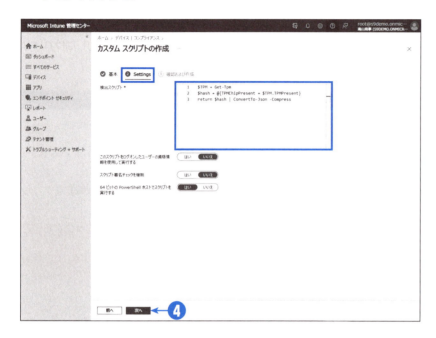

⑤［確認および作成］タブで、設定内容を確認し、［作成］をクリックする。

⑥ [デバイス | コンプライアンス] 画面の [スクリプト] タブで、スクリプトが作成されたことを確認する。

JSONファイルの作成

カスタムコンプライアンスに使用するJSONファイルは、PowerShellスクリプトを実行することによって表示される結果について、準拠または非準拠の基準を定義するものです。

JSONファイルはWindowsのメモ帳を開き、次のように記述し、拡張子を.jsonとして保存します。

```
{
"Rules":[
    {
        "SettingName":"TPMChipPresent",
        "Operator":"IsEquals",
        "DataType":"Boolean",
        "Operand":true,
        "MoreInfoUrl":"https://bing.com",
        "RemediationStrings":[
          {
            "Language": "en_US",
            "Title": "TPM chip must be enabled.",
            "Description": "TPM chip must be enabled. Please refer to the link above"
          },
          {
            "Language": "ja_JP",
            "Title": "TPM チップが有効であること",
            "Description": "TPM チップが有効であることを確認してください。詳細は上記リンクを参照してください。"
          }
        ]
```

```
    }
  ]
}
```

このJSONファイルで記述している内容は次のとおりです。

• 4行目

SettingName項目として、前の手順で作成したPowerShellスクリプトの@{以降で指定した文字列（今回の場合はTPMChipPresent）を指定

• 5〜7行目

Operator項目、DataType項目、Operand項目をそれぞれ指定し、「TPMChipPresentの値がtrue（Boolean値）だったら」という条件を指定

なおこの条件に合致した場合、コンプライアンスポリシーで準拠とみなされる

• 8行目以降

条件に合致しなかった場合（非準拠とみなされた場合）に表示するメッセージを指定

利用OSが英語（en_US）の場合と日本語（ja_JP）の場合で別々のメッセージが表示されるように構成している

条件に合致しなかった場合のメッセージは言語ごとに設定することができます。英語（en_US）の設定は必須で、別の言語を設定する場合はこの例のようにen_US用の記述の後に続けて別言語用の設定を記述します。指定方法に関する詳細は次のマイクロソフトのWebサイトを参照してください。

「Microsoft Intune用のカスタムコンプライアンスJSONファイル」
https://learn.microsoft.com/ja-jp/mem/intune/protect/compliance-custom-json

---

カスタムコンプライアンスの作成

ここまでで作成した内容をもとにカスタムコンプライアンスを作成します。

①Microsoft Intune管理センター画面（https://intune.microsoft.com）で、左側のメニューから、［デバイス］－［コンプライアンス］をクリックする。

②［デバイス｜コンプライアンス］画面の［ポリシー］タブで、［ポリシーの作成］をクリックし、［ポリシーの作成］画面で［プラットフォーム］と［プロファイルの種類］を選択し、［作成］をクリックする。ここでは、次のとおり設定している。

- ［プラットフォーム］：［Windows 10以降］を選択
- ［プロファイルの種類］：［Windows 10/11 compliance policy］を選択

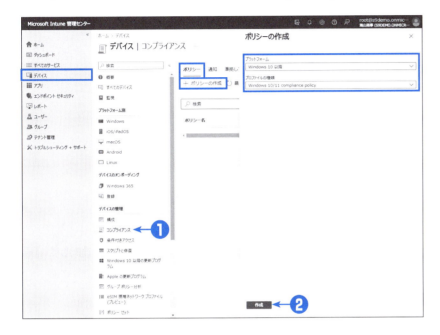

③［Windows 10/11 コンプライアンスポリシー］画面の［基本］タブで、［名前］に任意の名前を入力し、［次へ］をクリックする。ここでは、［名前］に「TPM有効性の確認」と入力している。

④［コンプライアンス設定］タブで、［カスタムコンプライアンス］から［必要］を選択し、［検出スクリプトを選択する］の［クリックして選択］をクリックする。

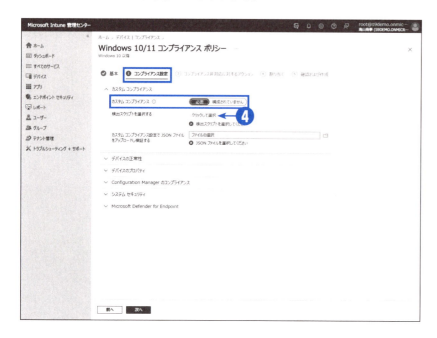

⑤［検出スクリプトの選択］画面で、［TPMの確認］（前の手順で作成したPowerShellスクリプト）を選択して、［選択］をクリックする。

⑥［コンプライアンス設定］タブで、［カスタムコンプライアンス設定でJSONファイルをアップロードし検証する］の［ファイルの選択］をクリックし、前の手順で作成したJSONファイルを選択する。

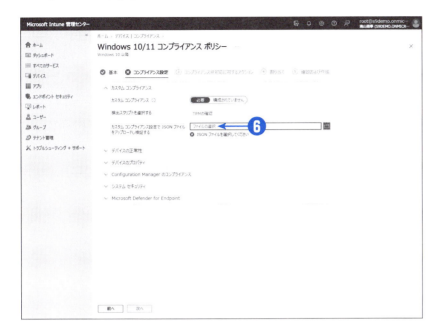

⑦［コンプライアンス設定］タブで、読み込まれたJSONファイルの内容を確認し、［次へ］をクリックする。

⑧ ［コンプライアンス非対応に対するアクション］タブで、［次へ］をクリックする。

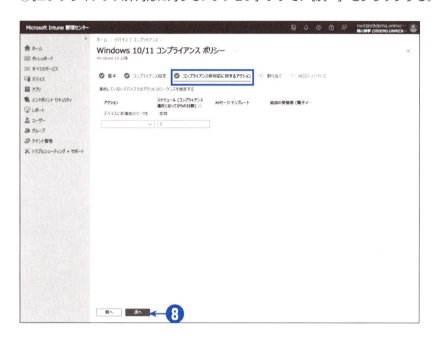

⑨ ［割り当て］タブで、［すべてのユーザーを追加］をクリックし、［次へ］をクリックする。

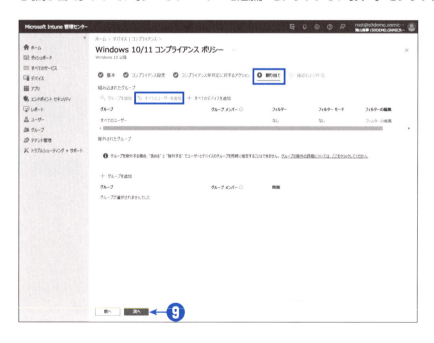

⑩［確認および作成］タブで、設定内容を確認し、［作成］をクリックする。

⑪コンプライアンスポリシーが作成されたことを確認する。

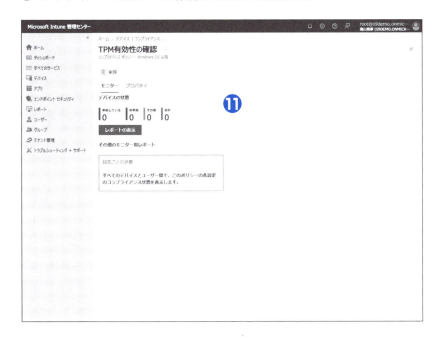

Microsoft Defender for Endpoint との連携によるアクセス制御

Microsoft Defender for Endpointにオンボーディングされた Windowsデバイスの場合、Microsoft Defender for Endpointから報告されるリスクスコアの基準をコンプライアンスポリシーの準拠/非準拠の基準に利用することができます。

Microsoft Defender for Endpointとは

Microsoft Defender for Endpoint は Microsoft 365 E5 などのライセンスを通じて提供される EDR（Endpoint Detection and Response）のサービスで、次の画面のようにクラウド経由でマルウェア感染などの不正アクセス（インシデント）を検出し、管理者に通知を行います。また、その結果を参照するだけでなく、インシデントが発生したデバイスの通信を遮断する、マルウェアを除去する、などの対応もクラウド経由で行える特徴があります。

Microsoft Defender for Endpointによるデバイスの監視を行うには、事前に「オンボーディング」と呼ばれる、デバイスの登録作業を行います。登録を行ったデバイスは、インシデントが発生したかどうかをリアルタイムで監視されるだけでなく、デバイスにインストールされたソフトウェアの情報やWindowsの設定などが収集され、そこから脆弱性がないか検査されます。検査結果はクラウド経由で管理者が参照できるため、更新プログラムをインストールする、必要な追加設定を行うといった、セキュリティ改善のための次のアクションにつなげることができます。

IntuneとMicrosoft Defender for Endpointの連携

　Microsoft Defender for EndpointではIntuneと連携して、デバイスで発生したインシデントのレベル（リスクレベル）情報を共有します。Microsoft Defender for Endpointで提供されるリスクレベルは、Intuneのコンプライアンスポリシーであらかじめ設定したリスクスコアの基準と照らし合わせて準拠、非準拠の判定を行います。そして判定結果を条件付きアクセスのアクセス制御に利用することで、結果的にインシデントが発生したデバイスからはクラウドアクセスさせないようなアクセス制御が可能になります。

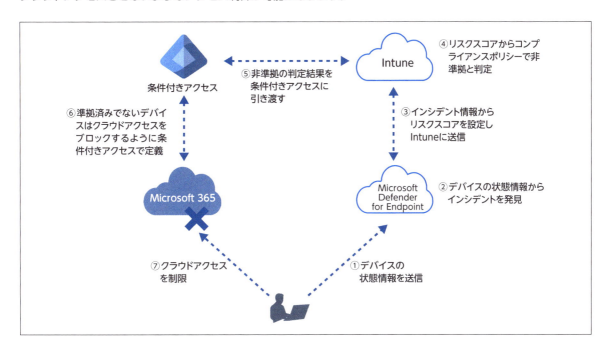

　こうした準拠・非準拠の判定を行う場合、次の設定を通じて実現します。

1. IntuneとMicrosoft Defender for Endpointの連携設定
2. Intune経由でMicrosoft Defender for Endpointにデバイスをオンボーディング
3. コンプライアンスポリシーの作成

> Microsoft Defender for EndpointにはP1とP2の2つのライセンスがあり、この節ではP2のライセンスを保有していることを前提にIntuneとの連携について解説します。そのため、Microsoft 365 E5またはMicrosoft Defender for Endpoint P2の単体ライセンス（無料試用版でも可）を取得してから以降の手順を進めてください。
> Microsoft 365 E5無料試用版の取得方法については、姉妹書『ひと目でわかるMicrosoft Defender for Endpoint』（日経BP、2023年）を参考にしてください。

IntuneとMicrosoft Defender for Endpointの連携設定

　Microsoft Defender for Endpointで出力するリスクスコアをIntuneに報告できるよう、IntuneとMicrosoft Defender for Endpointの連携設定を行います。

①Microsoft Defender管理センター画面（https://security.microsoft.com）にアクセスする。
②サインイン画面が表示された場合は、グローバル管理者のユーザー名とパスワードを入力してサインインする。
③Microsoft Defender管理センター画面で、左側のメニューから、［設定］－［エンドポイント］をクリックする。
④［エンドポイント］画面で、［高度な機能］の［Microsoft Intune接続］をオンにし、［ユーザー設定の保存］をクリックする。

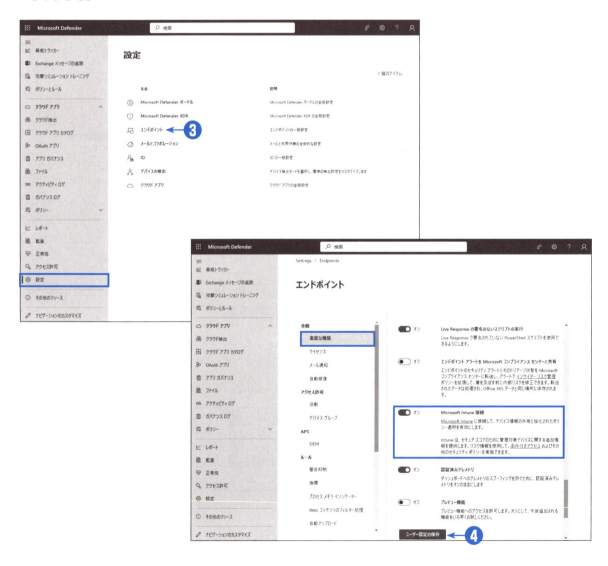

Intune経由でMicrosoft Defender for Endpointにデバイスをオンボーディング

　Microsoft Defender for Endpointによるデバイス監視を行う場合、「オンボーディング」と呼ばれる登録作業を最初に行います。ここではWindowsデバイスに対するオンボーディングを行います。

①Microsoft Intune管理センター画面（https://intune.microsoft.com）で、左側のメニューから、［エンドポイントセキュリティ］－［Microsoft Defender for Endpoint］をクリックする。

②［エンドポイントセキュリティ｜Microsoft Defender for Endpoint］画面で、［バージョン10.0.15063以上のWindowsデバイスをMicrosoft Defender for Endpointに接続します］をオンにし、［保存］をクリックする。

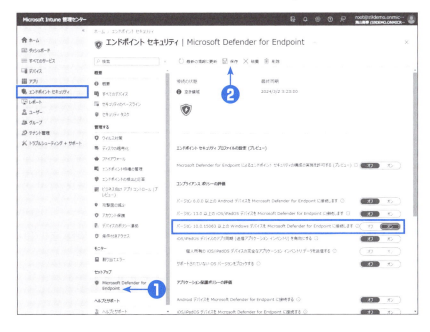

③Microsoft Intune管理センター画面で、左側のメニューから、［エンドポイントセキュリティ］－［エンドポイントの検出と応答］をクリックする。

④［エンドポイントセキュリティ｜エンドポイントの検出と応答］画面の［概要］タブで、［エンドポイントの検出と対応（EDR）ポリシー］欄の［ポリシーの作成］をクリックする。

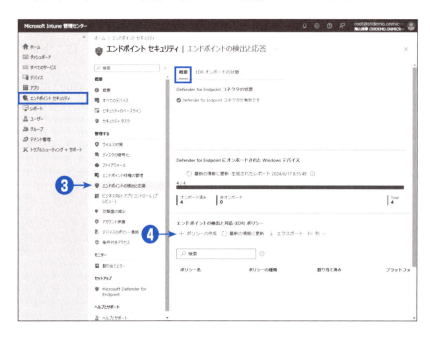

⑤［プロファイルの作成］画面で、［プラットフォーム］から［Windows 10、Windows 11、Windows Server］を選択し、［プロファイル］から［エンドポイントの検出と応答］を選択して、［作成］をクリックする。

⑥ [ポリシーの作成] 画面の [基本情報] タブで、[名前] に任意の名前を入力し、[次へ] をクリックする。ここでは、[名前] に「MDEOnboarding」と入力している。

⑦ [構成設定] タブで、[Microsoft Defender for Endpointクライアント構成パッケージの種類] を [コネクタから自動] に設定し、[次へ] をクリックする。

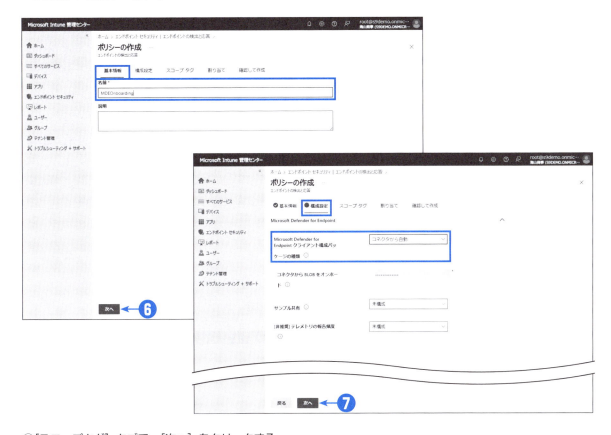

⑧ [スコープタグ] タブで、[次へ] をクリックする。

⑨ [割り当て] タブで、[グループ名で検索する] をクリックし、[すべてのデバイス] をクリックして、[次へ] をクリックする。

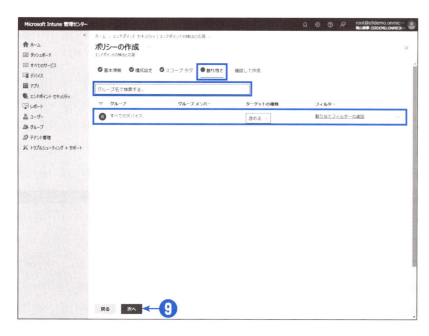

⑩ [確認して作成] タブで、設定内容を確認し、[保存] をクリックする。

⑪ [エンドポイントセキュリティ | エンドポイントの検出と応答] 画面の [概要] タブで、オンボーディングを行うための設定が作成されたことが確認できる。

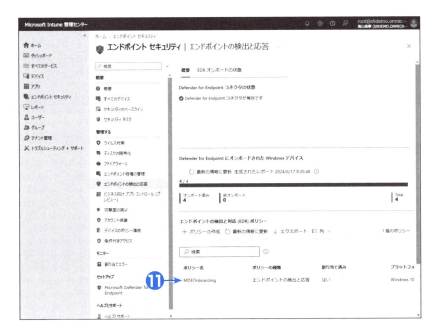

⑫ [エンドポイントセキュリティ | エンドポイントの検出と応答] 画面で、[EDRオンボードの状態] タブをクリックする。するとオンボーディングされたデバイスの情報が一覧で確認できる。

コンプライアンスポリシーの作成

　Microsoft Defender for Endpointで報告するリスクスコアをもとにIntuneで準拠/非準拠の判定ができるよう、コンプライアンスポリシーを作成します。

①Microsoft Intune管理センター画面（https://intune.microsoft.com）で、左側のメニューから、[デバイス]－[コンプライアンス]をクリックする。

②[デバイス | コンプライアンス]画面の[ポリシー]タブで、[ポリシーの作成]をクリックし、[ポリシーの作成]画面の[プラットフォーム]で[Windows 10以降]を選択して[作成]をクリックする。

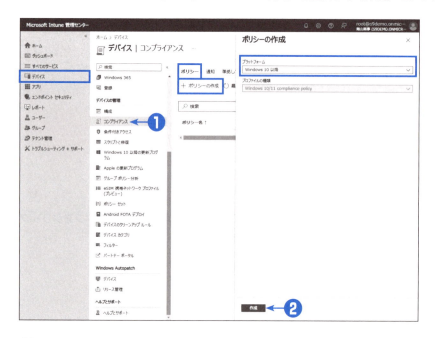

③[Windows 10/11 コンプライアンスポリシー]画面の[基本]タブで、[名前]に任意の名前を入力し、[次へ]をクリックする。ここでは、[名前]に「リスクスコアの確認」と入力している。

④［コンプライアンス設定］タブで、［Microsoft Defender for Endpoint］を展開し、［デバイスは、次のマシンリスクスコア以下であることが必要］から［クリア］を選択し、［次へ］をクリックする。

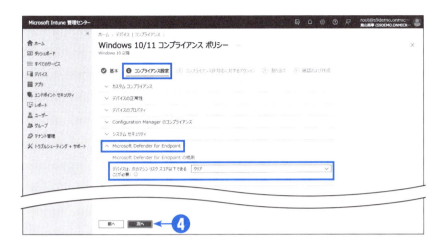

ここではインシデントが発生したときに、準拠から非準拠に切り替わりやすくするために「クリア」という基準を設定しています。しかし現実の運用では「クリア」を設定することにより、取るに足らないインシデントでもデバイスが非準拠にされてしまいます。どのレベルに設定すべきかは組織によって判断が分かれますが、少なくとも簡単に非準拠になってしまうようなレベルでの運用は避けるようにしてください。

⑤［コンプライアンス非対応に対するアクション］タブで、［次へ］をクリックする。
⑥［割り当て］タブで、［すべてのユーザーを追加］をクリックし、［次へ］をクリックする。

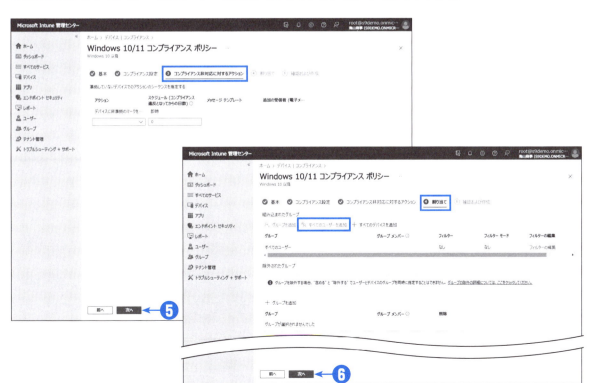

⑦［確認および作成］タブで、設定内容を確認し、［作成］をクリックする。

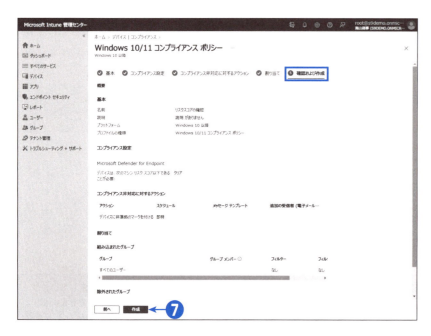

⑧コンプライアンスポリシーが作成されたことを確認する。

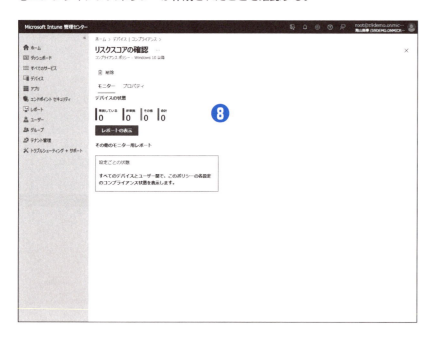

6 コンプライアンスポリシーに基づくアクセス制御

ここまででさまざまなコンプライアンスポリシーを作成し、準拠/非準拠の判定を行ってきました。ここでは準拠/非準拠の判定結果をもとに条件付きアクセスを利用してアクセス制御を行う方法について見ていきます。

コンプライアンスポリシーに基づくアクセス制御

コンプライアンスポリシーを構成すると、チェックを行った結果、ポリシーと同じ設定になっている場合は「準拠」、ポリシーと異なる設定になっている場合は「非準拠」という結果をIntuneに対して報告します。コンプライアンスポリシーによるチェックの結果に基づいてアクセス制御を行う場合には、条件付きアクセスの[アクセス制御]で構成を行う必要があります。

本書ではコンプライアンスポリシーの結果に基づくアクセス制御に条件付きアクセスを利用しますが、一方でIntuneはコンプライアンスポリシーだけで行うアクセス制御設定も同時に用意しています。コンプライアンスポリシーの作成時に、デバイスが非準拠と判定された際の挙動について、メールを送信する、プッシュ通知を行う、デバイスをロックする、Intuneからデバイスを削除する、の各対応を定義できます。

Windowsデバイス用コンプライアンスポリシーに基づくアクセス制御方法

条件付きアクセスはMicrosoft Intune管理センターまたはMicrosoft Entra管理センターのいずれかを使用して構成することができます。ここでは、Microsoft Intune管理センターでの構成手順を解説します。また、ここでの設定例として、この章の3で作成したデバイス用コンプライアンスポリシーの結果に基づいて、Exchange Onlineへのアクセスが制御されることを確認します。

①Microsoft Intune管理センター画面（https://intune.microsoft.com）で、［デバイス］－［条件付きアクセス］をクリックする。

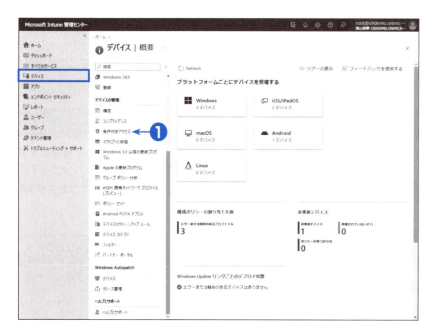

②［条件付きアクセス｜概要］画面で、［新しいポリシーを作成する］をクリックする。

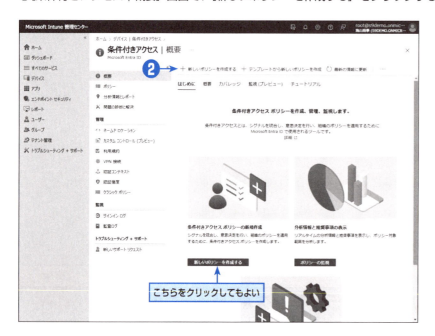

③［新規］画面で、［名前］に任意のポリシー名を入力する。ここでは例として、「デバイス準拠のみExO許可」と入力している。

④［割り当て］内の［ユーザー］をクリックし、［対象］タブで［ユーザーとグループの選択］をクリックして、［ユーザーとグループ］をオンにする。

⑤［ユーザーとグループの選択］画面で、割り当てるユーザーまたはグループを選択し、［選択］をクリックする。ここでは例として、hayakawaユーザー（早川ふゆみ）を選択している。

⑥[対象]タブで、選択したユーザーまたはグループが表示されていることを確認する。

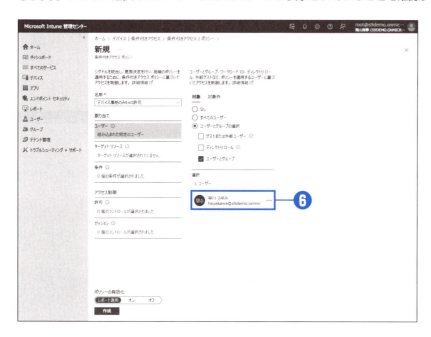

⑦[割り当て]内の[ターゲットリソース]をクリックし、[対象]タブで[アプリを選択]をクリックして、[選択]欄の[なし]をクリックする。

⑧ [選択] 画面で、このポリシーの適用対象とするクラウドアプリを選択し、[選択] をクリックする。ここでは例として、[Office 365 Exchange Online] を選択している。

⑨ [対象] タブで、選択したクラウドアプリが表示されていることを確認する。

⑩[新規]画面で、[条件]－[デバイスプラットフォーム]をクリックする。[デバイスプラットフォーム]画面の[構成]で[はい]を選択し、[対象]タブで[デバイスプラットフォームの選択]をクリックして[Windows]をオンにし、[完了]をクリックする。

⑪[新規]画面で、[アクセス制御]内の[許可]をクリックする。[許可]画面で[アクセス権の付与]が選択されていることを確認し、[デバイスは準拠しているとしてマーク済みである必要があります]をオンにして、[選択]をクリックする。

⑫［新規］画面で、［ポリシーの有効化］を［オン］に設定し、［作成］をクリックする。

⑬「＜作成した条件付きアクセスのポリシー名＞が正常に作成されました。」という通知が表示されたことを確認し、［条件付きアクセス｜ポリシー］画面でポリシーが追加されたことを確認する。

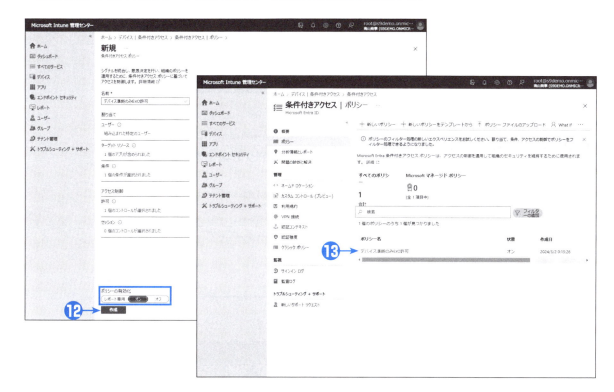

⑭この章の3で作成したコンプライアンスポリシーで非準拠と判定されたデバイスでブラウザーを開き、アドレスに「https://outlook.office.com」と入力してアクセスし、hayakawaユーザーでサインインする。

> Microsoft Entra登録でhayakawaユーザーで登録したデバイスやMicrosoft Entra参加/Microsoft Entraハイブリッド参加のデバイスでhayakawaユーザーでサインインしている場合、手順⑭のURLへのアクセス時にサインイン画面は表示されません。起動時のサインイン情報を使用して自動的に認証されます。

⑮ブラウザー画面に「デバイスは組織のコンプライアンス要件に準拠している必要があります」というメッセージが表示され、Exchange Onlineにアクセスできないことを確認し、ブラウザー画面を閉じる。

iOS/Androidでコンプライアンスポリシーに基づく条件付きアクセス設定を行った場合、デバイスでクラウドサービスにアクセスするタイミングで証明書の利用を求めるメッセージが表示されます。非準拠のデバイスの場合、この画面で［続ける］をクリックしてもアクセスに失敗したことを表すメッセージが表示されます。

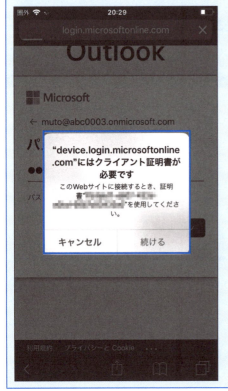

7 アプリ保護ポリシーとの連携によるアクセス制御

Intuneではデバイスの準拠/非準拠判定をもとに条件付きアクセスでアクセス制御できるだけでなく、デバイスで利用しているアプリの種類をもとにアクセス制御を行うことができます。

アプリ保護ポリシーと条件付きアクセス

これまでの章で、Intuneを通じてiOS/Androidデバイスで利用するアプリの展開、アプリ設定の展開、アプリ内のコンテンツに対するアクセス制御などのアプリに対する各種設定ができることを解説しました。Intune経由で一元的なアプリ管理機能を利用している場合、ユーザーがアプリストアから独自にアプリをインストールして利用しているケースに比べて、管理されたアプリという点から安全という言い方ができます。特にアプリ保護ポリシーを利用している場合、アプリ内のコンテンツは保護されているため、クラウドサービスに保存されているコンテンツをアプリにダウンロードして利用しても情報漏えいのリスクは少ないと言えるでしょう。

以上のことを踏まえ、条件付きアクセスではアプリ保護ポリシーが適用されているアプリからのアクセスを条件にアクセスを許可するように構成することができます。

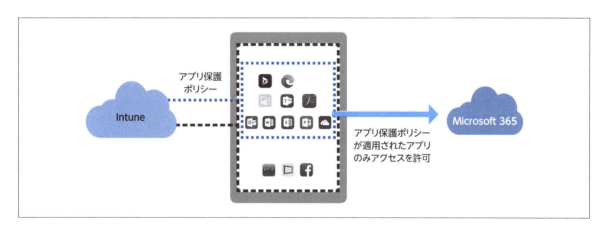

アプリ保護ポリシーが適用されているアプリからクラウドサービスへアクセスしていることを条件にアクセスを許可する場合、条件付きアクセスの［アプリの保護ポリシーが必要］という項目を利用します。この項目を設定すると、クライアントデバイスはアプリ保護ポリシーによる保護対象となるアプリからアクセスしていることがチェックされます。このとき、チェックを行うアプリとして、iOSデバイスではMicrosoft Authenticatorアプリ、AndroidデバイスではIntuneポータルサイトアプリをそれぞれ利用します。これらのアプリがインストールされていない場合には保護対象のアプリであることを識別できないため、［アプリの保護ポリシーが必要］項目の条件をクリアできず、アクセスがブロックされる点に注意してください。

条件付きアクセスには、特定のアプリからアクセスしていることを条件にアクセスを許可する設定として［承認されたクライアントアプリが必要です］という項目があります。この設定は2026年3月に廃止が予定されているため、これから利用するべきではありません。代わりにアプリ保護ポリシーを利用してください。詳細については、次のマイクロソフトのWebサイトを参照してください。

「条件付きアクセスで承認済みクライアントアプリをアプリケーション保護ポリシーに移行する」
https://learn.microsoft.com/ja-jp/entra/identity/conditional-access/migrate-approved-client-app

アプリ保護ポリシーを利用した条件付きアクセスポリシーの作成

ここでは［アプリの保護ポリシーが必要］設定項目を有効にした条件付きアクセスポリシーを作成し、例としてExchange Onlineへのアクセス制御を行います。また、条件付きアクセスではOS種類としてiOS/Androidだけを対象とするように同時に設定します。

①Microsoft Intune管理センター画面（https://intune.microsoft.com）で、［デバイス］－［条件付きアクセス］をクリックする。

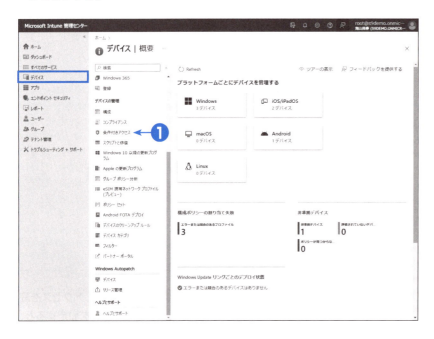

第9章 条件付きアクセス 587

②［条件付きアクセス｜概要］画面で、［新しいポリシーを作成する］をクリックする。

③［新規］画面で、［名前］に任意のポリシー名を入力する。ここでは例として、「特定アプリのみExO許可」と入力している。

④［割り当て］内の［ユーザー］をクリックし、［対象］タブで［ユーザーとグループの選択］をクリックして［ユーザーとグループ］をオンにする。

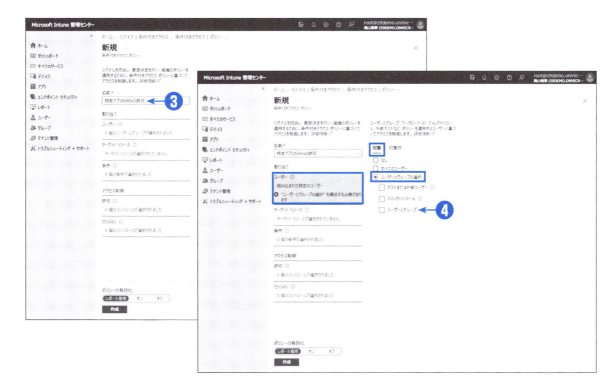

⑤ [ユーザーとグループ選択] 画面で、割り当てるユーザーまたはグループを選択し、[選択] をクリックする。ここでは例として、hayakawaユーザー（早川ふゆみ）を選択している。

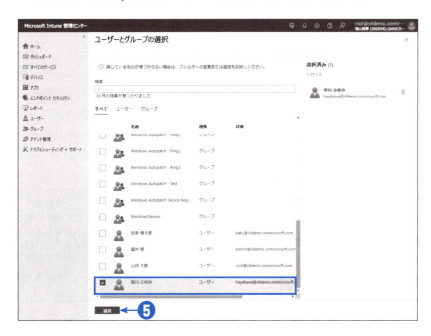

⑥ [対象] タブで、選択したユーザーまたはグループが表示されていることを確認する。

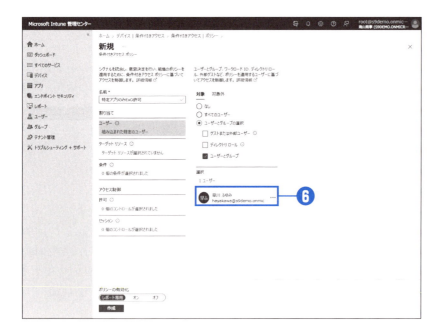

⑦[割り当て]内の[ターゲットリソース]をクリックし、[対象]タブで[アプリを選択]をクリックして、[選択]欄の[なし]をクリックする。

⑧[選択]画面で、このポリシーの適用対象とするクラウドアプリを選択し、[選択]をクリックする。ここでは例として、[Office 365 Exchange Online]を選択している。

⑨ [対象] タブで、選択したクラウドアプリが表示されていることを確認する。

⑩ [新規] 画面で、[条件] − [デバイスプラットフォーム] をクリックする。[デバイスプラットフォーム] 画面の [構成] で [はい] を選択し、[対象] タブで [デバイスプラットフォームの選択] をクリックして [iOS] と [Android] をオンにし、[完了] をクリックする。

⑪ [新規] 画面で、[アクセス制御] 内の [許可] をクリックする。[許可] 画面で [アクセス権の付与] が選択されていることを確認し、[アプリの保護ポリシーが必要] をオンにして、[選択] をクリックする。

⑫ [新規] 画面で、[ポリシーの有効化] を [オン] に設定し、[作成] をクリックする。

⑬ 「＜作成した条件付きアクセスのポリシー名＞が正常に作成されました。」という通知が表示されたことを確認し、[条件付きアクセス｜ポリシー] 画面でポリシーが追加されたことを確認する。

アプリ保護ポリシー対象アプリとそうでないアプリからの接続確認

第8章でOutlookアプリをアプリ保護ポリシーとして設定しているため、Outlookアプリからアクセスした場合にはアクセスが許可され、アプリ保護ポリシーの対象ではないブラウザーからのアクセスの場合はアクセスが拒否される様子を確認します。

①iOSデバイスでOutlookアプリを起動する。
②アプリ保護ポリシーの対象アプリからのアクセスであるため、Exchange Onlineのメールボックスにアクセスできることが確認できる。

③iOSデバイスでSafariブラウザーを起動する。
④ブラウザー画面で、Exchange Onlineに接続するために「https://outlook.office.com」にアクセスする。
⑤サインイン画面で、hayakawaユーザーのユーザー名とパスワードを入力し、サインインする。
⑥Safariブラウザーはアプリ保護ポリシーの対象アプリではないため、接続できないことを表すメッセージが確認できる。

⑦iOSデバイスでMicrosoft Edgeブラウザーを起動する。
⑧ブラウザー画面で、Exchange Onlineに接続するために「https://outlook.office.com」にアクセスする。
⑨サインイン画面で、hayakawaユーザーのユーザー名とパスワードを入力し、サインインする。
⑩Microsoft Edgeブラウザーはアプリ保護ポリシーの対象アプリであるが、アプリ保護ポリシーによる保護対象にするためにはMicrosoft Edgeそのものに Microsoft Entraユーザーでサインインする必要があるため、［Microsoft Edgeにサインインする］をタップする。

⑪サインイン画面で、hayakawaユーザーのユーザー名とパスワードを入力し、サインインする。
⑫ブラウザー画面で、アプリ保護ポリシーが割り当てられていないアプリであることが原因でExchange Onlineに接続できないことを確認する。

> Safariブラウザー画面でMicrosoft EdgeからアクセスするようにPromotingしているのは、Microsoft Edgeアプリがアプリ保護ポリシーの対象アプリだからです。ただし、今回の手順では［アプリの保護ポリシーが必要］を選択しているため、Microsoft EdgeからアクセスしたとしてもMicrosoft Edgeにアプリ保護ポリシーが設定されていなければアクセスはブロックされます。

Microsoft 365を活用した条件付きアクセスの拡張

　この章ではIntuneを利用して条件付きアクセスの機能を拡張し、Intuneで設定した条件に基づいてアクセス制御できることを解説しました。このような条件付きアクセスの機能拡張はIntuneだけでなく、他のMicrosoft 365のサービスを利用して実現することが可能です。

　たとえばMicrosoft 365 E5に含まれるクラウドサービスに対するセキュリティ対策を行うMicrosoft Defender for Cloud Appsでは、証明書がインストールされているデバイスを対象にアクセスを許可したり、特定のクラウドサービスにアクセスするときはコピーと貼り付けやダウンロードを制限したりすることができます。

　また、Microsoft 365 E5に含まれるコンテンツアクセスの監視とそれに基づくリスクレベルの測定を行うMicrosoft Purviewでは、「適応型保護」と呼ばれる機能を利用してユーザーのファイルアクセスなどのアクティビティを監視し、そこから情報流出などのリスクの測定を行い、その結果に基づいてクラウドサービスへのアクセスを制限したりすることができます。

　このように条件付きアクセスはさまざまなサービスと組み合わせて、さまざまな要素の、さまざまな属性や状態をもとにアクセス制御を実現します。

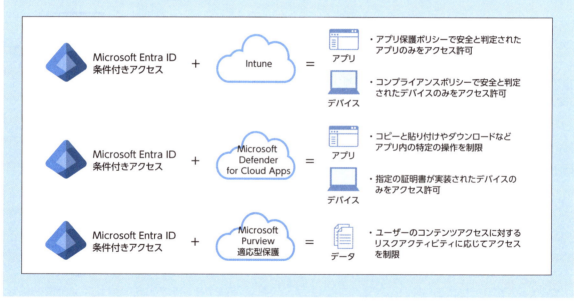

レポート

第 10 章

1	資産管理とレポート機能
2	エンドポイント分析
3	Intune データウェアハウス
4	Log Analytics からレポートの参照
5	Windows PowerShell からインベントリの参照

Intune では登録されたデバイスの情報を収集し、その結果をレポートとして参照することができます。この章では収集した各種情報を参照する方法について見ていきます。

1 資産管理とレポート機能

　Intune利用の有無にかかわらず、業務で使用するデバイスの状態を確認することは重要なテーマのひとつです。IntuneではMicrosoft Entra IDとIntuneにそれぞれデバイスを登録し、管理を行いますが、こうして登録されたデバイスの状態はMicrosoft Intune管理センター画面のさまざまな項目から確認できます。状態の確認を行うには、個々のデバイスやアプリなどの「オブジェクト」単位で確認する方法と、テナント単位でレポートを出力して確認する方法があります。

オブジェクト単位での状態の確認

　ここではデバイスやアプリなどのオブジェクト単位で状態を確認する方法について見ていきます。

デバイスの登録

　デバイスの登録にはMicrosoft Entra IDへの登録と、Intuneへの登録の2種類があり、Intuneでデバイス管理を行う場合、事実上は両方へデバイスを登録する必要があります。Intuneへのデバイス登録状況についてはMicrosoft Intune管理センター画面（https://intune.microsoft.com/）の［デバイス］－［すべてのデバイス］から、Microsoft Entra IDへのデバイス登録状況についてはMicrosoft Entra管理センター画面（https://entra.microsoft.com/）の［デバイス］－［すべてのデバイス］から、それぞれ確認できます。特にIntune登録デバイスの場合、Intuneの機能を利用して収集されたデバイス情報が参照できるため、Microsoft Entra IDに登録されたデバイスの情報よりもより詳細な情報を参照できます。

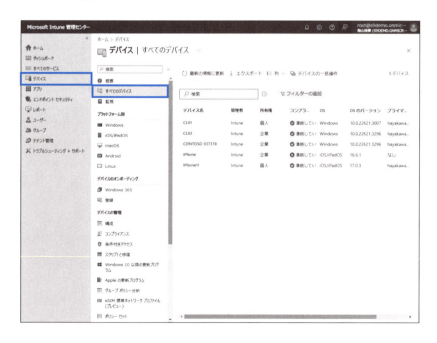

ポリシーの割り当て

　プロファイル、PowerShellスクリプト、エンドポイントセキュリティなど、Intune登録デバイスに対するポリシー設定の適用状況はMicrosoft Intune管理センター画面の［デバイス］-［すべてのデバイス］から特定のデバイスを選択し、［デバイスの構成］項目で確認できます。［デバイスの構成］項目では、プロファイルの展開状況を状態（成功、保留中、エラーなど）の単位で確認できると同時に、ここの項目をクリックすると、プロファイルの中に入っている個々の設定項目ごとの展開状況を確認できます。

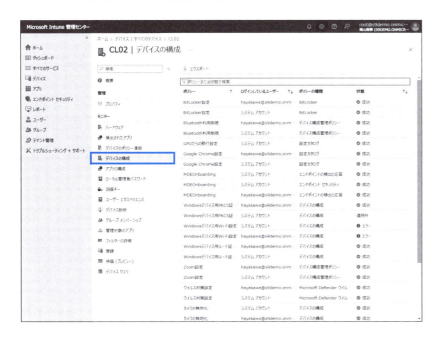

　もし展開エラーが発生している場合、［ポリシー］の項目に表示されるプロファイルにMicrosoft Intune管理センター画面の［デバイス］-［構成プロファイル］からアクセスすると、デバイス単位、ユーザー単位、設定単位でプロファイルの適用状況が確認できます。これにより、プロファイル適用のエラーが生じていれば、それがすべてのデバイスで共通して起きているトラブルなのか、それとも特定のデバイスでのみ起きているトラブルなのかを確認でき、結果としてエラー原因の切り分けができます。

アプリの割り当て

　デバイスに対するアプリのインストール状況はMicrosoft Intune管理センター画面の［アプリ］項目で確認できます。特に［アプリ］-［モニター］-［アプリインストールの状態］の順にクリックして表示される画面ではアプリのインストールに失敗したユーザー/デバイスの数が表示され、アプリの展開に関わるトラブルが確認できます。

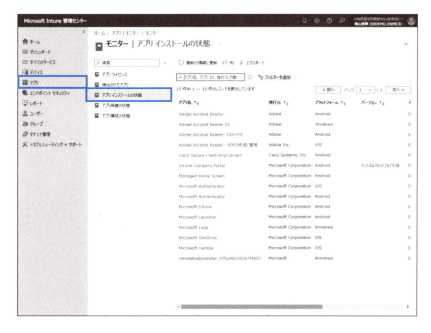

　［モニター｜アプリインストールの状態］画面から特定のアプリをクリックすると、各アプリの［概要］画面に移動します。各アプリの［概要］画面では、アプリを割り当てたユーザーまたはデバイスの単位でのインストール状況を確認できます。

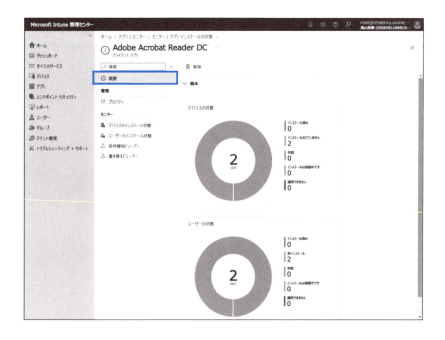

テナント単位での状態の確認

Microsoft Intune 管理センター画面ではテナント単位での状態情報を要約し、表示する［レポート］項目が用意されています。［レポート］項目には本書執筆時点で、次の項目が用意されています。

項目	内容
デバイスのポリシー準拠	各デバイスのコンプライアンスポリシーへの準拠状況を把握するためのレポート
デバイスの構成	構成プロファイルの適用状況を把握するためのレポート
グループポリシー分析	Active Directoryに実装されたグループポリシーオブジェクトの設定をIntuneに移行するに当たり、移行の実現性と該当する設定箇所を案内
Windowsの更新プログラム	機能更新プログラム、品質更新プログラム、ドライバー更新プログラムの適用状況について把握するためのレポート
クラウドに接続されたデバイス	IntuneとMicrosoft Configuration Manager（MCM）を同時に利用する、共同管理の形態を採用しているときに、個々の設定の適用状況を把握するためのレポート
クラウドPCの概要	Windows 365 デバイスの利用状況を把握するためのレポート
Microsoft Defender ウイルス対策	WindowsコンピューターでMicrosoft Defenderウイルス対策を利用している場合、エージェントの状態やマルウェアを検出したかなどの状況を把握するためのレポート
ファイアウォール	Microsoft Defender ファイアウォールの有効・無効などの状態を把握するためのレポート
エンドポイント分析	デバイスにおけるWindows起動時のパフォーマンスやインストールされているアプリの信頼性などを分析し、結果の表示と共にパフォーマンス/信頼性向上のための推奨事項を案内

Microsoft Defenderウイルス対策レポートの生成

ここではレポート出力の例として、Microsoft Defenderウイルス対策のレポートを出力し、その内容を確認する方法について見ていきます。

①Microsoft Intune管理センター画面（https://intune.microsoft.com）の［レポート］をクリックする。
②［レポート］画面で、［Microsoft Defenderウイルス対策］をクリックする。
③［レポート｜Microsoft Defenderウイルス対策］画面の［概要］タブで、［最新の情報に更新］をクリックする。すると、ウイルス対策エージェントの状態が統計情報として表示される。

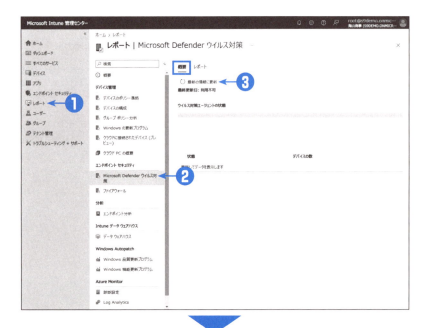

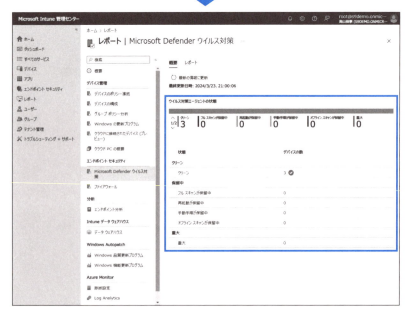

④[レポート｜Microsoft Defender ウイルス対策]画面で、[レポート]タブをクリックし、[ウイルス対策エージェントの状態]をクリックする。

⑤[ウイルス対策エージェントの状態]画面で、[レポートの生成]をクリックする。

⑥[ウイルス対策エージェントの状態]画面で、デバイスごとのウイルス対策エージェントの状態が表示されていることが確認できる。

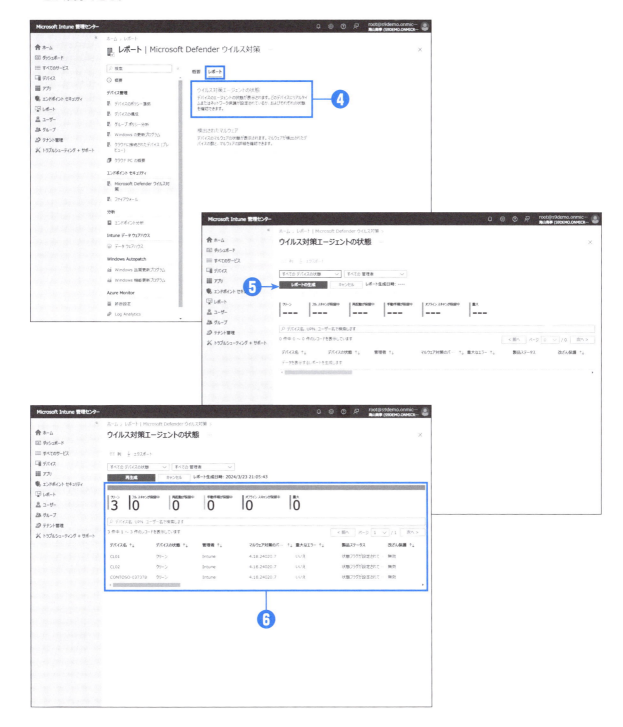

2 エンドポイント分析

ここでは、Intuneで利用できるエンドポイント分析機能について見ていきます。

エンドポイント分析とは

　エンドポイント分析とはIntuneに登録されたデバイスについて、デバイスのパフォーマンスなどを測定し、その結果をまとめて参照できる機能です。管理者はエンドポイント分析を参照することで、ユーザーが快適にデバイスを利用できているかを判断したり、Windows 10からWindows 11へのアップグレードの可能性を判断したりすることができます。

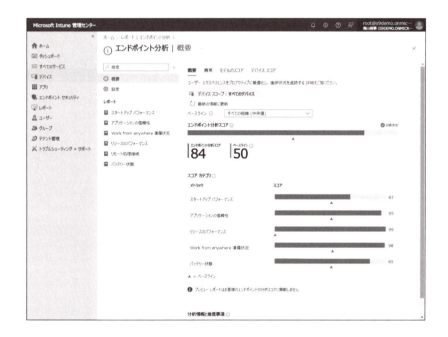

エンドポイント分析利用のための設定

　エンドポイント分析を利用開始する場合、Intuneデータ収集ポリシーを分析対象となるデバイスに割り当て、分析のための情報を収集する必要があります。ここではその設定について確認します。

①Microsoft Intune管理センター画面（https://intune.microsoft.com）で、左側のメニューから、［デバイス］－［構成］をクリックし、［デバイス｜構成］画面の［ポリシー］タブで［作成］をクリックする。
②［プロファイルの作成］画面で、［プラットフォーム］と［プロファイルの種類］および［テンプレート名］を選択し、［作成］をクリックする。ここでは、次のとおり設定している。
- ［プラットフォーム］：［Windows 10以降］を選択
- ［プロファイルの種類］：［テンプレート］を選択
- ［テンプレート名］：［Windowsの正常性の監視］を選択

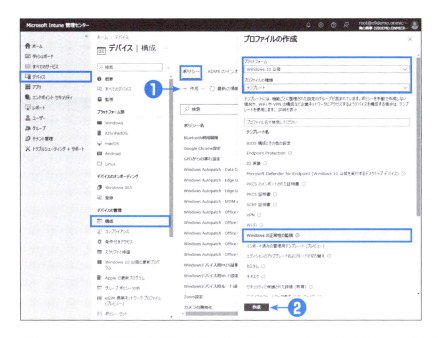

③［Windowsの正常性の監視］画面の［基本］タブで、［名前］に任意の名前を入力して［次へ］をクリックする。ここでは、［名前］に「Intuneデータ収集ポリシー」と入力している。

④ [構成設定] タブで、[正常性の監視] で [有効化] を選択し、[スコープ] の [Windowsの更新プログラム] と [エンドポイント分析] のチェックボックスをオンにして [次へ] をクリックする。
⑤ [スコープタグ] タブで、[次へ] をクリックする。

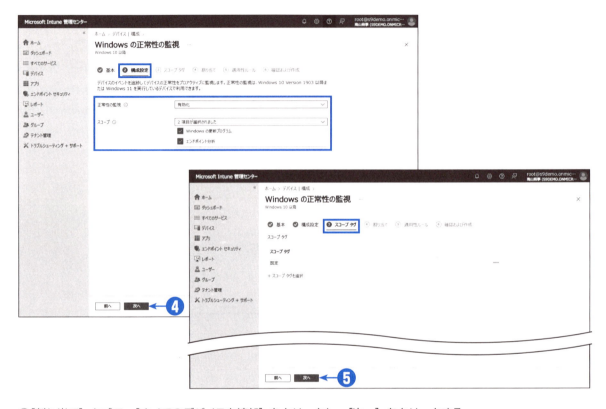

⑥ [割り当て] タブで、[すべてのデバイスを追加] をクリックし、[次へ] をクリックする。

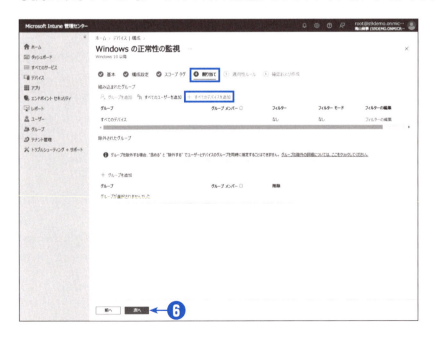

⑦［適用性ルール］タブで、［次へ］をクリックする。

⑧［確認および作成］タブで、設定内容を確認し、［作成］をクリックする。

⑨ [デバイス｜構成] 画面の [ポリシー] タブで、構成プロファイルが作成されたことを確認する。

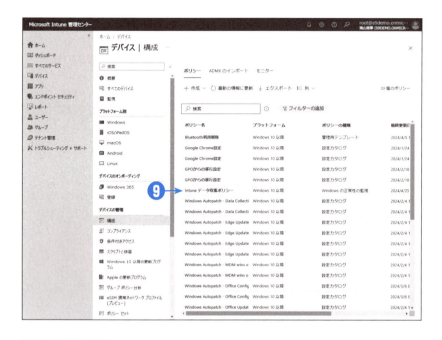

エンドポイント分析の分析項目

　Microsoft Intune管理センターの [レポート]－[エンドポイント分析] メニューからアクセス可能なエンドポイント分析には、次の6つの分析項目が用意されています。

スタートアップパフォーマンス

　デバイスの起動に関わるパフォーマンスを測定し、その結果を参照できます。[スタートアップスコア] タブでは、起動に関わるパフォーマンスにはOS起動に関わる時間を測定してパフォーマンスの高さを割合で算出した値を参照できます。たとえば、右の画面ではスタートアップスコアが「64」と表示されています。これはベースライン（基準値）よりも高い数値であるものの、改善の余地のあるスコアです。

第10章　レポート

このような場合、[デバイスのパフォーマンス] タブをクリックして、スタートアップのパフォーマンスが悪いデバイスを特定することができます。

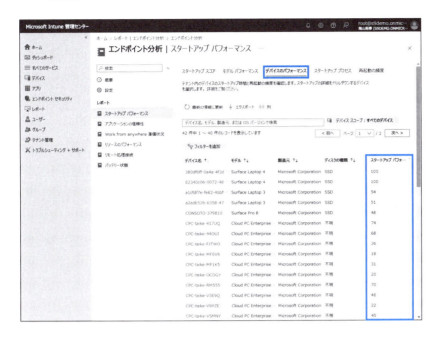

さらに [スタートアッププロセス] タブをクリックすると、OS起動を遅くしているプロセスを確認できます。ここまでの内容を参照することで、組織全体のスタートアップパフォーマンスを高めるうえでどのデバイスが問題になっているのか、そしてどのプロセスが問題になっているのかを確認できます。

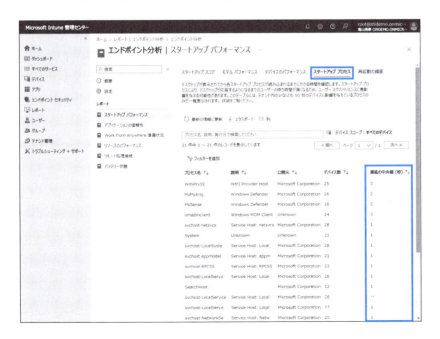

一方、[再起動の頻度] タブでは過去30日間で行った再起動の回数を参照できます。近年のWindowsは更新プログラムを適用するなどの理由がない限り再起動することは少なくなりました。にもかかわらず再起動を行う回数が多

い場合はOSがクラッシュした、アプリケーション実行に不具合があるなど、何かしらの問題を抱えている可能性があります。このような問題を一覧で参照できます。

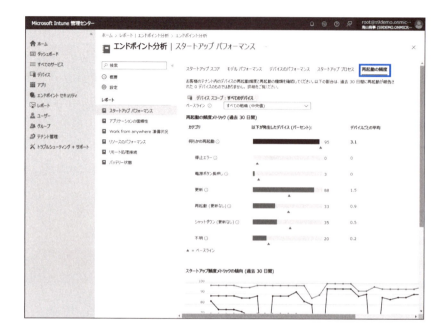

アプリケーションの信頼性

デバイスで実行するアプリケーションが過去14日間でクラッシュした回数を測定し、アプリケーションの信頼性をスコアとして参照できます。スコアはテナント内のすべてのデバイスの、すべてのアプリにおける信頼性をひとまとめにしたスコアのほか、個別のアプリごとのスコア（[アプリのパフォーマンス] タブ）、デバイスごとのスコア（[デバイスのパフォーマンス] タブ）などを参照することができます。

第10章 レポート

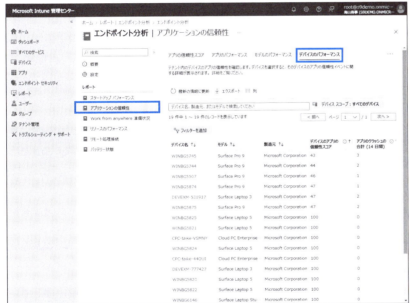

Work from anywhere 準備状況

　働く場所を問わず、いつでも生産性の高い働き方を実現するためには、デバイスの管理方法もクラウドベースである必要があります。このような管理手法を「モダンワークプレイス管理」と呼びますが、モダンワークプレイス管理を実現するために必要な準備がデバイスに備わっているかを確認できます。

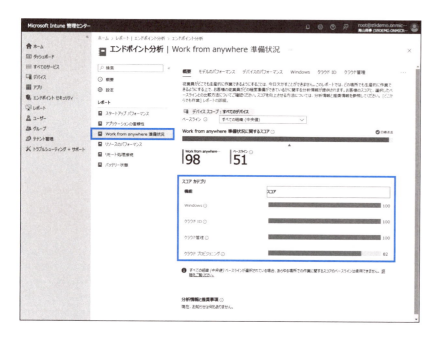

　［Work from anywhere 準備状況］は次の4つの項目から構成されます。

項目	説明
Windows	Windows 11へのアップグレードを行うために必要なハードウェア要件を満たしているかを測定し、その結果を数値化したものが確認できる
クラウドID	Microsoft Entra参加またはMicrosoft Entraハイブリッド参加しているデバイスの割合を測定し、その結果を数値化したものが確認できる
クラウド管理	IntuneまたはMicrosoft Configuration Managerによって管理されているデバイスの割合を測定し、その結果を数値化したものが確認できる
クラウドプロビジョニング	Windows Autopilotによるセットアップが可能なデバイスの割合を測定し、その結果を数値化したものが確認できる

バッテリー状態

　バッテリー状態スコアはバッテリーの容量をスコアとして表したものです。バッテリー状態スコアは［バッテリー容量スコア］と［バッテリー使用時間スコア］の2つの項目から構成され、［バッテリー容量スコア］はデバイスに搭載されたリチウムイオン電池の劣化具合を表します。一方、［バッテリー使用時間スコア］は電池の劣化具合によって満充電の状態からバッテリーで利用可能な時間をスコアで表したものになります。

　これらのスコアを参照することで、ユーザーが利用するデバイスに搭載された電池の交換の必要性を確認することができます。

 Intune Suiteアドオンライセンスを利用したエンドポイント分析

　IntuneのアドオンライセンスとしてIntune Suiteライセンスでは、ここまでで解説したエンドポイント分析機能に加えて、異常検出とスコープ範囲でのエンドポイント分析の2つの機能を利用できます。

　異常検出は［エンドポイント分析｜概要］画面の［異常］タブからアクセス可能な項目で、Intuneデバイスの構成変更後にデバイスが不適切なシャットダウンをした、アプリケーションがクラッシュしたなどのアクティビティが発生したときに、その一覧を参照できます。

　一方、スコープ範囲でのエンドポイント分析では、エンドポイント分析の各メニュー内で設定可能な［デバイススコープ］項目をクリックして、あらかじめスコープタグで設定したグループのメンバーだけを対象としたエンドポイント分析の結果を参照することができます。

ベースラインとの比較

　［エンドポイント分析］から参照可能な各レポートは過去の状態と比較して分析することができます。それがベースラインです。

　ベースラインはMicrosoft Intune管理センターの［レポート］－［エンドポイント分析］－［設定］メニューの［ベースライン］タブから設定可能な項目で、［新規作成］をクリックすると現在の時点でのレポートで参照可能な項目の値を保存します。ベースラインを一度保存すると、レポートの各メニューではベースラインの値と現在の値を比較してデバイスの状態が悪化していないかなどを確認することができます。

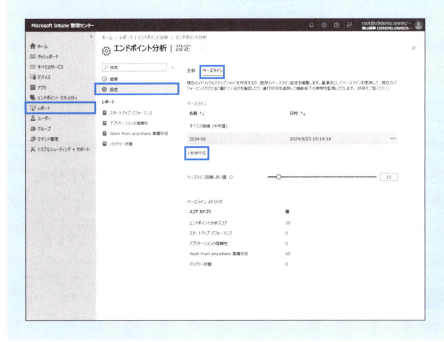

Intune データウェアハウス

　前の節で、Intuneで収集した情報はMicrosoft Intune管理センターの［レポート］メニューなどから参照できることを紹介しました。一方で、Microsoft Intune管理センターから参照可能な情報は定型的な情報であり、必要な情報だけを取り出して参照するようなカスタマイズを行うことがはできません。そこで、IntuneではOData（Open Data Protocol）と呼ばれるプロトコルを利用してデータを取り出し、カスタマイズした状態でデータを参照できるようにしています。ここでは、ODataを利用したデータ参照について解説します。

OData経由でアクセス可能なデータ

　OData経由でアクセス可能なデータは「Intuneの生データ」に当たるものであり、これらのデータは次のテーブルに分散してIntuneデータウェアハウスに格納されています。

テーブル名	説明
devices	Intuneに登録されたデバイス一覧とその属性情報を格納
policies	Intuneで作成した構成プロファイルの一覧を格納
policyDeviceActivies	Intuneで作成した構成プロファイルの適用状況を格納 プロファイル名は**policykey**と呼ばれるIDで格納され、その情報はpoliciesテーブルから確認できる
appRevisions	Intuneに登録したアプリの一覧を格納
users	Intuneを利用するユーザーの一覧を格納
userDeviceAssociations	Intuneに登録されたデバイスとデバイスを利用するユーザーの紐付け情報を格納 ユーザー名は**userKey**、デバイス名は**deviceKey**と呼ばれるIDで格納され、その情報はそれぞれusersテーブルとdevicesテーブルで確認できる

　Intuneにおけるデータウェアハウスとは、デバイスやアプリなどのリソース情報を収集したものを更新や削除などを行うことなく、時系列に並べたものです。Intuneでは過去に登録されていたデバイスの情報も含めてデータウェアハウスの中に格納し、管理しているものをOData経由でアクセスできる仕組みを用意しています。

データの取得と参照

　ODataで取り出したデータはODataプロトコルを扱えるアプリケーションで利用可能ですが、ここではPower BI Desktopを利用してデータを参照する方法について解説します。

ODataフィードの取得

①Microsoft Intune管理センター画面（https://intune.microsoft.com）の［レポート］をクリックする。

②［レポート］画面で、［データウェアハウス］をクリックする。

③［レポート｜データウェアハウス］画面で、［レポートサービス用のODataフィード］に記載されているURLをコピーする。

Power BI DesktopからODataフィードへのアクセス

①Power BI Desktopを起動する。

> ここではPower BI Desktopをインストールしている前提で手順を確認します。Power BI Desktopアプリはhttps://powerbi.microsoft.com/ja-jp/downloads/ よりダウンロードし、インストールできます。

②Power BI Desktop画面で、［データを取得］－［ODataフィード］をクリックする。
③［ODataフィード］画面で、［URL］に前の手順で取得したODataフィードのURLを貼り付け、［OK］をクリックする。

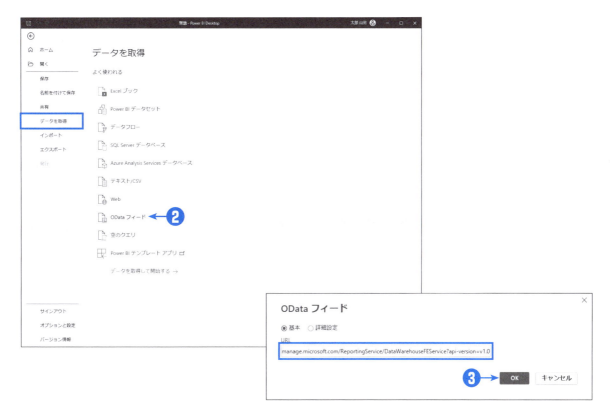

④［ODataフィード］画面で、［組織アカウント］をクリックし、［サインイン］をクリックする。
⑤サインイン画面で、Intune管理者のユーザー名とパスワードを入力し、サインインする。
⑥［ODataフィード］画面で、［接続］をクリックする。

Intune管理者の定義については第11章で解説します。

⑦［ナビゲーター］画面で、Power BI Desktop画面に出力するテーブルのチェックボックスをオンにして［読み込み］をクリックする。ここではIntuneに登録されたデバイス一覧が保存されているdevicesテーブルを選択している。

⑧Power BI Desktop画面で、［データ］ペインからレポートとして出力する列をドラッグアンドドロップで画面左側の領域に移動する。ここではデバイス名を表すdeviceName列、登録した日時を表すenrolledDateTime列、最後に同期を行った日時を表すlastSyncDateTIme列、削除済みデバイスであることを表すisDeleted列をそれぞれ選択している。

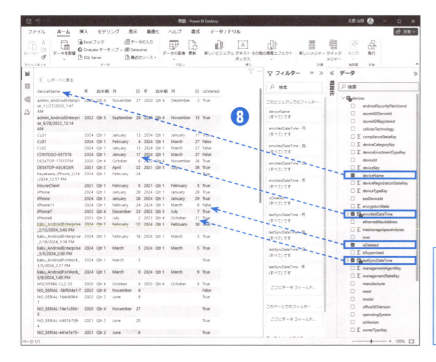

データウェアハウスでは過去の情報も含めてデータを蓄積しています。そのため、isDeleted列を追加して、現在利用中のデバイスと既に削除されたデバイスを識別できるようにしています。

4　Log Analyticsからレポートの参照

ここではMicrosoft Azure（以降、Azure）のLog AnalyticsワークスペースへIntuneのすべてのログを転送する方法を見ていきます。

ログデータ転送の必要性

前の節ではIntuneデータウェアハウスからデータに直接アクセスし、参照しました。一方、監査目的などでIntuneに保存されているデータを別の場所に転送し、永続的に保管したい場合、Microsoft Intune管理センターの［診断設定］画面を通じてAzure等の別の場所に保管するように構成します。

　転送設定は転送対象となるログの指定と、転送先となるサービスの指定をそれぞれ行います。転送対象となるログには次のものがあります。

ログ名	Log Analyticsワークスペースでのテーブル名	説明
AuditLogs	IntuneAuditLogs	Intuneでのポリシーやアプリなどの作成、変更、削除等の設定に関わる履歴を格納
OperationalLogs	IntuneOperationalLogs	Intuneへのデバイス登録に関わる履歴を格納
DeviceComplianceOrg	IntuneDeviceComplianceOrg	Intuneに登録されたデバイスのコンプライアンス準拠状況を格納
Deivces	IntuneDeivces	Intuneに登録されたデバイス一覧を格納
Windows365AuditLogs	Windows365AuditLogs	Windows 365で行われた操作に関わるログを格納

一方、転送先となるサービスにはAzureが提供するログ保管サービスであるLog Analyticsワークスペースのほか、簡易的にログ保管が可能なストレージアカウント、Azure以外のログ保管サービスに転送可能なイベントハブ、パートナーソリューションがあります。
　この節では、Log AnalyticsワークスペースへIntuneのすべてのログを転送する方法について見ていきます。

> Log Analyticsワークスペースを利用するためには、Intuneテナントで利用するMicrosoft EntraユーザーによるAzureの契約が必要です。Azureのサインアップ方法については姉妹書『ひと目でわかるAzure　基本から学ぶサーバー＆ネットワーク構築　第4版』（2023年、日経BP）を参照してください。

Log Analyticsワークスペースからのレポート参照

Log Analyticsワークスペースからレポートを参照する場合、次のステップで初期設定を行います。

1. Log Analyticsワークスペースの作成
2. IntuneログをLog Analyticsワークスペースへ送信
3. Log AnalyticsワークスペースからIntuneログを参照

ここからは、それぞれのステップについて見ていきます。

Log Analyticsワークスペースの作成

①Azureポータル（https://portal.azure.com）にサインインする。
②Azureポータル画面で、画面上部の検索ボックスに「Log Analytics」と入力し、検索結果から［Log Analyticsワークスペース］をクリックする。
③［Log Analyticsワークスペース］画面で、［作成］をクリックする。初回作成の場合は［Log Analyticsワークスペースの作成］をクリックしてもよい。

④［Log Analyticsワークスペースの作成］画面の［基本］タブで、［リソースグループ］から［新規作成］をクリックし、［名前］に任意の名前を入力して［OK］をクリックする。ここでは、［名前］に「Intune」と入力している。

⑤［Log Analyticsワークスペースの作成］画面の［基本］タブで、［名前］に任意の名前を入力して［次：タグ］をクリックする。ここでは、［名前］に「IntuneLA」と入力している。

⑥ [タグ] タブで、[次：確認および作成] をクリックする。
⑦ [確認および作成] タブで、[作成] をクリックする。

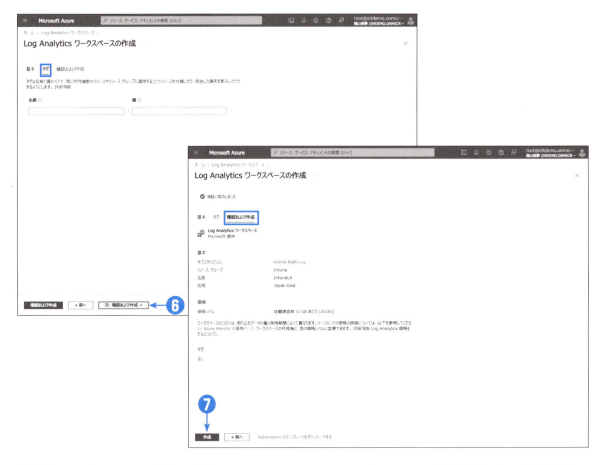

⑧ [デプロイが完了しました] 画面の表示によって、Log Analyticsワークスペースの作成が完了したことを確認する。

IntuneログをLog Analyticsワークスペースへ送信

①Microsoft Intune管理センター画面（https://intune.microsoft.com）の［レポート］をクリックする。
②［レポート］画面で、［診断設定］をクリックする。
③［レポート | 診断設定］画面で、［診断設定を追加する］をクリックする。

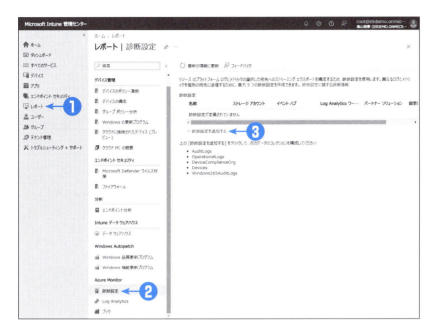

④［診断設定］画面で、［診断設定の名前］に任意の名前を入力する。ここでは、［診断設定の名前］に「IntuneLogs」と入力している。
⑤［診断設定］画面で、ログのすべてのカテゴリのチェックボックスをオンにし、［Log Analyticsワークスペースへの送信］をオンにして、［保存］をクリックする。

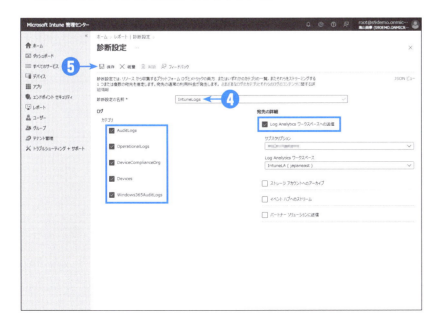

Log AnalyticsワークスペースからIntuneログを参照

①Microsoft Intune管理センター画面（https://intune.microsoft.com）の［レポート］をクリックする。
②［レポート］画面で、［Log Analytics］をクリックする。
③［レポート｜Log Analytics］画面で、クエリとして「IntuneDevices」と入力して［実行］をクリックすると、［結果］タブにIntuneに登録されたデバイス一覧が情報として表示される。

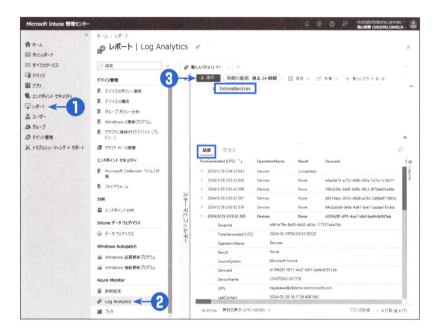

第10章 レポート

Log Analyticsワークスペースでクエリを書くには

　Log AnalyticsワークスペースではKusto Query Language（KQL）と呼ばれるクエリ言語を用いて必要な情報にアクセスします。KQLではクエリ文の1行目に、表示させたい情報のジャンルをテーブル名で指定します（テーブル名の一覧はこの節の冒頭の表を参照してください）。たとえば、Intuneから転送したデバイス一覧の情報を参照する場合であれば「IntuneDevices」と記述します。

　続いて実行結果として表示される内容のうち、特定の列の内容だけを表示させたい場合、クエリ文の次の行に「| project 列名」のように記述します。もし表示させたい列が複数ある場合は、列名をカンマ（,）で区切って記述します。

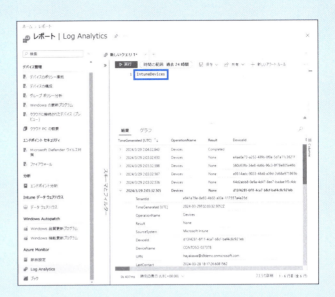

　一方、実行結果として表示される内容のうち、特定の条件を満たすものだけを表示させたい場合、クエリ文の次の行に「| where 列名 =~ "値"」のように記述します。たとえば「製造元がAppleだったら」という条件であれば、次のように記述します。

```
| where Manufacturer =~ "Apple"
```

なお、「=~」は大文字小文字を問わない完全一致を表すものであり、部分一致で検索する場合であれば、次のように「contains」という文字列を利用します。

```
| where Manufacturer contains "Apple"
```

また、「| where」と「| project」は1つのクエリ文の中で両方を同時に使うこともできます。

KQLクエリの書き方に関する詳細は、姉妹書『ひと目でわかるMicrosoft Defender for Endpoint』（2023年、日経BP）を参照してください。

第10章　レポート **625**

5 Windows PowerShellから インベントリの参照

　Intuneに登録されたデバイスの情報や管理者が作成した構成プロファイルなどの情報は、Windows PowerShellから参照することができます。Intuneに登録された情報をもとにデータを加工したり、別のスクリプト処理を実行したりするのに便利です。また、Windows PowerShellでは情報を収集するだけでなく、構成プロファイル等の設定を実行することもできるため、Intune管理の自動化を実現することもできます。ここでは、Windows PowerShellを利用してIntuneのインベントリを参照する方法を見ていきます。

Windows PowerShell用モジュールのインストール

　Intuneの操作をWindows PowerShellから実行する場合、Microsoft GraphのWindows PowerShell用モジュール（Microsoft Graph PowerShell）を利用するため、最初にこのモジュールを自身のデバイスにインストールします。インストールするときはWindows PowerShellを管理者として起動し、次のコマンドレットを実行します。

```
Install-Module -Name Microsoft.Graph -Force
```

　インストールが完了したら、Intuneに接続するために次のコマンドレットを実行し、サインインを行います。

```
Connect-MgGraph -Scope "DeviceManagementManagedDevices.Read.All"
```

> **-Scope**オプションの後に設定されている**DeviceManagementManagedDevices.Read.All**は、次の項で説明する、Intuneに登録されたデバイスの一覧をAPI経由でアクセスするためのアクセス許可を表しています。そのほかの操作をWindows PowerShellコマンドレットで実行する場合、それぞれの操作に合わせたアクセス許可を指定してサインインを行う必要があります。アクセス許可の一覧については次のマイクロソフトのWebサイトを参照してください。
>
> **「Microsoft Graphのアクセス許可のリファレンス」**
> https://learn.microsoft.com/ja-jp/graph/permissions-reference#example-usage-22

> Microsoft Graphは、Microsoft 365のデータに統一された方法でアクセスできる仕組みです。詳細については次のマイクロソフトのWebサイトや、姉妹書『ひと目でわかるMicrosoft Entra ID』（2023年、日経BP）を参照してください。
>
> **「Microsoft Graphの概要」**
> https://learn.microsoft.com/ja-jp/graph/overview

Intuneに登録されたデバイス一覧を参照する

　Intuneに登録されたデバイス一覧を参照するには、Windows PowerShellからIntuneに接続した状態で**Get-MgDeviceManagementManagedDevice**コマンドレットを実行します。

```
Windows PowerShell

PS C:¥> Get-MgDeviceManagementManagedDevice

Id                                 ActivationLockBypassCode Android
                                                            Securit
                                                            yPatchL
                                                            evel
__                                 _____ _____
560c63fb-34e8-4d6b-96c3-8f78e805e46b
64d2abb8-0e9a-4d47-8ee7-badae1f3c4dc
d13f4281-6f11-4ca7-b8cf-baf4c8c921eb
e4ae0e73-a252-489b-8f0a-5d7a11c3621f
a9314adc-9033-48d8-a39d-2d68e971865b


PS C:¥>
```

　ただし**Get-MgDeviceManagementManagedDevice**コマンドレットはそのまま実行しても登録されたデバイスに対して割り当てられたデバイスID以外の情報を参照できないため、参照したい属性（プロパティ）を指定して実行する必要があります。参照可能な属性の一覧は、**Get-MgDeviceManagementManagedDevice**コマンドレットを次のように実行して確認します。

```
Get-MgDeviceManagementManagedDevice |gm -MemberType Property
```

```
Windows PowerShell

PS C:¥> Get-MgDeviceManagementManagedDevice |gm -MemberType Property


   TypeName: Microsoft.Graph.PowerShell.Models.MicrosoftGraphManagedD
evice

Name                                    MemberType Definition
____                                    _____ _____
ActivationLockBypassCode                Property   string Activa...
AdditionalProperties                    Property   System.Collec...
AndroidSecurityPatchLevel               Property   string Androi...
AzureAdDeviceId                         Property   string AzureA...
AzureAdRegistered                       Property   System.Nullab...
ComplianceGracePeriodExpirationDateTime Property   System.Nullab...
ComplianceState                         Property   System.Nullab...
ConfigurationManagerClientEnabledFeatures Property Microsoft.Gra...
DeviceActionResults                     Property   Microsoft.Gra...
DeviceCategory                          Property   Microsoft.Gra...
DeviceCategoryDisplayName               Property   string Device...
DeviceCompliancePolicyStates            Property   Microsoft.Gra...
DeviceConfigurationStates               Property   Microsoft.Gra...
DeviceEnrollmentType                    Property   System.Nullab...
DeviceHealthAttestationState            Property   Microsoft.Gra...
DeviceName                              Property   string Device...
DeviceRegistrationState                 Property   System.Nullab...
EasActivated                            Property   System.Nullab...
EasActivationDateTime                   Property   System.Nullab...
```

> **gm**は**Get-Member**コマンドレットのエイリアス（別名）です。ここでは、**Get-MgDeviceManagementManagedDevice**コマンドレットの出力をパイプ記号（**|**）で**Get-Member**コマンドレットに渡し、**-MemberType**を指定してプロパティだけを取り出しています。

実行結果から必要な属性の名前を確認し、**Get-MgDeviceManagementManagedDevice** コマンドレットに次のように指定します。この例では、**deviceName**（デバイス名）、**managedDeviceOwnerType**（デバイス所有者の種類）、**model**（デバイスモデル）の3つの属性を指定しています。

```
Get-MgDeviceManagementManagedDevice | Select deviceName, managedDeviceOwnerType, model
```

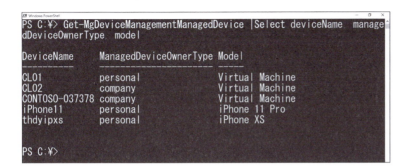

> **select** は **Select-Object** コマンドレットのエイリアス（別名）です。ここでは、**Get-MgDeviceManagementManagedDevice** コマンドレットの出力をパイプ記号（|）で **Select-Object** コマンドレットに渡し、指定した3つの属性の値を取得しています。

> PowerShellは大文字と小文字を区別しません。そのため、たとえば **DeviceName** を **deviceName** と指定したり、**select** を **Select** と指定しても結果は同じです。

Intuneに登録された構成プロファイル一覧を参照する

　Intuneに登録された構成プロファイル一覧を参照する場合、Windows PowerShellからIntuneに次のコマンドレットを使用して、構成プロファイルを参照するために必要なアクセス許可を割り当てて接続します。

```
Connect-MgGraph -Scope "DeviceManagementConfiguration.Read.All"
```

　接続できたら **Get-MgDeviceManagementDeviceConfiguration** コマンドレットを実行して構成プロファイルの一覧を確認します。しかし、**Get-MgDeviceManagementDeviceConfiguration** コマンドレットもまた、そのまま実行しても構成プロファイルに対して割り当てられたID以外の有益な情報を参照できないため、参照したい属性（プロパティ）を指定して実行する必要があります。参照可能な属性の一覧は、**Get-MgDeviceManagementDeviceConfiguration** コマンドレットを次のように実行して確認します。

```
Get-MgDeviceManagementDeviceConfiguration |gm -MemberType Property
```

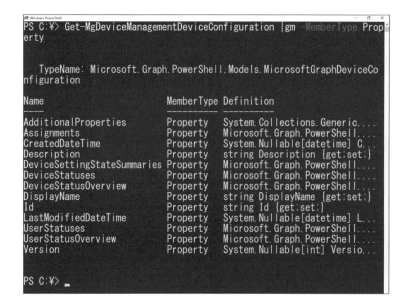

　実行結果から必要な属性の名前を確認し、**Get-MgDeviceManagementDeviceConfiguration**コマンドレットに次のように指定します。この例では、**DisplayName**（構成プロファイル名）と**AdditionalProperties**（構成プロファイル内の設定情報、後述）の2つの属性を指定しています。

```
Get-MgDeviceManagementDeviceConfiguration | select DisplayName, AdditionalProperties
```

　ここで属性として指定している**AdditionalProperties**は、構成プロファイルの中に含まれる設定を表しています。設定として定義されている内容を参照するには、次のように**Where-Object**コマンドレットで構成プロファイルの名前を指定し、指定した構成プロファイルに含まれる設定（つまり**AdditionalProperties**属性）を指定します。次の例では、第4章で作成した「位置情報設定」という名前の構成プロファイルに含まれる設定を参照しています。

```
(Get-MgDeviceManagementDeviceConfiguration |`
 Where-Object {$_.displayName -eq "位置情報設定"}).AdditionalProperties |fl
```

第10章　レポート **629**

```
PS C:\> (Get-MgDeviceManagementDeviceConfiguration |Where-Object {$_.d
isplayName -eq "位置情報設定"}).AdditionalProperties |fl


Key   : @odata.type
Value : #microsoft.graph.windows10CustomConfiguration

Key   : omaSettings
Value : {System.Collections.Generic.Dictionary`2[System.String,System
        .Object]}


PS C:\> _
```

> 本書ではPowerShellの1行のコマンドラインが長い場合、紙面では改行文字（`）を使って改行していますが、画面ショットでは改行文字を使わず1行で入力しています。

　するとこの構成プロファイルには**omaSettings**というキーが記載されていることから、OMA-URIで定義したプロファイルであることがわかります。そこで、さらに次のように属性名の後に続けてドット（.）とキー名を指定すると、OMA-URIで定義した内容が確認できます。

```
(Get-MgDeviceManagementDeviceConfiguration |`
  Where-Object {$_.displayName -eq "位置情報設定"}).AdditionalProperties.omaSettings |fl
```

```
PS C:\> (Get-MgDeviceManagementDeviceConfiguration |Where-Object {$_.d
isplayName -eq "位置情報設定"}).AdditionalProperties.omaSettings |fl


Key   : @odata.type
Value : #microsoft.graph.omaSettingInteger

Key   : displayName
Value : AllowLocation

Key   : omaUri
Value : ./Device/Vendor/MSFT/Policy/Config/System/AllowLocation

Key   : value
Value : 0


PS C:\>
```

構成プロファイルの適用状況を参照する

　Intuneで作成した構成プロファイルがデバイスまたはユーザーへ適用されている状況を確認する場合、構成プロファイルを参照するときと同じように次のコマンドレットを実行して必要なアクセス許可を割り当てて接続したのち、**Get-MgDeviceManagementDeviceConfigurationDeviceSettingStateSummary**コマンドレットを実行します。

```
Connect-MgGraph -Scope "DeviceManagementConfiguration.Read.All"
```

Get-MgDeviceManagementDeviceConfigurationDeviceSettingStateSummaryコマンドレットでは構成プロファイルに割り当てられているIDを指定する必要があるため、事前に**Get-MgDeviceManagementDeviceConfiguration**コマンドレットを次のように実行して構成プロファイルに割り当てられたIDを確認します。

```
Get-MgDeviceManagementDeviceConfiguration |select id, displayName
```

IDが確認できたら、**Get-MgDeviceManagementDeviceConfigurationDeviceSettingStateSummary**コマンドレットでIDを指定して実行します。

```
Get-MgDeviceManagementDeviceConfigurationDeviceSettingStateSummary `
  -DeviceConfigurationId b3b4f2d8-ba02-4cb8-a30a-8e465df755dc |fl
```

管理用テンプレートを使用して登録された構成プロファイル一覧を参照する

Intuneに登録された構成プロファイルのうち、管理用テンプレートを使用したものに関しては**Get-MgDeviceManagementDeviceConfiguration**コマンドレットから参照することはできず、代わりに**Invoke-MgGraphRequest**コマンドレットを使用してURIを直接指定した参照を行う必要があります。**Invoke-MgGraphRequest**コマンドレットを使用する場合、他のコマンドレットと同様にWindows PowerShellからIntuneに次のコマンドレットを使用して、構成プロファイルを参照するために必要なアクセス許可を割り当てて接続します。

```
Connect-MgGraph -Scope "DeviceManagementConfiguration.Read.All"
```

接続できたらURIを指定します。管理用テンプレートを使用して作成した構成プロファイルにアクセスするためのURIは https://graph.microsoft.com/beta/deviceManagement/groupPolicyConfigurations であるため、このURIを$uri変数に格納します。

```
$uri="https://graph.microsoft.com/beta/deviceManagement/groupPolicyConfigurations"
```

その後、**Invoke-MgGraphRequest**コマンドレットを使用してURIにアクセスするように指定します。

```
(Invoke-MgGraphRequest -Method GET -Uri $uri).Value
```

Intuneに登録されたコンプライアンスポリシー一覧を参照する

Intuneに登録されたコンプライアンスポリシー一覧を参照する場合、Windows PowerShellからIntuneに次のコマンドレットを使用して、コンプライアンスポリシーを参照するために必要なアクセス許可を割り当てて接続します。

```
Connect-MgGraph -Scope "DeviceManagementConfiguration.Read.All"
```

接続できたら**Get-MgDeviceManagementDeviceCompliancePolicy**コマンドレットを実行してコンプライアンスポリシーを確認します。しかし、**Get-MgDeviceManagementDeviceCompliancePolicy**コマンドレットもまた、そのまま実行しても構成プロファイルに対して割り当てられたID以外の有益な情報を参照できないため、参照したい属性（プロパティ）を指定して実行する必要があります。参照可能な属性の一覧は、**Get-MgDeviceManagementDeviceCompliancePolicy**コマンドレットを次のように実行して確認します。

```
Get-MgDeviceManagementDeviceCompliancePolicy |gm -MemberType Property
```

実行結果から、コンプライアンスポリシーの名前を表す**displayName**属性があることが確認できたため、IDと共に表示するコマンドレットを次のように実行します。

```
Get-MgDeviceManagementDeviceCompliancePolicy |select id, displayName
```

さらに作成したコンプライアンスポリシーの適用状況を参照するには、**Get-MgDeviceManagementDeviceCompliancePolicyDeviceStateSummary**コマンドレットを実行します。実行結果はIDと共に表示されるため、前のコマンドレットの実行結果と共に参照するとよいでしょう。

```
Get-MgDeviceManagementDeviceCompliancePolicyDeviceStateSummary
```

運用管理

第**11**章

1	個別のデバイスに対する操作
2	リモートヘルプ
3	ロール
4	テナントの正常性
5	サポートに問い合わせる

Intuneでは登録されたデバイスに対して直接的に操作を行い、特定のデバイスに対するメンテナンス等を行うことができます。この章では個別のデバイスに対して行うことができる運用管理タスクと、その運用管理に必要なトピックについて見ていきます。

1 個別のデバイスに対する操作

　Intuneに登録されたデバイスはMicrosoft Intune管理センター（https://intune.microsoft.com）の［デバイス］－［すべてのデバイス］からアクセスできます。管理対象となるデバイスをクリックすると、デバイスに対する各種操作メニューが確認できます。これらの操作メニューは「デバイスで特定の操作ができない」「デバイスそのものを紛失した」などのトラブルに対応するために必要な操作を行ううえで役立ちます。

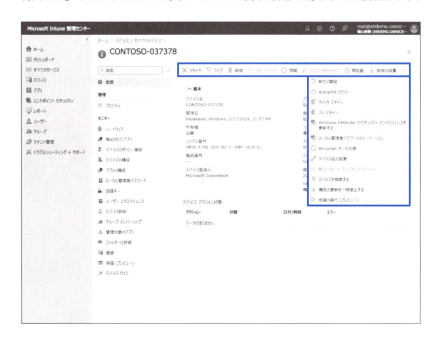

それぞれのOSで利用可能な操作メニュー

　操作メニューで行うことができる操作は登録されたデバイスのOS種類によって異なります。OS種類別の主な操作可能なメニューは次のとおりです。

Windowsデバイス

メニュー	説明
リタイヤ	Intune経由で行った設定やアプリなどを削除する[※1]
ワイプ	デバイスを初期化する
削除	Microsoft Intune管理センターのデバイス一覧からデバイスを削除する
同期	デバイスをIntuneと通信させ、同期を行う
再起動	再起動を行う
診断の収集	Windowsデバイスの構成情報を収集し、Microsoft Intune管理センターからダウンロードできるようにする
新たに開始	デバイスにインストールされているアプリケーションを削除する
Autopilotリセット	Autopilotによってセットアップされたデバイスの初期化を行う。ただし、Wi-Fi設定やプロビジョニングプロファイルなどの設定は削除されずに残る

メニュー	説明
クイックスキャン/フルスキャン	Microsoft Defenderウイルス対策のウイルススキャンを実行する
Windows Defenderのセキュリティインテリジェンスを更新する	Microsoft Defenderウイルス対策の最新のセキュリティインテリジェンス（定義ファイル）を今すぐ取得する
ローカル管理者パスワードのローテーション	Windows LAPS（Local Administrator Password Solution）が構成されたデバイスのローカル管理者のパスワードをローテーション（新しいパスワードを設定）する
BitLockerキーの交換	BitLocker回復キーを新しいものに再設定する
デバイス名の変更	Windowsデバイスの名前を変更する
新しいリモートアシスタンスセッション	リモートヘルプ機能による遠隔サポートを開始する
デバイスを検索する	デバイスが最後にオンラインであったタイミングでの位置情報をマップ上に表示する[※2]
構成の更新を一時停止する	ポリシー設定を適用することを一時的に（最大1440分）停止する
修復の実行	Microsoft Intune管理センターの［デバイス］－［スクリプトと修復］に登録された修復スクリプトを今すぐ実行する

（※1）リタイヤによって削除されるデータはOSバージョンによって異なります。詳細は次のマイクロソフトのWebサイトを参照してください。
「ワイプ、インベントリからの削除、デバイス登録の手動解除を使用し、デバイスを削除する」の「破棄」
https://learn.microsoft.com/ja-jp/mem/intune/remote-actions/devices-wipe#retire
（※2）利用するためにはデバイス側で［設定］アプリの［プライバシーとセキュリティ］－［位置情報］－［位置情報サービス］をオンにしている必要があります。

iOSデバイス

メニュー	説明
リタイヤ	Intune経由で行った設定やアプリなどを削除する[※1]
ワイプ	デバイスを初期化する
削除	Microsoft Intune管理センターのデバイス一覧からデバイスを削除する
リモートロック	遠隔からデバイスをロック状態にする
同期	デバイスをIntuneと通信させ、同期を行う
パスコードの削除	現在のパスコードを忘れたときに、デバイスに設定されたパスコードを削除し、新しいパスコードを設定できるようにする
再起動	再起動を行う
シャットダウン	シャットダウンする[※2]
アクティベーションロックの無効化	iPhoneを探すアプリによるアクティベーションロックを無効化し、初期化による再アクティベートができるようにする[※3]
ライセンスの取り消し	Volume Purchase Program（VPP）を通じて付与されたアプリのライセンスを削除する[※3]
紛失モード	デバイスを紛失したときにデバイスを検出するために利用可能な機能を有効にする[※2]
デバイスを検索する	デバイスの位置情報が管理センター画面に表示される[※4]
紛失モードのサウンドを再生	デバイスで音を出す[※4]
現在のユーザーのログアウト	共有iPadデバイス（ユーザーアフィニティなしで登録されたデバイス）で利用しているユーザーをログアウトする
カスタム通知の送信	デバイスにプッシュ通知でメッセージを表示させる
携帯データネットワークプランの更新	eSIMを遠隔からアクティブ化する
デバイス名の変更	デバイスの名前を変更する

（※1）リタイヤによって削除されるデータに関する詳細は、次のマイクロソフトのWebサイトを参照してください。
「ワイプ、インベントリからの削除、デバイス登録の手動解除を使用し、デバイスを削除する」の「破棄」
https://learn.microsoft.com/ja-jp/mem/intune/remote-actions/devices-wipe#retire
（※2）監視モードで動作するデバイスでのみ利用可能です。
（※3）Apple Device Enrollmentを利用して登録されたデバイスのみ利用可能です。
（※4）紛失モードでのみ利用可能です。

Androidデバイス

メニュー	説明
リタイヤ	Intune経由で行った設定やアプリなどを削除する[※1]
ワイプ	デバイスを初期化する
削除	Microsoft Intune管理センターのデバイス一覧からデバイスを削除する
リモートロック	遠隔からデバイスをロック状態にする
同期	デバイスをIntuneと通信させ、同期を行う[※2]
パスコードのリセット	現在のパスコードを忘れたときに、デバイスに設定されたパスコードを削除し、新しいランダムなパスコードを生成する
再起動	再起動を行う
紛失モードのサウンドを再生する	デバイスで音を出す[※3]
デバイスを検索する	デバイスの位置情報が管理センター画面に表示される[※3]

（※1）[仕事用プロファイルを備えた会社所有のデバイス] 登録プロファイルを利用して登録したデバイスでのみ利用可能です。
（※2）[仕事用プロファイルを備えた個人所有のデバイス] 登録プロファイルを利用して登録したデバイスでのみ利用可能です。
（※3）[仕事用プロファイルを備えた個人所有のデバイス] 登録プロファイルを利用して登録したデバイスでは利用できません。

代表的な個別デバイスへの操作

ここでは個別のデバイスに対して行うことのできる代表的な操作について確認します。

リモートロック

①Microsoft Intune管理センター画面（https://intune.microsoft.com）で、左側のメニューから、[デバイス]－[すべてのデバイス] をクリックし、特定のデバイスをクリックする。
②デバイス画面で、[リモートロック] をクリックする。

③確認メッセージが表示されたら、[ロック]をクリックする。

④デバイス画面で、ロックが行われたことが確認できる。

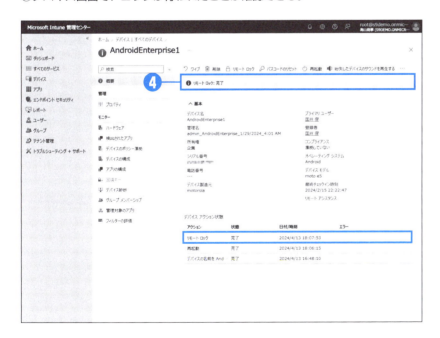

パスコードのリセット

①Microsoft Intune管理センター画面（https://intune.microsoft.com）で、左側のメニューから［デバイス］－［すべてのデバイス］をクリックし、特定のデバイスをクリックする。
②デバイス画面で、［パスコードのリセット］をクリックする。

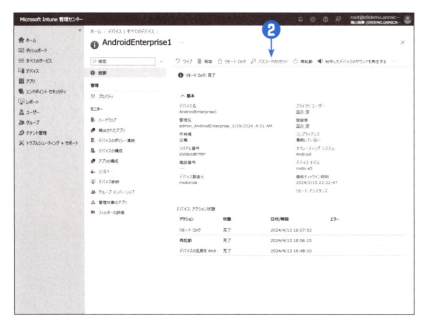

③確認メッセージが表示されたら、［はい］をクリックする。

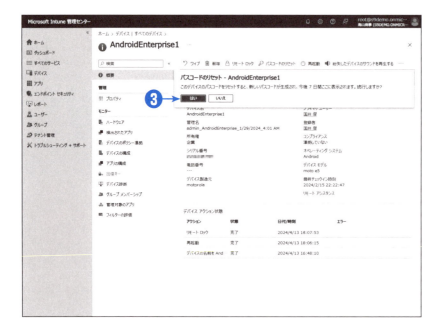

④デバイス画面で、パスコードがリセットされ、一時パスコードが表示されていることが確認できる。

> パスコードは7日間表示されるので、7日以内にデバイス所有者にパスコードを伝え、ロック解除できるようにしてください。また、パスコードは本来、デバイス所有者だけが知るべきものであり、管理者も含めて他のユーザーがパスコードを知っていることは望ましくありません。そのため、デバイス所有者はパスコードを入力してロック解除したら、新しいパスコードを設定するよう促してください。

リタイヤ/ワイプ

①Microsoft Intune管理センター画面（https://intune.microsoft.com）で、左側のメニューから［デバイス］－［すべてのデバイス］をクリックし、特定のデバイスをクリックする。

②デバイス画面で、［ワイプ］をクリックする。

③確認メッセージが表示されたら、［ワイプ］をクリックする。

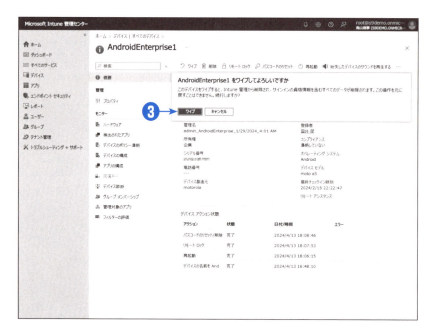

④デバイス画面で、ワイプが行われたことが確認できる。

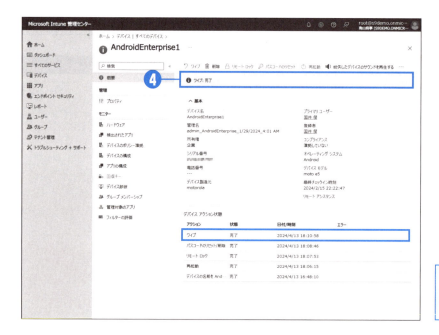

ここではワイプによる操作方法を解説しましたが、リタイヤでも同様の操作を行います。

リタイヤまたはワイプを行った場合、Intune登録されたデバイスではなくなるため、Microsoft Intune管理センターのデバイス一覧からデバイスは削除されなければなりません。しかし、削除までにはタイムラグがあるため、今すぐ削除する場合にはデバイス画面で［削除］をクリックしてデバイスを明示的に削除することも可能です。

2 リモートヘルプ

　リモートヘルプは Intune Suite ライセンスを通じて提供されるサービスで、デバイスを遠隔から画面共有または画面操作を行うことができるサービスです。リモートヘルプを利用することで、組織内で画面操作のサポートが必要なユーザーを遠隔操作で手助けしたり、クライアントデバイス上で必要な管理上の設定を遠隔から行ったりすることができます。

リモートヘルプの概要と要件

　リモートヘルプはデバイスの遠隔操作を通じてユーザーのサポートを行うサービスです。ユーザーのサポートを行う IT 担当者を「ヘルパー」と呼ぶ場合、ユーザーとヘルパーの関係は次のようになります。

　ヘルパーがユーザーに対してリモートヘルプでサポートする場合、次の要件が必要になります。

- ヘルパーとユーザーの両方に対する Intune と Intune Suite ライセンス
- ユーザーのデバイスは Intune に登録され、Intune Management Extension サービスがインストールされていること。そして Intune Management Extension サービスがインストールされているデバイスは Windows 11 または、Windows 10 ビルド 19042 以上で KB5018410 パッチがインストールされていること
- 次の種類のオペレーティングシステム
  Windows 10 または Windows 11（Intel または ARM ベース）
  Windows 365
  Android Enterprise Dedicated（Samsung または Zebra デバイス）
  macOS 11、12、13、14

> Intune Management Extension サービスは、次のいずれかのタイミングで自動的にインストールされます。
> - 初めて Windows PowerShell スクリプトを Intune 経由で展開
> - .intunewin ファイルを Win32 アプリとして展開

> リモートヘルプは RDP（リモートデスクトッププロトコル）を利用したリモートアシスタンスサービスのアーキテクチャをベースとしています。そのため、リモートアシスタンスの通信を行うために必要な URL にユーザーデバイス、ヘルパーデバイスから接続できる必要があります。具体的な URL については次のマイクロソフトの Web サイトを参照してください。
>
> 「Microsoft Intune を使用した Windows でのリモートヘルプ」の「Windows でのリモートヘルプの前提条件」
> https://learn.microsoft.com/ja-jp/mem/intune/fundamentals/remote-help-windows#prerequisites-for-remote-help-on-windows

リモートヘルプの初期設定

　リモートヘルプを利用開始する場合、Intuneテナント全体でリモートヘルプを有効化し、ユーザーとヘルパーとなるデバイスにリモートヘルプ用のアプリケーションをインストールする必要があります。リモートヘルプによるサポートを受けるユーザーはIntuneにデバイスが登録されている必要があるため、ここではIntune経由でWin32アプリとしてリモートヘルプアプリを展開します。

テナントでのリモートヘルプの有効化

①Microsoft Intune管理センター画面（https://intune.microsoft.com）で、左側のメニューから［テナント管理］－［リモートヘルプ］をクリックし、［テナント管理 | リモートヘルプ］画面で［設定］タブをクリックして、［構成］をクリックする。

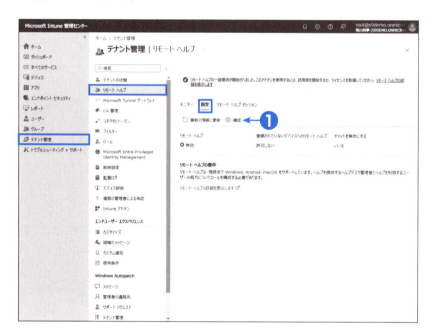

②［リモートヘルプの構成］画面で、［リモートヘルプを有効にする］から［有効］、［登録されていないデバイスへのリモートヘルプを許可する］から［許可］をそれぞれ選択し、［保存］をクリックする。

③［テナント管理｜リモートヘルプ］画面の［設定］タブで、［リモートヘルプ］が［有効］に変化したことを確認する。

リモートヘルプアプリのダウンロードと.intunewinファイルへの変換

①Windowsエクスプローラーを開き、新しくc:¥remotehelpフォルダー、c:¥binフォルダー、c:¥intunewinフォルダーを作成する。

②次のマイクロソフトのWebサイトを開き、[ダウンロード aka.ms/downloadremotehelp]リンクをクリックしてリモートヘルプをダウンロードし、c:¥remotehelpフォルダーへコピーする。また、同じページにダウンロード時点のリモートヘルプのバージョン番号が表示されているので、それを控えておく。

「Microsoft Intuneを使用したWindowsでのリモートヘルプ」の「リモートヘルプをダウンロードする」

https://learn.microsoft.com/ja-jp/mem/intune/fundamentals/remote-help-windows#download-remote-help

③.intunewinファイルへの変換を行うツールであるIntuneWinAppUtil.exeファイルをc:¥binフォルダーへコピーする。

> IntuneWinAppUtil.exeファイルの入手方法については第6章の2を参照してください。

④コマンドプロンプトを起動し、「c:¥bin¥IntuneWinAppUtil.exe」と入力してEnterキーを押す。

⑤「Please specify the source folder:」と表示されたら、「c:¥remotehelp」と入力してEnterキーを押す。

⑥「Please specify the setup file:」と表示されたら、「remotehelpinstaller_07b248155567f46574c8d8b7d693f355a17d8a60.exe」と入力してEnterキーを押す（下線部はダウンロードしたリモートヘルプアプリの実際のファイル名に置き換える）。

⑦「Please specify the output folder:」と表示されたら、「c:¥intunewin」と入力してEnterキーを押す。

⑧「Do you want to specify catalog folder（Y/N）?」と表示されたら、「N」と入力してEnterキーを押す。

⑨「File '（中略）.intunewin' has been generated successfully」と表示されれば、.intunewinファイルが正しく作成されたことが確認できる。

リモートヘルプアプリの展開設定

①Microsoft Intune管理センター画面（https://intune.microsoft.com）で、左側のメニューから［アプリ］－［すべてのアプリ］をクリックし、［アプリ | すべてのアプリ］画面で［追加］をクリックする。

②［アプリケーションの種類の選択］画面で、［アプリの種類］から［Windowsアプリ（Win32）］を選択し、［選択］をクリックする。

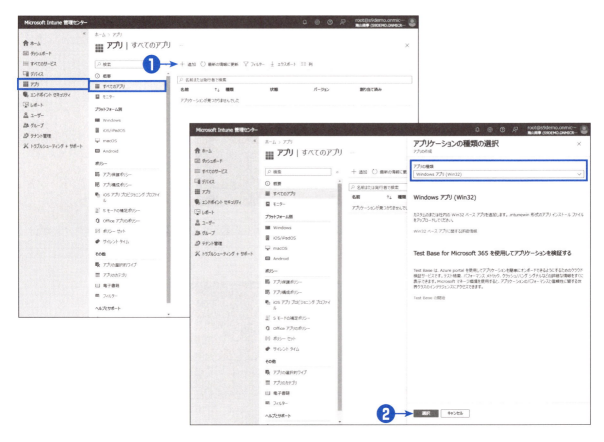

③［アプリの追加］画面の［アプリ情報］タブで、［アプリパッケージファイルの選択］をクリックする。

④［アプリのパッケージファイル］画面で、フォルダーアイコンをクリックし、［ファイルの選択］をクリックして、ダウンロードしたリモートヘルプアプリを選択する。選択できたら［OK］をクリックする。

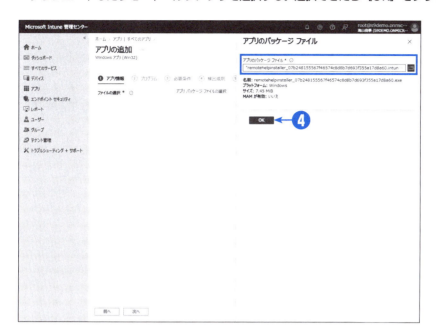

⑤［アプリ情報］タブで、［発行元］に「Microsoft」と入力し、［次へ］をクリックする。

⑥ [プログラム] タブで、[インストールコマンド] と [アンインストールコマンド] に次のとおり設定し、[次へ] をクリックする。掲載したコマンドは紙面幅の都合で改行して表記しているが、実際には1行で入力する。下線部はダウンロードしたリモートヘルプアプリの実際のファイル名に置き換える。

● [インストールコマンド]：

remotehelpinstaller_07b248155567f46574c8d8b7d693f355a17d8a60.exe /quiet acceptTerms=1

● [アンインストールコマンド]：

remotehelpinstaller_07b248155567f46574c8d8b7d693f355a17d8a60.exe /uninstall /quiet acceptTerms=1

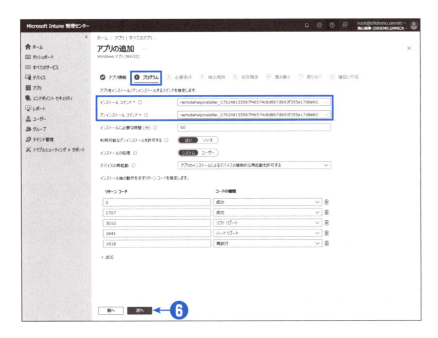

⑦ [必要条件] タブで、[オペレーティングシステムのアーキテクチャ] から [64ビット]、[最低限のオペレーティングシステム] から [Windows 10 20H2] をそれぞれ選択し、[次へ] をクリックする。

リモートヘルプはビルド番号19042以上のWindows 10であることが前提条件です。ビルド番号19042はWindows 10 20H2に相当するため、[最低限のオペレーティングシステム] を [Windows 10 20H2] としています。

⑧［検出規則］タブで、［規則の形式］から［検出規則を手動で構成する］を選択し、［追加］をクリックする。
⑨［検出規則］画面で、次のとおり設定し、［OK］をクリックする。
- ［規則の種類］：ファイル
- ［パス］：C:¥Program Files¥Remote Help
- ［ファイルまたはフォルダー］：RemoteHelp.exe
- ［検出方法］：文字列（バージョン）
- ［演算子］：以上
- ［値］：5.0.1311.0（前の項の手順②で控えておいたリモートヘルプのバージョン番号を指定する）

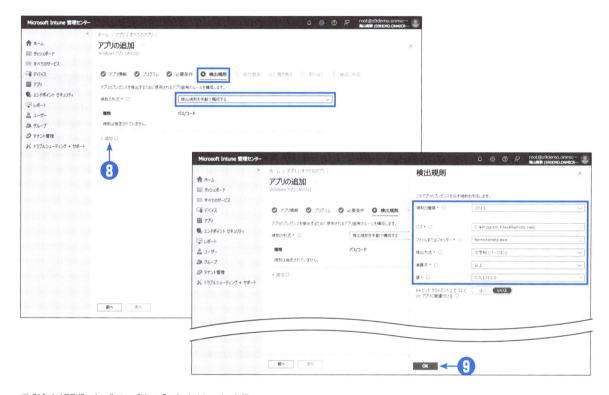

⑩［検出規則］タブで、［次へ］をクリックする。

⑪ [依存関係] タブで、[次へ] をクリックする。
⑫ [置き換え] タブで、[次へ] をクリックする。

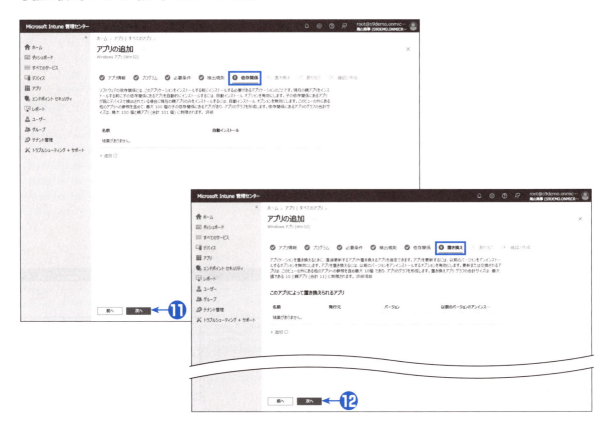

⑬ [割り当て] タブで、[必須] 欄の [すべてのデバイスを追加] をクリックし、[次へ] をクリックする。

ここではすべてのデバイスに強制的にインストールするように構成していますが、Intune Suite ライセンスを持つユーザーだけに展開したいなどの要件がある場合には、必要に応じてグループを展開対象とするように構成してください。

⑭ [確認と作成] タブで、[作成] をクリックする。

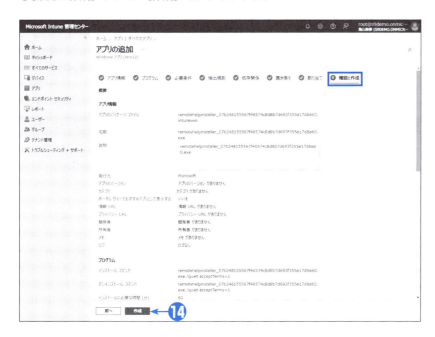

⑮ [アプリ | すべてのアプリ] 画面で、リモートヘルプアプリが登録されたことを確認したら、そのリモートヘルプアプリをクリックする。

⑯ アプリ画面で、[デバイスのインストール状態] をクリックする。すると、アプリの展開状況が確認できる。

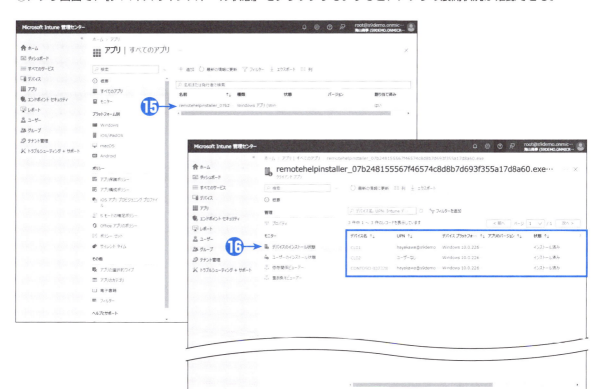

リモートヘルプによるリモート接続

　リモートヘルプの初期設定が完了したら、日常業務でリモート接続が必要になったタイミングでリモートヘルプによる画面共有または遠隔操作を開始します。リモートヘルプによるリモート接続は画面共有や遠隔操作だけでなく、チャットによるユーザーとヘルパーのコミュニケーションを図ったり、画面内の特定部分を指し示したりすることができます。

画面共有/遠隔操作

①ヘルパーのデバイスでMicrosoft Intune管理センター画面（https://intune.microsoft.com）にアクセスする。
②Microsoft Intune管理センター画面で、左側のメニューから［デバイス］-［すべてのデバイス］をクリックし、ユーザー（リモート操作される側）のデバイスをクリックする。
③デバイス画面で、［…］-［新しいリモートアシスタンスセッション］をクリックする。
④［リモートヘルプ］画面で、［続行］をクリックする。

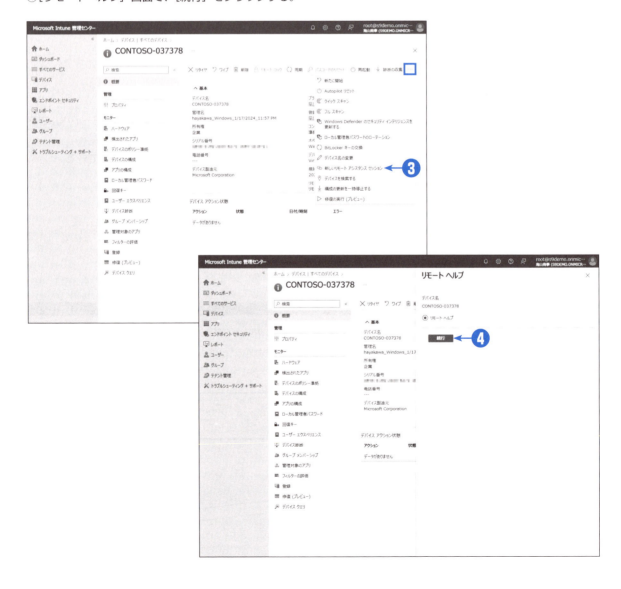

⑤ユーザーのデバイスで、リモートヘルプのバルーンメッセージが表示されたら［リモートヘルプを開く］をクリックする。

⑥ヘルパーのデバイスの［リモートヘルプ］画面で、［リモートヘルプを起動する］をクリックする。

⑦ヘルパーのデバイスでリモートヘルプアプリが起動することを確認する。ヘルパーのデバイスの［リモートヘルプ］画面で、［画面を表示する］をクリックする。
⑧ユーザーのデバイスの［リモートヘルプ］画面で、［許可］をクリックする。

⑨ヘルパーのデバイスでユーザーのデバイスのデスクトップ画面が表示されることが確認できる。後からユーザーのデバイスの遠隔操作が必要になった場合、［制御の要求］をクリックする。
⑩ユーザーのデバイスで［許可］をクリックすると、ヘルパーのデバイスからの遠隔操作が可能になる。

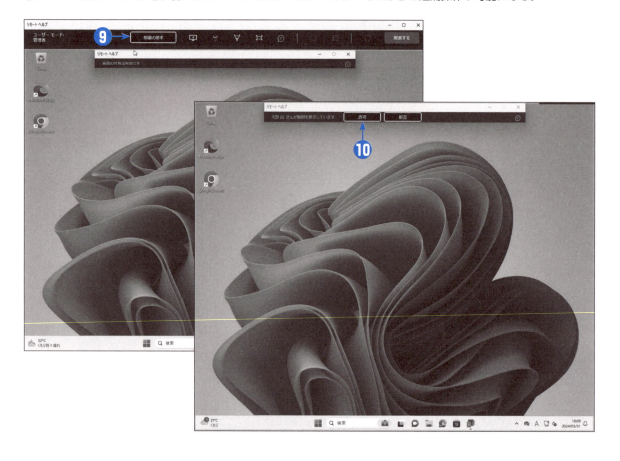

第11章 運用管理 655

⑪画面共有または遠隔操作を終了するときは、[脱退する]をクリックする。

以上の画面共有または遠隔操作のログは、ユーザー/ヘルパーデバイスのイベントビューアの[アプリケーションとサービスログ]－[Microsoft]－[Windows]－[RemoteHelp]－[Operational]より参照できます。

チャット操作

①画面共有/遠隔操作の操作により画面共有または遠隔操作している状態で、ユーザーのデバイスでチャットボタンをクリックする。

②チャット画面で、ヘルパーに伝えたい内容を書き込み、Enterキーを押す。

③ヘルパーのデバイスで、チャットボタンをクリックし、ユーザーが書き込んだ内容を確認する。その内容に返信する場合は画面右側のチャット欄に返信内容を書き込んでEnterキーを押す。

チャット操作はユーザーのデバイスからではなく、ヘルパーのデバイスからチャットボタンをクリックしてチャットを開始することも可能です。

画面上での指示

①画面共有/遠隔操作の操作により画面共有または遠隔操作している状態で、ヘルパーのデバイスでペンをクリックする。

②画面上の特定の部分を指し示す場合、画面をなぞるとペンでなぞった部分が表示される。なお、なぞった部分を消す場合は、画面右上の［注釈の終了］をクリックする。

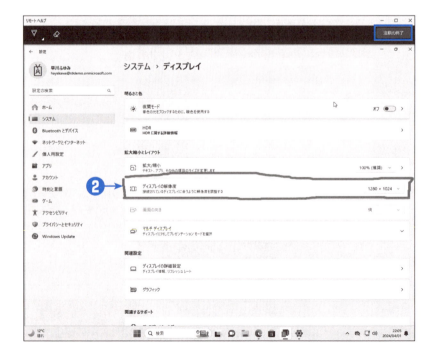

第 11 章 運用管理

条件付きアクセスでリモートヘルプの操作を制限する

　リモートヘルプは遠隔からユーザーのデバイスを操作できるため、不正アクセスに悪用されると甚大な悪影響を及ぼす可能性があります。そのため、特定の条件下でのみリモートヘルプを利用したい場合、条件付きアクセスでアクセス制御する方法があります。しかし、条件付きアクセスではターゲットリソースとしてリモートヘルプが既定では選択できないため、ターゲットリソースとしてリモートヘルプを選択できるように設定する（サービスプリンシパルとしてリモートヘルプを追加する）必要があります。

　この設定は Windows PowerShell を起動し、次のコマンドレットを実行します。

Microsoft Graph のインストール

```
Install-Module -Name Microsoft.Graph
```

接続と API アクセス許可の割り当て

```
Connect-MgGraph -Scopes "Application.ReadWrite.All"
```

サービスプリンシパルの作成

```
New-MgServicePrincipal -AppId "1dee7b72-b80d-4e56-933d-8b6b04f9a3e2"
```

　以上の操作により、条件付きアクセスのターゲットリソースから [RemoteAssistanceService] という名前でリモートヘルプを選択できるようになります。

3 ロール

ロールとは管理者が利用する管理権限をひとまとめにしたものです。ここではロールを割り当てて利用する方法について見ていきます。

RBACによるアクセス制御

ここまでMicrosoft Intune管理センターを利用してさまざまな管理ができることを解説しましたが、これらの管理作業は管理者だけが行えるよう、コントロールする必要があります。Intuneではロールベースのアクセス制御（Role-Based Access Control：RBAC）と呼ばれるモデルで管理者を定義し、管理作業を行うように指定できます。RBACでは一般的に「誰に対して、どのような管理権限を、どの範囲で割り当てるか？」を定義したものになります。

組み込みのロール

組み込みのロールはIntuneテナント全体の範囲に対する管理権限が最初から定義された設定で、ロールにグループを割り当てるだけで管理権限の割り当てが完了します。

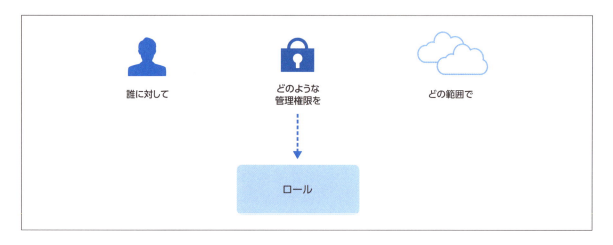

組み込みのロールには次のものがあります。

ロール名	説明
Policy and Profile manager	コンプライアンスポリシー、構成プロファイル、デバイスの登録に関わる設定を管理できる
School Administrator	Intune for Educationを管理するためのアクセス許可が割り当てられている
Organizational Messages Manager	組織のメッセージを管理できる
Endpoint Privilege Reader	Endpoint Privilege Managementに設定したポリシーを表示できる
Help Desk Operator	現状の設定の読み取りと、デバイスのロックや消去などのリモートタスクを実行できる
Application Manager	アプリの管理を行うために必要な管理を実行できる
Endpoint Security Manager	セキュリティベースライン、コンプライアンスポリシー、条件付きアクセス、Intune内でのMicrosoft Defender for Endpointに関わる設定など、[エンドポイントセキュリティ] メニューから設定可能な機能を管理できる
Endpoint Privilege Manager	Endpoint Privilege Managementで設定可能なポリシーを管理できる
Read Only Operator	登録されたデバイスの情報やポリシー設定、アプリの設定などを閲覧できる
Intune Role Administrator	追加作成したロールの管理と、既存のロールに対するユーザーの割り当てを行うためのアクセス許可が割り当てられている

これらのロールではグループを割り当てて、グループのメンバーに対する管理権限を割り当てていきます。

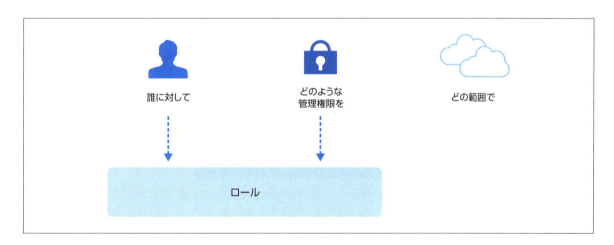

組み込みロールへのグループの割り当て

①Microsoft Intune管理センター画面（https://intune.microsoft.com）で、左側のメニューから［テナント管理］－［ロール］をクリックする。

②［エンドポイントマネージャーロール | すべてのロール］画面で、アクセス許可を割り当てたいロールをクリックする。ここでは例として、［Endpoint Security Manager］をクリックしている。

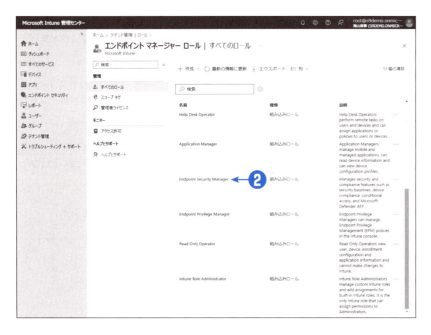

③［Endpoint Security Manager］画面で、［プロパティ］をクリックする。すると、［Endpoint Security Manager］ロールが割り当てられたユーザーが利用可能なアクセス許可一覧を参照できる。

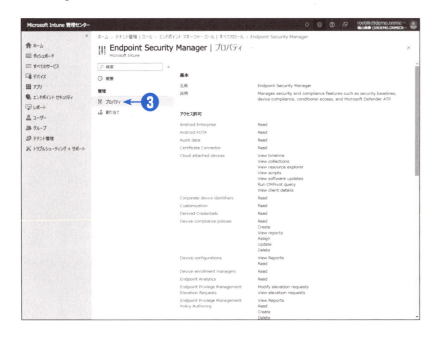

④[Endpoint Security Manager]画面で[割り当て]をクリックし、[Endpoint Security Manager｜割り当て]画面で[割り当て]をクリックする。

⑤[ロール割り当ての追加]画面の[基本]タブで、[名前]に任意の名前を入力し、[次へ]をクリックする。ここでは例として、名前を「ESMgroup」と入力している。
⑥[管理者グループ]タブで、[グループを追加]をクリックし、[Endpoint Security Manager]ロールを割り当てるグループを追加し、[次へ]をクリックする。ここでは例として、ESMAdminsグループを追加している。

⑦ [スコープグループ] タブで、ロールによる管理対象となるユーザーまたはデバイスを選択し、[次へ] をクリックする。ここでは例として、すべてのデバイスを追加している。
⑧ [スコープタグ] タブで、[次へ] をクリックする。

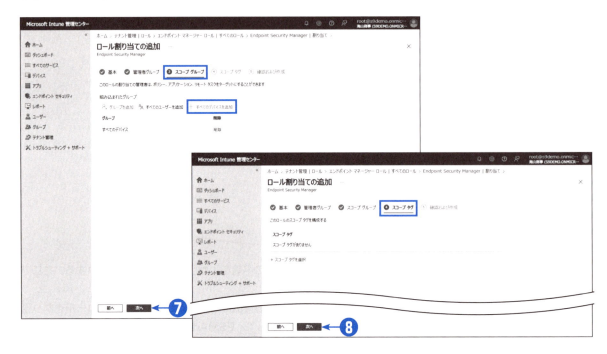

⑨ [確認および作成] タブで、[作成] をクリックする。
⑩ [Endpoint Security Manager | 割り当て] 画面で、割り当てが完了したことを確認する。

⑪ロールが割り当てられたユーザーでMicrosoft Intune管理センターにアクセスし、[エンドポイントセキュリティ]をクリックすると、メニューにアクセスできることが確認できる。

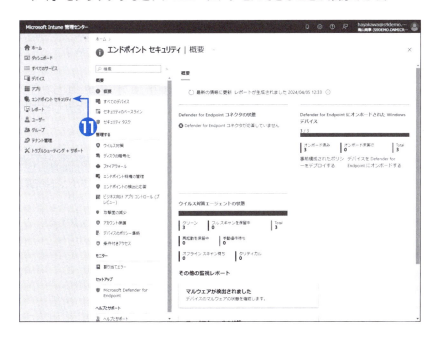

アクセス許可/ロールが割り当てられていないユーザーがMicrosoft Intune管理センターにアクセスすると、メニューは表示されません。

ユーザーに対して複数のロールが割り当てられた場合、ユーザーはそのすべてのロールで定義されたアクセス許可が利用できるようになります。

カスタムロール

Microsoft Intune管理センターから利用可能なロールは「組み込みのロール」と呼ばれ、あらかじめいくつかのアクセス許可が設定された「アクセス許可の集合体」です。それに対して、特定のアクセス許可だけをユーザーに割り当てて運用したい場合、自分で必要なアクセス許可だけを選択して新しいロールを作成することができます。これを「カスタムロール」と呼びます。

組み込みのロールでは［Read Only Operator］というロールを利用すればすべての領域に対する読み取りを行うことができますが、そうではなくカスタムロールでは「コンプライアンスポリシーの読み取り権限だけを割り当てたい」などというピンポイントでのアクセス許可割り当てができます。

カスタムロールの作成とグループへの割り当て

①Microsoft Intune管理センター画面（https://intune.microsoft.com）で、左側のメニューから［テナント管理］－［ロール］をクリックする。

②［エンドポイントマネージャーロール｜すべてのロール］画面で、［作成］－［Intuneの役割］をクリックする。

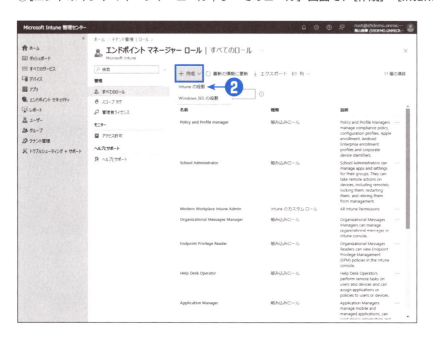

③［カスタムロールの追加］画面の［基本］タブで、［名前］に任意の名前を入力し、［次へ］をクリックする。ここでは例として、名前を「Compliance Policy Reader」と入力している。

④［アクセス許可］タブで、割り当てたいアクセス許可を［はい］に設定し、［次へ］をクリックする。ここでは例として、コンプライアンスポリシーの読み取りアクセス許可（［Device compliance policies］の［Read］）を［はい］に設定している。

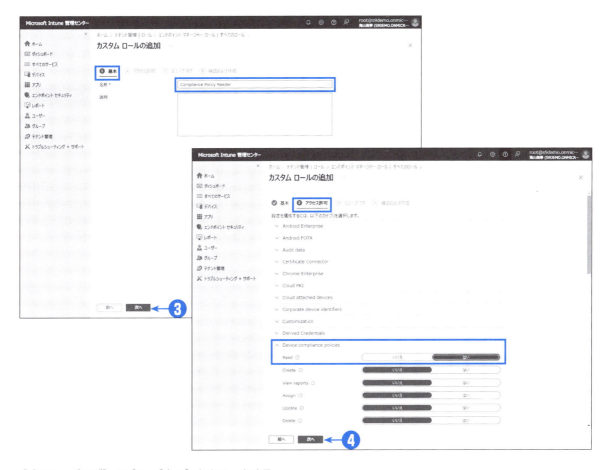

⑤［スコープタグ］タブで、［次へ］をクリックする。

⑥ [確認および作成] タブで、[作成] をクリックする。
⑦ [エンドポイントマネージャーロール｜すべてのロール] 画面で、新しいロールが追加されたことを確認する。続けてロールを利用するユーザーを選択するため、作成した [Compliance Policy Reader] ロールをクリックする。

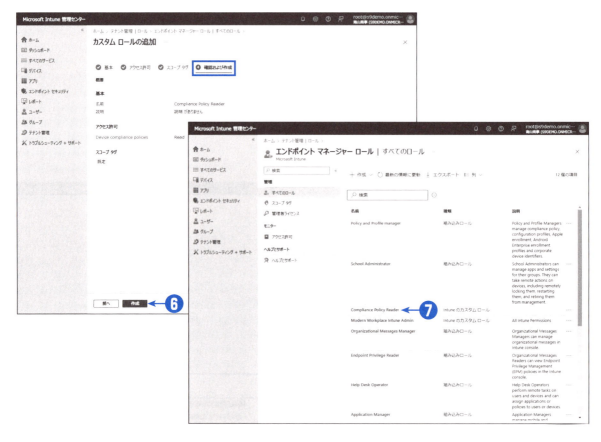

⑧ [Compliance Policy Reader] 画面で [割り当て] をクリックし、[Compliance Policy Reader｜割り当て] 画面で [割り当て] をクリックする。

⑨ [ロール割り当ての追加] 画面の [基本] タブで、[名前] に任意の名前を入力し、[次へ] をクリックする。ここでは例として、名前を「CPRAdmins」と入力している。
⑩ [管理者グループ] タブで、[グループを追加] をクリックし、[Compliance Policy Reader] ロールを割り当てるグループを追加して [次へ] をクリックする。ここでは例として、ESMAdminsグループを追加している。

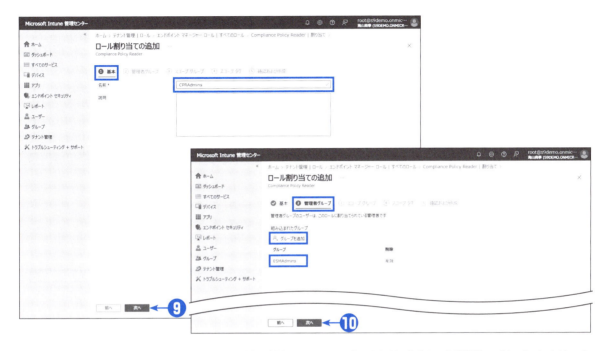

⑪ [スコープグループ] タブで、ロールによる管理対象となるユーザーまたはデバイスを選択し、[次へ] をクリックする。ここでは例として、すべてのデバイスを追加している。
⑫ [スコープタグ] タブで、[次へ] をクリックする。

⑬［確認および作成］タブで、［作成］をクリックする。
⑭［Compliance Policy Reader｜割り当て］画面で、割り当てが完了したことを確認する。

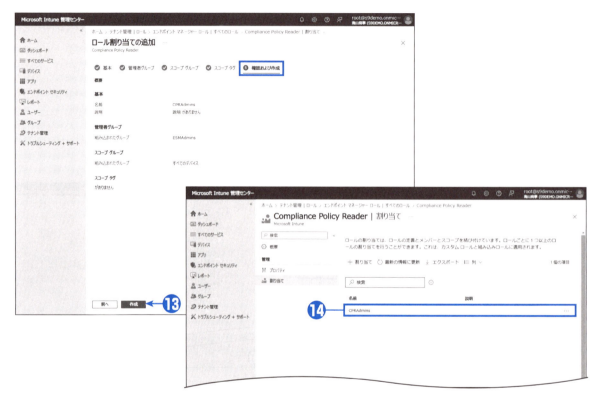

⑮ロールが割り当てられたユーザーでMicrosoft Intune管理センターにアクセスし、［エンドポイントセキュリティ］をクリックすると、メニューにアクセスできることが確認できる。

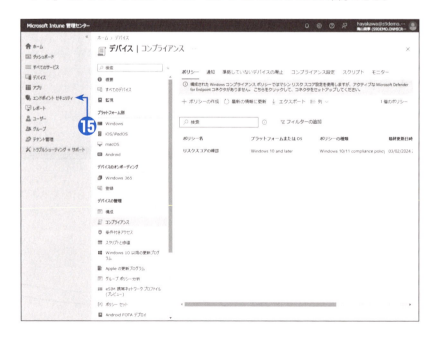

カスタムロールはアクセス許可を指定して新規作成する方法だけでなく、既存のロールを複製して新しいロールを作成することも可能です。

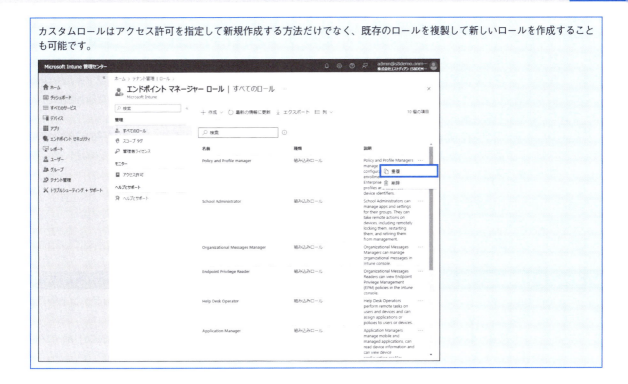

スコープグループとスコープタグを利用した管理範囲の限定

　スコープグループとスコープタグはロール割り当て設定時に、ロールを利用した管理範囲を限定する目的で利用可能な機能です。

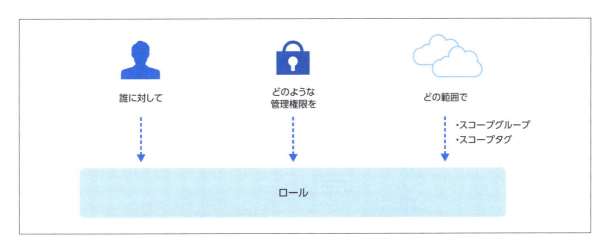

　スコープグループは構成プロファイルなどへのユーザー/デバイスの割り当てを行うときの割り当て対象を設定できる範囲を定義する機能です。たとえば、ESMAdminsグループをスコープグループで割り当てた場合、ロール割り当てされた管理者はESMAdminsグループのメンバーとなるユーザー/デバイスに対してのみ割り当てを設定できます。

一方スコープタグはMicrosoft Intune管理センターに表示される内容を限定する目的で利用する機能です。スコープタグはロール割り当て設定と、構成プロファイルやアプリなどでそれぞれ設定するもので、管理者は同じスコープタグを持つ設定に対してのみ参照することができるようになります。たとえば、AとBというスコープタグを作成し、Aスコープタグを指定してロール割り当てを行ったとします。一方、XとYという構成プロファイルを作成したときにX構成プロファイルにAスコープタグを設定します。そうすると、ロールを割り当てられた管理者はAスコープタグが設定されたX構成プロファイルのみが画面に表示されるようになります。

　このようにスコープタグはMicrosoft Intune管理センターに表示される内容を限定することで結果的に管理範囲を限定的なものにする効果があります。そのため、スコープタグはIntune管理の分割・分離を行いたい場合に適しています。ユースケースとして次のようなパターンが考えられます。

- 地域/オフィスごとに異なる管理者による管理を行いたい
- OS種類ごとに異なるヘルプデスク担当者による管理を行いたい
- 更新プログラム適用のために、デバイスによって検証環境と本番環境を分割し、それぞれ管理者を別々にしたい

スコープタグの設定

①Microsoft Intune管理センター画面（https://intune.microsoft.com）で、左側のメニューから［テナント管理］－［ロール］をクリックする。

②［エンドポイントマネージャーロール | すべてのロール］画面で［スコープタグ］をクリックし、［エンドポイントマネージャーロール | スコープタグ］画面で［作成］をクリックする。

③［スコープのタグを作成する］画面の［基本］タブで、［名前］に任意の名前を入力し、［次へ］をクリックする。ここでは例として、名前を「検証環境」と入力している。

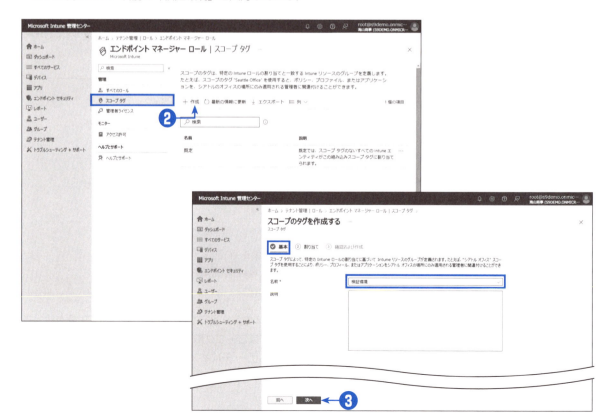

④［割り当て］タブで、［グループを追加］をクリックし、割り当て先となるグループを選択して［次へ］をクリックする。ここでは例として、Ring0 グループを選択している。
⑤［確認および作成］タブで、［作成］をクリックする。

スコープタグの作成画面で指定するグループはデバイスグループである必要があります。ここで指定したグループ内のデバイスは、（後に作成するロールにて）管理者となるユーザーが Microsoft Intune 管理センターにアクセスしたときに参照可能なデバイスとなります。

⑥［エンドポイントマネージャーロール｜スコープタグ］画面で、新しいスコープタグが作成されたことが確認できる。

スコープタグを利用したロールの割り当て

①Microsoft Intune管理センター画面（https://intune.microsoft.com）で、左側のメニューから［テナント管理］－［ロール］をクリックする。

②［エンドポイントマネージャーロール｜すべてのロール］画面で、目的のロールをクリックする。ここでは、例として［Policy and Profile manager］ロールをクリックしている。

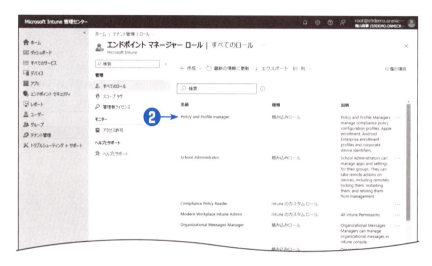

③［Policy and Profile manager］画面で［割り当て］をクリックし、［Policy and Profile manager｜割り当て］画面で［割り当て］をクリックする。

④［ロール割り当ての追加］画面の［基本］タブで、［名前］に任意の名前を入力し、［次へ］をクリックする。ここでは例として、名前を「PPMAdmins」と入力している。

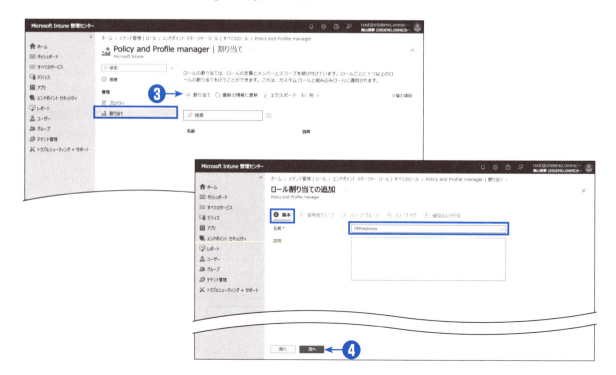

⑤［管理者グループ］タブで、［グループを追加］をクリックし、［Policy and Profile manager］ロールを割り当てるグループを追加して［次へ］をクリックする。ここでは例として、ESMAdminsグループを追加している。

⑥［スコープグループ］タブで、ロールによる管理対象となるユーザーまたはデバイスを選択し、［次へ］をクリックする。ここでは例として、［グループを追加］をクリックし、Ring0グループを追加している。

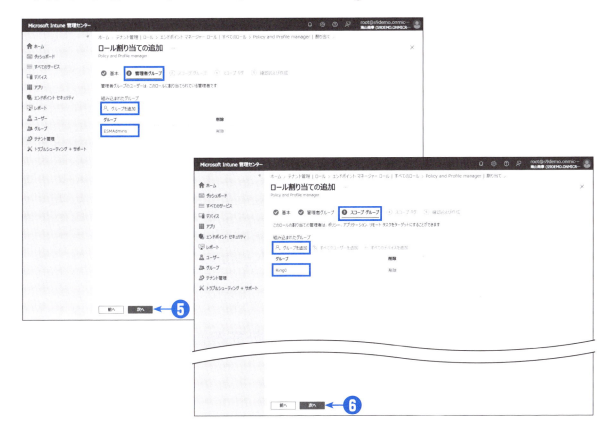

⑦［スコープタグ］タブで、［スコープタグを選択］をクリックする。

⑧ ［タグを選択する］画面で、前の手順で作成した［検証環境］タグを選択し、［選択］をクリックする。

⑨ ［スコープタグ］タブで、［次へ］をクリックする。
⑩ ［確認および作成］タブで、［作成］をクリックする。

⑪ [Policy and Profile manager｜割り当て] 画面で、割り当てが完了したことを確認する。

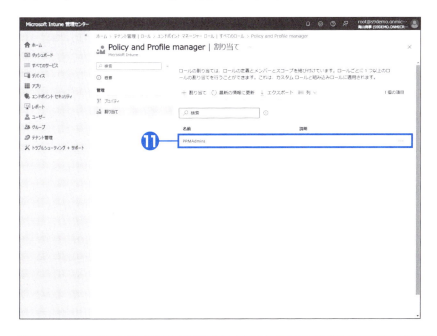

既存の構成プロファイルに対するスコープタグの設定

① Microsoft Intune管理センター画面（https://intune.microsoft.com）で、左側のメニューから ［デバイス］ －［構成］ をクリックする。

② ［デバイス｜構成］画面の ［ポリシー］ タブで、スコープタグを設定する構成プロファイルをクリックする。ここでは例として、第4章で作成した ［Bluetooth利用制限］ 構成プロファイルをクリックしている。

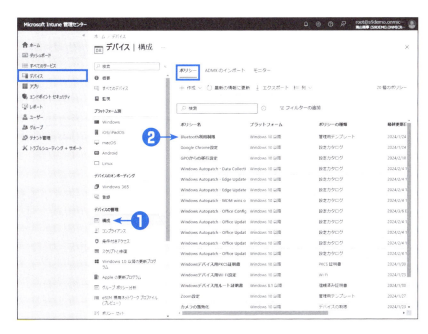

③［Bluetooth利用制限］画面で、［スコープタグ］欄にある［編集］をクリックする。

④［管理用テンプレート］画面の［スコープタグ］タブで、［スコープタグを選択］をクリックする。
⑤［タグを選択する］画面で、［検証環境］タグを選択し、［既定］タグの［削除］をクリックする。

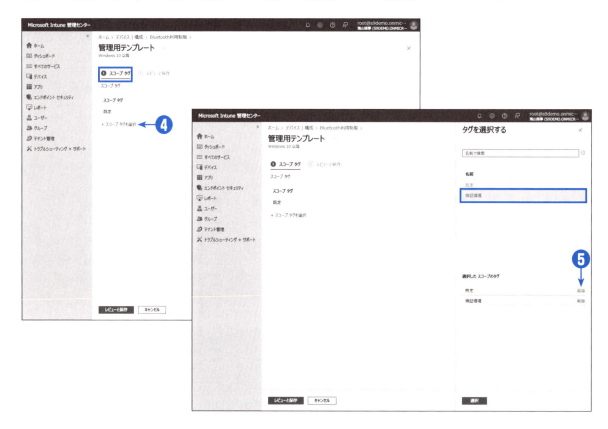

⑥ [タグを選択する] 画面で、[選択] をクリックする。

⑦ [スコープタグ] タブで、[レビューと保存] をクリックする。
⑧ [レビューと保存] タブで、[保存] をクリックする。

⑨ロールが割り当てられたユーザーでMicrosoft Intune管理センターにアクセスし、[デバイス]－[構成]をクリックすると、[ポリシー]タブにスコープタグが設定された構成プロファイルだけが表示されていることが確認できる。

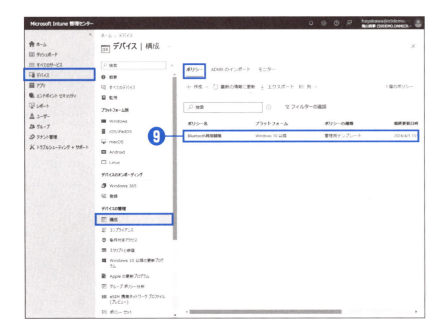

4 テナントの正常性

　Intuneではデバイスとクラウドの間で常に通信を行うわけではありません。そのため、Intuneの運用管理に関わるトラブルが発生した場合、それがタイムラグなのか、デバイス側のトラブルなのか、またはクラウド側のトラブルなのかを見極める必要があります。障害の切り分けを行うためにMicrosoft Intune管理センターで見るべきポイントを解説します。

クラウド側のトラブル

　発生しているトラブルがクラウド側のものであるか、またクラウド側でどのようなトラブルが発生しているかを見極めるには、Microsoft Intune管理センターで次を確認します。

テナントの正常性

　テナント（データセンター）が正しく動作しているかについてはMicrosoft Intune管理センターの［テナント管理］－［テナントの状態］をクリックし、［テナント管理 | テナントの状態］画面の［サービスの正常性とメッセージセンター］タブで確認できます。正常性に問題のある事象が発生した場合には［サービスの正常性］欄で、その内容を参照することができます。

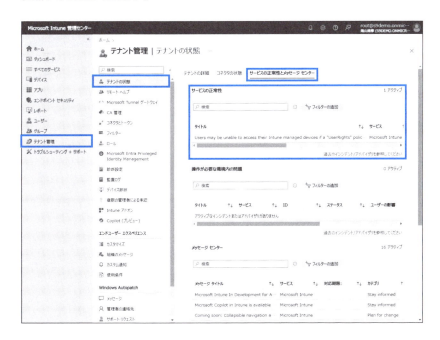

　また、［サービスの正常性］欄に表示されているタイトルをクリックすると、詳細な説明を確認できます。

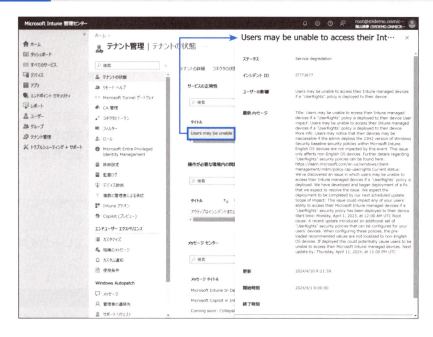

　そのほか、［サービスの正常性とメッセージセンター］タブにある［操作が必要な環境内の問題］欄ではIntuneの中で監視を行うべき注意事項を確認できます。また［メッセージセンター］欄ではIntune管理者への連絡事項（主に機能のアップデートに関する情報）を確認できます。これらの情報は定期的にアクセスし、確認するとよいでしょう。

テナントの設定

　証明書の入れ替えに代表される、組織のテナントで定期的に実行すべきタスクが正しく行われているかを確認する場合、Microsoft Intune管理センターの［テナント管理｜テナントの状態］画面の［コネクタの状態］タブを参照します。設定に不備があれば、その項目をクリックして設定箇所を開くことができます。

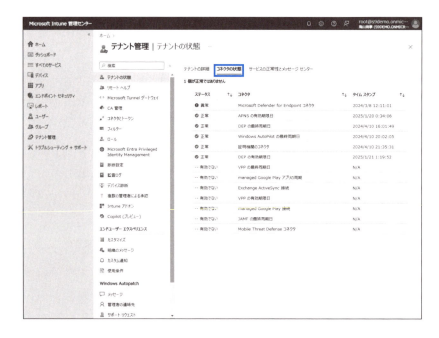

サービスリリース

Intuneでは定期的に新しい機能の追加と特定機能の廃止を行います。機能の追加と廃止はテナントによって提供されるタイミングが異なるケースがあり、自分の組織のテナントでは現在、どのバージョンのIntuneで動作しているかをサービスリリースで確認します。

サービスリリースはMicrosoft Intune管理センターの［テナント管理｜テナントの状態］画面で［テナントの詳細］タブの［サービスリリース］欄で確認できます。

サービスリリースは「西暦下2桁＋月2桁」の合計4桁で表現され、上の画面にある「2403」であれば2024年3月のリリースがこのテナントに適用されていることを表します。また、「2403」のサービスリリースでどのような機能が新しく追加されたかについては、サービスリリースの番号をクリックすることでサービスリリースの解説を行うMicrosoft Learnのページに移動できます。

デバイス側のトラブル

　発生しているトラブルがデバイス側のものであるか、またデバイス側でどのようなトラブルが発生しているかを見極めるには、Microsoft Intune管理センターで次を確認します。

デバイスの接続性の確認

　Intuneから与えられる各種設定はデバイスがIntuneに接続して初めて適用されます。そのため、定期的にクライアントがIntuneに接続しているか、また最後に接続したのがいつなのか、などを把握しておくこともトラブルシューティングを行ううえで重要な要素となります。デバイスとIntune間の接続履歴はMicrosoft Intune管理センターの［デバイス］－［すべてのデバイス］をクリックし、［デバイス｜すべてのデバイス］画面の［最後のチェックイン］列で確認できます。

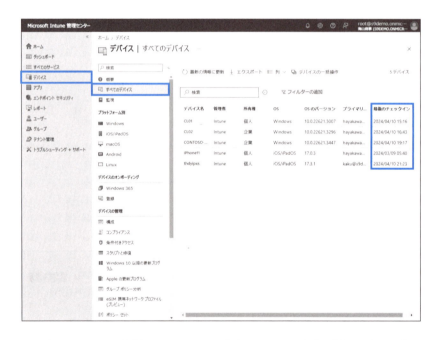

　一方、クライアント側ではWindowsデバイスであれば［設定］アプリの［アカウント］－［職場または学校アカウントにアクセスする］から［情報］ボタンをクリックして最終同期時刻を確認できるほか、イベントビューアの［アプリケーションとサービスログ］－［Microsoft］－［Windows］－［DeviceManagement-Enterprise-Diagnostics-Provider］より同期処理に関する詳細を確認できます。また、iOS/AndroidデバイスであればIntuneポータルサイトアプリより最終同期日時を確認できます。

　Intuneとデバイス間での同期は第2章でも解説したように一部例外を除いて8時間ごとに行われます。もし、このタイミングに関わらず今すぐ同期を行う場合であれば、第2章で解説したようなクライアントデバイスで同期を実行する方法のほか、Microsoft Intune管理センターの［デバイス］－［すべてのデバイス］をクリックし、該当するデバイスをクリックして［同期］をクリックすると、強制的に開始することができます。

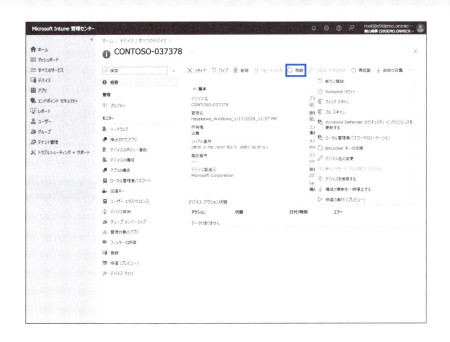

ユーザー/デバイス単位でのトラブルの特定

　トラブルが発生しているユーザーまたはデバイスが明らかな場合、Microsoft Intune管理センターの［トラブルシューティング＋サポート］－［トラブルシューティング］をクリックし、［トラブルシューティング＋サポート｜トラブルシューティング］画面で［ユーザー］または［デバイス］にユーザー名またはデバイス名を入力すると、そのユーザー/デバイスでのポリシーやアプリの適用状況をまとめて参照できます。

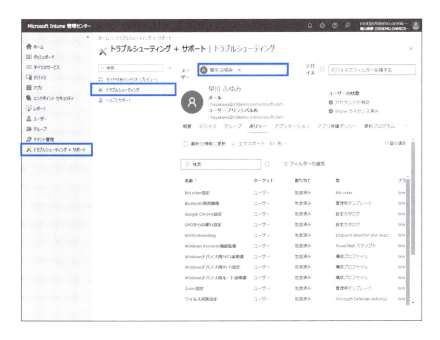

サポートに問い合わせる

　これまで紹介した方法によってトラブルを解決できない場合、Microsoft Intune管理センターで用意しているトラブルシューティングツールを利用したり、マイクロソフトのサポートに対してサポート要求（SR）を作成してサポートを依頼したりすることができます。

トラブルシューティングツールの利用方法

①Microsoft Intune管理センター画面（https://intune.microsoft.com）で、左側のメニューから［トラブルシューティング＋サポート］－［ヘルプとサポート］をクリックする。
②［トラブルシューティング＋サポート｜ヘルプとサポート］画面で、［Intune］をクリックする。

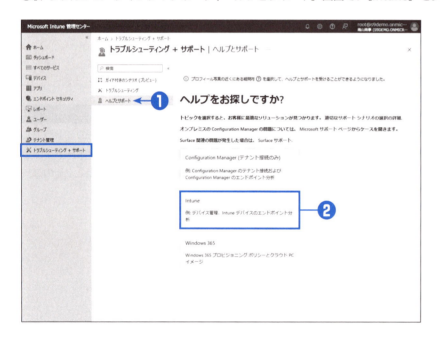

［トラブルシューティング＋サポート｜ヘルプとサポート］画面へのアクセスはMicrosoft Intune管理センター画面の右上にある［？］アイコンをクリックして行うことも可能です。

③ [何かお困りでしょうか？] 画面で、検索ボックスにトラブルの事象を入力する。すると候補が表示されるので、該当する項目をクリックする。ここでは例として「Windowsデバイスが登録できない」と入力し、結果一覧から [WindowsデバイスをIntuneに登録できない] をクリックしている。

④ [何かお困りでしょうか？] 画面で、トラブルシューティングのトピックが表示される。[診断の実行] が表示される場合、必要事項を入力して [テストの実行] をクリックする。

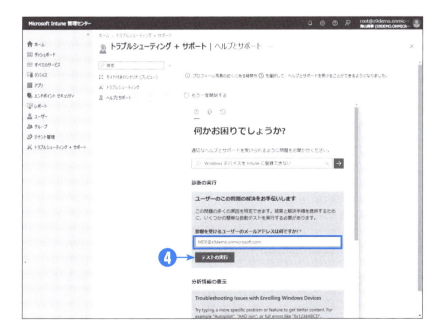

> 検索内容によっては、トラブルシューティングツールである [診断の実行] 欄が表示されない場合があります。

⑤ [何かお困りでしょうか？] 画面で、[診断の実行] に診断結果が表示されるため、結果をもとに問題の原因への対処を行う。

トラブルシューティングツール（診断の実行）によるトラブル解決ができなかった場合、画面下部の [その他のヘルプ] 欄にあるリンクから関連情報を参照することもできます。

SRの依頼方法

①Microsoft Intune管理センター画面（https://intune.microsoft.com）で、左側のメニューから、［トラブルシューティング＋サポート］−［ヘルプとサポート］をクリックする。

②［トラブルシューティング＋サポート｜ヘルプとサポート］画面で、［Intune］をクリックする。

③［何かお困りでしょうか？］画面で、検索ボックスにトラブルの事象を入力する。すると候補が表示されるため、該当する項目をクリックする。ここでは例として「Windowsデバイスが登録できない」と入力し、結果一覧から［WindowsデバイスをIntuneに登録できない］をクリックしている。

④［何かお困りでしょうか？］画面で、ヘッドセットアイコンをクリックする。

⑤［サポートへのお問い合わせ］画面で、必要事項を入力し、［連絡を希望する］をクリックする。すると［希望する連絡方法］で選択した連絡方法でサポートからの連絡を受けることができる。

記号

%RAND:x% 72
%SERIAL% 72
. (ドット) 629
.apk 416
.appx 341
.appxbundle 341
.exe 340, 342, 343, 344, 346
.intunewin 342, 344, 347, 350, 413, 641, 644
.ipa 416
.json 559
.msi 340
.msix 340
.msixbundle 341
.NET Framework 4.7.2 344
` (改行文字) 628, 629
| (パイプ記号) 626, 627
| project 623, 624
| where 623, 624
=~ 623, 624

A

Active Directory 3, 4, 31, 140, 144, 153, 536
Active Directory証明書サービス
.... 152, 153, 156, 160, 314
AdditionalProperties 628
ADMLファイル 201
ADMXファイル 143, 191, 197, 199, 201, 203, 204
AgentExecutor.log 412
Android Device Admin 86
Android Enterprise 86, 128, 304, 334, 444
Android Enterpriseデバイス 304, 310, 334, 465
Android Open Source Project (AOSP) 86
Androidストアアプリ 429
Androidデバイスの登録 86, 132
App Store 416, 418, 435
Apple Business Manager (ABM)
.... 86, 109, 110, 416, 433, 434, 437
Apple Configurator 86, 109, 121, 124, 298, 325
Apple Device Enrollment 635
Apple for Businessアカウント 110
Apple ID 88
Apple Push Certificate 88, 91, 92, 109
Apple School Manager (ASM) 86
Appleお客様番号 110
Appleシングルサインオン (SSO) アプリ拡張機能
.... 92, 101
Application Manager 659
Application.ReadWrite.All 657
appRevisions 613

ASR

ASR (Attack Surface Reduction) 270
ASRルール 270
AuditLogs 617
Automated Device Enrollment (ADE) 86
Autopatchグループ 245
Autopilot 31, 32, 62, 67, 69, 77, 342, 391
Autopilotプロファイル 70
Autopilotリセット 64, 634

B、C

BitLocker 247, 253, 635
browser_sso_interaction_enabled 103
certutil 156
CIS (Center for Internet Security) 141
CIS Benchmarks
.... 141, 145, 149, 186, 191, 247, 255, 271, 299
ClassGuid 191
ClientHealth.log 412
Cloud Solution Provider (CSP) 14
CNAME検証 34
CNAMEレコード 33
Connect-MgGraph 625, 627, 629, 631, 632, 657
contains 624
ConvertTo-Json 556
CSP (Configuration Service Provider) 185
CSPマッピング 290

D

DataType 559, 560
Deivces 617
Detect_Expired_User_Certificates.ps1 .... 216, 221
device_registration 103
DeviceComplianceOrg 617
DeviceManagementConfiguration.Read.All
.... 627, 629, 631, 632
DeviceManagementManagedDevices.Read.All ... 625
deviceName 616, 627
devices 613, 616
displayName 628, 630, 632
DNSレコード 33
DUNS Number 109

E

EDR (Endpoint Detection and Response) 566
EDRオンボードの状態 573
Endpoint Privilege Manager 659
Endpoint Privilege Reader 659
Endpoint Protection 144, 149, 247, 255
Endpoint Security Manager 659, 660
Endpointデータ損失防止 (Endpoint DLP) 534

enrolledDateTime 616
Enterprise Mobility + Security (EMS) E3 .... 11, 12
Enterprise Mobility + Security (EMS) E5 .... 11, 12
EnterpriseEnrollment-s.manage.microsoft.com ... 33
EnterpriseRegistration.windows.net 33
Exploit Protection 270

F、G

FileVault 247
Firmware Over-the-Air (FOTA) 11, 338
Get-Member 626
Get-MgDeviceManagementDeviceCompliancePolicy
.... 632
Get-MgDeviceManagementDeviceCompliancePolicy
DeviceStateSummary 632
Get-MgDeviceManagementDeviceConfiguration
.... 627, 628, 630
Get-MgDeviceManagementDeviceConfigurationDev
iceSettingStateSummary 629, 630
Get-MgDeviceManagementManagedDevice
.... 626, 627
Get-Tpm 556
Get-WindowsAutopilotInfo.ps1 66
Get-WmiObject Win32_Product 352
GetMgDeviceManagementManagedDevice 625
gm 626, 627, 632
Google Play ストア 416, 428, 429
gpreport.xml 288
Group and user action 262
GUID (Globally Unique IDentifier) 352

H、I

Help Desk Operator 659
iCloud アプリのバックアップを禁止する 464
id 630, 632
IE セキュリティ強化の構成 166
Install-Module 625, 657
Install-Script 66
Intune 2, 31, 110
Intune App SDK 416, 476, 492, 500
Intune Company Portal 444
Intune for Education 5, 659
Intune Management Extension (IME)
.... 212, 343, 383, 641
Intune Management Extension (IME) エージェント
.... 412
Intune Role Administrator 659
Intune Suite 12, 247, 338, 611, 641
IntuneAuditLogs 617
IntuneDeivces 617

IntuneDeviceComplianceOrg 617
IntuneDevices 622, 623
IntuneManagementExtension.log 412, 413, 414
IntuneOperationalLogs 617
IntuneWinAppUtil.exe 344, 346, 347, 644
Intune アプリラッピングツール 492, 500
Intune コネクタ 165
Intune データウェアハウス 613
Intune に登録したデバイスの一覧 44
Intune ポータルサイト 372, 374, 391, 413
Intune ポータルサイトアプリ
.... 92, 96, 137, 322, 427, 523, 553, 585, 682
Intune 無料試用版 14
Intune ライセンスの割り当て 11, 20
Intune ログ 617, 621
Invoke-MgGraphRequest 631
iOS ストアアプリ 419, 423, 450
iOS デバイス情報 123
iOS デバイスの登録 86, 92, 96, 101, 107, 109, 121
isDeleted 616

J、K、L

JSON ファイル 556, 559, 563
Kusto Query Language (KQL) 623
lastSyncDateTIme 616
Log Analytics ワークスペース 617, 618, 622

M

macOS ファイアウォール 247
Managed Home Screen 444
Managed Open In 514
managedDeviceOwnerType 627
MDM (Mobile Device Management)
.... 32, 128, 342, 468
MDM サポート 290, 293
MDM プッシュ証明書 88, 91
Microsoft 365 Apps admin center 366
Microsoft 365 Apps for business 341, 366, 368
Microsoft 365 Apps for enterprise 341, 368
Microsoft 365 Apps for Enterprise セキュリティベース
ライン 265
Microsoft 365 Business Premium 11, 368
Microsoft 365 E3 .... 11, 12
Microsoft 365 E5 .... 11, 12, 594
Microsoft 365 E5 無料試用版 567
Microsoft 365 F1/F3 11
Microsoft 365 Government G3/G5 11
Microsoft 365 アプリ 364, 367, 368
Microsoft 365 管理センター 19
Microsoft Authenticator 92, 433, 444, 585

Microsoft Configuration Manager (MCM)
.... 3, 4, 224, 599
Microsoft Defender Application Control 270
Microsoft Defender Application Guard 270
Microsoft Defender Cloud Apps (MDA) 534
Microsoft Defender for Cloud Apps 13, 594
Microsoft Defender for Endpoint
.... 144, 247, 534, 542, 566, 568, 659
Microsoft Defender for Endpoint P2 567
Microsoft Defender for Endpointベースライン 265
Microsoft Defenderウイルス対策
.... 247, 255, 599, 600, 635
Microsoft Defender管理センター 271, 568
Microsoft Defenderファイアウォール 247, 599
Microsoft Edgeのセキュリティベースライン 265
Microsoft Entra Connect 177
Microsoft Entra ID
.... 3, 4, 7, 13, 14, 30, 35, 41, 59, 536, 594
Microsoft Entra ID P1/P2 538
Microsoft Entra IDに登録したデバイスの一覧 44
Microsoft Entra IDのデバイス登録上限数 57
Microsoft Entra管理センター 44, 57, 596
Microsoft Entraグループ 24
Microsoft Entra参加 30, 36, 64, 262, 342
Microsoft Entraテナント 14, 20
Microsoft Entra登録 30, 36, 342
Microsoft Entraハイブリッド参加 30, 32, 64, 342
Microsoft Entraユーザー 17, 20, 262
Microsoft Graph 625, 657
Microsoft Graph PowerShell 625
Microsoft Intune 444
Microsoft Intune for Education 11
Microsoft Intune Plan 1/Plan 2 11
Microsoft Intune管理センター
.... 7, 44, 49, 58, 403, 405, 596
Microsoft Launcher 444
Microsoft Purview 594
Microsoft Purview Information Protection ... 13, 534
Microsoft Purviewデータ損失防止 (Purview DLP) ... 534
Microsoft Store for Business 340
Microsoft Store for Education 340
Microsoft Storeアプリ 358
Microsoft Storeアプリ (レガシ) 340
Microsoft Storeアプリ (新規)
.... 340, 359, 372, 374, 379, 381, 383, 384
Microsoft Surfaceの登録 83
Microsoft Teams Rooms 11
Microsoft Tunnel 11, 338
Microsoft Win32 Content Prep Tool 341, 344, 346
Mobile Firmware-over-the-air update 338

model 627
msiexec 352

N、O

New-Item 66
New-ItemProperty 212
New-MgServicePrincipal 657
OData (Open Data Protocol) 613
ODataフィード 614
Officeカスタマイズツール 366
Office展開ツール (ODT) 341
OMA-DM (Open Mobile Alliance - Device Managem
ent) 143, 185
OMA-URI (Open Mobile Alliance - Uniform Resourc
es) 8, 143, 185, 186, 296, 298, 629
omaSettings 629
OOBE (Out-of-Box Experience) 32, 62, 77
Open In/Share 513, 514
Operand 559, 560
OperationalLogs 617
Operator 559, 560
Organizational Messages Manager 659
OSのバージョンチェック 541

P

PIN (Personal Identification Number) 471
PINポリシー 470, 471
PKCS (Public-Key Cryptography Standards)
.... 152, 298
PKCS証明書 144, 152, 170, 174, 314, 318
policies 613
Policy and Profile manager 659, 672
Policy CSP 185, 186
policyDeviceActivies 613
Power BI Desktop 614
PowerShellスクリプト 143, 212, 556
Property 626, 627, 632

R、S

RDP (リモートデスクトッププロトコル) 641
Read Only Operator 659, 664
Remediate_Expired_User_Certificates.ps1 ... 216, 221
root.cer 156, 315
SCEP (Simple Certificate Enrollment Protocol)
.... 152, 298
SCEP URI 183
SCEP証明書 144, 152, 183
School Administrator 659
select 627, 628, 630, 632
Select-Object 627

Set-ExecutionPolicy 66
Set-Location 66
SettingName 559, 560
SyncML 185

T、U、V

TPMPresent 556
Trusted Installerサービス 342
Universal Windows Platform（UWP）アプリ 340
UPN（ユーザープリンシパル名）.............. 172, 174, 319
UPNサフィックス 174
User selection type 262
userDeviceAssociations 613
users 613
Volume Purchase Program（VPP）........ 109, 433, 635
VPN（Virtual Private Network）........... 144, 298, 461
VPPトークン 433

W、X

Webクリップ 416
Webリンク 376, 416, 444
Where-Object 628
Wi-Fi 144, 298, 310
Windows 10以降のMicrosoft 365アプリ 340
Windows 10以降のMicrosoft Edgeバージョン77以降
.... 340
Windows 10以降のセキュリティベースライン　265, 266
Windows 365 .... 599, 617
Windows 365セキュリティベースライン 265
Windows Accounts拡張機能 212
Windows Autopatch 239, 240, 243, 245
Windows Autopatch - Driver Update Policy 244
Windows Autopatch Update Policy 243
Windows Autopilot →「Autopilot」を参照
Windows E3ライセンス 210, 216, 231, 239
Windows Hello 79
Windows Hello for Business 144
Windows Information Protection（WIP）...... 477, 534
Windows Installer 352
Windows LOBアプリ 340, 342
Windows MAM 478, 485, 487
Windows PowerShell 8
Windows Server Update Services（WSUS）
.... 3, 142, 224
Windows Webリンク 340
Windows365AuditLogs 617
Windowsアプリ（Win32）
..... 340, 342, 343, 344, 349, 372, 374, 379, 380, 381,
382, 383, 396, 408, 413, 414, 646
Windowsの更新プログラム 599, 604

Windowsの正常性の監視 144, 603
Windowsのバージョン番号 544
Windowsのビルド番号 51
Windowsの優先更新レポート 235
Work from anywhere準備状況 610
XMLデータを入力する 341, 366

あ

［アカウントの削除］ダイアログ 509
アカウント保護 247, 260
アクセスに職場または学校アカウントの資格情報を使用
.... 494, 502
アクセス要件 471, 494, 502, 510, 524
アクティベーションロックの無効化 635
アプリインストールの状態 598
アプリケーションの信頼性 608
［アプリケーションの編集］画面 385
アプリ構成ポリシー 417, 450, 454
アプリ設定 9
アプリのインストール期限 383, 384
アプリの可用性 382, 384
アプリの構成 48
アプリの自動更新 435
アプリの保護ポリシーが必要 540, 585, 586, 591, 593
アプリ保護ポリシー ... 468, 469, 475, 478, 487, 490, 496,
498, 506, 509, 522, 585, 586, 594
アプリ保護ポリシー対象アプリ 540, 592
アンインストール 371, 372, 374, 400, 461
暗号化 470
アンマネージドデバイス 473, 475
異常検出 611
一般的な構成設定 457
イベントビューア 655, 682
インポート済みの管理用テンプレート（プレビュー）... 205
ウイルス対策 255, 258
遠隔操作 652, 655
エンタープライズCA 153, 160
エンドポイントセキュリティ 143, 247, 255, 659
エンドポイント特権管理 12, 247, 338
エンドポイント分析 12, 599, 602, 604, 606, 611, 612
エンドユーザーの通知 379
置き換え 354
オブジェクト 596
オンボーディング 566, 569

か

会社が所有する完全に管理されたユーザーデバイス
.... 87, 132
会社が所有する専用端末 87
会社支給のデバイス 6

会社所有のデバイス 58, 109, 468
カスタムアプリ 492, 500
カスタムコンプライアンス 542, 556, 560
カスタム通知の送信 635
カスタムドメイン名 33
カスタムプロファイル 325, 328
カスタムロール 664, 669
画面共有 652, 655
監視モード 109, 119, 298, 635
完全一致 624
管理者による自動登録 71
管理名 46
管理用テンプレート 142, 191, 192, 631
基幹業務アプリ 340, 374, 379, 416
キッティング 3
機能更新プログラム 231, 243, 244, 599
機能更新プログラムの延期期間 234
業務用デバイスの識別子 58
共有コンピューターのライセンス認証を使用 368
切り取り、コピー、貼り付けの許可 483
クエリ 622, 623
組み込みアプリ 416
組み込みのロール 658, 660, 664
組み込みの割り当てグループ 371, 375
クラウドPCの概要 599
クラウドPKI 12, 181, 338
クラウドに接続されたデバイス 599
クリップボードの制限 469
グループポリシー 3, 4, 140, 191, 285, 286, 296
グループポリシーオブジェクト（GPO） 285, 286
グループポリシー分析 142, 285, 288, 293, 599
グループモード 374, 376
グローバルIPアドレス 538
検出規則 413
検出されたアプリ 47
検出スクリプト 212, 216, 223
コア Microsoft アプリ 491, 499
攻撃の回避規則 270, 272
攻撃面の減少 247, 270
更新チャネル 367
更新プログラム展開結果の確認 235, 238
更新プログラムの管理 224, 231
更新リング 143, 227, 231, 243, 244
構成管理 2, 4, 8
構成デザイナー 341, 366, 456
構成の更新を一時停止する 635
構成プロファイル 142, 144, 191, 197, 204, 247, 255,
285, 299, 599, 627, 629, 659, 675
個人所有のデバイス（BYOD） 6, 30, 50, 58, 86, 96,
334, 338, 373, 468, 473, 474, 475

コネクタの状態 680
このスクリプトをログオンしたユーザーの資格情報を使用して実行する 214
コンテキストのインストール 379
コンプライアンスステータスの有効期限 555
コンプライアンス設定 541
コンプライアンス非対応に対するアクション 544, 550
コンプライアンスポリシー
.... 9, 391, 392, 536, 541, 542, 544, 546, 549, 552,
574, 577, 594, 599, 632, 659

さ

サードパーティのキーボード 510
サービスの正常性 679
サービスリリース 681
再起動 634, 635, 636
再起動の頻度 607
再起動の猶予時間 384
最後のチェックイン 682
最小OSバージョン 544, 548
サイレントインストール 343
削除 634, 635, 636
削除可能としてインストール 463
サポート要求（SR） 684, 687
自己展開モード 64, 72, 77
仕事用プロファイルを備えた会社所有のデバイス ... 87, 636
仕事用プロファイルを備えた個人所有のデバイス ... 87, 137
資産管理 2, 4, 7
システムセキュリティ 541, 550
システムの更新プログラム 335
事前プロビジョニング 64, 72, 77, 78
自動登録 31, 32, 39, 40
ジャストインタイム（JIT）登録 92, 101
修復スクリプト 212, 216, 220, 223, 635
手動登録 31, 33
準拠済みデバイス 539, 541
条件付きアクセス 30, 31, 391, 468, 472, 536, 538,
577, 585, 594, 657, 659
条件付きアクセスポリシー 586
条件付き起動 472, 494, 502
承認されたクライアントアプリが必要です 540, 586
承認済みアプリ 540
証明書 144, 298
証明書署名要求（CSR） 88
証明書テンプレート 160
除外 375, 376
職場または学校アカウントでサインインすることを要求
.... 472
診断設定 617, 621
診断の収集 408, 634

信頼済み証明書 144, 157, 315	デスクトップアプリ 340
スコープグループ 669	テナントの詳細 681
スコープタグ 669, 670, 671, 672, 675	テナントの状態 679, 680, 681
スコープ範囲でのエンドポイント分析 611	テナントの正常性 679
スタートアップスコア 606	テナントの設定 680
スタートアップパフォーマンス 606	デバイスカテゴリ 46
スタートアッププロセス 607	デバイス管理のクラウド化 2
ストアアプリ 416, 418, 444	デバイス機能 102, 298
すべてのデバイス 145, 276, 371, 375	デバイスグループ 59, 61, 69, 371, 373, 374, 485, 671
すべてのユーザー 145, 276, 371, 375, 376	デバイス構成プロファイル 507
正常性チェック 484	デバイスコンテキスト 379
セキュリティ対策 2, 4, 10	デバイス準備ポリシー 84
セキュリティベースライン ... 10, 141, 143, 265, 268, 659	デバイス上限数の制限 53
設定カタログ 142, 144, 177	デバイススコープ 611
ゼロトラスト 12	デバイスセットアップクラス 191
ゼロトラストモデル 536	デバイス登録 6, 30, 31, 33, 35, 38, 41, 659
選択したサービスからデータを開くことをユーザーに許可する 493, 501, 506, 522	デバイス登録状況 596
選択したサービスにユーザーがコピーを保存することを許可 493, 501, 506, 516, 522, 530	デバイス登録なしのIntuneアプリ保護 468, 473
操作が必要な環境内の問題 680	デバイス登録マネージャー 56
組織データの印刷 483	デバイスのインストール状態 651
組織データのコピーを保存 493, 501, 506, 516, 522, 530	デバイスの構成 48, 599
組織データの送信先 483	デバイスの削除時にアンインストールする 441, 463
組織データを暗号化 493, 501	デバイスの資産情報 7
組織データを出力する ... 493, 501, 506, 520, 522, 532, 533	デバイスの所有者 46
組織のデータの印刷を制御 471	デバイスの制限 ... 144, 145, 146, 298, 299, 300, 304, 334
ソフトウェアインベントリ 7	デバイスの正常性 541
	デバイスの接続性の確認 682
	デバイスのパフォーマンス 607
た	デバイスのファームウェア構成インターフェイス（DFCI） 144
タイムゾーン 381	デバイスのプロパティ 541, 544
他のアプリからデータを受信 493, 501, 506, 513, 514, 522, 527, 530	デバイスのポリシー準拠 599
他のアプリとの間で切り取り、コピー、貼り付けを制限する 493, 501, 506, 511, 513, 522, 525, 527	デバイスは準拠しているとしてマーク済みである必要があります 539, 582
他のアプリに組織データを送信 493, 501, 506, 513, 516, 522, 527, 530	デバイスプラットフォームの制限 50
チェックイン 282, 321	デバイスライセンス 442
チャット 655	デバイスを検索する 635, 636
データ受信 483	展開 416
データ分類 534	展開とプロビジョニング 2, 6
データ保護 469, 483, 493, 501, 510, 511, 513, 520, 527, 530, 533	電子メールプロファイル 144, 298, 307, 541
データ保護フレームワーク 476	テンプレート 142, 144
データを開いて組織ドキュメントに読み込む 493, 501, 506, 522	同期 282, 283, 322, 386, 389, 391, 413, 634, 635, 636, 682
適応型保護 594	登録ステータスページ（ESP） 63, 75, 78
適用状況の確認 277, 278, 281	登録済みデバイスで使用可能 371, 372, 374, 397, 417, 423, 461, 464
適用性ルール 148	登録済みデバイスで組織データを暗号化 501
	登録デバイス 44
	登録トークン 132
	登録の有無にかかわらず使用可能 373, 417, 461, 465

登録の制限 49	ポリシー設定の適用状況 597
登録プロファイル 105, 110, 117, 128, 132	ポリシーの更新 331
特殊なデバイスの管理 338	ポリシーの割り当て 276
ドライバー更新プログラム 239, 244, 599	
トラブルシューティング 405, 683, 684	**ま**
	マイクロセグメンテーション 537
な	マネージドGoogle Play 416, 444
認証局 152, 153, 156	マネージドGoogle Playアカウント 128
ネットワークデバイス登録サービス（NDES）............. 152	マネージドGoogle Playアプリ 445
	マネージドアプリ 377
は	マネージドデバイス 377, 473, 475
ハードウェア 47	マネージドブラウザーの使用を強制 471
ハードウェアID 65, 66	マルチID対応アプリケーション 473
ハードウェアインベントリ 7	メッセージセンター 680
配信の最適化 144, 381	モダンワークプレイス管理 610
配信の最適化の優先度 380, 396	モバイルアプリケーション管理（MAM）
パスコード 507, 508, 550, 635	.... 32, 338, 340, 468
パスコードのリセット 636, 638	
発行元CA 181	**や**
バッテリー状態スコア 610	ユーザーアフィニティ 119
パブリックアプリ 492, 500	ユーザーグループ 371, 373, 374, 485
販売店番号（販売店ID）............................. 110	ユーザーコンテキスト 379
非管理アプリケーション	ユーザードリブンモード 64, 72
.... 511, 512, 517, 518, 525, 527, 530, 531	優先度の更新 464
必須 371, 372, 374, 395, 417, 418, 428, 437, 444, 450, 461, 464	**ら**
秘密度ラベル 534	リスクスコア 567
品質更新プログラム 231, 235, 599	リスクレベル 567
ファイアウォール 599	リタイヤ 634, 635, 636, 639
ファイルポリシー 534	リムーバブル記憶域 147
フィルター 276, 376	リモートアシスタンスサービス 641
フィルターモード 376	リモートヘルプ 12, 338, 635, 641, 642, 652, 657
含まれるアクセス許可 374, 376	リモートヘルプアプリ 644, 646
部分一致 624	リモートロック 635, 636
プライベート（LOB）アプリ 444	リモートワイプ 474
プラットフォームごとのスクリプト 212	利用可能なアンインストールを許可する 372
フルマネージド、専用、会社所有の仕事用プロファイル	リング 224, 227
.... 304, 334, 465	リング割り当て用グループの作成 225
プロパティ 46	ルート証明書 152, 156, 314
プロビジョニング 3	ルート認証局（ルートCA）.......................... 181
プロファイル 8, 140, 170, 174, 298, 323	ルールビルダー 378
紛失モード 635, 636	レポート 599
ベースライン 612	ローカル管理者パスワードのローテーション 635
ヘルパー 641, 652, 655, 656	ロール 658
ヘルプとサポート 687	ロールベースのアクセス制御（RBAC）.......................... 658
ペン 656	
保護されているMicrosoft Intuneアプリ	**わ**
...... 490, 506, 509, 511, 512, 515, 517, 518, 520, 522, 524, 525, 527, 529, 530, 531, 532	ワイプ 634, 635, 636, 639
	割り当て結果の確認 276

あとがき

　『ひと目でわかるIntune　第3版』を最後までお読みいただき、ありがとうございました。本書は改訂新版の出版からおよそ3年ぶりに第3版として執筆することになりました。3年前とは比べ物にならないくらいIntuneは進化したため、第3版では前回から200ページほど増加して700ページを超える大型な書籍となりました。第3版はこれまで以上に大型な書籍になることは最初から想像していたので、これだけの超大作をどうやって制作するか？と思案していました。

　そんなとき、「ひと目でわかるIntune」書籍を書くなら手伝いますよ、と声をかけてくれたのが共同執筆者の加来さんでした。加来さんは情シスとしての立場で業務に携わるかたわら、さまざまなコミュニティ活動を通じてIntuneを含むさまざまなMDMサービスの情報発信をされていたため、加来さんにはご自身の得意分野であるiOS/Androidデバイスの管理に関わる第3章、第5章、第7章の執筆を担当していただきました。

　そしてもうひとりの共同執筆者である髙橋さんはSIベンダーにお勤めで、『ひと目でわかるIntune 改訂新版』のときにもレビューを買って出てくれたメンバーのひとりで、業務でのIntune利用にとどまらず、会社主催のセミナーやブログなどを通じて情報発信をされている方でもあったので、第3版の執筆には絶対にジョインしてもらいたいと願っていました。髙橋さんには見事にご快諾いただき、第6章と第8章の執筆を担当していただきました。

　Intuneは10年以上の歴史があることもあって、市場では既にIntuneを利用した管理をされる企業も以前に比べてだいぶ多くなりました。そうしたこともあって基本的な利用方法だけでなく、利用していてつまずきやすいポイントや、運用上考慮すべきポイントなどをできるだけ多く取り入れ、多くの方にとって参考になる書籍となるように工夫しました。

　こうして第3版ではベンダーとしての立場、情シスとしての立場、そしてテクニカルトレーナーとしての立場からの見立てで多角的な視点の詰まった書籍となりました。

　まえがきについては、今回は日本マイクロソフトの山本築様に寄稿をお願いしました。山本様には原稿の執筆がだいぶ遅くなってから依頼させていただいたにも関わらず快く引き受けてくださり、ありがとうございました。

　最後になりますが、本書の企画を快諾し、本書をより良い書籍にするために尽力してくださった日経BPの皆様には深謝の意を申し上げます。ありがとうございました。

株式会社エストディアン
国井 傑

■著者紹介

国井 傑（くにい すぐる）
会津大学客員教授
Microsoft MVP for Security
マイクロソフト認定トレーナー（MCT）

1997年よりマイクロソフト認定トレーナーとしての業務をスタート。2022年からは株式会社エストディアンを設立し、Microsoft 365 E5/E3に特化したトレーニングコースの開発や登壇に従事している。また2023年からは会津大学客員教授として社会人のサイバーセキュリティに関わる教育事業にも従事している。2006年より19年連続でMicrosoft MVP for Securityを受賞。

加来 慎太郎（かく しんたろう）
GO株式会社 コーポレートエンジニア
Japan Okta User Group Organizer

プロダクト開発・サポートエンジニアを経たのち、金融/不動産/ITスタートアップなどの企業にて自社の社内IT・セキュリティに従事するかたわらで、個人として複数の企業のMicrosoft 365やEnterprise Mobility + Securityの導入・活用支援も請け負う。
他に、IT勉強会の主催・運営やBusiness Technology Conference Japanコアスタッフなど技術コミュニティにも貢献。広島県広島市に在住、主にリモートにて活動中。

髙橋 憲太郎（たかはし けんたろう）
Microsoft Top Partner Engineer Award

2006年12月よりNSW株式会社に勤務し、データセンターを含む物理層からL7までをサポートするインフラエンジニアとして従事。Microsoft MVPをはじめとするMicrosoftコミュニティからの情報発信の影響を受けてMicrosoftソリューションに関わる機会が増加。近年はMicrosoft AzureとMicrosoft 365のコンサルティング業務を担当。Microsoftが新設したMicrosoft Top Partner Engineer Awardを2023年から連続して受賞。Japan EMS Users Groupの共同主催者としても活動。

● 本書についての最新情報、訂正情報、重要なお知らせについては、下記Webページを開き、書名もしくはISBNで検索してください。ISBNで検索する際はハイフン（-）を抜いて入力してください。

https://bookplus.nikkei.com/catalog/

● 本書に掲載した内容についてのお問い合わせは、下記Webページのお問い合わせフォームからお送りください。郵便、電話およびファクシミリによるご質問には一切応じておりません。なお、本書の範囲を超えるご質問にはお答えできませんので、あらかじめご了承ください。ご質問の内容によっては、回答に日数を要する場合があります。

https://nkbp.jp/booksQA

● ソフトウェアの機能や操作方法に関するご質問は、製品パッケージに同梱の資料をご確認のうえ、日本マイクロソフト株式会社またはソフトウェア発売元の製品サポート窓口へお問い合わせください。

ひと目でわかる Intune　第3版

2024年9月17日　初版第1刷発行

著　　　者　国井 傑、加来 慎太郎、髙橋 憲太郎
発　行　者　中川 ヒロミ
編　　　集　安東 一真
編集協力　生田目 千恵
発　　　行　株式会社日経BP
　　　　　　東京都港区虎ノ門4-3-12　〒105-8308
発　　　売　株式会社日経BPマーケティング
　　　　　　東京都港区虎ノ門4-3-12　〒105-8308
装　　　丁　コミュニケーションアーツ株式会社
DTP制作　株式会社シンクス
印刷・製本　TOPPANクロレ株式会社

本書に記載している会社名および製品名は、各社の商標または登録商標です。なお、本文中に™、®マークは明記しておりません。
本書の例題または画面で使用している会社名、氏名、他のデータは、一部を除いてすべて架空のものです。
本書の無断複写・複製（コピー等）は著作権法上の例外を除き、禁じられています。購入者以外の第三者による電子データ化および電子書籍化は、私的使用を含め一切認められておりません。

© 2024 Suguru KUNII, Shintaro KAKU, Kentaro TAKAHASHI
ISBN978-4-296-08039-7　Printed in Japan